認知發展與輔導

（第二版）

陳李綢博士／編著

編著者簡介

陳李綢

學歷：國立台灣師範大學教育心理與輔導學博士

　　　國立台灣大學輔導研究所碩士

現任：國立台灣師範大學學生輔導中心主任

著有：發展心理學（與蘇建文等人合著）、個案研究等書，另已

　　　發表專題研究論文二十餘篇。

序

　　近年來發展心理學中研究兒童認知歷程及其發展現象的風氣盛行並蔚爲潮流。心理學家所關心的主題，一方面是了解在不同的發展階段當中，個人的認知狀態與特徵是怎樣的，另一方面則是在探討推動個人進入不同發展階段的心理機制是甚麼。雖然說明認知發展變化的理論及研究文獻衆多，但是研究其心理機制實爲更基本更重要的課題。回顧發展心理學中有關認知歷程的理論，主要分爲心理計量、行爲論、皮亞傑認知發展論以及訊息處理論四大取向。心理計量取向研究智力的因素結構，行爲論者研究兒童的學習現象，這兩種取向對於認知發展變化的解釋作用不大，目前已逐漸失去其影響力量。而真正促進研究風潮，居牛耳地位的泰斗乃是心理學家皮亞傑及其認知發展理論，他的理論不但描述認知能力的發展階段，各個階段當中認知結構的特徵，而且更以平衡作用、同化及調適等心理歷程來說明認知發展的心理機制，然而自八十年代之後，由於電腦科技與成人認知歷程的研究，訊息處理取向逐漸成熟，在認知發展方面，心理學家開始將兒童視爲一個訊息處理系統，認知歷程包括由接受訊息到產生反應之間的心理歷程，其間包含了知覺、注意、記憶、語言、學習、思考，以及解決問題等歷程；訊息處理取向不但豐富了認知發展的内涵，而且開闢了新的研究園地，使我們對於認知歷程的發展變化及其心理機制有較爲完整的了解。由於認知發展與兒童及青少年的學習息息相關，其影響之大已擴及教育層面，是從事教育者不可或缺的知識。

　　目前學界已開始強調認知發展方面的研究，然而有系統的介紹認知發展方面的理論與研究成果的教科書尚如鳳毛麟角，欣見師大教育心理與輔導學系教授陳李綢博士，在授課之餘，將其心得整理撰寫成「認知發展與輔導」一書，書中不僅將皮亞傑的理論作系統性的介紹，尚包括布魯納及其它最新認知發展理論與研究成果，涉獵層面頗爲完整，陳教授均一一深入淺出的呈現給讀者，殊感欣慰。陳教授兼具教授、爲人母及家庭主婦的多重角色，在教學、主持家務以及照顧子女的忙碌生活中，仍致力於研究與著書工作，的確難能可貴，當其新書問世之際，樂爲之序。

師大教育心理與輔導學系教授蘇建文謹識
中華民國八十一年六月

自 序

　　自民國六十九年以來，作者在國立台灣師範大學教育心理系教授林清山先生的指導下，開始從事有關兒童認知發展的研究。「認知發展」是一門介於教育心理學與兒童發展心理學之間的學問，一方面在探討兒童各種能力的發展現象，一方面也是在研究兒童認知與學習的特色。作者自教授「認知發展與輔導」課程以來，發現國內外有關認知發展的教科書，皆偏重於以皮亞傑認知發展理論爲架構，以狹義的觀點介紹兒童認知發展階段及現象。但，近年來由於科技的神速發展，電腦的大量使用，使得心理學和教育的研究偏向於認知趨向；認知心理學對學生的認知歷程、學習歷程的探討及研究，成爲一九八〇年代後研究的主潮。因此，認知發展方面的研究已不再只重視現象與階段的探討，而是進一步在探討兒童的認知歷程及認知發展的促進；也就是說，認知發展的研究不只是探討發展的原因，而是探討「如何」去發展與促進爲重心。有鑑於此，作者認爲以廣義的觀點組織認知發展的理論及相關知識，以編輯一本與認知發展有關的教科書，讓學生獲得有關方面的知識，藉以促進學生對「認知發展」的研究具有完整性的瞭解，而且有助於教學及學習的應用。

　　本書是自作者於民國七十三年教授「認知發展與輔導」課程以來，與學生共同收集資料，交換意見，在教學相長下所完成的作品。本書具有下列幾種特色：

　　一、本書每一章皆以創新的整體性大綱呈現章節，再分別分析各章節的關係。

二、本書理論的介紹，以多元化及統整性方式組織，不只偏於皮亞傑認知理論的介紹，而且從布魯納表徵系統論及訊息處理論觀點解釋各種認知能力的發展。

三、本書是以廣義觀點界定認知發展，因此，本書章節以橫斷面方式介紹各種認知能力的發展，其中包括智力、知覺能力、社會認知能力、記憶力、語言能力、數學能力、經濟概念、後設認知能力的發展。而各種能力發展則以縱貫方式分析年齡與發展的關係、各年齡層的認知歷程與變化，以及相關的研究。

四、本書共分十四章，第一章緒論，以綜合各家觀點對認知及認知發展的定義，研究由來，及研究趨勢加以介紹。第二章認知發展理論，分別介紹皮亞傑認知發展論、布魯納認知表徵論，及訊息處理理論等的理論架構及研究特色，其中有關布魯納理論的應用與實徵研究是作者歷年來的研究成果。第三章智力發展，是從統整及多元化角度分析各種智力理論及智力發展的研究，並將作者「多重智力理論模式的驗證與智力的促進」的博士論文中重要研究彙集之，以提供讀者完整的智力架構知識。第四章知覺發展是以皮亞傑論及訊息處理論等交互觀點及研究分析各階段兒童的感覺及知覺的發展現象及歷程。第五章社會認知發展是介紹兒童社會化認知的發展歷程及相關研究。第六章記憶力發展是分別從皮亞傑論及訊息處理論各種記憶模式及研究來介紹人類記憶的發展歷程及記憶的促進。第七章語文發展主要從認知歷程介紹人類語文發展的歷程及現象。第八章語言發展，從各家理論觀點敘述人類語言的發展歷程及語言的發展特色。第九章問題解決能力發展是從傳統的問題解決能力的界定，到目前問題解決歷程的研究，以說明問題解決能力的發展歷程及研究趨勢。第十章數學

能力發展，是介紹學前兒童數學能力發展，及後期數學問題解決歷程的發展。第十一章科學能力發展是介紹目前有關科學能力發展的歷程及相關研究。第十二章經濟概念發展是介紹各家對兒童經濟概念學習的觀點，及兒童經濟概念的認知發展。第十三章後設認知發展是分析目前有關兒童後設認知能力的發展現象及相關研究。第十四章認知風格研究是以統整方式將目前國內外有關認知風格及學習風格的相關研究及研究趨勢加以綜合性介紹及分析。

　　本書得以完成，要感謝的是師大教育心理與輔導系（所）的所有教師的支持與愛護。尤其更感謝林清山及盧欽銘兩位教授給予我精神上的鼓勵與教誨。另外也要感謝蘇建文教授的激勵及心理出版社許麗玉小姐的協助，本書才能順利出版。

　　本書在完稿期間，師大教育心理與輔導系所的學生的協助，張老師出版社俞壽成小姐的編輯，及本系系友楊麗珠學妹的校稿，在此一併致謝。當然，外子復寰的體貼與支持，是本書如期付梓的重要泉源。

師大教育心理與輔導系（所）教授陳李綢
謹誌於民國八十一年七月

再版序

　　本書重新修訂再版，除維持原書的架構及特色外，全書仍維持十四章呈現讀者，其中除了在第五章「社會認知」一章作大幅更動外，另外第十二章改爲「情緒認知發展」以取代原有的「經濟概念學習認知發展」，同時在每一章後，皆提供一份由學生撰寫的Ｖ字作業量表供讀者參考。並將本書改爲編著，其中有部分內容是作者的論文及研究專集，也有些篇幅是作者在教授「認知發展與輔導」課程中，與學生共同收集討論資料，並指導學生的作業成果，如第七章「語文能力發展」是由學隸宋德忠撰稿，第九章「問題解決能力發展」，是由樊雪春學隸撰稿，第十章「數學認知發展」是由管明智、梁若玫等人撰寫。在此特別感謝這些學弟妹的協助，並且感謝自民國七十三年以來，上過作者「認知發展與輔導」課程的教心輔系所的學生共同研討，在教學相長，交換意見下，使本書得以重新付梓出版。

師大教育心理與輔導系（所）教授陳李綢

謹識于民國八十七年七月

目 次

第一章

緒論

■流程圖

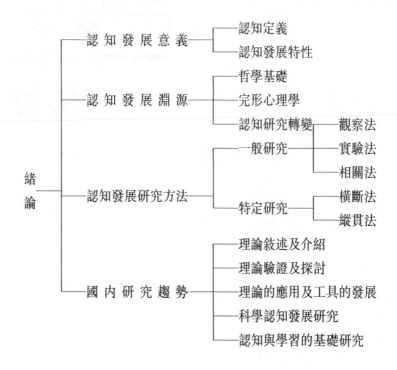

第一節　認知及認知發展的意義

「認知」一詞和學習、思考、智力有密切關係，經常交互使用，沒有區別。但是有些學者認為這些名詞之間仍有差異存在。為了使讀者對「認知」的定義，有更清楚的概念和認識，本節將敘述各家對「認知」的界定，並進一步闡述認知發展的基本特性。

壹、認知的意義

一、傳統的觀點

傳統上對認知的定義是採用完形心理學（Gestalt Psychology）的觀點認為：「人類是先有領悟再有學習」，所以「認知」是個人的思考和解決問題的能力。而認知歷程是包括遭遇困難、認定問題，形成假設及驗證假設等四個心理活動的運作。

二、發展心理學觀點

發展心理學的觀點是將「認知」視為個人心智的發展及成

長；認知發展是指個人心智結構的成長及心智活動的發展歷程。
認知發展歷程是連續的、一生的發展活動。

三、布魯納認知論觀點

布魯納（J.S. Bruner）認爲「認知」即爲求知及辨識。人類
認知活動是主動的反應，對外界所呈現的各種訊息，個人會自動
透過內在模式或表徵系統加以轉譯，進而領悟、超越並獲得理
解。

四、訊息處理論觀點

訊息處理論（informational process）從電腦擬人化觀點說
明「認知」是接收訊息及運用訊息。認知歷程包括「輸入」、
「輸出」、「轉換」、「儲存」、「檢索」及「運用」等連續的
歷程。

五、心理語言學觀點

心理語言學從語言學觀點將「認知」解釋爲個人獲得符號表
徵及語言結構的綜合體。認知歷程則包括人類聲音符號與形象符
號的意義化、抽象化及規則化的歷程。

六、近代廣義的觀點

近代學者認爲「認知」的界定應從較廣泛的範圍定義之。綜
合近代的認知研究領域觀點，可將「認知」界定爲個人心智活動
與心理狀態綜合運作的複雜歷程。認知能力除了心智活動外，還
包括個人的知識、意識、心智技巧、思考力、想像力、創造力、
推理能力、計劃能力、策略及解決問題的能力等。有些學者甚至
將社會認知、知覺、記憶、注意及學習能力等皆含蓋在其中。由
此可見，近代學者對「認知」的界定是採多元化及廣泛化的觀
點。

貳、認知發展的基本特性

綜合上述各家理論對「認知」的定義，可知認知的界定範圍相當廣泛，各家研究觀點不同，對認知的定義也就不同。從整體言，認知歷程是包括個人心智技巧的獲得、知識的形成、語言的發展、訊息的處理與應用、及高層次的心智活動及心智結構的成長等多方面歷程。可見得認知發展十分複雜，但却具有系統性及組織性；而認知發展的本質具有下列各項基本特性。

一、認知發展與個人大腦及心智活動有關

認知的界定雖有不同的觀點，但是不論從知覺、記憶、語言及訊息溝通等觀點，這些活動都必須經由大腦或心智活動來傳遞。因此，舉凡涉及到大腦或心智活動的歷程，皆可隸屬於認知發展的範圍中。認知發展與生理發展一樣，必須透過大腦及心智活動的運轉；所以，認知發展與個人大腦及心智活動有密切關係。

二、認知發展是個人認知結構與環境交互作用的產物

從發展的觀點言，個人的身心發展是受遺傳與環境的交互影響。同樣的，認知發展也是受個人成熟與經驗的交互影響。認知發展是代表認知結構的改變與成長，而認知的成長必須不斷與環境互動，才能重新組織認知結構。每個認知活動歷程皆與其他認知活動歷程彼此相關，因而形成複雜的認知結構。認知活動的形成是在環境促動下產生的。所以，認知發展是個人內在認知結構與外在環境交互作用下的產物。

三、認知發展是認知結構量化與認知歷程質化的改變

認知的成長是個人心智能力的增加，也是知識及經驗的增

加。而且認知發展的拓增也是個人認知結構及認知歷程的改變,
認知結構由簡而繁,由粗劣而精緻,由混亂而有組織的改變。認
知的運作歷程也由淺而深,由簡單而統整的運作。由此說明:個
人認知發展的變化不只是認知結構中量的改變,而且是認知結構
及認知歷程中質的變化。

四、認知發展隨著年齡及成熟而有不同的成長速率

個人的認知發展隨著年齡的增長,認知結構有了量的增加,
認知歷程也形成質的變化。但是每個年齡層的認知發展有不同的
成長速率;例如嬰兒一出生後到六個月之間的智力成長速率與六
個月到一歲間的成長速率就有顯著的不同。嬰兒期的語言發展速
率與兒童期的發展速率也有明顯的差異。從皮亞傑認知發展論及
布魯納的表徵系統論中都強調認知發展具有階段性之說,說明
了:認知發展的各個階段都有不同的發展速率。

五、認知發展是縱貫的發展,亦是橫斷的發展

認知發展隨著年齡的成長而改變認知結構及認知歷程。年齡
愈大,認知結構的發展更為有組織及系統化,認知歷程的運作更
為統整及精密。可知,認知發展是有縱貫性的發展。另外,認知
發展也有橫斷的發展;每個年齡階段的認知發展會同時併發許多
能力的發展及改變;例如智力、記憶力、知覺能力、語言能力、
語文能力與問題解決能力等在每一年齡階段中皆能同時發展。皮
亞傑的認知論中亦強調兒童的數量守恆、質量守恆、重量守恆、
空間守恆及時間守恆等概念的發展是同時併發的。因此,個人的
認知發展不僅是隨著年齡及成熟而形成縱貫的發展,同時亦隨著
年齡的改變而形成橫斷的發展。

第二節　認知發展理論的由來

　　認知理論的發展是受康德哲學理念、完形心理學、心理學分化等研究歷程的影響而形成的。二十世紀初，歐洲心理學研究是以完形心理學研究爲重心。完形心理學重視感覺及知覺等方面研究，他們重視知覺的組織性及整體性，並且認定知覺的先天本質；這些主張及觀念主要是受康德（Immanuel Kant）等人的理性主義的影響。因此，認知理論的淵源是溯自早期理性主義的哲學架構，再隨著完形心理學的研究模式及美國心理學分化的轉變，逐漸的建立認知理論及認知發展的研究模式。

壹、哲學基礎

　　心理研究起源來自哲學。早期的心理學深受十七、十八世紀哲學思想的影響，因此被稱爲哲學心理學。當時的哲學理念有兩種不同的研究模式，一種是以洛克（John Locke, 1632－1704）哲學理念爲主的洛克模式（Lockean model）；另外一種是以康德（I. Kant, 1724－1804）哲學理念爲主的康德模式（Kantian model）。這兩種哲學模式對人類「心智」（mind）及「知識形成」的本質都有不同的見解。以下將分別敍述洛克及康德兩種哲學理念的觀點，並比較這些模式對心理學研究及認知理論研究的影響。

一、洛克及康德的知識論

　　洛克是經驗主義論的代表者，他承繼著亞里斯多德（Aristotle）的現實主義（realism）觀念，並且將其發揚光大而成經

驗主義論者。現實主義的人性觀：「心是由外在世界的感官經驗
所組織及建構的。」洛克進一步闡述現實主義的觀點，他認爲人
出生時是純潔的，「心」就像是一張白紙。「心智」的產生是由
於外界環境所提供的觀念來組織和建構完成的；個人知識的形成
是經由外在世界的一些簡單的概念逐漸擴展成更高層次、更複雜
的推理觀念。因此，洛克認爲人類知識的形成及思考的產生都是
來自外在物理環境及過去的經驗。這是一種「由下而上」
（Bottom-up）的理念模式，由此說明人類知識本質是經由基本
觀念元素逐漸建立，並且融合其他各種觀念而形成的。這種經驗
主義觀點對於心理學研究發展具有相當的影響力，尤其是「行爲
論」的研究方向。

　　康德模式是受理性主義（rationalism）的影響，理性主義的
前身是來自柏拉圖（Plato）的理想主義（idealism）。理想主義
的基本觀點是：「心是純粹的觀念，是與生俱來的。」康德認爲
知識的形成來自人類先天具有的組織和分類基模，透過這些基模
的應用，而有了知識的架構。因此他反對「心是經驗的組織
體」，換言之，他認爲知識並非由過去經驗所組合的，而是由個
人與生俱有的某些觀念，經由調整及演繹而形成。此種理念模式
是屬於「由上而下」（Top-down）模式。理性主義的觀念對完
形心理學的發展頗具影響力。

二、洛克及康德模式對心理學分化的衝擊

　　十九世紀末，達爾文（Charles Darwin）「進化論—物種的
源始」（The Origin of Species, 1895）的書籍問世後，對心理
學的研究造成相當大的震憾。加上當前科學實驗觀念的引進，使
得心理學研究方向較重視環境及科學方法；從而促成心理學研究

領域脫離了哲學的範疇，邁向科學的研究。因此，二十世紀後的心理學被稱爲科學心理學。

二十世紀初期，科學心理學研究強調「環境」、「科學方法」、及「實徵研究」的重要性。顯然與洛克經驗主義模式相互輝映。然而此時期的心理學研究偏重於人類心理結構和行爲的組成元素等內容，形成早期科學心理學所謂的結構論（structurism）及「機械論」（mechanism）二種研究模式。

之後，美國心理學家詹姆斯（William James）、霍爾（G, Stanly Hall）、杜威（J. Dewey）、及卡泰爾（J.Cattell）等人一方面受達爾文進化論影響，重視人類的發展問題，另一方面則從實用主義的觀點探討「學習」及「教育」的問題。由此顯示當代的心理學研究是受洛克經驗主義及康德理性主義兩種模式的交互影響。先前是受洛克模式的影響，重視人類知識的形成及學習的行爲；然後再受康德模式的影響，將心理學的研究導入人類知識獲得的歷程及知覺整體性研究，才促使完形心理學研究自歐洲熱絡的轉入美洲心理學界中。最後才開始重視「認知」觀念，認知學派因而興起。

以上的淵源，說明洛克及康德二種哲學模式對心理學研究分化成行爲論及認知論，具有相當大的影響力，是心理學研究重大改變的由來。

貳、完形心理學的研究

完形心理學的研究萌芽於歐洲，二十世紀初，歐洲心理學熱衷於「心的本質」及「個別差異」等問題的研究。德國心理學家如魏斯邁納（Wertheimer）、庫勒（Kohler）和考夫卡（Kafka）等人從研

究「現象學」（phenomena）中發現：知覺及經驗的整體性及完形性。遂而成立完形心理學的理論。

完形心理學的主張及研究特色深受康德哲學模式的影響，其研究的主張及特色分別敘述如下：

一、整體經驗大於部分經驗的總和

完形心理學基本主張是：經驗與知覺是整體的，一個完整的經驗不等於部分經驗相加的總和，因爲完整經驗的形成已經超越各部分經驗的組成。譬如：一幅圖畫的完成，已超越色彩、色調等單獨呈現時的感覺。

二、知覺的整體性是人類大腦組織的結果

完形心理學者相信人類會利用聚集（collecting）、融合（synthesizing）、闡述（interpreting）及感官所接受到的資訊而創造出整體的經驗。

三、知覺具有組織性及一致性特質

完形心理學理論認爲知覺具有接近性（proximity）、相似性（similarity）、封閉性（closure）及連續性（continuity）等組織法則。同時知覺具有對形狀、大小、明度、顏色的一致性特質。

四、知覺的組織性是人類與生俱來的

完形心理學理論接受康德哲學的理念，認爲人類天生具有知覺的組織能力及結構。

五、記憶是整體經驗的儲存

完形心理學理論相信人類記憶是整體的儲存，而不是以一對一的對應方式將資料一一累積的；記憶是以個人所經驗到的事件形成期待和印象後，整體的儲存起來的。

六、解決問題的歷程是先有假設再驗證

　　完形心理學理論對解決問題的看法與美國心理學者對學習及思考的定義不同。完形理論強調個人學習過程靠「領悟」（insight）。同時個人在解決問題或思考的歷程中，會先形成一個假設，然後再去驗證假設的真偽，終而形成正確的解決問題能力。

　　以上六個主張及特色是完形心理學所重視的研究領域，這些研究與「認知發展」及「認知歷程」的研究內容息息相關。因此，從認知發展理論的淵源中，可說完形心理學是認知研究的前身。

叁、認知研究的轉變

　　認知及認知發展的研究主題及範圍，隨著心理學的研究趨勢分成四個階段：

　　一、一九三〇年以前，以完形心理學研究代表認知學派的研究。

　　二十世紀初，心理學研究第一次革命，即從哲學理念轉變成科學心理學。因此，一九〇〇至一九三〇年之間，歐美各國的心理學研究以行為主義的研究盛行一時。認知方面的研究只以歐洲心理學派的完形心理學研究與行為學派的研究抗衡。具有代表的認知方面研究有魏斯邁納的知覺實驗（Werithmer, 1912）、庫勒的猩猩頓悟實驗（Kohler, 1913-1915）。當時認知方面的研究重視個人內在歷程或內在事件的探討。

　　二、一九三〇～一九五〇年間，認知學派觀念抬頭，行為學派仍以實徵研究及理論建立為主。

　　一九三〇到一九五〇年代之間，心理學的研究仍然重視實徵性及實驗研究，行爲學派以刺激反應聯結的理論來解釋學習及知識的形成結果。認知學派則仍以頓悟現象爲主題，繼續探討個人知識獲得的内在歷程。並且從問題解決歷程的研究去探討人類知識的先天結構及統整性。具有代表的研究爲魏斯邁納的兒童問題解決的實驗（Weithmer, 1938－1940）、鄧肯（Duncker, 1945）的功能固著研究、以及魯欽斯（Luchins, 1942）的心向問題研究。

　　另外，在此期間托爾曼（Tolman, 1932）提出有目的的行爲論觀點，説明認知對學習的重要性。勒溫（K; Lewin, 1936）的場地論觀點，説明「行爲是個體和心理取向的函數」，強調認知結構對學習的重要性。這兩位學者的研究確定了認知方面的研究方向及主題，使認知學派的研究開始抬頭，成立認知學派門戶。

　　三、一九五〇～一九七五年間，教育的改革及電腦的發明，使認知方面研究成爲教育學者所重視的主題。

　　一九五〇年代，二次世界大戰，軍事教育訓練成爲重要研究主題，一九五七年蘇俄發射第一顆人造衛星後，對美國教育產生很大衝擊，美國教育大革新及課程改革，導使心理學研究領域不再只以理論爲研究的依歸，而是以教室學習及實際教學效果爲研究主題。因此新課程的設計重視思考的訓練及教學工學（instructional techology）的應用。使得認知方面的研究爲心理學家、教育家各方面學者所重視。

　　此時期具有代表的研究有布洛賓特（Broadbert, 1956）的人類記憶模式研究、紐威爾和西蒙（Newell & Simon, 1961）人工

智慧研究、布魯納（Bruner, 1956, 1960）表徵系統論及教學理論等研究、皮亞傑認知發展理論的引進美國（Piaget, 1960-1963）、奈舍（Neisser's 1967）認知心理學研究及殷海德（Inhelder, 1974）新皮亞傑論等多項研究。

此時期的認知研究偏向於記憶、學習及認知的處理歷程等方面，並且使認知發展研究成爲此時期最被重視的研究潮流。

四、一九七五年代以後，認知心理學時代，使得認知方面的研究重視認知歷程、認知成分，認知策略等研究主題的探討。

一九七五年代以後，認知訊息處理模式（informational process）以電腦模擬人腦化方式，利用「輸入－輸出」的心理學取代過去「刺激－反應」的心理學，重視人類知識輸入、編碼、記憶、儲存、檢索及輸出等歷程外，甚至探討認知的組成成分及認知策略的應用等。此時期具有代表性研究有很多，如蓋聶（Gagné, 1977）訊息處理的認知研究、傅來福（Flavell, 1976）的後設認知及後設記憶研究、席格勒（Siegler, 1978）的天平橫桿問題研究、凱思（Case, 1978）的問題解決策略的發展研究、布朗・卡本等人（Brown, A.L., Campione & Day, 1981）的如何學習研究，史騰柏格（Sternberg, 1985）三元智力研究等。因此，一九七五年代以後，心理學研究的主要勢力是認知歷程的研究。

第三節　認知發展的研究方法

認知發展的研究方法與一般心理學的研究方法大致雷同，分成三種方法，即爲觀察法、實驗法及相關法。但是從發展的研究

表 1-1　認知發展理論演進史及研究趨勢

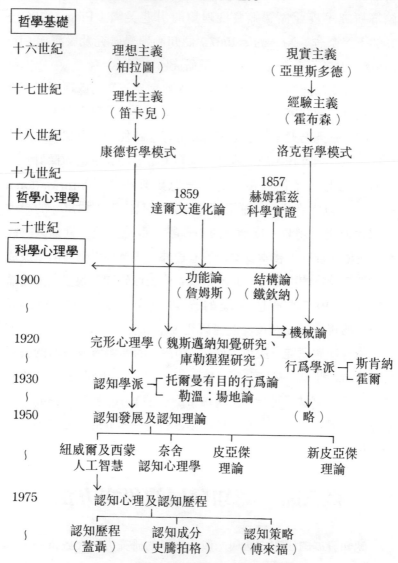

法來看,認知發展亦可以縱貫法或橫斷法加以研究。本節將分別介紹各種認知發展的研究方法。

壹、一般的認知發展研究方法

一般的認知發展研究方法可分爲三大類,即爲觀察法、實驗法及相關法。三種研究方法皆有其研究特色及限制,研究者可依需要而採用各種研究方法。以下將分別介紹各研究法特色及限制。

一、觀察法(observational method)

所謂「觀察法」是指在自然情境中或預先設置的情境中,對人的認知行爲進行直接觀察、記錄而後分析解釋,以期獲得某種原則的研究方法。觀察法多被應用在嬰兒期、幼兒期或兒童期的認知行爲等方面研究。

在實際應用觀察法時,觀察者必須避免主觀與偏頗觀念,才能使所觀察的資料具有代表性及準確性,使研究過程獲得客觀的推論。一般應用在發展的觀察法有許多方法,瑞特(Wright, 1960)將觀察法分爲二類,一類稱爲「開放式」方法(open methods),一類稱爲「固定式」方法(closed methods)。所謂開放式方法是觀察者在觀察某種行爲或事件之前未有預設的假設或觀念。固定式方法則是觀察者在觀察某行爲或事件之前已經預設觀察的行爲或時間等。以下將分別敍述二種觀察法的特色及限制。

㈠開放式方法

開放式觀察方法通常分成兩類,一種是以個案史或個案傳記的敍述方法,記錄個案所發生的所有事情。另外一種是爲特定樣

本的描述方法，以類似照相或攝影方式將個案在某一段時間內所發生的事情加以描述。例如針對一個八歲男孩在某一天中所作的事及所說的話加以觀察記錄的方式，即為特定樣本的描述方式。

開放式的觀察方法是在自然情境下所做的觀察記錄，所獲得的資料較為真實；但是所觀察的資料相當繁瑣，缺乏系統，在資料的整理上有其困難。開放式的觀察方法通常應用在觀察學前兒童的遊戲行為、攻擊行為或使用策略的解題行為等。

仁固定式方法

固定式的觀察方式通常在觀察某一樣本或某種行為時已有特定的對象或目的。一般有三種記錄方式：即事件取樣法（event sampling）、時間取樣法（time sampling）及行為單位的分析法（behavior unit analysis）。

1.事件取樣法

所謂事件取樣法是由觀察者記錄在任一段時間內，某一羣樣本的某種行為特質。例如：觀察一羣學前兒童的爭吵行為而加以記錄之。

事件取樣法在觀察過程必須將所觀察的對象、性別、某一種行為發生的始末、事件發生的經過等現象加以詳細敍述，並且記錄某種行為發生的次數及時間。

2.時間取樣法

所謂時間取樣法是在先前預定時間內對某種行為加以觀察。時間取樣法是對某種行為作多次的重覆觀察，觀察時間可固定分為幾個階段，但是觀察的時距可能相當短暫。例如：觀察兒童的爭吵行為，以時間取樣法來觀察，則可記錄在連續四小時中，最先十分鐘兒童所發生的爭吵次數及發生的經過。

時間取樣法的觀察過程可以獲得某一特定時間內行爲發生的資料及現象，但是却無法了解某種行爲發生的原因。

3. 行爲單位分析法

行爲單位分析法是針對被觀察者行爲的改變或環境改變下所發生的行爲加以分析。例如分析一位兒童在玩沙坑時，突然用沙丟其他兒童的行爲。又如分析一位兒童被別人打後所發生的某種行爲。

行爲單位分析法的觀察過程通常是由觀察者對被觀察者的突發行爲分析成幾個單位的小行爲，藉以說明被觀察者的行爲現象。

㈢觀察法的注意事項及限制：

爲了觀察時能夠獲得正確的資料，使用觀察法應注意下列四項原則：

1. 觀察什麼？——利用觀察法觀察兒童的認知行爲時，每次只能觀察一種行爲。例如觀察兒童社會認知行爲時，可以選定只觀察兒童與母親的依附行爲。

2. 觀察行爲的界定——使用觀察法觀察時，對所要觀察的行爲特徵，必須事先加以界定。例如，所謂的「依附行爲」包括些什麼樣的具體可見的反應，應事先明確界定。

3. 觀察行爲及過程的記錄——觀察時，必須將所觀察的行爲及過程隨時記錄。必要時，可藉助錄音機或錄影機等器材爲輔導工具，以便獲得更多客觀的資料。

4. 觀察的時間——觀察時，以採用時間取樣方式，每次對某一類行爲作多次重複的觀察、觀察的時間可固定爲幾分或幾次。例如，要觀察兒童的依附行爲，可以選取不同的時段對兒童與母

親之間的相處作多次的觀察。

　　觀察法應用在認知行為或認知發展的研究中相當普徧，由於使用方便，而且研究人員如能事先計劃及運用，常能收集到許多可用的資料。但是觀察法並非嚴密的研究方法，此種方法仍有其限制及缺點，例如：

　　1. 觀察法只能了解某種行為的現象，而不能達到解釋原因或推論的目的。尤其是對嬰兒認知發展的觀察，可以觀察到嬰兒的某些感覺反應或動作反應，但這些反應能代表其知覺、記憶行為或其他行為發展嗎？這是觀察法的研究瓶頸。

　　2. 觀察法的研究大都採用個別觀察方式進行，所收集的資料及採取樣本有限，能否推論到所有其他母羣樣本行為呢？這些問題常引起爭議。

二、實驗法（experimental method）

　　實驗法是行為科學研究中應用最廣而且能推論因果關係的研究法。實驗的過程是由於實驗者先根據相關的理論提出假設，然後再設計情境及操弄的實驗變項，以驗證假設的真實性。因此，實驗法通常在探討因果關係時，必須設計三種變項，即實驗變項、反應變項、及控制變項。實驗變項是實驗者系統操縱的變項，又稱為自變項。反應變項是實驗者所觀察的結果，又稱為依變項。控制變項是實驗者為排除除了自變項以外的其他變項對依變項所產生的影響而設計的。控制變項不是實驗者研究的真正興趣所在，實驗者要探討的是自變項與依變項之間的關係。

　　雖然實驗法能有效的驗證某些因果關係存在，但是實驗法應用在發展上或認知發展的研究仍有許多問題存在，例如：㈠寬心效應（placebo effect）問題，實驗過程中，實驗組與控制組的

設立，控制組以爲參與實驗中，其預期效果與實際實驗組實驗效果混淆，使實驗組與控制組的反應變項之間差異不顯著，影響實驗的真實性。㈡實驗的負向反應問題，隨機分派的實驗往往使受試者產生反感，或是受試者不想參與實驗，影響實驗結果。㈢實驗情境或實驗儀器的安排讓受試者預期實驗的要求，而影響實驗的結果。㈣羅桑效應（Rosenthal effect）問題，實驗者在實驗之前已有預期的想法，因此在實驗過程中，可能會有主觀的暗示等現象，而導致實驗結果受影響。由於上述各種問題存在，因此實驗法的應用仍有其限制。

㈠人工化實驗問題

實驗法的應用最大的限制是實驗情境的安排有時與現實生活無法搭配，例如在探討兒童的認知發展過程中，有時候實驗者只根據自己認定適合兒童的情境或儀器來實驗，但是實驗情境可能與實際兒童認定的生活情境脫離。例如實驗者爲研究電視暴力對兒童攻擊行爲的影響。實驗者將兒童分成兩組，一組受試讓他們接受各種電視暴力節目，一組受試則無，然後再比較兩組兒童的攻擊行爲或次數。如此的實驗安排有違常情，可能與兒童的真實生活不相同。由此可見，人工化的實驗安排往往會配合實驗的需要，却與實際生活脫離。實驗結果的推論及遷移效果有待商榷。

㈡理論驗證的問題

實驗法的研究目的可能是爲驗證某種理論架構的真實性。實驗者會根據理論提出各種假設，而這些假設可能是理論中重要的結構，但是實驗的過程可能是過於單純化，實驗結果支持了所提出的假設，但這些結果是否能證明理論的真偽便成爲眾所爭議的問題。

　　雖然實驗法是行爲發展研究中最嚴謹的科學方法，但是上述的問題及限制可能是實驗法效度降低的主要因素。

三、相關法

　　相關法是要探討兩個以上變項之間的關係程度，通常只應用一組受試爲對象。例如：研究者爲探討兒童寫家庭作業的時間與其學業成就的關係，即可以一組兒童爲研究對象，觀察兒童每日回家寫作業的時間，再測驗學生的學業成績，以時間及學業成績兩個變項求其相關係數。相關係數的高低或正負數值的表示皆與取樣樣本的多寡有關，不同羣體的相關係數不可只以其數量高低來表示某一羣體的相關高於或低於另一羣體的相關。例如：十歲兒童組家庭作業時間與學業成就的相關爲.57，十四歲組兒童家庭作業時間與學業成就的相關爲.75，研究者不可直接推論十四歲組兒童變項的相關高於十歲組兒童的變項相關。因爲兩組受試的對象及樣本是不相同的。

　　認知發展方面的研究應用相關法時，有許多限制及問題值得注意。

㈠相關法的解釋問題

　　相關法的相關係數經常被誤解，相關係數的高低代表變項與變項之間的真正關係；但是係數的高低並非以其表面數值的大小來決定，而是受取樣樣本的大小與變項的測量信度的影響。因此，以相關法研究認知發展的問題，結果的推論必須考慮到樣本的範圍，及認知發展方面變項的信度問題。

　　另外，以相關法研究變項之間的關係，只能說明變項與變項之間的相關程度，但是却不能以因果關係來解釋。例如：國小兒童的智力與其學業成績之間有顯著的相關，只能說明兒童的智力

愈高，其學業成績愈高。但却不能表示兒童的智力是影響其學業成績的原因；在此研究中，智力與學業成績只有相關關係，而非因果關係。

(二)相關法研究上的限制

　　發展心理學及認知發展兩方面的研究經常探討年齡與各項發展變項之關係、文化種族的發展變化、親子之間的發展關係等問題。但這些問題的研究，其所採取的樣本皆是受自然環境的限制而產生的，以致於在研究上無法以實驗的控制方式去探討變項的關係；因此，相關法的研究在自然發展情境下，只能觀察依變項之間的關係，而這些研究結果無法作進一步的推論。譬如：年齡與智力之間有相關存在，只能說明某一發展階段中，年齡愈大，智力愈高；但却無法表示年齡為因，而智力為果。換言之，智力會隨著年齡增長而成長，但是影響智力的因素並非只有年齡，其中尚有許多其他的因素，是無法從研究中推論的。

　　另外，從種族文化與發展的關係研究中，利用相關法的研究只能了解種族中個體某些變項（如語文推理與知覺能力等）有關係，但是却無法推論種族之間文化差異及認知發展之差異。由此可見，相關法的應用，在認知發展方面的研究只能發現各方面發展的關係，但不能推論亦不能比較各方面發展能力之差異。

貳、特定的研究方法

　　從發展心理學的觀點言，發展是個人受遺傳與環境交互作用的影響，以致於身心兩方面發生改變的歷程。因此，研究發展方面的問題經常探討發展的進程，即各種發展隨著年齡而發生的變化問題，而研究年齡與發展變化的關係，經常以特定的方法研

究，如採用橫斷法比較不同年齡組個體的變化；或以縱貫法追踪同一羣個體的成長過程。本單元將介紹橫斷法與縱貫法的研究特色及限制。

一、橫斷法研究

橫斷法是指在同一時間之內探討不同年齡的不同個體的發展事實資料的研究方法。例如研究智力的發展曲線，是以不同年齡組的團體在同一年月裡的智力發展爲觀察或測量對象。一般是在同一年月裡分別測量各年齡組羣體，然後將不同年齡組的平均值按年齡大小連續排列，再據以分析各年齡的智力變化或發展曲線。

橫斷法的優點是㈠時間經濟，在短時間內即可獲得不同年齡組的發展數據，並且根據所得的資料連接起來，畫出行爲發展的曲線。㈡有利於收集較廣泛範圍的發展資料，以爲發展預測研究之參考。但是橫斷法的最大限制是研究所採取的標本並非同一團體，而是根據不同年齡的樣本羣體的發展資料連貫起來，其間可能產生各羣體之間的世代變遷的影響，而無法反映個體在自然成長過程的變化。因此，橫斷法研究有時並無法分辨清楚行爲的變化是來自年齡的發展差異呢？或是世代變遷的羣體差異？是發展研究的爭議問題。

二、縱貫法研究

縱貫法是在一段期間內對於相同的樣本，在不同發展階段上重複的觀察及實驗，以獲得相繼年齡上的變化資料的研究方法。例如：研究兒童的數學能力發展，是以同一羣的兒童從三歲到六歲之間的數學能力變化爲觀察變項，然後根據羣體的發展趨勢概括出一般的規則，藉以分析兒童數學能力的發展歷程及各年齡之

間的發展關聯性。

　　縱貫法的優點是能夠獲得精確的發展資料、了解行爲發展的趨向及行爲發展變化的速率，並且能分析個體行爲發展的歷程，及早期行爲與後期心理發展的關聯性及因素。但是縱貫法研究的限制是時間不經濟；有的研究期限可能長達數十年或短至兩三年，長時間的研究所需的人力及財力較多，但可能只獲得一小羣樣本的資料。另外，長期的研究，樣本可能因環境或其他因素影響而流失掉。因此，縱貫法雖然可以清楚比較某種特質發展的連續過程及發展的變化，但由於時間不經濟，故在一般研究中比較不被使用。

第四節　國內認知發展的研究趨勢

　　從認知發展理論的淵源中可瞭解國外認知發展理論及研究的發展趨勢。國外認知發展研究自一九六〇年以來，研究方向從純粹的理論與模式的探討、皮亞傑理論的實徵研究、認知結構的探討、認知歷程的研究及認知策略的發展等研究領域中不斷擴展及改變，至今認知發展的研究已相當豐碩。而國內的認知發展研究從民國六十年左右才開始萌芽，至今研究的方向也隨著國外的研究趨勢而有所改變。

　　自民國六十年以後國內才有認知發展的論著及研究。從各種研究及論著的研究方向，可將國內的認知發展研究分成五個階段：即一、認知理論的敍述及介紹；二、認知發展理論的驗證及探討；三、認知發展理論在教育上應用及評量工具的發展；四、科學的認知發展研究；五、認知與學習的基礎研究。以下將分別

介紹各階段之發展趨勢及主要論著及研究。

一、認知理論的敍述及介紹

國內認知發展的研究自民國六十年以後，才有相關的論文及研究發表，之前，大多數從心理學書籍或教育方面刊物介紹皮亞傑的認知論及布魯納的認知理論。

二、認知發展理論的驗證及探討

民國六十二年至民國六十五年期間，國內的認知發展萌芽，有關認知發展研究以探討皮亞傑理論模式爲主，並驗證皮亞傑認知發展階段說。其中有蘇建文（民 62）「兒童量的保留概念發展之研究」中，曾研究國內五歲至十一歲兒童各種守恆概念的發展順序，結果發現我國兒童認知發展階段的順序與皮亞傑所研究結果符合，但國內兒童的發展年齡有遲緩現象。另外，劉錫麟（民 63）的「我國兒童保留概念之發展」研究中，亦以個別診斷方式評定我國兒童認知發展階段，結果發現與蘇氏的研究雷同，同時亦證實兒童年齡愈大，其認知能力亦提高。林清山（民65 年）在科學教育月刊創刊號發表「科學教育的心理基礎」之文章，對皮亞傑及布魯納認知理論加以闡述及介紹。梁恆正（民64）的「布魯納認知理論在課程組織中的應用」一文，對布魯納的認知理論詳加闡述。由上述的論著中，可見得國內早期的認知發展研究偏重於皮亞傑認知發展理論及布魯納認知理論的探討。

三、認知發展理論在教育上應用及評量工具的發展

民國六十六年到民國七十年左右，認知發展的研究偏重於理論的應用及認知發展評量工具的開發。其中以陳李綢（民 66年）的「兒童概念學習加速發展效果的考驗研究」是以實徵性實驗探討認知發展加速的可行性，以驗證皮亞傑理論的實用性。

　　林清山（民66年）在科學教育月刊發表的「數學課程設計和數學教學的理論基礎」（上）（下）篇，即爲介紹認知發展理論在教育上的應用功能。

　　李銘正（民68年）的「國民中小學自然科實驗課程對學生認知能力之影響」中證實國小自然科實驗課程的設計有助於提升兒童的認知發展。

　　湯清二（民68年）的「高中學生具體操作及形式操作之推理能力研究」及（民69年）「高中、高職學生認知推理能力之比較研究」皆是以皮亞傑的認知發展理論爲基礎，探討高中、高職學生的認知發展階段。另外，黃曼麗（民69年）的「國中二、三年級學生具體操作及形式操作之推理能力研究」亦是以皮亞傑認知發展階段順序探討國中生認知發展所達到的階段及百分比。

　　陳李綢（民69年）的「學習材料具體化程度與兒童認知發展之關係」及（民70年）的「資優兒童與普通兒童認知發展之比較研究」二文則是以布魯納認知理論爲基礎，探討認知發展在教育的應用。

　　此一階段的研究方向除了偏重於認知發展理論在教育上的應用外，尚有許多研究以發展認知發展方面的測量工具及相關研究爲主。如黃惠玲（民69年）的「形式運作階段的理論及測量研究」；吳武雄（民70年）的「國中學生認知發展與科學及數學之相關研究」；林邦傑（民70年）的「國中及高中學生具體運思、形式運思與傳統智力之研究」及「國中及高中學生具體運思、形式運思與學業成就之關係」等二篇研究；陳英豪、吳裕益（民70年）「青少年認知發展測驗的編製」，等多篇研究皆先

以修訂或編製皮亞傑認知發展測量工具爲主，再探討認知發展能力與其他各種能力之相關研究。

四、科學的認知發展研究

民國七十一年至民國七十六年之間，國內認知發展重心由人文教育的應用研究轉向於科學教育的應用。其中有關研究包括：

楊榮祥（民 72, 73 年）的「科學教育方法理論與實際」，以介紹各種認知發展理論及其在科學教育上的應用爲主。

林宜亮，張欣戊（民 73 年）學前兒童的數概念。

陳李綢（民 73 年）「表徵方式與教學策略對國小學生認知發展之成效研究」；（民 74 年）的「布魯納理論應用於中小學生認知學習的成效研究」；及（民 76 年）與林清山合作之「科學學習材料具體化程度對中小學生認知學習成效研究」等多篇研究，皆是以布魯納認知發展理論爲基礎，藉以探討科學教學策略對中小學生認知發展之影響。

林福來、郭汾派、林光賢（民 74 年）的「國中生的比例推理能力」、「比例推理的錯誤診斷與補救」、「比和比例的瞭解層次與認知發展階段」（民 76 年）的「比例教學實驗」及「思考與解題策略分析、平移、旋轉反射」等研究，是以皮亞傑認知發展理論爲主，探討我國國中學生的數學認知發展階段，及錯誤的推理狀況，然後再設計教學方案以進行數學補救教學的實徵研究。

洪木利（民 72 年）的「兒童重力概念思考型態之研究」；民 74 年的「兒童靜力學概念思考層次之研究」；及民 75 年的「兒童慣性概念思考層次之研究」；許榮富（民 75 年）的「科學過程技能組織因子層次模式及其影響因素研究」；黃湘武、黃

寶鈿（民75年）的「學生推理能力與科學概念發展之研究」及
（民76年）的「平衡槓桿問題與中小學生推理能力」等多項研
究，皆以探討科學的認知發展及其在教育上的應用爲主。

五、認知與學習基礎研究

　　民國七十六年以來，認知發展方面研究已邁向科技整合的理
念，研究趨勢大致偏向於「認知結構」、「認知歷程」、及「認
知策略」等三方面問題之探討。

㈠有關認知結構方面的研究及論著包括：

　　鄭恒雄（民76年）的「語言學習的認知基礎」；謝清俊
（民76年）：「從人工智慧角度談中國文字含蘊的知識結構」；
王建柱（民78年）的「科學領域知識之表徵法研究」；王澄
霞、洪志明（民78年）的「再結晶技能學習成就達成階層之分
析」；郭重吉（民79年）的「學生科學知識認知結構的評估與描
述」；及陳李綢（民80年）「多重智力理論模式的驗證與應用」等
多項研究。

㈡有關認知歷程方面的研究包括：

　　陳永德（民74年）的「文章閱讀歷程之研究」。

　　鄭昭明（民76年）的「知識的傳遞與理解歷程」。

　　洪木利（民78年）的「我國兒童對牛頓定律概念架構之認
知歷程」。

　　翁家明（民78年）的「國小兒童數學應用問題的認知歷
程」。

　　楊牧貞（民79年）的「中文字彙的腦側化性」。

　　這些研究皆從課程方面探討認知的歷程，包括語文、數學及
科學等方面的認知歷程研究。

(三)有關認知策略方面的研究包括：

陳李綢（民 77 年）的「學習策略的研究與教學」。

張新仁（民 78 年）：「國民中學有效教學問題與研究——從資訊處理談有效的學習策略」。

林碧珍（民 79 年）的「新竹師院輔導區國小數學科怎樣解題教材實施情況調查與學習成效研究」。

郭靜姿（民 79 年）：學習動機、策略運用與後設認知能力之相關探討及其建構之後設認知理解模式在資優教育上的運用。

汪榮才（民 79 年）：國小六年級資優生與普通生在數學解題的教育認知行爲。

張景媛（民 79 年）：「回饋方式目標設定與後設認知對國小學生數學作業表現及測試焦慮之影響」。

陳李綢（民 79 年）：「歸因回饋與策略訓練對數學低成就學生學習行爲的影響」。及民國八十年的「思考模式、學術經驗與認知策略訓練對大學生後設認知與智力的影響」。

蘇宜芬（民 79 年）後設認知訓練課程對國小低閱讀能力學生的閱讀理解能力與後設認知能力之影響。

方泰山（民 80 年）由命題的頭腦體操論化學概念分析。

以上多篇研究皆爲從認知策略探討策略對認知發展之影響。

【參考文獻】

王建造（民 78）科學領域知識之表徵法研究。認知與學習第三次研討會。

王澄霞、洪志明（民 78）再結晶技能學習成就達成階層之分

析。

方泰山（民 80）由命題的頭腦體操論化學概念分析。科教月
　　刊，139 期，11－20 頁。

李丹（民 78）兒童發展，台北五南書局。

李銘正（民 68）國民中小學自然科實驗課程對學生認知能力之
　　影響。教育學院學報，第四期，第 351－371 頁。

吳武雄（民 70）國中學生認知發展與科學及數學課程之相關研
　　究。教育學院學報，第六期，257－280 頁。

汪榮才（民 79）國小六年級資優生與普通生在數學解起之教育
　　認知行爲。台南師範初等教育學報。第 3 期，199－244
　　頁。

林清山（民 65）科學教育的心理基礎（上）。師大科學教育月
　　刊，創刊號，第 27～36 頁。

林清山（民 65）科學教育的心理基礎（下）。師大科學教育月
　　刊，第二期，第 15～20 頁。

林清山（民 66）數學課程設計和數學教學的理論基礎（上）。
　　師大科學教育月刊，第 11 期，第 15～20 頁。

林清山（民 66）數學課程設計和數學教學的理論基礎（下）。
　　師大科學教育月刊，第 12 期，第 23～32 頁。

林清山、陳李綢（民 74）布魯納式認知發展能力測驗的編製及
　　其相關研究，測驗年刊，中國測驗學會，32 輯，55－66
　　頁。

林清山（民 76）認知心理學對教學研究的影響，教學研究專
　　集，台北市，南宏書局。

林清山、陳李綢（民 76）科學學習材料具體化程度對中小學認

知學習成效研究，教育心理學類，20 期，17-30 頁。

林清山（民 79）教育心理學-認知取向，台北，遠流出版社。

林宜亮、張欣戊（民 73）學前兒童的數概念，中華心理學刊，26 卷 1 期，3-17 頁。

林邦傑（民 70）國中及高中學生具體運思、形式運思與傳統智力之研究。中華心理學刊，第 12 卷，第 2 期，第 33～49 頁。

林邦傑（民 70）國中及高中學生具體運思、形式運思學業成就之關係。測驗年刊，第 28 輯，第 23～　。

林福來、郭汾派、林光賢（民 74）國中生的比例推理能力，科教研討會。

林福來、郭汾派、林光賢（民 74）：比例推理的錯誤診斷與補救，科教研討會。

林福來、郭汾派、林光賢（民 74）：比和比例的瞭解層次與認知階段，科教研討會。

林福來、郭汾派、林光賢（民 76）：比例的教學實驗。75年度科教研討會論文。

林福來（民 76）：比例推理能力之研究，75 年度科教研討會。

林福來，連秀鑾，金鈴，林佳蓉（民 76）：思考與解題策略分析：平移、旋轉、反射，75 年度科教研討會。

翁家英（民 77）國小兒童解數學應用問題的認知歷程。台大心理研究所論文。

姜忠信（民 79）學前兒童的數量概念。台大心理研究所碩士論文。

洪木利（民 72）兒童重力概念思考型態之研究，師院學報第九

期。

（民 73）學童靜力概念思考層次之研究，國科會專題。

（民 74）學童慣性概念思考層次之研究，國科會專題。

洪木利（民 78）我國兒童對牛頓定律概念架構之認知過程，認知與學習研討會。

許榮富（民 75）科學過程技能組織因子層次模式及其影響因素研究。

梁恒正（民 64）布魯納認知理論在課程組織中的應用。師大教育研究所集刊，第 17 輯，第 413～486 頁。

黃曼麗（民 69）國中二、三年級學生具體操作及形式操作之推理能力研究。教育學院學報，第 5 期，第 195～206 頁。

黃惠玲（民 69）形式運作階段的理論及測量研究。國立臺大心理研究所碩士論文。

黃湘武、劉謹輔、陳忠志、江新合、杜鴻模、陸業堯。民 74 年 2 月。國中學生質量守恆、重量守恆、外體積觀念與比例推理能力之抽樣調查與研究。中等教育，36 卷，1 期。

黃寶鈿、黃湘武。民 74、75 年 2 月。我國中小學生科學概念與推理能力發展之相關研究：莫耳概念。國科會計劃第一、二年度報告。（NSC74－0111－S003－04）（NSC75－0111－S003－05）。

黃湘武、黃寶鈿。民 75 年 3 月。我國中小學生科學概念與推理能力發展之相關研究：（Ⅰ）浮力推理與粒子概念。國科會計劃總報告。（NSC73－0111－S003－04）（NSC74－0111－S003－09）。

黃寶鈿。民 76 年 1 月。示範式臆測法研究學生的排水體積守恆

概念。中國測驗學會測驗年刊，34 輯，137－146 頁。

張新仁（民 78）：國民中學有效教學問題與研究－從資訊處理談有效的學習策略。師院院刊，第 28 期，P24－39。

張景媛（民 79）回饋方式目標設定與後設認知對國小學生數學作業表現及測試焦慮之影響。師大教育心理學報，23 期，189－206 頁。

陳英豪、吳裕益（民 70）青少年認知發展測驗指導手册。高雄，復文書局。

陳英豪、吳裕益（民 71）道德發展測驗、創造測驗與認知發展測驗的發展。我國測驗的發展，中國測驗學會，第 49～60 頁。

陳永德（民 74）：文章閱讀歷程之研究。台大心理研究所碩士論文。

陳李綢（民 66）：兒童概念學習加速發展效果的考驗研究：師大教育心理學報，第 10 期，75－82 頁。

陳李綢（民 70）學習材料具體化程度與兒童認知發展之關係。師大教育心理學報，第 14 期，205～220 頁。

陳李綢（民 71）資優兒童與普通兒童認知發展之比較研究。師大教育心理學報，第 15 期，215－226 頁。

陳李綢（民 73）表徵方式與教學策略對國小學生認知發展之成效研究，碩士論文。

陳李綢（民 74）布魯納理論應用於中小學生認知學習的成效研究。師大教育心理學報，第 18 期，191－228 頁。

陳李綢（民 77）學習策略的研究與教學。資優教育季刊，29 期，15－24 頁。

陳李綢（民78）智力理論的發展與研究趨勢。資優季刊，30期，21－32頁。

陳李綢（民79）歸因回饋與策略訓練對數學低成就學生學習行爲的影響。師大教育心理學報，23期，143-158頁。

陳李綢（民80）多重智力理論模式的驗證與智力的促進。師大輔研所博士論文。

陳李綢、林清山（民80）多重模式的編製報告，測驗年刊，中國測驗學會，38輯，151－170頁。

陳李綢（民80）思考模式、學術經驗與認知策略訓練對大學生後設認知與智力的影響，師大教育心理學報，24期，67-90頁。

陳李綢、林清山（民80）多重智力理論模式的驗證與應用。師大教育心理學報，24期，31-66頁。

湯清二（民68）高中學生具體操作及形式操作之推理能力研究。教育學院學報，第4期，第480～493頁。

湯清二（民69）高中、高職學生認知推理能力之比較研究。教育學院學報，第5期，第225～233頁。

楊牧貞（民79）中文字彙知識的腦側化性。臺大心理研究所博士論文。

鄭昭明（民75）知識的傳遞與理解歷程，認知與學習研討會第一次報告。

鄭昭明（民76）認知心理學與教學研究。教學研究專集。臺北，南宏書局。

鄭昭明（民78）認知與語言的基礎研究—教學心理的歷程分析，科教月刊，17卷1期，21－38頁。

劉錫麒（民 63）我國兒童保留概念之發展。師大教育研究所集
　　　刊，第 16 輯，第 97～147 頁。

蘇建文（民 62）兒童量的保留概念發展之研究。測驗年刊，第
　　　22 輯，第 61～75 頁。

蘇建文（民 80）發展心理學，台北，心理出版社。

鍾聖校（民 79）認知心理學，台北，心理出版社。

認知發展理論

■流程圖

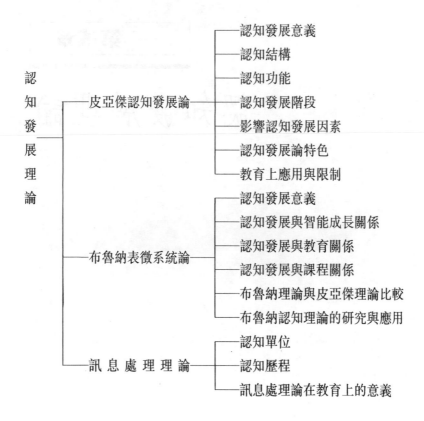

認知發展理論

皮亞傑認知發展論
- 認知發展意義
- 認知結構
- 認知功能
- 認知發展階段
- 影響認知發展因素
- 認知發展論特色
- 教育上應用與限制

布魯納表徵系統論
- 認知發展意義
- 認知發展與智能成長關係
- 認知發展與教育關係
- 認知發展與課程關係
- 布魯納理論與皮亞傑理論比較
- 布魯納認知理論的研究與應用

訊息處理理論
- 認知單位
- 認知歷程
- 訊息處理論在教育上的意義

　　認知發展理論分成二大研究潮流，一者是以認知發展理論爲主，一者則以訊息處理論爲主。皮亞傑（ J. Piaget ）及布魯納（ J. S. Bruner ）是認知發展理論的代表者，此派理論强調認知發展的階段及認知的結構發展。訊息處理論是以探討人類知識處理的歷程，其重點在於認知歷程的發展。本章主要目的在介紹皮亞傑認知發展理論、布魯納系統論及訊息處理論等三大理論的架構及特色。以下將分別敍述各理論的研究架構及特色。

第一節　皮亞傑認知發展理論

　　皮亞傑（ Jean Piaget, 1896－1980 ）是瑞士心理學家，大學讀書期間對哲學、生物學、心理學和邏輯學富有興趣。一九二一年在巴黎比奈實驗室研究兒童心理及兒童思考活動。他早年接受生物學的訓練，又經年從事兒童認知的發展研究，並以長期時間觀察自己三個孩子的發展歷程，提供了他創立兒童認知發展理論的重要基礎。

　　一九二九～一九三九年間，他主持研究數學、物理和生物學

中一些主要概念的形成和背景，以爲探討兒童的具體運作的整體
結構。一九三九～一九四五年間，他一方面研究兒童到成年期的
知覺發展，一方面利用具體的實驗技術和分析方法，研究兒童對
時間、運動和速度概念以及有關的認知發展。一九五五年，他出
版「發展認識論」（Genetic epistemology）一書，主要是研究
知識形成的認知結構及探討知識發展過程中新知識形成的機轉。
他從認知結構論出發，以臨床實驗法觀察兒童。一九六九年，他
以數理邏輯觀念，對兒意的認知發展進行質的分析，以了解智力
的發展歷程。他的基本認知發展論和實驗研究，對現代兒童心理
學、發展心理學和教學改革具有廣泛的影響，受到西方心理學界
的重視及崇揚他對兒童心理學和認知發展論等方面的貢獻。

　　綜合上述皮亞傑的研究背景，可將皮亞傑認知發展理論分成
七部分來介紹與敍述。

壹、認知發展意義

　　皮亞傑將認知發展視爲智力發展及邏輯思考能力。他認爲個
人的認知發展萌芽於嬰兒期，而在兒童期充分顯露出來，兒童的
認知發展蘊含著兩種特質：

一、兒童的認知是主動的

　　皮亞傑認爲嬰兒一出生後，爲探索周遭世界的事物，會主動
與環境互動，在互動過程中即產生認知。故兒童的認知是主動
的，而非被動的接受環境的刺激。

二、認知發展是受遺傳與環境交互影響的

　　皮亞傑認爲兒童的認知發展是個人成熟與學習二者交互作用
的結果。認知或心智的成長如同生理的發展，會隨著年齡的增加

及教育經驗逐漸增長。

貳、認知結構

　　皮亞傑認為認知結構（cognitive structure）是個人與環境交互作用的知識系統。它包括兩部分：即基模（schema）和心理運作（operation）。基模是認知結構的最基本單位，基模是由粗略而精細，由小而大，由淺而深，由簡而繁；基模與基模之間會互相組織，再形成另一個認知行為的基模。嬰兒的抓握（grasping）和吸吮（sucking）即為嬰兒感覺動作發展的基模，這兩個基模可經由心理運作功能逐漸結合為一個大基模，如「抓奶瓶來吸奶」等動作。

　　心理運作是知識系統及認知發展重要功能，基模在認知結構中可能是靜態的架構，而心理運作是認知行為中動態的單位。所謂心理運作是指改變外界知識或對外界刺激施予動作的內在化心理歷程。也就是說，心理運作具有心理的內在化（mental）及可逆性（reversible）兩種特性，可將外界知識加以轉化而成為內在的知識架構，亦可將內在認知結構的基模組織統整，以形成更大更複雜的知識系統。因此心理運作是認知結構首要的條件。

叁、認知功能

　　皮亞傑認知發展論中提到認知發展具有兩項的功能，即組織（organization）和適應（adaption）。認知的組織是指每個人認知行為是相互連成一系統的，而非獨立的。如嬰兒的吸吮、抓握基模原先是獨立的，由於嬰兒認知結構簡陋，所發揮的功能有

限，因而手眼不能協調，但隨著發展與學習經驗，靠「組織」發揮功能，使他們的眼看和手抓能統整且配合。所以，組織是指連結兩種或兩種以上的非連續認知基模，使他們形成另一個較高層次或較穩定的基模的歷程。嬰兒通常是依靠相加方式（即連結兩個基模方式），將基模組織成更複雜的單位。但也有些基模或認知結構的組織過程是靠分類或歸類所形成的。

適應是指個人認知結構與環境交互作用，皮亞傑認為適應過程分為二種：即同化（assimilation）及調適（accomdation）。所謂同化是指兒童能利用外界的某些事物，將其刺激型式予以改變，再將它吸收為認知結構一部分。也就是說，當外界事物或知識與個人認知結構一致時，便將其吸收，以拓大自己認知結構。所謂調適是指外界事物或知識與個人認知結構不一致時，個人必須改變自己原有的認知結構，以順應外界的新環境。因此，同化是改變外界刺激使納入認知結構，而調適是改變認知結構以順應外界刺激。

依皮亞傑看法，兒童隨著年齡的增長，其認知結構不斷改變，當外在客觀事物與兒童原有的內在認知結構不一致時，便失去平衡（equalibrium）。此時兒童必須重新吸收同化或調適認知結構，以恢復認知的平衡狀態。但是平衡狀態常因新環境的出現又遭破壞，個人必須重新同化和調適認知結構，拓大並組織為另一個認知結構。這種將認知結構由一種狀態改變或重組成另一種狀態，以恢復認知平衡狀態的過程即為平衡化（equalibration）。

皮亞傑認為認知結構與認知功能是相互形成的。個人的認知結構靠「組織」的功能，將結構內元素結合在一起；同時任何一

個同化或調適的活動皆能轉化認知結構，使認知結構內心運作具有動力性和改變性，促使認知結構發展由簡而複雜。因此，當個人認知結構產生衝突不一致時，個人的認知功能便會同化和調適認知結構，使認知結構趨於平衡；當個人認知結構由不平衡而邁向平衡的歷程，認知發展便成長一大步。

肆、認知發展階段

　　皮亞傑將人的認知發展分成四個階段：即感覺動作期（sensory-motor period）；前運思期（preoperational period）；具體運思期（period of concrete operations）與形式運思期（period of formal operations）。以下將分別敍述各階段發展特色：

一、感覺動作期：（出生到兩歲）

　　認知發展第一階段是靠感覺系統和動作行爲解決問題。這個時期包括剛出生到兩歲內的嬰兒。嬰兒一出生，眼睛一張開，就能看東西，但是眼睛運動不精確，大概只能注視十五～二十五公分遠的物體。聽到大聲音會有驚訝動作；可見得嬰兒出生後，有不少感覺器官已能發揮功能，如視覺、聽覺、痛覺、溫覺等，甚至面對外界物體的顏色與形狀也能覺察到。

　　另外，嬰兒具有反射行爲（reflexive behavior），反射行爲爲個人本能反應，不須透過學習，每個人都具有抓握、吸吮、聞味（rooting）等反射作用；又有中樞神經系統狀態的反射，如屈膝反射，在嬰兒四個月到六個月之前，嬰兒腳底被刺激後，他會微動腳趾並弓起腳趾頭，但六個月後，嬰兒會彎起腳或抬腳，之後這種反射會消失。

　　兩歲以前的嬰兒由於具有感覺能力和反射行為，使他能利用感覺和動作去知覺或接觸外界事物，而形成認知發展。依據皮亞傑的研究，皮亞傑又將感覺動作期分成六個階段：如反射作用的修正期、初級循環反應、次級循環反應、協調次級反應、三級循環反應、及表徵思考的開始等六個階段。這六個階段發展特色將分別敍述如下：

(一)階段一：〇～一個月，反射作用修正期

　　新生嬰兒的行為，完全是天賦的，具有固定的、反射的、及刻板的特性。「反射」是有機體的一種反應，出自遺傳本能，不是從經驗中獲取，剛開始未分化，後經練習、同化、才漸分化。有些反射不具有認知發展的興趣，而有些反射則會因不斷地練習和應用，產生發展性的變化。

(二)階段二：一～四個月，初級循環反應

　　這個階段的嬰兒，於隨意活動之際，偶然引發了有趣的事件之後，會嘗試重複該項行為。例如，嬰兒偶然地將大拇指放入口中吮吸，發現吸手指蠻好玩地，這時嬰兒就會習慣性地吸手姆指了。仍然以嬰兒本身的軀體為刺激來源的中心。另外，這個階段嬰兒能修正反射行為，表現新的行為。在手眼協調方面，能修正到幾乎精確地將手指放入嘴內；在眼球轉動方面，眼球能隨移動的物體而移動；在眼耳協調方面，能夠將頭轉到出聲的方向。仍是物我不分，但稍能分辨刺激物。

(三)階段三：四～八個月，次級循環反應

　　嬰兒仍是重複有趣的偶發事件，重複的是對於外界事物的興趣。嬰兒偶然地碰到物體，發出聲音，覺得這很有趣，這時嬰兒就會試圖重複該行為。次級循環，可以讓嬰兒習得多元的、可重

複的基模。這個階段的特徵：①有人視之爲操作制約的反應——一種自發性的活動後，有立即的正向增強。②是不具意圖的、不精細的、非目標導向行爲。③注意和對外界事物有興趣，並關心自己的行動對外界事物所造成的影響。

這個階段另一個特徵是，出現了模仿的行爲，但此時的模仿是有其限制——所模仿的行爲，必須是他曾自發性產生的，而且僅能模仿他所看到或聽到的行爲。

㈣階段四：八～十二個月，協調次級反應

這個階段出現了意圖的、非誤解的、使用方法的行爲。爲了獲得目標，結合兩種以上的基模，並將之應用於新情境中。爲了使基模間取得協調，必須分辨目標和方法二者，知道使用方法除去障礙物以獲得目標。但是有時這階段的嬰兒，在目標一方法中，有時會忽略目標，而從練習「方法」中得到樂趣。

另外，這階段的嬰兒，模仿能力大增——可以模仿和原先習慣行爲有些不同的行爲，可以經由模仿、觀察學習；能模仿到自己所看不到的行動。

㈤階段五：十二～十八個月，第三級循環反應

行動的重複性，此階段有二種創新行爲——①嬰兒爲尋找與發現有趣的結果，重複運動，主動的、意圖的、嘗試錯誤地探索，此程序較有變化、試圖發現新結果，而不只是再生。②此等行爲模式，旨在追求新奇，是爲了「看」而實驗，爲了觀察各種不同的結果，著手改變運動的方式。這個階段嬰兒，爲了引起有趣的現象，審慎地操弄環境，藉著重複的活動來發現所發生的事實；甚至在發生有趣的景象後，還想改變操弄的方法，其行動較能符合其環境中的細節，較能忍受痛苦，和能較正確地模仿。

㈥階段六：十八～二十四個月，表徵思考的開始

這個階段的嬰兒，能運用表徵能力，在內部代替物體和事件，透過表徵（認知）來解決問題。由探索外界和物質而發明新的手段，再加上藉著內在化的結合，突然有了了解或領悟，來解決問題。和階段五不同的是，在階段五中用實際操作的方式，來實驗看看他的方法是否有效；而階段六時，則不用實際實驗了，能以腦中表徵層次（運用思考），來試驗行動的順序。

二、前運思期（兩歲到七歲）

感覺動作期的嬰兒是靠感覺系統和動作與環境直接作用，而前運思期兒童則是開始使用代表環境的象徵性符號來瞭解周遭世界。此階段包括兩歲到七歲的兒童，這個階段通常又被分為兩個階段；即兩歲到四歲的前概念期，四歲到七歲的直覺期。前運思期兒童認知發展的特質具有象徵功能(symbolic function)、直接推理(transductive reasoning)、自我中心(egocentrism)、集中化（centering）及因果概念（causality）等多項特徵。各項特徵的發展將分別敘述如下：

㈠象徵功能

兩歲到四歲的兒童大都以文字、物體或心理象徵性符號代表某件事或物。例如兒童可能以「奶奶」二個字，或以一個玩具瓶子等方式來代表真正的奶瓶。兒童認知的象徵功能具有下列四種模式：

⑴延宕模倣

兒童會將所看過的他人行為或示範行為牢記在腦海中，然後在適當時機將這些示範行為表現出來。由此說明兒童會將所看到的示範行為以象徵性符號貯存起來，表示他已具有象徵功能。

⑵象徵遊戲或假想遊戲

　　兒童在遊戲時，會使用某種物體代表另一種不在眼前的物體，如用手帕當娃娃，或用一根竹子當槍，藉著象徵遊戲，將兒童自己的願望與需要投射在其中，使其自我有所發洩，對其情緒發展及現實生活的調適具有穩定作用；也由此表示兒童已具有思考功能。

⑶心理意像

　　兒童能將外在事物或行為貯存在腦裡，形成一個意像（image），然後在適當時機，當這種事物或行為再出現時，他會辨認這種事物或行為。因此，心理意像是一種內在化的模仿，意像可以再生或猜測。此階段兒童通常只具有再生的意像，至於猜測意像必須等到兒童從實際實物操作過程後才能形成。

⑷語言表達

　　兒童認知的象徵功能，最重要的但出現最晚的是語言的表達。語言是兒童表達思考及溝通的工具。此時期的兒童語言表達以自我中心為主，兒童可能喃喃自語，反覆語一再出現，甚至集體獨語，而忽略他人的存在。語言的出現代表兒童已具有抽象的象徵功能。

㈡**直接推理**

　　前運思期兒童的推理方式與成人不同，成人可採用邏輯的歸納或演繹推理方式，但此階段兒童推理不合邏輯，以事物的表象推理，或以自我看法推論，是一種直接的推理方式。

㈢**自我中心**

　　兒童的自我中心觀，係指兒童無法接納他人的見解，僅憑自己的觀點，去判斷每件事情，並且相信他人的想法與他的相同。

皮亞傑的三座假山實驗問題即為鑑定兒童自我中心觀。

㈣集中化

兒童觀察事物時，會將注意集中或固著於某種狀態，而不注意其他方面的條件。換言之，兒童不會從多方面觀點探索或觀察事物，通常是以物體的表面作判斷；如以靜態觀點觀察事物，以物種外在屬性判斷事物的多寡，以簡單的系列順序排列物體長短，以物體表面推理物的存在性。由此可見，此階段兒童的推理是靠直覺與單一向度觀點判斷事物的。

㈤因果關係

前運思期兒童因果概念的發展是從外在的結果及影響力為判斷依據的開始，例如以物體是否影響人類，做為判斷有無生命的標準，然後再以動態東西表示有生命的物體；又如以事情的結果推論原因，但不合乎邏輯。可見得此時期兒童仍未有具體的因果觀念。

三、具體運思期（七歲到十二歲）

皮亞傑認為學齡階段兒童能運用邏輯的思考於解決具體的問題上，但是不能應用於抽象的符號問題上。這時期的兒童可進行多重分類，系列順序，守恆觀念及時空關係的心理運作；並且能做合理的邏輯推理。此階段的認知發展具有下列幾種特徵：

㈠算術式邏輯的心理運作

皮亞傑認為具體運思期的兒童已能使用算術法則作邏輯推理，而不再只是以物理的客觀現象推理。此時期兒童具有逆轉的可逆性思考（reversibility by inversion），如理解 $A=B$，$B=A$ 的現象；補償的可逆性思考（reversibility by compensation），如理解 $A=B+C$，則 B 和 C 同時會影響 A；恒等式

（identity）觀念，如物體的量不因形狀或外形改變而有所變化，即 A＝A 的觀念；守恒觀念（conservation），如數量守恒、質量守恒、重量守恒、容量守恒、長度守恒及面積守恒等概念，即物體各種量的多寡不因形狀或空間位置改變而有所變化。這些算術邏輯心理運作是兒童解決實際具體問題的主要思考方式。

㈡多重的分類概念

此時期兒童能從不同角度同時將物體或事件加以分類，不再只侷限於單一分類方式。

㈢複雜的系列觀念

此時期兒童處理物體差異時，能按照大小的次序將事物加以排列，以建立其間之不同關係的能力。

㈣集合內涵概念

具體運思期的兒童能從不同向度分類物體，將物體分類成各種不同的集合，各個集合之間又有內涵的關係。例如可將「物」分為「生物」及「無生物」兩類，生物下又分為動物與植物，動物下又分哺乳動物和非哺乳動物；植物下又分為木本與草本植物等等。

㈤空間的心理運作

空間的心理運作涉及到物體內部的關係，有別於算術式邏輯心理運作，空間的心理運作是將某空間的物體視為一個整體的東西。兒童的空間概念是先受知覺完整性及組織性觀念的影響，因此前運思期的兒童思考空間的東西，只能根據物體的外形或最普遍的特徵描述之。而在具體運思期的兒童已能從透視的觀念，從不同向度建立空間概念。例如兒童能認知線段長短的守恒性、角

度大小守恒性、面積大小守恒性。根據皮亞傑的觀點：具體運思期兒童已發展到歐幾里得空間概念的階段，此階段兒童已能建立參考架構，從水平與垂直軸架構確定物體的位置，並且對距離、大小、角度、平行等概念皆具有守恒觀念。

四、形式運思期（十二歲以上）

　　形式運思期的青少年不但可從具體事物作邏輯推理外，尚可從抽象的語文形式作假設推理。換句話說，此一階段的學生，其思考方式已可以擺脫知覺的拘束，而從事類似成人的抽象思考和概念化活動。他們已能夠靠外在的、立即的具體事物，而運用符號和語言，以進行有系統的和抽象的邏輯思考。此時期的認知特徵是：

㈠具有反射性思考（reflexing thinking）

　　此階段的學生思考問題時，能反覆的回頭思考其曾經想過的問題，並加以評鑑。

㈡具有演繹推理能力（deductive reasoning）

　　形式運思期學生可以根據問題性質，提出假設，再根據假設進行演繹推理。

㈢具有實驗的能力

　　此一階段學生已能使用實驗方法，進行控制變因的實驗，以驗證假設的真偽。

㈣具有科學的歸納能力

　　此一階段學生能夠面對問題時，在內心裡想出各種不同組合的解決方式，並歸納出一個有組織有系統的分類組合。

㈤具有命題的心理運作

　　形式運思期學生已能進行命題運作，判斷事情的真偽。

　　綜合皮亞傑認知發展階段的特色，兒童隨著年齡的增加，思考的方式由完全主觀到客觀推理，由動作知覺到抽象概念形成，由具體而抽象，由呆板而富彈性思考，由外表判斷事理而進入實體空間概念，由集中固著而進入多元化觀點建立，由靜態而動態思考，由不可逆而到可逆推理，使認知發展逐漸增加且擴大。

　　總結皮亞傑認知發展階段觀點及實驗，可整理如表 2-1 的綜合表格。

伍、影響認知發展的因素

　　皮亞傑認為影響認知發展的因素有四種：即為成熟（maturation）、經驗（experience）、社會傳遞（social transmission）與平衡作用（equalibration）。

一、成熟

　　由於年齡的增長，個人生理的變化，基因與環境交互作用，而使個人的神經系統及內分泌系統產生變化，影響認知的發展。

二、經驗

　　個人透過成熟及經驗，而導致生理變化、身體變化和心理變化。皮亞傑認為個人以身體動作發展在先，然後再發展心理動作，如此才能將身體動作轉化成思考活動。皮亞傑將經驗分成身體—物理經驗及邏輯—數學經驗兩部分。當兒童以身體動作對物理世界中環境認知，便是身體—物理經驗；以系列、恒等式及一對一方式；了解物體，便是邏輯—數學經驗。因此，經驗的發展是從身體—物理經驗到邏輯—數學經驗，由這些發展逐漸拓展認知結構。

表2-1　皮亞傑認知發展研究綜述

階段 性質	感覺動作期	前運思期	具體運思期	形式運思期
主 要 特 徵	①反應由外界引導 ②除了說名字外，還不會說話。 ③經由動作進行思考。 ④知覺和辨認物體。 ⑤分辨父母及不同動物。 ⑥初步知道方向及目的。 ⑦時間知覺只限於「現在」。 ⑧空間知覺只限於「目前」狀態。	①會說話但不會進行內在心理運思。 ②不會抽象思考，但會直覺推理。 ③十分自我中心。 ④不會可逆思考 ⑤行動易受知覺影響。 ⑥只能靜態思考，不能作轉換思考。 ⑦有短時間的現在未來及過去的時間概念。 ⑧有房屋、庭院鄰居等空間位置觀念。	①具有加減算術法則 ②具有多重分類觀念。 ③具有系列觀念 ④具有補償及乘除法則 ⑤具有可逆思考 ⑥具有分析及集合內涵概念。 ⑦具有一對一對廣概念。 ⑧具有測量觀念 ⑨具有現在、過去及未來時間知覺。 ⑩具有三度空間概念。	①進行假設——演繹推理。 ②命題思考 ③反射思考 ④能綜合再創新 ⑤具有猜測及想像力 ⑥抽象思考 ⑦了解概率 ⑧對道德和價值提批判 ⑨形成理論模式 ⑩時間觀念拓大 ⑪空間包括宇宙及分子概念。
因 果 概 念	不會對結果作判斷	①外在事件只有一種結果。 ②每件事都是結果。 ③每件事發生並不一定有關連：如：我掉了筆，因為我沒有用筆。 ④認為外界事物都是活的。	①了解別人觀點。 ②尋找評判自己觀點和協調別人觀點。 ③解釋事件發生較合邏輯 ④因果循環判斷 ⑤對不了解的事，仍無法以邏輯方式解釋 如：太陽出來是因為我們需要陽光。	①能以理解方式解釋因果關係。 ②能以理論解釋因果關係。 ③能以抽象符號解釋因果關係。

浮沈概念		①任何東西都會沈在水裡。 ②不會以重量判斷物體會浮或會沈在水中。	①不再認為所有東西都會浮上來。 ②會以物體重量考慮沈浮問題,但不會完成考慮容量及物體的關係。	①考慮物體的重量及容量問題。 ②了解浮力原理。
平衡概念		兒童不會利用二邊平衡東西,只會操作一邊東西。	兒童可以以重量或距離判斷平衡概念,但卻無法了解重量和距離之間的關係。	能發現距離與物重量之間的關係。
單擺問題		重複操作單擺玩,但不會觀察,也不會計算單擺擺動次數。	正確觀察單擺擺動次數,但不能作成結論。只能以擺長作判斷,但不能考慮其他因素。	能以擺長長度作正確推論,並考慮重量及作用力等因素。
混合問題		①探索缺乏邏輯。 ②不會比較濃度。	只能對單一瓶子內濃度作判斷。	針對不同條件考慮濃度問題。
守恒實驗		①受物體外表影響而判斷。 ②自我中心及直覺判斷。 ③重視結果,而不重視轉換現象。 ④未具有可逆判斷。 ⑤只重視某一向度而不考慮多向度因素。	①具有補償替代的可逆思考 ②有可逆性反應 ③建立恒等式觀念 ④具有轉換觀念。	視守恒概念為自然現象,沒有耐性,參與這種實驗工作。
階段性質	感覺動作期	前運思期	具體運思期	形式運思期

分類問題		①相似性分類，由以同顏色、同形狀、同大小分類東西。 ②單一向度分類 ③以圖形更分類 如： 可畫成 ○○□□△ △	①分析兩種以上種類 ②多重分類 ③分類歸納 ④集合內涵性 如　物 生物　　無生物 動物　植物　礦物　非礦物 草本　木本　哺乳　非哺乳	①精緻分類。 ②統整及分析。
系列順序		①只能針對相近二個東西比較長短。 ②不能同時比較多個東西順序。 ③未具有A＞B_1 B＞C_1所以A＞C的轉換觀念。	①能同時比較二個以上東西的順序。 ②能從不同向度比較東西順序。 ③用語言表達長短或大小順序有困難。	①會使用假設敘述。 ②會使用（若……則……）的命題推理。 ③可考慮無窮盡問題。
自我中心觀念	①嬰兒一出生後，認為身體和動作是他的外在世界。 ②物的存在只是產生動作的結果。 ③到一歲後才有物獨立存在和物體恒存性觀念。	①不會以別人立場探討社交問題。 ②自言自語遊戲。 ③只注意自己眼前東西，而不管別人前面東西，認為自己所看到的，和別人看到的東西是一樣的。	①會以別人意見、需要及興趣考慮社交活動。 ②對空間判斷，能從不同角度推理，但並非完全具一致性看法。	①會以假設敘述社交活動。 ②對自己身體的變化具有自我意識感。 ③有理想，但會考慮現實問題。
地圖空間觀念	剛開始學走路以在自己家裡或庭院定動。具有家及庭院位置觀念。	①知道自己的學校在那裡，不會畫圖，但用手或方表達。 ②用玩具表示前後左右觀念。 ③不注意方向轉移。	①具有移轉平移觀念。 ②可判斷位置距進。 ③距離和物體大小關係不清楚。	①能畫空間結構圖。 ②能以符號畫空間圖。 ③具有三度空間概念如立體透視、水平及垂直軸協調空間觀念。

三、社會傳遞

兒童在與他人交互作用中，被迫考慮別人對環境的觀點，並藉著語言能力的發展與他人溝通，在社會互動關係中，使兒童由自我中心的觀念轉換成非自我中心的觀念，並培養其道德認知及人際關係的價值觀念。

四、平衡作用

平衡是一種動態的、推展的自我適應的歷程。由於個人認知結構與外界環境交互作用時，產生不平衡，而試圖主動維持穩定狀態的一種同化及調適歷程，使個人學習動機與認知結構連結，以拓展個人認知結構，促進認知的發展。

陸、認知發展論的特色

皮亞傑稱其認知理論爲階段理論，主要是認爲認知發展具有下列特色：

一、認知結構的同時性發展

皮亞傑認爲各種認知發展是同時發生的，彼此之間具有關連性及重疊性。如兒童的數量守恒、重量守恒及質量守恒等認知結構都是同時發生的。

二、認知發展階段的順序不變

皮亞傑認爲認知發展階段有一定的順序，是由感覺動作發展在先，其次爲前運思期，具體運思期及形式運思期。

三、認知發展是認知結構質與量的變化

皮亞傑認爲認知發展主要是認知結構中產生變化，這些變化不僅是認知量的改變，而且是認知歷程中質的變化。

四、認知發展是突發性轉變

　　認知發展雖有固定的發展順序，而且各階段之間有重疊的階層關係；但是從某一階段轉變到另外一個階段的過程是急遽的，而非逐漸式的改變。

柒、皮亞傑認知發展理論在教育上應用及限制

一、皮亞傑認知發展理論在教育上應用

　　皮亞傑認知發展理論認爲兒童的認知發展是受成熟與環境的交互影響，認知發展階段有一定的順序，各階段的發展受年齡的限制；當年齡到達某一階段時，兒童自然會成長到某種認知階段；因此，他主張自然發展與學習準備度的重要性。雖然他強調成熟與學習準備度的觀點，但是其理論在教育上仍具有相當的震撼力。其理論在教育上的應用可分成四項原則分別說明之。

㈠掌握主動學習的特性

　　當前教育主要學習內容，流於重複一連串的事實資料，缺乏讓學生思考及自由發揮的機會，導致學生學習低落，缺乏興趣。學生在學習過程猶如機械反應般，學到一些無意義的內容，淪爲應付考試的機器，缺乏是非判斷力和獨特的創造力。倘若教育能應用皮亞傑認知發展理論的特性，從認知發展主動學習的觀點出發，以設計具有創造力、新奇性及求證性的課程或教育原則，激發學生主動學習的潛力，則學生會樂於學習，並從中產生最大學習功效。

㈡配合學生的認知發展順序

　　根據皮亞傑的認知發展理論，兒童的認知發展階段順序不變；因此各發展階段皆有其應發展的認知結構，教育原則或教學設計須確認學生的認知發展階段，以便編訂課程或進行教學時，

藉以促進學習效果。

(三)善用認知的衝突

根據皮亞傑「平衡作用」理論的界定，即新知識的傳入與學生現有的認知結構不一致時，認知結構即失去平衡，而造成認知衝突。而對衝突情境，學生通常毋須外界任何增強作用，即會主動設法解決，以求恢復原有認知結構的平衡，進而攝取新的知識。因此，教育上運用「認知衝突」情境，須符合適度的新奇原則，即課程內容或教學設計須配合其認知發展結構，始能對兒童認知發展構成挑戰性，不能太難或過易，太難非其能力所及，易遭受失敗的挫折；過易則會失去興趣，均不易引起學習的動機。

(四)運用學習的互動原則

皮亞傑堅信兒童彼此之間，以及兒童與成人之間的合作及互動關係，對兒童的認知發展具有影響力。學生在學習過程中若缺乏了解相對性的機會，自然會停滯在自我中心的觀點。因此，教育上宜透過同儕的交互作用，讓學生與其他同儕之間彼此溝通與交換意見，以建立學生的客觀性認知；並且俾益其道德及情緒之正常發展。

二、皮亞傑理論的限制及應用問題

皮亞傑認知發展理論在教育上應用有其特色及貢獻，但是其理論及研究仍有許多限制有待商榷。

(一)皮亞傑認知發展論的研究方法問題

大部分的研究都能支持皮亞傑認知發展理論的實徵結果，但也有些研究發現若干例外的研究結果，例如皮亞傑認為學齡前兒童的認知發展是屬於前運思期階段，此階段兒童未具有具體運思能力；但是 Gelman, R（1978, 1979）的研究則認為研究方法上

錯誤，使得皮亞傑的研究結果低估學前兒童的認知能力，Gel-
man 認為學齡前兒童已具有數學具體運思能力，與皮亞傑的研
究結果不符合。因此，皮亞傑理論的研究方法有其限制。皮亞傑
理論的研究方法大多採用臨床實驗法，以個別方式研究其三個子
女的認知發展過程，研究結果的外在效度稍嫌薄弱。另外皮亞傑
所採用的實驗工具及實驗過程未必符合兒童真正興趣所在，因此
實驗結果可能高估或低估認知發展階段。

㈡皮亞傑理論只說明「認知」的發展現象，但未敍述「認知如何發
　展」的歷程。

　　皮亞傑重視兒童的認知或心智能力的發展，不重視一般的成
就表現，但是對於認知能力的發展歷程少有提及。另外，皮亞傑
對認知發展的功能只敍述「平衡作用」、「適應」及「組織」等
現象的發生，但其間各種功能如何發生，以及影響的因素為何，
則在其理論中少有敍述。

㈢皮亞傑研究結果有許多爭議問題待探討

　　皮亞傑研究結果有許多問題，到目前仍有爭議。例如皮亞傑
認為語言發展須有思考後，始可建構完成，亦即思考會影響語言
的發展，所以有了思考的發展，才能有語言的發展。但是有些研
究則認為語言即為思考，有了語言即表示其已具有思考，因此語
言發展在前，思考發展在後。類似這些發展先後的問題，一直是
認知發展研究上最受重視且爭論的主題。

　　另外，皮亞傑在認知發展理論上，倡導兒童的主動性，但皮
亞傑所設計的各項實驗作業都是其主觀的建構，是否符合兒童的
好奇心及主動性，值得爭議，也因此造成許多研究結果不一致的
現象。又皮亞傑著重研究兒童認知發展的特徵與發展的階段，以

期求得發展的普徧現象，並就類似常模作敍述，以致誤認此種普徧性即適用於所有的兒童，而忽略每個階段內發展的個別差異問題，此種問題也造成研究結果效度的爭議。

　　雖然皮亞傑的認知發展理論亦有其限制，但是其對教育之貢獻極大，如何應用皮亞傑認知發展理論於教育上，以培養活潑、有創造力及獨立自主的個人，是教育學者所努力的方向。

第二節　布魯納認知表徵論

　　布魯納（J. S. Bruner, 1915–）美國認知心理學家。大學是修習法律課程，後來才轉唸心理學課程。一九四一年榮獲哈佛大學心理學博士學位。一九五二年後任職哈佛大學，並曾任哈佛大學「認知研究中心」主任。一九六三年獲得美國心理學會「榮譽科學貢獻獎」，並曾任該學會會長。其著作和理論對美國教育的改革有鉅大影響力。

　　布魯納認知理論，深受當代發展心理學家韋納及皮亞傑的影響。布魯納對人類認知心理學的研究，多年來曾從知覺、推理思考、認知表徵、教育及嬰兒期的動作發展技巧等領域加以探討。其實他最終目的在探討最有效的教育方式，以促進個人智能的最大發展。布魯納認知理論中重要的觀念包括：

壹、認知發展的意義

　　布魯納對人類認知發展研究導源於種族演化及文化傳遞研究。他認為人類的認知發展是從內外兩種歷程引導出來的。人類的知覺、推理、思考、技巧是一種內向的心理歷程；而教育是在

轉化知識，引導個人改變，是一種外向的歷程。但是，介於內外在歷程間尚有一種內在模型（internal model），即表徵系統（system of representation）。表徵系統是指個人面對外界事物時，所使用的一套法則（Bruner, 1973）。他認為人類具有三種認知模式（model），即「動作表徵」（enactive representation）、「影像表徵」（iconic representation）及「符號表徵」（symbolic representation）；此三種表徵並代表著認知發展的三個階段。布魯納認為這三種表徵系統是平行並存的，但也具有獨特性，三者之間是互補的，而非取代。從「動作表徵」進入「影像表徵」時，動作表徵認知功能仍然存在，而在「符號表徵」階段中，也包含許多行動及影像的認知方式。這種特質即為階層統整性（hierarchical integeration），是指較高階段的發展特性會含攝或綜合較低的發展特性在內。布魯納將兒童的認知發展分為「動作表徵」、「影像表徵」、及「符號表徵」三期。動作表徵期兒童透過動作和實際實物操作方式，了解周圍的事物。影像表徵期的兒童，透過圖片等在感官中留下影像而獲得學習。符號表徵期兒童可以透過語言和抽象化符號了解事物。布魯納認為這三種表徵期的劃分，主要在認知能力與內涵結構化的發展，而不在於階段的明確劃分。教師只要利用適合於學生認知表徵方式呈現教材，例如先以具體的動作表徵方式呈現教材，再以影像表徵呈現同一教材，最後，學生對於抽象的符號教材概念也能了解。

貳、認知發展與智能成長關係

布魯納在教育的關聯性（The Relevance of Education,

1973）一書中說明智能的成長不是平平穩穩的擴展，而是以快速成長的迸進，然後又固定下來，每一次的迸進都包含智慧能量的出現，這些能量是兒童所必須先具備的，然後才能繼續發展下去。

另外，布魯納在邁向教學理論（Toward a Theory of Instruction, 1966）一書中亦提及智能成長過程中，包含由外而內，經由行動的、影像的、符號的三種認知方式，內化外界事物而拓大個人的認知能力，因此環境能改變智能成長。

由此可見，布魯納相信認知發展與智能關係密切，智力的發展是個人認知外界事物持所使用的知識。使用的知識愈精熟，個人智力發展愈佳。

叁、認知發展與教育關係

布魯納認爲人類是經由文化而發展心理能力，而文化的傳遞與繁殖必須藉著教育來發展。教育是在尋求發展心靈能力及敏感性。教育具有雙重任務：一方面是將人類文化累積的知識、型式和價值的一部份，傳遞給個體；另一方面教育在促進個人智能發展。因此，他認爲智能發展的過程及教學有密切關係。

在不同的文化環境中，個人的思考模式便有所不同。簡單的社會中，語言、符號、價值等運用較少，個人智能上也較簡單；但是，在今日高度技術性社會，需要高度的智能，所要求的「符號表徵」相對地提高，文化累積的遺產，必須經由教育方式而傳遞給個人，因此布魯納認爲智能的發展，可以透過教育力量，加速其成長。（Bruner, 1960）

布魯納在一九六○年所發表「教育的過程」一書中，提出

「結構」、「發現」等概念，使得認知發展的研究，深受人們的重視，更對課程計畫的改革產生重大的影響。尤其是他的一項假說：「任何學科的主要概念都可利用某種心智上真實的方式，有效的教給任何發展階段的任何兒童」影響更大。在此一假設中，布魯納主張認知發展與教學方式息息相關。他認為教師只要選取適當的教材，重新用學生可以瞭解的語言予以改編，使它們配合學生的認知發展水準和順序，則能促使學生學會教材所含的基本概念。在一九六五年出版的「心靈的成長」一書中，他也一再強調「教育」與兒童認知發展有密切的關係。由此反映出布魯納對教育的功能與力量，持著相當樂觀的看法。

布魯納對於教育的主張，強調教師使用教學方法，應鼓勵學生主動參與學習；教師應充分利用學生內在學習動機，鼓勵從事直覺思考，並透過發現學習的方式，使學生獲得最大學習遷移能力。（Bruner, 1960）

肆、認知發展與課程組織關係

布魯納認為教育與認知發展有密切關係；同時他強調教育及教學必須透過課程組織，教材結構發揮功能。因此他強調要協助個人智能充分發展，必須靠教育；而教育要發揮成效，必須重視課程組織。所以他一再強調課程的內涵，須根據認知發展理論、教材結構及教學方法而設計。

另外布魯納也重視教材結構問題，他認為教師設計的教材結構應利用學生能了解的認知方式，才能促進個人的認知發展。教師的教學方式應配合兒童認知發展，才能促進學習的效果。

布魯納對課程組織，提倡螺旋式課程（spiral curriculum）。他認為螺旋式課程必須考慮三個因素：㈠對於兒童認知發展的了解；㈡教材是否能適當轉化成學生能理解方式；㈢教學方式應配合兒童認知發展（Bruner, 1966）。因此，布魯納倡設螺旋式課程，主要在申論上述的著名假設，並強調加速學習可促進兒童認知發展。

綜合上述理論的重要觀念，可了解布魯納對認知發展理論有其獨特見解及精闢的看法，對教育、教學及課程改革具有重大的意義。

伍、布魯納與皮亞傑認知發展論的比較

一、布魯納與皮亞傑認知發展相同的觀點
㈠認知發展階段的劃分

布魯納將兒童認知發展分為動作表徵、影像表徵及符號表徵三期；而皮亞傑亦將兒童的認知發展分為感覺動作期（sensori-motor period，出生到二歲兒童）、操作前期（preoperational period，包括三歲到六歲兒童）、具體操作期（concrete operational period，包括七歲到十二歲兒童），和形式操作期（formal operational period，包括十二歲以上者）。這種發展階段的劃分，二位學者的觀點相似，布魯納所指的「動作表徵期」，近似皮亞傑的「感覺動作期」；「符號表徵期」又與皮亞傑的「形式操作期」相當。

㈡認知發展階段具有階層統整性特徵

布魯納認為個人的認知能力從動作表徵期進入影像表徵時，影像表徵期的認知能力亦包括動作表徵能力功能在內；從影像表徵期進入符號表徵期中，個人認知能力亦包含動作及影像能力在

內；這就是所謂階層性。（Bruner, 1966）

皮亞傑認為個人認知發展各階段間具有階層統整特質，較高階層的認知發展能力將含攝或綜合較低層次的認知發展能力。（Piaget, 1969）

因此二位學者對認知發展階段的階層性特質有共同看法。

㈢認知結構的改變是「質」的不同，而非量的改變

布魯納認為個人的認知發展，在認知結構上是質的不同，而不是量的增加。（Brner, 1966）

皮亞傑亦認為個人認知發展能力應著重於質的分析，而非靠統計量數的解釋。

由於二者對於兒童認知發展能力重視質的分析，導致目前的認知發展測驗發展方向與傳統智力測驗發展方向不同。曾如 Elkind（1968）所言，他認為一般心理測驗借重統計，以數量表示心智的發展，而認知發展測量著重於質的分析。

㈣兒童期的動作發展將影響個人未來的認知發展

布魯納早年研究，即從事嬰兒期的動作技巧等方面研究。他發現嬰兒動作形式，先從看、眼球轉動或頭部轉動，慢慢發展出抓、握、嚼的動作，進一步便能與周圍事物產生關聯。因此兒童都從行動中獲得經驗，產生認知作用。所以布魯納認為：幼兒期所發展的一些技巧和動作，對於認知發展非常重要。（Bruner, 1966）

皮亞傑認為兒童認知發展階段的關係是形成不變的順序，是向前發展，而不會向後退化的；階段的演進一定是循序漸進，由較低的階段提昇進入另一較高階段，因此兒童在感覺動作期發展還未成熟時，不可跳越到另一階段之教學。皮亞傑也認為兒童時

期是經由動作和感覺來認識周圍的世界，兒童期的動作發展不佳，將影響日後其他階段的發展。（Kohlberg, 1968）

綜合上述的觀點，可以發現布魯納的認知理論與皮亞傑的「發展認識論」有許多共同的觀點。

二、布魯納與皮亞傑認知發展相異之觀點

雖然布魯納的認知發展觀點與皮亞傑「發展認識論」有許多共同觀點，但二者對於發展階段的劃分及主張有極大不同；皮亞傑從自然發展論觀點支持學習準備度，而布魯納則較傾向於從引導發展論觀點支持加速學習。

Tyler（1964）將學習準備度定義爲個人在從事一種學習活動，必須先具備生理的成熟、心理的成熟及學習心向等三個條件。（梁恒正，民64年）

布魯納認爲認知成長與學習準備度並不是自然成熟的結果，它必須靠外在力量，如教育來引導其發展。他相信教師只要依照兒童的認知發展順序，由動作表徵而影像表徵，最後符號表徵方式，有系統地引導學生通過這些階段，不必坐等成熟或年齡來臨而教學。換句話說，學習準備度是「教導」出來的。布魯納甚至認爲教師若消極等待兒童的成長進入學習準備的程度才施教，這是一種教育的浪費（Bruner, 1966）。

皮亞傑則認爲兒童的發展階段具有固定不變的順序，各個發展階段之順序不可跳級，教學應根據學習者發展狀態，配合兒童的認知發展階段；兒童的認知發展未達到某一水準，教師不可踰越，提早加速其發展到另一階段。（Piaget, 1958）

由此可見布魯納認爲「環境」、「教育」重於「成熟」，而皮亞傑則重視「成熟」及「自然本質」。

陸、布魯納認知理論的研究與應用

一、布魯納認知理論的實徵研究

　　布魯納認爲一個好的教學理論應同時考慮到三個因素：(1)對於學生認知發展的瞭解；(2)教材結構是否能配合學生的認知方式；(3)教學方式應配合學生的認知發展階段。如果能夠符合這三個因素，那麼「任何學科的主要概念，都能以心智上真實的方式，有效地教給任何發展階段的任何兒童。」此一大膽假設，導致教育與心理學者重視學生的認知發展問題之研究。筆者爲探討布魯納理論在教育上應用價值，遂於民國 70 年以來，陸續以布魯納認知理論爲架構編製測驗及研究工具，並從事驗證布魯納理論的實徵研究。以下將分別敍述各篇研究之摘要及研究工具。

㈠學習材料具體化程度與兒童認知發展的關係

　　（ 刊登於國立台灣師範大學教育心理學系教育心理學報，民 70，14 期，205－220 頁 ）

　　1. 摘要部分：

　　本研究的目的有四：(1)以布魯納理論爲基礎，編擬一套能包含「動作表徵」、「影像表徵」及「符號表徵」三種認知能力之測驗，以爲測量兒童認知發展能力之工具。(2)探討年級與兒童認知發展能力之關係。(3)探討都市與鄉村兒童認知發展能力之差異情形。(4)探討智力高低與兒童認知發展能力之關係。受試者爲北市及苗栗縣國小三至六年級共三百廿名學生，男女各半。每位受試須個別參予十題由本研究者自編而成的認知表徵方式測驗，每題均包含三個子題，分別代表動作表徵，影像表徵和符號表徵材料。爲避免在測驗中產生學習起見，測驗時，總先呈現符號式問

題，再以呈現圖畫式或影像式問題，最後再呈現實際材料讓受試操作。本研究所有的資料以多因子變異數分析處理，結果發現：(1)國小三至六年級兒童，皆以「動作表徵」的認知能力為最高，其次為「影像表徵」能力，以「符號表徵」能力為最低。然而，隨年級增加，各年級兒童的「符號表徵」能力間差距顯然大於「影像表徵」能力的差距，及「動作表徵」能力的差距。(2)都市兒童認知發展能力，不論在「動作表徵」、「影像表徵」及「符號表徵」能力，皆優於鄉村兒童。(3)智力高兒童不僅在「符號表徵」的認知能力優於智力低者；甚至於「動作表徵」及「影像表徵」等認知能力皆優於智力低者。這些結果可支持兒童的認知發展能力與年級，地區背景以及智力有密切關係的說法。

2. 研究工具：兒童認知表徵方式測驗（見頁 66-69）

㈡資優兒童與普通兒童認知發展比較研究

（刊登於 國立台灣師範大學教育心理學系教育心理學報，民71，15 期，215-226 頁）

本研究的目的有二：(1)探討資優與普通兒童認知發展能力的差異情形。(2)探討資優兒童加速學習的可行性，並藉以探討以那一種表徵方式，對學生的學習最有幫助。本研究分二階段進行，第一階段受試二百二十四名，取自臺北市國小三至六年級兒童，其中資優與普通兒童各半。每位兒童須個別參予十題由本研究者自編的認知表徵方式測驗，每題均包含三個子題，分別代表動作表徵、影像表徵及符號表徵材料。為避免在測驗中產生學習起見，測驗時總先呈現符號式問題，再呈現圖畫式或影像式問題，最後再呈現實際材料讓受試操作。第二階段受試一百九十二名，取自北市國小三至六年級資優兒童。每年級四十八名兒童隨機分

研究工具：兒童認知表徵方式測驗

一、等量減等量關係：

㈠符號表徵：假如A＝B，C＝D，那麼A－C＝B－D，對嗎？爲什麼？

㈡影像表徵：假如

（由教師操作，學生觀察）

$$\boxed{} = \boxed{} \qquad \boxplus = \square\square\square\square$$

那麼下面二圖斜線部份一樣多嗎？爲什麼？

㈢動作表徵：程序：先呈現兩張同大小紙張，讓受試比較是否相同，再
　　拿出8張同大小之小方格紙，其由4張小紙分散成□□□□，另外四張
　　小紙集中田，再讓學生從一張大紙中每一角落剪去一小方格。再從另
　　一紙中剪去四小紙大的一角落，（即減法田）讓受試比較剩餘部份是
　　否一樣多？爲什麼？

（由學生操作並觀察）

二、等量遞移關係：

㈠符號表徵：假如A＝B，又B＝C，那麼A＝C，對嗎？爲什麼？

㈡影像表徵：（由教師操作，學生觀察）

假如　　一樣長又　　一樣長　　那麼　　會一樣長嗎？　爲什麼？

㈢動作表徵：程序：先呈現兩堆各五支一樣長火柴棒，讓受試將前一堆
　　5支火柴棒，排成己字，另一堆排成直線。問受試兩堆是否一樣長？
　　再呈現一堆5支同長度火柴棒，讓受試排成直線，另一堆6支較短火柴
　　棒，但（6支短總長度＝5支長總長度）問受試再堆一樣長嗎？再問受
　　試排成己字那堆火柴棒與6支一樣長火柴棒一樣長嗎？爲什麼？

（由學生操作並觀察）

三、水面位置關係：

㈠符號表徵：呈現卡片：這裡有3個瓶子圖，每個瓶內都要裝水，水不
裝滿，請以你看法，畫出瓶水的線條來。

㈡影像表徵：請注意看老師倒水在3個瓶中，然後你在卡片上畫出瓶中
水的線條來。

（由教師操作，學生觀察）

㈢動作表徵：程序：給學生3個瓶子，讓學生倒水進瓶中，由學生操弄瓶子，可倒放、橫放、斜放，再讓學生說出瓶中的水與水面成何種關係？為什麼？

（由學生操作並觀察）

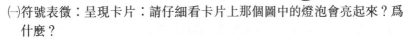

四、電池接電關係：

㈠符號表徵：呈現卡片：請仔細看卡片上那個圖中的燈泡會亮起來？為什麼？

㈡影像表徵：請注意看老師怎麼裝電池、電線、燈泡才會亮，然後你再看圖片中那幾個燈會亮？

（由教師操作）

㈢動作表徵：程序：給學生燈泡、電池和電線各一種，由學生自己練習接電池，然後讓學生回答燈泡如何接法才會亮起來？

（學生操作）

五、水位與外力關係：

㈠符號表徵：呈現卡片：這裡有二個一樣大杯子，二杯內裝水，其中一個杯子水面上放一鐵塊，另一杯子在水面下放鐵塊這二杯水一樣多？為什麼？

㈡影像表徵：這二杯水會一樣多，為什麼？

（由教師操作）

學生觀察

㈢動作表徵：給學生兩個杯子，杯內裝水，其中一杯裝水少，讓學生放鐵塊，在水面下，另一杯內水多，讓學生拉著綁線鐵塊在水面上（此時兩杯水位一塊高）然後問學生，當二杯水中鐵塊都掉入水內，則二杯水會一樣多？

（學生操作）

六、齒輪轉動關係：

㈠符號表徵：呈現卡片：這裡有三個齒輪，假如第一個向左轉，那麼第二個，第三個向那一方向轉？為什麼？

㈡影像表徵：假如齒輪轉法是這樣，那麼：第一個向右轉，第二個向那方向轉？

（教師操作）

㈢動作表徵：程序：給學生一組三個齒輪，由學生操作，然後老師問學生，如果第一個齒輪右轉，那第2個，第3個齒輪會怎樣轉？為什麼？

（由學生操作）

七、撞球問題：

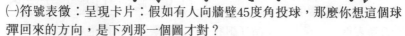

㈠符號表徵：呈現卡片：假如有人向牆壁45度角投球，那麼你想這個球彈回來的方向，是下列那一個圖才對？

㈡影像表徵：假如有人向牆壁投球，投的結果是

（由教師操作）

那麼從45度角投向牆壁，球反彈回來的方向，是下列那一個圖才對？

㈢動作表徵：程序：給學生一個球，由他向牆角投球，向各方向投，讓他觀察球彈回來方向？然後問學生「如果有人向牆壁投45度角球，那麼球彈回的方向是怎樣？」

（由學生操作）

八、單擺問題：

㈠符號表徵：呈現卡片：卡片有一個單擺圖①如果單擺線下端的擺垂愈重，那麼單擺速度會比較慢，對嗎？為什麼？

②又如果單擺線換長些，那麼擺的速度會減慢對嗎？為什麼？

㈡影像表徵：注意看老師操作單擺，然後你再回答問題

①如果擺垂重量相同，但單擺長線不同，擺的速度會相同嗎？

②如果擺垂重量不同，但單擺長線相同，擺的速度會相同嗎？

（由教師操作）

學生觀察

㈢動作表徵：①給學生三個長度不同單擺，擺垂重量相同，由學生操作觀察擺速是否相同？再問其理由？

②給學生三個長度相同單擺，擺垂重量不同，由學生操作觀察擺速是否相同？再問其理由？

（由學生操作）

九、排積木板：

(一)符號表徵：呈現卡片：卡片上有六塊按次序排好之積木，請你將積木次序位置變換，使六塊積木排成平行四邊形，將號碼寫在另一張紙的圖上。

(二)影像表徵：注意老師操作程序，然後你將原積木號碼寫在平行四邊形紙上

（由教師操作）

學生觀察

(三)動作表徵：給學生六塊積木板（按上圖次序掛列）由學生操作，排成平行四邊形。

（學生操作）

十、二次方程關係：

(一)符號表徵：呈現卡片　假如

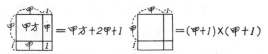

那麼（甲＋1）×（甲＋1）＝甲方＋2甲＋1，對嗎？爲什麼？

(二)影像表徵：假如

（由教師操作學生觀察）

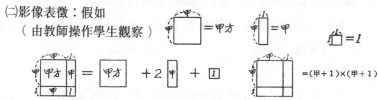

（甲＋1）×（甲＋1）＝甲方＋2甲＋1，對嗎？爲什麼？

(三)動作表徵：程序：呈現一個方板，二個長板和一個小方板，由受試排成比方板更大的正方形，然後讓學生自己記錄大正方形板等於那四部分和，再由學生答大正方形每邊長爲甲＋1，那面積等於（甲＋1）×（甲＋1）。最後問受試

（甲＋1）×（甲＋1）＝甲方＋2甲＋1，對嗎？爲什麼？

（學生操作）

爲三組──動作表徵、影像表徵及符號表徵組。每位受試於實驗前，須先作答第一種符號表徵測驗，然後再按其分派組別，參予一種實驗（由實際材料操作、呈現圖畫式材料、或不呈現材料者），實驗後，再予以測量第二種符號表徵測驗。本研究第一階段資料，將以三因子重覆量數變異數分析處理；第二階段資料，以二因子實驗設計處理。結果發現：(1)三至六年級資優兒童，其認知發展分數，不論是動作表徵分數、影像表徵分數及符號表徵分數皆優於普通兒童。且二類兒童皆以動作表徵分數最高，其次爲影像表徵分數，再次爲符號表徵分數。隨著年級增加，三種表徵分數亦隨著增高。資優兒童與普通兒童的符號表徵分數之差距顯然大於「動作表徵」分數差距及「影像表徵」分數差距。(2)三至六年級資優兒童認知能力加速學習以「動作表徵」方式呈現，其學習效果最佳，再次爲呈現「影像表徵」方式，以只呈現符號表徵方式之學習效果最差。此一結果顯示，以適合兒童認知發展水準的表徵方式呈現教材，纔能有益於兒童的學習。

㈢布魯納式認知發展能力測驗之編製及其相關研究

（刊登於中國測驗學會測驗年刊，民74，第 32 輯，53-66 頁，與林清山合著）

1.摘要部分：

本研究的主要目的在驗證布魯納認知理論的正確性及其在我國科學教育實際應用的可能性。先以布魯納認知發展理論爲基礎，編製一套適合我國中小學生能適用的認知發展能力測驗；測驗内容包含數學、物理、化學等方面教材；每一試題能同時以動作表徵、影像表徵及符號表徵三種材料呈現，分別測量學生三種認知表徵能力。然後藉此測量工具來探討不同年級國小學生三種

認知表徵能力的發展情形；並藉以比較智能不足生、普通生與資優生三種認知表徵能力差異的特徵。

　　本研究編製的認知發展能力測驗，係以北市國小三至六年級學生四百九十名爲受試，以個別方式進行測驗。測驗實施過程，爲避免產生學習起見，每一試題的三個子題均先呈現符號表徵材料，再呈現圖片材料，最後再呈現實際操作性材料。根據測驗結果的資料分別建立樣準分數及百分等級常模；本研究並完成題目設計、測驗器材、測驗實施手册、評分標準，信度及效度分析等多項成果。從常模的分析中亦發現：不同年級學生的三種認知表徵能力有顯著不同；其中以六年級學生的三種表徵能力爲最高，以三年級學生的三種表徵能力爲最低。隨著年級增加，三種表徵能力亦隨之增加。各年級學生皆以動作表徵能力最高，其次爲影像表徵能力，以符號表徵能力最低。

　　其次，本研究爲比較不同能力組學生的認知發展差異特徵，以北市及北縣國小四年級資優生六十名，普通生一百四十四名及智能不足生九十七名爲對象，分別實施認知發展能力測驗。測驗結果以單因子多變項變異數分析加以處理。結果發現：資優生的三種表徵能力皆優於普通生和智能不足生。各組學生的三種表徵能力，皆以動作表徵能力最高，其次爲影像表徵能力，以符號表徵能力最低。此項結果說明「智力與認知發展能力之間具有密切的關係」。

　　2.研究工具：

　　認知發展能力測驗

㈠遞移律

　　(A)符號表徵：（材料：卡片）

假若 A＝B 又 B＝C，那麼 A＝C 對嗎？爲什麼？請你舉例說明。

(B)影像表徵：（材料：卡片）

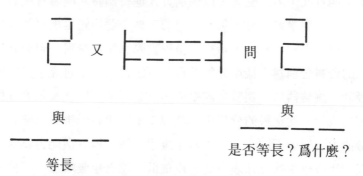

　　　與　　　　　　　　　　　　　與
　─────　　　　　　　　　─────
　　等長　　　　　　　　　　　　是否等長？爲什麼？

(C)動作表徵：〔材料：綠色竹棒（4 公分）10 支，紅色竹棒（5 公分）4 支。〕

　(1)主試者將綠棒排成等長兩排，問：這兩排是不是一樣長？

　(2)主試者指導受試者將其中一排綠棒，排成己字形。

　(3)要求受試者將 4 支紅棒排成一直線和一排綠棒比較問二排是否一樣長？

　(4)最後主試者問：紅木棒和己字形的綠棒是否一樣長？

(二)等量減等量

　(A)符號表徵：（材料：卡片）

　　假如 A＝B，C＝D，那麼 A－C＝B－D 對嗎？爲什麼？請你舉例說明。

　(B)影像表徵：（材料：卡片）

　(C)動作表徵：〔材料：白紙（13 公分×19 公分）2 張，小紙

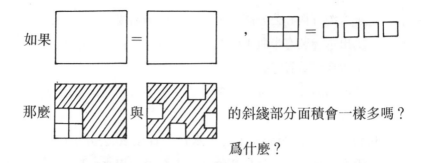

片（4 公分×4 公分）4 張，田字形紙片（8 公分×8 公分）1
張〕。

(1)呈現兩張相同大小的白紙，問：2 張紙是否相同大小？

(2)拿出一張呈 $\boxplus$ 字的大正方形及 4 張□的小正方形，
問：二者面積相同嗎？

(3)讓受試將 $\boxplus$ 字擺在白紙的一角，另 4 張小正方形任
意擺在另一張白紙上，問：剩下的空白部分是否一樣
多？為什麼？

(三)水平面

(A)符號表徵：（材料：卡片）

（甲）　　（乙）　　（丙）　　（丁）　　（戊）

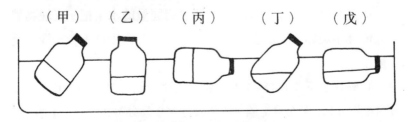

圖中哪幾瓶內水面位置正確？為什麼？

(B)影像表徵：〔材料：卡片、水盆（直徑 20 公分）1 個，瓶

子（約直徑 6 公分高 8 公分）內裝半瓶墨水〕。

⑴出示一裝有半瓶水的瓶子，由主試放置水槽中，任意擺置要受試者仔細觀察。

⑵出示圖片（同符號表徵）要受試者選出瓶內水面位置正確者。

(C)動作表徵：〔材料：卡片，水盆（直徑 20 公分）1 個，瓶子（約直徑 6 公分高 8 公分）內裝半瓶墨水。〕

⑴出示一裝有半瓶水的瓶子，由受試者放置水槽中，任意擺置並仔細觀察。

⑵出示圖片（同符號表徵）要受試者選出瓶內水面位置正確者。

㈣阿基米德原理之應用：

(A)符號表徵：（材料：卡片）

假如一物體放入水中，而該水上升的體積即為該物體的體積，如今有一大塊物體投沈入水中，水面上升的高度與將此物體分割成四塊丟入水中，其水上升的高度，會不會一樣？為什麼？

(B)影像表徵：（材料：卡片）

這裏有 2 個同樣大的燒杯，裝了相同量的水，把一大塊物體丟入燒杯中與鋸成 4 塊丟入燒杯，二者上升高度會不會一樣？為什麼？

(C)動作表徵：〔材料：250 毫升燒杯 2 個，壓克力方塊（4 公分×4 公分×2 公分）1 個，（2 公分×2 公分×2 公分）4 個〕。

⑴拿出 2 個燒杯，各裝 150ml 水要受試者檢查兩杯水有沒有一樣高。

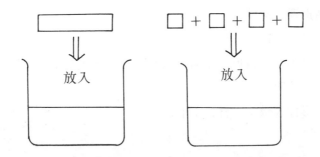

(2)拿出一塊及四小塊物體，告之：我用這一大塊割成這四小塊。

(3)由受試者將一大塊及四小塊物體分別丟入水中。

(4)問：這兩杯水上升高度有沒有一樣？爲什麼？

㈤比比看

(A)符號表徵：（材料：卡片）

假如 A、B 都是正數，且 3A＝2B，那麼 4A 與 4B 的關係是

4A＞4B，4A＝4B 或 4A＜4B？爲什麼？

(B)影像表徵：（材料：卡片）

假如 ⬚⬚ 三支紅木棒和二支綠木棒等長，那麼想想看：4 支綠木棒和 4 支紅木棒那個長？爲什麼？

(C)動作表徵：〔材料：綠色竹棒（9公分）4 支，紅色竹棒（6公分）4 支。〕

(1)令受試者拿出 3 支紅木棒和 2 支綠木棒，分顏色各排成一直線，問：是否一樣長？

(2)再拿出 1 支紅木棒和 2 支綠木棒，要受試者用 4 支綠木

棒和 4 支紅木棒分別排成一字形，問哪個長？爲什麼？

㈥三角形邊長定律

　　(A)符號表徵：（材料：卡片）

　　是不是三角形，任何兩邊長的和一定大於第三邊嗎？請加
　　以說明。

　　(B)影像表徵：（材料：卡片）

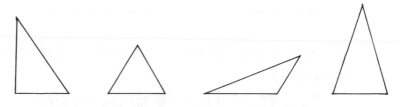

　　是不是三角形任何兩邊長的和一定大於第三邊的長？請加
　　以說明。

　　(C)動作表徵：（材料：15 公分，12 公分，10 公分，7 公
　　　分，5 公分竹棒各 1 支）。

　　⑴呈現若干支長短不一的小竹棒。

　　⑵由受試者任取其中三支排成一三角形。

　　⑶主試者問：你比比看，是不是任何兩邊長的和一定大於
　　　第三邊？

㈦三角形內角和

　　(A)符號表徵：（材料：卡片）

　　已知一直線的角度是 180°，那麼三角形三個角度和是多
　　少？你如何知道的？請證明看看。

　　(B)影像表徵：（材料：卡片）

　　已知一直線角度爲 180°，你是否可由圖中看出三個角的

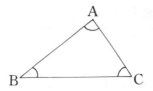

角度和是多少？為什麼？

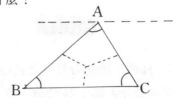

(C)動作表徵：〔材料：三角形紙板（邊長 36 公分，30 公分，24 公分）1 張，並切割成三份〕。

(1)呈現三張已剪裁好的紙版，由受試者將其拼成三角形。

(2)問受試者：此是否為三角形？

(3)再問受試者：要如何證明，三角形內角和為多少？

(八)槓桿原理：

(A)符號表徵：（材料：卡片）

如果在距離支點 c 及 d 距離的兩端各給予 A 及 B 大小的力，問：在什麼情況下，槓桿會平衡不動。

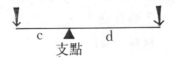

c ▲ d
支點

(B)影像表徵：（材料：卡片）

有一槓桿裝置如圖，在左邊距離中心點兩個空格的位置垂放四個砝碼，問：在右邊距離中心點四個空格的位置垂放

幾個砝碼,才能平衡?

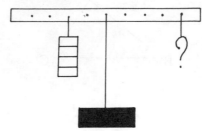

(C)動作表徵:〔材料:壓克力製拼合式槓桿(底座:15公分
×10公分×4公分,高:24公分,寬:30公分,砝碼10
克,20克各一個〕。

(1)出示槓桿且安裝好,和大砝碼40克,小砝碼20克。

(2)由主試者將大砝碼掛在一邊,距離為二格,則要求受試
者拿20克法碼掛在另一邊,使其平衡。

(3)再問受試者:如何知道該掛此位置。

(九)平方的運用

(A)符號表徵:(材料:卡片)

你能不能利用此圖看出(甲+1)
×(甲+1)=?為什麼?

(B)影像表徵:(材料:卡片)

(C)動作表徵:〔材料:卡紙片(8公分×8公分)1張,(8
公分×3公分)6張,(3公分×3公分)9張〕。

(1)由主試者排出如影像表徵(甲+1)^{2}的正方形,問受試
者:此正方形有?甲方?甲?

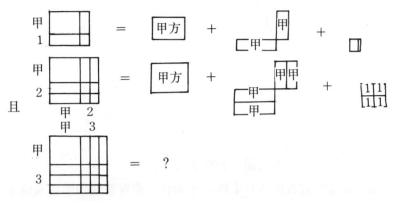

(2)再由受試者拼（甲＋2）^{2}的正方形，問：此正方形有？
甲方？甲？

(3)繼由受試者排（甲＋3）^{2}的正方形，但不再給小塊，
問：（甲＋3）×（甲＋3）＝？

(十)等差級數：

(A)符號表徵：（材料：卡片）

呈現卡片：卡片上

$$1=1\times1$$
$$1+3=4=2\times2$$
$$1+3+5=9=3\times3$$
$$1+3+5+7=16=4\times4$$

再問 $1+3+5+7+9+11+13+15=$ ？×？

(B)影像表徵：（材料：卡片）

呈現圖片卡片

$$1=1\times1$$
$$1+3=4=2\times2$$
$$1+3+5=9=3\times3$$

$$1+3+5+7=16=4\times4$$

$$\vdots$$

$$\vdots$$

問 $1+3+5+7+9+11+13+15=?\times?$ 爲什麼？

(C)動作表徵：（材料：鈕子：黃色 1 顆，藍色 3 顆，橙色 5 顆，紅色 7 顆）

(1)呈現各種不同顏色的鈕子及卡片

(2)令受試者依卡片上數字及顏色，取奇數個鈕子排列成正方形，每加一次，即問受試正方形每邊有幾個鈕子？

（從 1，1+3，……依此類推至 1+3+5+7）

(3)問受試：$1+3+5+7+\cdots\cdots+15=?\times?$

(十一)立方體積的和

(A)符號表徵：（材料：卡片）

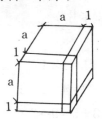

由此圖，可看出它由幾個大方塊、扁方塊、長方塊、小方塊組成？

又問（a+1）×（a+1）×（a+1）＝？

爲什麼？

(B)影像表徵：（材料：卡片）

給予大正立方體實際觀看，但不近玩

再問：$(a+1)^3=?$

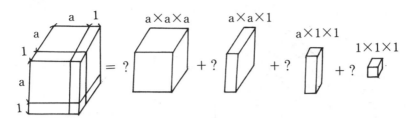

(C)動作表徵：〔材料：大立方塊（10公分×10公分×10公分）1個，

黃色方塊（7公分×7公分×7公分）1個，

紅色方塊（7公分×7公分×3公分）3個，

藍色方塊（7公分×3公分×3公分）3個，

白色方塊（3公分×3公分×3公分）1個〕

(1)呈現積木讓受試者將積木排成一大正方體。

(2)由受試者將此正方體拆開，依形狀不同，將它們分爲4類，且分別依上面標示的體積説出 $(a+1)^3 = ?$

（十二）畢氏定理：

(A)符號表徵：（材料：卡片）

有一直角三角形

$c \times c = a \times a + b \times b$

對不對？

能不能請你説明一下。

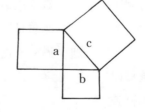

(B)影像表徵：（材料：卡片）

(C)動作表徵：〔材料：直角三角形紙片（邊長9公分，12公分，15公分）1張，小正方形紙片（3公分×3公分）25張，正方形紙片（9公分×9公分，12公分×12公分，15公分×15公分）各1張〕。

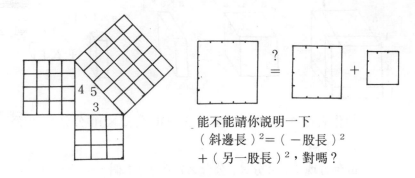

能不能請你説明一下
（斜邊長）²＝（一股長）²
＋（另一股長）²，對嗎？

(1)主試者呈現一直角三角形及三個不同的正方形。

(2)讓受試者利用小正方形先排滿直角邊兩個正方形，再將
　　這之中的小卡片排列到大正方形中。

(3)問：直角三角形（斜邊長）²＝（一股長）²＋（另一股
　　長）²，對嗎？為什麼？

認知表徵能力測驗答案紙

姓名：　　　　　性別：　　　生日：　　年　　月　　日

學校：　　　　　年級：

智力測驗：　　　數學成績：　　　自然成績：

主　試　者：　　　測驗日期：

　　　　　　　　通　過　不通過　理　　　由

(一)遞移律

　(A)符號　　_____　_____　_____

　(B)影像　　_____　_____　_____

　(C)動作　　_____　_____　_____

(二)等量減等量

　(A)符號　　_____　_____　_____

(B)影像　　　_____　_____　_____

(C)動作　　　_____　_____　_____

(三)水平面

(A)符號　　　_____　_____　_____

(B)影像　　　_____　_____　_____

(C)動作　　　_____　_____　_____

(四)阿基米德原理

(A)符號　　　_____　_____　_____

(B)影像　　　_____　_____　_____

(C)動作　　　_____　_____　_____

(五)比比看

(A)符號　　　_____　_____　_____

(B)影像　　　_____　_____　_____

(C)動作　　　_____　_____　_____

(六)三角形邊長定律

(A)符號　　　_____　_____　_____

(B)影像　　　_____　_____　_____

(C)動作　　　_____　_____　_____

(七)三角形內角和

(A)符號　　　_____　_____　_____

(B)影像　　　_____　_____　_____

(C)動作　　　_____　_____　_____

(八)槓桿原理

(A)符號　　　_____　_____　_____

(B)影像　　　_____　_____　_____

(C)動作　　　＿＿＿＿　＿＿＿＿　＿＿＿＿＿＿

(九)平方的運用

　(A)符號　　　＿＿＿＿　＿＿＿＿　＿＿＿＿＿＿

　(B)影像　　　＿＿＿＿　＿＿＿＿　＿＿＿＿＿＿

　(C)動作　　　＿＿＿＿　＿＿＿＿　＿＿＿＿＿＿

(十)等差級數

　(A)符號　　　＿＿＿＿　＿＿＿＿　＿＿＿＿＿＿

　(B)影像　　　＿＿＿＿　＿＿＿＿　＿＿＿＿＿＿

　(C)動作　　　＿＿＿＿　＿＿＿＿　＿＿＿＿＿＿

(十一)立方體積的和

　(A)符號　　　＿＿＿＿　＿＿＿＿　＿＿＿＿＿＿

　(B)影像　　　＿＿＿＿　＿＿＿＿　＿＿＿＿＿＿

　(C)動作　　　＿＿＿＿　＿＿＿＿　＿＿＿＿＿＿

(十二)畢氏定理

　(A)符號　　　＿＿＿＿　＿＿＿＿　＿＿＿＿＿＿

　(B)影像　　　＿＿＿＿　＿＿＿＿　＿＿＿＿＿＿

　(C)動作　　　＿＿＿＿　＿＿＿＿　＿＿＿＿＿＿

(四)布魯納理論應用於中小學生認知學習的成效研究

　1.摘要部分

　（　刊登於國立臺灣師範大學教育心理學系教育心理學報，
　民　74，18期，191–228頁　）

　　本研究利用自編的認知表徵能力測驗，分別測量中小學生的
動作表徵、影像表徵與符號表徵等三種認知表徵能力，藉以驗證
布魯納認知發展理論的正確性及其在我國實際應用的可能性。

　　本研究所使用的認知表徵能力測驗，是研究者根據布魯納的

認知發展理論而設計。內容包含數學、物理、化學、生物及地球科學等方面教材;每一試題均同時包含三個子題,分別代表動作表徵、影像表徵及符號表徵材料。爲避免在測驗中產生學習起見,測驗實施時,每一試題的三個子題均呈現符號表徵材料,再呈現圖片材料,最後呈現實際操作性材料。

爲比較不同性別、年級國小學生表徵能力差異,以北市國小三至六年級學生共一百六十名(男女各半)爲受試,接受認知表徵能力測驗。以二因子多變項變異數分析,二因子重覆量數變異數及趨向分析處理資料的結果發現:國小男女生的三種認知表徵能力有顯著差異。各年級學生皆爲動作表徵能力最高,影像表徵能力次之,符號表徵能力最低。年級愈高,三種表徵能力也愈高。

爲比較不同性別、年級國中學生表徵能力差異,則以北市國中一至三年級學生共一百二十名(男女各半)爲受試,接受認知表徵能力測驗。以二因子多變項變異數分析及二因子重覆量數變異數及趨向分析處理資料結果發現:國中男女生的三種認知表徵能力並無顯著差異。各年級學生三種能力也無差異存在。惟各年級學生在符號表徵能力的差距甚大,在動作表徵能力的差距最小。

爲探討不同智力組織認知表徵能力差異,以北市及北縣國小啓智班、普通班及資優班四年級生及國中益智班學生各四十名爲受試,分別接受認知表徵測驗,以單因子多變項變異數分析處理,結果發現:資優生的三種表徵能力皆優於普通生及智能不足生。各組學生的三種表徵能力,皆以動作表徵能力最高,其他依次爲影像表徵能力與符號表徵能力。

　　爲探討不同教學策略效果，以北縣國小五年級學生一百五十名爲受試，隨機分成三組，每一組受試皆以個別方式接受不同教學策略，然後再接受認知學習測驗。所得資料以單因子單變項變異數分析處理。結果發現：「以先動作而影像而符號」教學策略組的認知學習效果優於「先影像而符號」組與「符號」組。此項結果表示先給受試實物操作，再呈現圖片，最後呈現符號材料的教學效果優於先呈現圖片，再呈現符號材料的教學效果，更優於只呈現符號材料之教學效果，如表2-2所示。

　　爲探討加速學習可行性，以北縣國小四年級學生共四十八名爲受試。研究結果發現接受「先動作而影像而符號」加速學習組學生的認知學習效果優於未加速學習組學生。同時爲進一步探討加速學習是否因年級不同而有所不同，再以北市國小四年級和五年級學生各九十六名爲受試；結果發現：雖然四年級及五年級學生皆以「先動作而影像而符號」組認知學習效果最佳，以「先影像而符號」組次之，以「符號」組學習效果最差，但是，年級與教學策略之間有交互作用效果存在。表示四年級學生與五年級學生在各種教學策略間差距有顯著不同，其中以五年級學生的各種教學策略之間的差距顯然大於四年級學生在各種教學策略的差距。

(五)國中學生認知能力與創造力的關係研究

　　（刊登於國立臺灣師範大學教育心理學系，教育心理學報，民 75，19 期，85-104 頁）

　　本研究是根據布魯納認知發展觀點，探討國中生在年級性別及段別不同下，學生認知表徵能力及創造力之差異性；並進一步探討認知能力與創造力之間的關係。利用一、二年級前後段班男

表2-2
三種策略
實驗教材
對照表

	策　　　　略　　　　一		
教學策略名稱	〔先　動　作　而　影　像　而　符　號〕策　略		
教材內容： 平方和概念	動作部分 呈現正方板 、長方板及 小正方板讓 受試者實際 操作	影像部份 如 	符號部分 如（甲＋1） ×（甲＋1） ＝甲方＋2 甲＋1
奇數和概念	讓受試排鈕 扣		$1=1\times1$ $1+3=4=2$ $\times2$ $1+3+5=9$ $=3\times3$
畢氏定理	讓受試排方 格 數方格		$3\times3+4\times4$ $=5\times5$
立方和概念	讓受試排立 方塊		$(a+1)\times(a$ $+1)\times(a+$ $1)=a^3+$ $3a^2+3a+1$
呈　現　順　序	先以實物操作，再呈現圖片說明，最後呈現 符號		
教學總時間	40 分鐘		
評　量　方　式	認知學習測驗 50 分鐘		
備　　　　註	每種概念教學 10 分鐘爲原則		

策略 二		策略 三
〔先影像而符號〕策略		〔符號〕策略
影像部份 如	符號部分 $(甲+1)×(甲+1)=甲方+2甲+1$	符號 $(甲+1)×(甲+1)=甲方+甲+甲+1$ $=甲方+2甲+1$
	$1=1×1$ $1+3=4=2×2$ $1+3+5=9=3×3$	$1=1$ $1+3=4=2×2$ $1+3+5=9=3×3$ $1+3+5+7+……+15=$
	$3×3+4×4=5×5$	$3×3+4×4=25=5×5$
	$(a+1)×(a+1)×(a+1)=a^3+3a^2+3a+1$	$6×6+8×8=100=10×10$
先呈現影像圖片，再呈現符號		直接呈現符號
40分鐘		40分鐘
認知學習測驗 50分鐘		認知學習測驗
每種概念教學 10分鐘		每種概念教學 10分鐘

女生共一百六十名爲受試；以認知表徵能力測驗，拓弄思圖形創造思考測驗，及拓弄思語文創造思考測驗等爲工具。所得資料以三因子多變項變異數分析、皮爾遜積差相關分析，及典型相關分析等統計方法進行處理，結果發現：

　　(1)國中二年級學生的認知表徵能力（尤其在符號表徵及影像表徵能力上）優於國中一年級學生。男生在符號表徵及影像表徵能力上亦優於女生。前段班學生的三種認知表徵能力（符號、影像及動作）皆優於後段班學生。

　　(2)在圖形創造力及語文創造力方面，年級與性別間都沒有差異，但是前後段學生則有顯著不同，以前段班學生的各項創造力皆優於後段班學生。

　　(3)各種認知能力與創造力之間有相關存在，但是認知能力與創造力是不同能力，認知能力不能有效解釋創造力各變項變異。

㈥科學學習材料具體化程度對中小學生認知學習的成效研究

　　（刊登於國立臺灣師範大學教育心理學系，教育心理學報，
　　民 76，20 期，17－36 頁，與林清山合著）

　　　本文爲有關「科學學習材料具體化程度對中小學生認知學習的成效研究」一系列兩年研究計畫的第二年研究報告。利用本研究第一年計畫中所編製的認知發展能力測驗爲工具，繼續探討布魯納認知理論應用於中小學生科學教育的可行性及其理論的正確性。其目的有四：(1)探討不同年級、性別及段別的國中生認知發展能力之差異。(2)探討自編的認知發展能力測驗與紙筆式認知測驗間的關係。(3)探討不同教學策略對國小學生認知學習效果的影響。(4)探討加速學習對促進國小學生認知學習效果的可能性。

　　　爲探討本研究目的(1)，以國中一、二年級前後段男女生共二

百四十名爲受試,實施認知發展能力測驗。以三因子多變項變異
數分析及單變項分析處理資料的結果發現:國中二年級學生認知
發展能力優於一年級生,尤其是符號表徵能力及影像表徵能力
上,二年級生皆高於一年級生。男生在符號表徵及影像表徵二項
能力上顯然優於女生。前段班學生不論在動作、影像及符號表徵
三項能力上皆優於後段班學生。

目的(2)的研究,仍以上述二百四十名受試爲對象。經皮爾遜
積差相關結果得知:本研究編製之認知發展能力測驗與紙筆認知
測驗間具有高相關,說明自編的認知發展能力測驗爲一有效的認
知能力測量工具。

本文目的(3)的研究中,則以國小五年級學生共一百八十名爲
受試。他們被隨機分成四組,每組接受一種教學策略,然後測量
各組認知學習效果。經單因子變異數分析結果發現:「先動作而
影像而符號組」及「先影像而符號組」二組的教學效果最佳,以
「符號組」及「動作組」二組的教學效果最差。

爲探討本研究目的(4),以一百六十五名國小四年級學童爲受
試並將他們隨機分爲二組。一組受試以國小六年級以上的教學教
材,利用先動作而影像而符號的教學方式使其加速學習;另一組
受試則不予加速學習。二組受試在實驗處理後,隨即接受認知學
習測驗的測量。經過考驗分析結果發現:接受「先動作而影像而
符號」加速學習組的認知學習效果優於未加速學習組。同時經進
一步探討四年級加速學習組與五年級不同教學策略組的認知學習
效果,發現:四年級加速學習組與五年級接受「先動作而影像而
符號」教學策略組之學習效果並無顯著不同,但是皆優於五年級
「先影像而符號組」、「符號組」及「動作組」之學習效果。這

些證據説明加速學習顯然具有可能性。

　　本研究上述結果，支持了布魯納認知理論的觀點：「任何學科的主要概念都可利用某種心智上真實方式，有效的教給任何發展階段的任何兒童」，也就是説教師只要能配合學生認知發展的水準，以動作表徵、影像表徵而符號表徵的順序，協助學生產生認知上的重組，學生必能學會教材所含的概念而產生真正的學習。

二、布魯納認知理論在教育上應用

　　布魯納認爲在教育的過程，教師要能配合學生的認知發展水準，以符合學生認知結構的表徵順序呈現教材及教法，協助學生產生認知上的重組，學生必能學會教材所含的概念而產生真正的學習。因此，布魯納認知理論在教育上應用可從四部分敍述之。

㈠認知發展及認知結構的瞭解

　　布魯納將兒童認知發展分爲動作表徵、影像表徵及符號表徵三個階段，每個階段雖無年齡的絕對限制，但是每個階段的認知結構不同，個人所使用的表徵方式也不相同，教師在教學過程必須瞭解學生的認知發展階段，才能將教材以最適當方式，提供給學生學習，以增進學生的認知能力成長。

㈡教學歷程應配合認知發展

　　布魯納認爲「教師如何將學習材料以最適當方式，提供給學生學習」這個問題，並沒有特定的順序，但是它與認知發展歷程有密切關係。個人的認知發展，先由動作表徵方式，經「影像表徵」而發展到「符號表徵」，最佳的順序當然是配合這種認知發展的歷程。

　　不過，布魯納亦強調教學策略順序的呈現，必須先配合個人

認知發展階段，再考慮個別差異及教材性質。例如有些人雖然已達到符號表徵期，但仍常以影像表徵作爲最有效經濟的認知方式；教師教學時，必須考慮個別差異的因素。

另外，教師使用的教材性質也應配合學生認知方式，有些學習材料以「動作表徵」的認知最有效中教師提供學生的教材就應與此認知方式配合。譬如國小學生對數學教材的認知方式，以動作表徵、影像表徵及符號表徵的順序呈現，其認知學習最有效。因此如何將國小及國中生數學教材加以設計，以配合學生的認知發展方式，是值得重視的問題。

㈢教學過程應掌握學生的內在動機

布魯納在教學理論中強調教師的教學方法應重視學生的內在學習動機，包括好奇心、成就動機、認同感及互惠感。

1.好奇心：是個人一種心理滿足感，是內在動機的原型。因此教師教學應設計活潑、新奇課程，以引發學生學習動機。

2.成就動機：是個人與外界互動時，個人內在所具有的適切感、能力、才幹、精熟或技巧等表現的心理需求。此種動機強調個人的責任感，自動自發的學習態度，以及獨立自主及行動後所產生的自信心。自信心的形成是個人自由意願下操控外在環境，從中獲得內心的喜悅，而非來自社會讚賞及外在的增強。教師教學時應隨時滿足學生成就感，以建立自信，促進學習效果。

3.認同感：是個以他人爲楷模對象的傾向。兒童時期是以父母或老師爲認同楷模，學習語言，並且內攝父母及師長的價值意識，是屬於自我維持的內在規範。因此，教師在教學過程應提供自由空間讓學生思考，以內化其價值意識，促進學習及認知。

4.互惠感：是人與生俱來的與他人交往溝通的心理傾向。互

惠感將促進學生與人合作及溝通能力。因此,教師應重視學生的合作及互動的學習關係,以增進其學習效果。

總之,布魯納主張教學過程應重視兒童的內在動機,教師在引導學生的認知活動,應使學生免於受外在酬賞和懲賞的直接控制。學習的過程,是由外在力量轉向內在獎賞,使學生養成自動自發的態度,學習是自我導向的,而非他人為主的。

㈣教學應重視學生認知歷程

布魯納認為教師在教學過程中應重視學生認知歷程,強調「如何學習」的歷程。也就是說,當學生遭遇困難時,會知道如何運用已有的概念、原則等事實性知識去解決新問題。教師應鼓勵學生從發現中獲得學習;發現學習可以幫助學生學習到各種解決問題的策略,並且將各種認知知識或資料轉換成更有用的訊息,幫助他們知道如何着手學習,以促進最大的學習遷移。

第三節 訊息處理理論

在現代心理學領域中,認知心理學是新興的學門,主要是探討人類「認知的歷程」、「如何獲得知識」、「如何儲存知識」、及「如何運用知識」。而訊息處理是以電腦處理訊息的過程說明人類的認知歷程;因此,訊息處理理論成為認知心理學研究核心。訊息處理論探討人類認知發展的歷程,而不重視認知發展的階段。此派理論認為認知發展與思考歷程息息相關,而與思考活動有關的內容,如知覺、記憶、及假設的產生與驗證等三部分即為此理論研究的主題。知覺與新資訊或知識的輸入及轉換有關,記憶與資訊的儲存和檢索有關;假設的產生與驗證則與問題

的解決與執行有關。所以訊息處理重視認知的分成及認知的處理
歷程,而不重視認知的發展階段及原因。從訊息處理論探討認知
發展的問題,主要著重於各年齡階段的知覺、記憶或解題的容量
及歷程;例如,探討某一年齡兒童的記憶容量和技巧,及記憶改
變的歷程等問題。故本節將分別敍述認知單位、認知歷程與及訊
息處理理論在教育上意義等三部分。

壹、認知單位

　　基本上,訊息處理理論認爲認知是一個人如何獲得、組織及
處理有效知識的歷程。人的認知結構,在先天上,是透過大腦的
功能,自然地吸收環境中的訊息。認知系統的發展主要是經由既
有的先天認知基模,去處理環境中有關的訊息,以獲得知識,然
後再發揮適應的功能。訊息處理理論探討人類認知的結構是從思
考的內容着手,他們認爲思考的單位有四:即基模 (schema-
ta)、符號 (symbols)、概念 (concepts) 及原則 (rules),
這四種單位即爲認知的基本單位。

一、基模

　　基模是思考的最基本單位,代表個人對外界事物的心理表
徵;也就是個人將外界事物概化而儲存在認知系統中,然後再經
由分類組合而形成知識。此種解釋與皮亞傑所謂的「基模」
(scheme) 的意義不同,皮亞傑認爲基模是行爲發展的基本單
位,是屬於行爲組型,是一種行動或感覺。但是訊息理論所謂的
基模,是一種知識或抽象的形式。

　　訊息處理理論認爲基模是每個人先天所具有的,這些基模是
個人認知及知識形成的基礎。傑菲 (Jeffey) (1968) 和麥克

（McCall）（1971）兩人從習慣化（habituation）現象證明嬰兒先天具有心理表徵。他們設計實驗情境，讓嬰兒注視白色底的黑圈圖片，當嬰兒最初注視圖片時，其心跳及呼吸速率會有所改變，由此說明嬰兒對新材料產生不習慣現象。但當實驗中多次呈現相同的材料後，嬰兒注視圖片的時間縮短，而且心跳及呼吸速率恢復平常狀態，由此種現象，研究者推論嬰兒已習慣黑圈的圖片，對同一種材料感到厭煩，因此不再注視黑圈圖片。當實驗者再呈現新材料（如不同顏色的圈圈圖片）時，嬰兒的注視時間、心跳及呼吸再度變化，表示嬰兒不習慣新材料。從這些實驗結果說明嬰兒已有黑圈的心理表徵，然後概化而儲存於認知系統中，嬰兒才會比較不同顏色的圈圈，產生不習慣或習慣傾向。

另外，柯恩（Cohen）、傑伯（Gelber）和拉茲（Lazer）（1971）的研究指出嬰兒最初儲存的心理表徵是很單純的。他們以四個月大的嬰兒爲研究對象，先呈現紅圈圖片十六次，再呈現綠圈（顏色不同）、紅三角形（形狀不同）、及綠三角形（顏色及形狀皆不同）等試驗各兩次。其結果發現：當圖片中的形狀及顏色同時改變時，嬰兒的「不習慣」現象最嚴重，也就是指嬰兒注視時間、呼吸及心跳速率會有變化。當圖片中的顏色或形狀單獨改變時，嬰兒也會產生不習慣現象。由此說明，嬰兒具有基模，而且基模的概化及貯存是很簡單的。

綜合以上的研究結果，主要說明基模是個人認知系統的心理表徵，心理表徵會概化、儲存、分類及組織成知識；因此，基模是思考的基本單位。

二、符號

符號是心理表徵的表達形式，代表對特定事物的表徵或抽象

化的表徵。語言是透過聲音表達的符號，文字是將心理表徵表達的符號；另外非語文的符號，如交通號誌、醫院標誌等亦爲心理表徵的抽象化表達。基模是個人貯存在認知系統的心理表徵，而符號是將這些心理表徵表達出來。符號的形成是靠延宕模仿、語言溝通、符號遊戲和尋找藏匿物體等歷程所獲得的。

三、概念

符號通常用來代表某種特定事物，它可能代表某種東西、某件事、某種概念或某種原則。概念則是代表數種不同事物的共通性，因此概念可定義爲一羣基模或符號中共同屬性的抽象型式。屬性是概念形成的充要條件，基模或符號的屬性愈明確，概念愈易產生。概念本質與符號及心理表徵可能重疊，例如，兒童將「車」視爲爸爸的車子，是一種象徵符號；但是車子若解釋爲有「四個輪子的交通工具」，則「車」即爲概念。可見得，概念可能是抽象化符號。概念具有階層性，一個概念可以含蓋許多不同層次概念。概念亦具有衍生性，一個概念可以衍生出不同的概念。概念的發展受基模和符號屬性的影響，兒童與成人概念的發展方式不同，兒童會以他們特有的方式來表示符號和概念，隨著年齡的增加，概念的發展亦會產生變化。

概念發展通常有四種變化：

㈠有效性（validity）

個人所形成的「概念」與社會團體所定義的「概念」的符合程度，即爲概念的有效性。幼小兒童的概念與成人或社會標準所界定的概念會有差異。例如兒童有自己的語言符號，但這些語言未必是成人所使用的語言形式。年齡增長後，個人對概念的形成會逐漸符合社會所共識的概念。

㈡狀態性（status）

　　個人使用某種概念的準確性和正確性，即爲概念的狀態性。年齡愈小兒童對概念的使用較不精確，也較不穩定。隨著年齡增加，概念的使用就愈精準。例如：媽媽告訴三歲的兒童説：二小時以後，我們去動物園；這個小孩可能等了十分鐘後，會催媽媽帶他去動物園。但若是換爲十歲兒童，他就能準確的等待兩小時；可見得年齡大兒童能正確使用「時間」概念。

㈢利用性（accessibility）

　　個人在思考時或與人溝通時，使用概念的容易程度即爲概念的利用性。年齡小兒童思考或表達意見時，不容易引用概念表達；而年齡愈大兒童則較容易使用概念來表達自己意思及思考的問題。例如：三歲兒童描述圖畫中的景物時，他只描述爲房屋和樹；而十歲兒童則會利用更多概念描述畫中的景物。

㈣相對性（relativity）

　　概念是相對的，而非絕對的。例如高與矮是相對比較的。但是對幼小兒童言，他們常以絕對的方式來比較。譬如他們對「暗黃色」的概念就不能瞭解，因爲他們認爲黃色是一種明亮的顏色，怎麼會有「暗黃色」呢？隨著年齡成長，兒童的概念發展逐漸能以相對方式比較。

　　總而言之，概念發展是隨著成熟及經驗，從自我主觀的認定到社會共同的客觀認定概念；由主觀的標準到客觀標準；由模糊不確定的概念到明確的發展；由單純的概念到複雜化概念；由絕對的觀點到相對的看法。

四、原則

　　原則是用來敍述概念與概念的關係。原則可分爲非正式與正

式的原則。非正式原則是指概念與概念之間事實關係的表達，是直覺的關係。例如「媽媽很愛我，但是媽媽現在不讓我看電視。」；正式原則是指概念與概念之間某種特定關係的表達，例如：數學的加減運算法有一定的關係。另外，原則亦可分為轉換性與非轉換性原則。轉換性原則是指相關概念中所指定的行為或指定一些行為的改變。例如：「水果、麥、稻經過醱酵作用後變成酒。」；非轉換性原則是描述兩種概念之間的單純關係，如「糖是甜的」，這種原則不須具有特定的行動。在日常生活中，一般人思考活動大多為非正式、直覺的或非轉換性的原則。而在自然科學研究中運用的大多數是正式的、轉換性原則。

綜合上述所言，認知系統中四個思考單位的運作，是先由基模及符號的使用，再利用基模和符號的屬性發展出概念，概念的發展從有效性、狀態性、利用性及相對性的變化，而形成原則的使用；原則使用愈正確，個人思考愈準確，而解決問題能力亦增加。

貳、認知歷程

訊息處理理論認為人類將外界的訊息或知識傳入大腦的過程是相當複雜的；通常是先經由感官的接收（如眼睛注視、耳朵注意聽等），再由感覺神經的傳達到中樞神經，然後再將外界訊息轉換成個人所能接收的符號或表徵方式儲存到人腦中，人腦相當於電腦記憶體，會將新知識儲存、組織及分類。當人類需要回憶或運用這些新知識時，人腦會主動去檢索或提取，然後再將這些檢索出來的知識轉化成外界所能接受的符號表達出來。因此，人類的認知歷程包括新知識的輸入、感官的接收（知覺）、知識的

轉換（編碼）、儲存（記憶）、運用（檢索和解碼）及輸出等歷程。（如圖 2−1 所示）

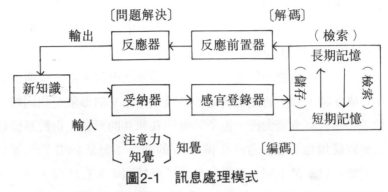

圖2-1　訊息處理模式

　　從以上訊息處理的模式中可知：知覺、注意、記憶及問題的解決等認知歷程的發展是訊息處理理論所要探討的主要內容。

一、知覺

　　人類經由視覺、聽覺及觸覺等感覺器官接收外界的知識或訊息，再經由個人主觀的推理及判斷，即形成知覺。在認知歷程中，知覺的發展是最基本的歷程。知覺發展的理論大致分成兩個學派，一為增進論（ enrichment theory ），一為分化論（ differential theory ）。這兩派對知覺的發展歷程有不同的成見。

㈠知覺發展的爭論

　(1)增進論

　　增進論基本假定人類從感官所能接收的物理刺激的訊息有限，必須藉著額外的訊息來拓充感覺，才能轉譯訊息。而這些額外的訊息來自個人先前的經驗和先前的基模。當個人面對外界事物時，個人的偏見和期待等先前經驗會對這些事物加以闡釋，甚至會喚起個人先前基模而判斷事物。因此，隨著年齡的增加，個

人的知覺愈迅速且愈正確；原因是年長的兒童比年幼兒童有更多
的經驗，而且基模愈完整，這些完整基模可以幫助個人迅速從記
憶中檢索訊息，以補充外在訊息之不足，然後增進知覺。當個人
所知覺到的事物與個人先前經驗或基模愈能產生連結，則個人愈
能作正確的判斷與決定。

　　以下的實例說明兒童對數字的知覺發展歷程。當兒童面對數
字6或9時，幼小的兒童的認知基模中6和9的形象是相同的，
如圖2-a。兒童稍大後，他所知覺的6和9的形象，由於基模拓
充與經驗增加，逐漸會產生圖2-b的知覺；但是2-b的知覺只
是判斷6與9是不同，但是却無法了解其間差異在何處，只有等
到兒童認知基模較完整後，才會知覺到6與9兩個字的正確形
象，如圖2-2所示。

(2)分化論

　　分化論主張人類的感官所能接收的訊息是相當豐富的，只是
太多的外界訊息經由感官後，必須加以分類與篩選，才能作明確
的判斷。個人將外界訊息加以篩選的原則有三種：一爲將訊息明
顯的形象抽象化；二爲忽略不相關的資料；三爲有系統的收尋相
關訊息。後面二項原則與個人注意力的發展有關，但第一項原則
是與增進論的觀點不同。分化論者認爲每當個人在知覺一件事物

時，這件事物的特殊部分（個人先前所未注意的部分）會被覺察出來。練習或先前的經驗會教導個人注意事物的特殊形象或組型，以為分辨事物的異同處；因此，個人知覺能力愈分化，同時個人對外界事物訊息與基模內的訊息愈能相對應，愈能產生分辨能力來。分化論對於兒童認知 6 和 9 的數字的歷程，其説明與增進論的解釋不同。如圖 2-3 所示。

a　　6→一豎與一圈
　　　9→一豎與一圈

b　　6→圈在一豎之下
　　　9→圈在一豎之上

c　　6→圈在右邊一豎之下
　　　9→圈在左邊一豎之上

㈡注意力發展

增進論與分化論都一致認為注意力對知覺的發展很重要，兩派理論都同意在知覺歷程中，忽視不相關訊息和精緻化相關訊息兩項原則是主動化注意的成分。吉布森（Gibson, 1975）將主動化成分稱為中央和週邊（central 和 peripheral）注意。而不在這兩種成分之內的注意力則是被動注意力。

關於注意力的發展，多數學者如艾利克和貝斯那（Aflike and Valsiner 1981）、柯恩（Cohen 1975）等人皆認為嬰兒期的注意力是非自主性的注意如視覺系統或動作反射作用等，然後隨著注意力的發展而發揮自主性注意功能。增進論認為嬰兒一出生後，由於基模有限，當新奇事物與舊基模相差懸殊時，嬰兒就不會產生注意。分化論認為嬰兒一出生後對外界事物不產生主動

注意是因爲新的事物的形象特徵無法被偵查出來，所以嬰兒不會注視新事物。當嬰兒的注意力發展到自主性功能時，中央注意及週邊注意力才能發展出來。

1. **中央注意**（central attention）

中央注意又稱爲選擇性注意，也就是指個人會主動選擇一些訊息而拒絕或忽略其他無關的訊息。每個人都能從感覺器官去看東西，去聽聲音，去聞味道，去觸摸東西；但是當個人面對某一事物，可能只應用感官某一部分去注意該事物，而忽略其他部分。例如在一個吵雜的宴會中，你只注意到和你談話的人，而忽略了其他的聲音。

增進論對選擇性注意的解釋是由於個人還未形成某些訊息知識，因此只能選擇個人已知的訊息加以注意，故產生選擇性注意。

分化論則解釋爲：個人從外界所接收的訊息必須經過過濾程序，淘汰一些不需要的訊息，因此會產生選擇性注意。

選擇性注意力會隨著年齡的增加及練習次數增加而增強。

2. **周邊注意**（peripheral attention）

周邊注意是指個人會利用掃描環境方式，探討周遭世界重要及相關的訊息。研究兒童周邊注意力的方式通常都是以照相方式有系統觀察兒童視覺移動的範圍或事物。愈年長的兒童愈能利用掃描方式注意周邊的重要事物。

㈢知覺的結果

每個人經由感官接收訊息後，會將訊息賦以意義化的過程，即爲知覺。而知覺的結果是什麼，則會因人而有不同的解釋。分化論認爲個人知覺的歷程有三個階段：1. 知覺到靜態事物的明顯

形象；2.知覺到事件發生的不變關係；3.知覺到事物與事件之間的關係。每個階段所知覺到的事物，隨著年齡增加，而逐漸的組織化和精緻化原有的事物。

增進論則認為知覺的發展會隨著經驗和成熟而增長。個人知覺結果會隨著刺激呈現次數的增加，而增加分辨明顯形象的能力，且能瞭解事物的高層關係。譬如，一個月大嬰兒能覺察到形象與背景的關係；二個月到四月大嬰兒能注意到事物邊緣間的關係；五月到七月大嬰兒則能知覺到簡單的組型關係。由此說明嬰兒知覺的結果會隨著成熟及經驗而產生變化。

分化論與增進論對知覺歷程的看法雖然有些不同，但是這兩個學派對知覺發展結果的解釋並不衝突。不論人類的感官系統接受刺激的能力是有限的或是豐富的，個人知覺的結果都會因成熟和經驗而增加其正確性及統整性；由此說明分化論與增強論對知覺發展歷程的解釋應是相輔相成的。

二、記憶

從訊息處理的模式言，記憶的歷程包括新知識的編碼、儲存和檢索等項活動。訊息處理論中有關記憶發展的理論有兩種：一者為多重貯存記憶模式，一者為處理層次記憶模式。多重貯存記憶模式認為人類的知識是從多管道進入記憶系統的，記憶的發展是自主性記憶。處理層次記憶模式認為人類知識的儲存是有階層形式的進入記憶系統，記憶的發展是非自主性記憶。以下將簡單敘述這兩種模式的意義及內容，至於詳細研究題材，將在本書記憶發展的章節中介紹。

㈠自主性記憶（voluntary memory）

自主性記憶是將記憶視為認知活動的目標；也就是指個人會

有意的儲存某些系列字、事物或空間位置的東西，然後再刻意從記憶體中檢索出來。因此，自主性記憶又稱爲刻意記憶。艾克森和雪菲（Atkinson and Shiffrin, 1968）以多重儲存的記憶模式觀點説明自主性記憶的成分有兩種：一爲儲存系統，一爲控制系統。儲存系統代表人腦的記憶體，是相當於電腦的硬體，它包括三種儲存結構：即感覺記憶、短期記憶及長期記憶。控制系統是影響儲存結構中訊息的選擇和保留的主要因素，通常包括記憶策略，後設記憶和一般性知識。以下將簡單敍述各結構之意義，至於詳細研究及發展問題留待記憶發展一章中説明之。

1. 感覺記憶（sensory menory）

感覺記憶相當於瞬間記憶，是記憶系統中最短暫的儲存，外界事物儲存的時間大約爲 $\frac{1}{4}$ 秒。

2. 短期記憶（short-term memory）

短期記憶體的資料保留時間大約三十秒，訊息也是短暫的儲存，通常靠再認法及回憶法喚起記憶資料。短期記憶仍具有工作記憶（working memory）的功用，可將短期保留的訊息轉化儲存在長期記憶中，或將長期記憶中的訊息檢索出來；故短期記憶也稱爲工作記憶。

3. 長期記憶（long-term memory）

長期記憶的容量比感覺記憶和短期記憶的容量大，兒時的記憶、語言往往可由長期記憶中出現；訊息在短時間內不會消失，可經由編碼時所用的線索檢索之。

4. 策略（strategy）

策略是指利用方法儲存或檢索訊息的歷程。其中包括複習、心像法、組織法、意義化等方法幫助個人將外界知識加以儲存，

並能檢索回憶之。

5.後設記憶（metamemory）

後設記憶是瞭解記憶歷程的歷程。個人瞭解自己的記憶歷程，將有助於記憶功能。後設記憶通常分成四部分：①感敏性（sensitivity）：知道何時檢索訊息，以備未來檢索之需要；②個人變項：知道個人自己的記憶容量，不會高估自己的記憶廣度；③工作變項：個人明白外界有那些訊息可記憶及表徵；④策略：瞭解運用何種方式能儲存或檢索訊息。

6.一般性知識

個人所擁有的一些有關語言、種族、地方、物體及事物等一般性知識愈豐富，則愈能幫助記憶。隨著年齡的增長，兒童對外在一般性知識也會增加，記憶能力也會增強。

㈡無自主性記憶（unvoluntary memory）

無自主性記憶是藉由其他活動所產生的副產品而引起的記憶，不是個體有意的記憶。此種記憶的發生通常是以訊息處理階層的模式來解釋。此種模式基本假定是個體對外界刺激的認知會分成幾個層次處理，而在每一個層次下皆會留下記憶痕跡，因而產生無自主性記憶。蘇聯（Soviet）方面有許多研究認為非自主性記憶比自主性記憶發展的早，他們認為嬰兒和幼兒從活動中學會認知技巧後，當技巧熟練時，才會應用到自主記憶中的編碼或儲存策略中。因此，非自主記憶是自主性記憶的基礎。

三、假設的產生與驗證

假設的產生與驗證，事實上相當於解決問題的歷程。兒童在面對問題時，通常會先產生一系列假設，假設的形成與個人的先前基模或經驗有關；如果先前已有對問題的經驗，則個人會從舊

經驗去產生假設來解決新問題，然後再從有關的訊息中去驗證或推翻假設。訊息處理論相當重視個人解決問題的認知歷程，通常是從問題表徵（problem representation）、知識遷移（knowledge transfer）與評鑑（evaluation）等三方面研究加以探討。而且有許多研究傾向於探討問題解決的策略，其中包括一般領域的策略和特定領域的策略的運用歷程。有關問題解決歷程的相關研究及發展方面知識，將留待解決問題能力發展一章中作詳細敘述。

　　綜合上述的介紹，讓我們瞭解人類認知歷程的複雜性及組織性。人類思考的歷程有一定的程序，例如從知覺→記憶→假設產生→假設驗證等邏輯順序產生。而處理知識的歷程可能是同時由多重管道並行處理的，也可能是由各個階層處理的；總之，人類思考歷程是相當迅速有效率的。

叁、訊息處理論及其研究在教育上意義

　　訊息處理論探討人類的認知歷程，如知覺、注意、記憶及問題解決等歷程的研究，這些研究皆為探討人類認知與學習的問題，而認知與學習却是教育上所重視的問題。因此訊息處理理論在教育上有其特殊意義，教師可善加利用訊息處理理論的特色於教育或教學上，以促進學生的認知發展及學習成效。

一、基模的研究——有助於瞭解知識的結構及組織

　　訊息處理理論探討人類認知基模的研究，有助於了解知識的結構和知識重組的歷程。

　　訊息處理理論將基模解釋為知識架構和知識表徵。基模的研究在教育上有幾項含義：

1.新知識的學習及記憶必須與原有基模聯結。

2.舊知識的回憶及檢索與基模有關。

3.基模不僅有助於舊知識的儲存，更能改變新知識，重組新知識，使它適合舊基模。

4.基模是以先前原有知識為基礎，有助於推理及推論，甚至可以填補和連結概念與概念之間的空隙。

5.基模包括陳述性知識及程序性知識。陳述性知識有助於事實知識的學習及記憶，程序性知識有助於應用、分析及推理。

6.要產生有效的認知學習，必須先了解個人的先備條件和基模，然後再去改變或重組認知基模，以拓充知識領域。

由此可見，基模的研究，有助於教師瞭解學生如何表徵知識，知識如何編碼及儲存的歷程，藉以為課程設計及教材編纂之參考。

二、認知歷程的研究——有助於診斷學生的認知發展及認知缺陷

訊息處理理論愈來愈重視人類高階層及複雜的認知歷程研究，例如文章的閱讀歷程，理解歷程；知識儲存、內在表徵化問題，知識檢索及運用等歷程。這些研究成果有助於診斷學生的認知發展歷程及認知歷程中缺陷，然後作為補救教學之參考依據。

三、認知策略的研究——提供學生學習策略

一般認知策略研究分為「學習與記憶的策略」與「問題解決的策略」二部分。有關增進學習與記憶策略的研究，在過去研究領域中已有多項顯著的成果，如提高注意力，避免緊張，有效的收錄訊息，複誦，心象法應用，記憶術使用，訊息的組織，以及利用舊知識與新知識的連結等，這些都是過去研究中認為有助於

增進學習及記憶的認知策略和技術。

　　近代探討問題解決方面的研究，則重視解題歷程，因此都從認知心理學的訊息處理模式來說明及解釋人的問題解決方式。一般研究範圍包括了對問題性質的了解及轉譯過程，知識表徵及儲存方式，解決問題的方式及歷程，監控及檢驗的歷程。從此一研究趨勢中，發現了人類解題的各種方式，如利用一般捷思法（heuristic）、算則法及比喻法，甚至於捷思法的歷程還包括選擇性搜索方式，分節方式，由下而上工作分析方式，倒向思考法、前進思考法、「手段一目的」分析法、利用捷思法等。這些解題方式應用在課程及教學上，有助於學生增進學習效果。

　　綜合上述研究，可以發現認知策略應用在教與學習歷程中，有助於學生學習及記憶，思考及解決問題；甚至提供教師最佳的教學策略。

四、認知技能的自動化研究──有助於認知策略的教學

　　一般認知技能的歷程包括二種，一為控制歷程，這是個人所能意識的，牽涉到注意的歷程。一者為自動化歷程，它是能並列處理許多同時進入的訊息，通常它可以很短時間及短暫注意力去處理知識。例如，彈鋼琴的人，剛開始學習的時候，他須要花很多時間及注意力在琴鍵上的認知及手指與琴鍵配合的練習，一旦經由反覆練習及認知後，他便能熟練的彈奏。當他能演奏時，他已經不須要再花時間注意手指與琴鍵的配合等歷程，他已經獲得自動化的認知技能了。他可以同時彈奏曲調，同時思考或創造新的樂曲。

　　認知技能的自動化歷程研究，可以讓教師了解學生是如何將儲存在記憶中的知識檢索，並且加以比對及應用，有助於教學策

略的建立。

【參考文獻】

王文科（民 72）認知發展理論與教育。台北，五南書局。

李　丹（民 78）兒童發展。台北，五南書局。

林清山（民 79）教育心理學－認知取向。台北，遠流出版社。

梁恆正（民 64）布魯納認知理論在課程組織中的應用。師大教育研究所集刊，第 17 輯，413–486 頁。

陳李綢（民 70）學習材料具體化程度與兒童認知發展的關係。師大教育心理學報，第 14 期，1～16 頁。

陳李綢（民 73）表徵方式與教學策略對國小學生認知發展之成效研究。師大輔導研究所碩士論文。

陳李綢（民 74）布魯納理論應用於中小學生認知學習的成效研究。師大教育心理學報，第 18 期，191～228 頁。

林清山、陳李綢（民 74）布魯納式認知發展能力測驗之編製及其相關研究。中國測驗學會測驗年刊，第 32 輯，53～66 頁。

陳李綢（民 75）國中學生認知能力與創造力的關係研究。師大教育心理學報，第 19 期，85～104 頁。

陳李綢（民 76）科學學習材料具體化程度對中小學生認知學習的成效研究。師大教育心理學報，第 20 期，17～36 頁。

楊榮祥（民 73）科學教學方法－理論與實際㈣布魯納的概念發展模式。科學教育，第 66 期，16–24 頁。

蔡春美（民 68）兒童智慧心理學－皮亞傑智慧發展說。台北，

文景書局。

蘇建文（民 80）發展心理學。台北，心理出版社。

AULT, R.L. (1983) *Children's Cognitive development (2nd)* N.Y. Oxford Universty press.

Bruner, J.S. (1959) A psychologist's viewpoint: review of Barbel, Inhelder, & Piaget, J. The growth of logical thinking. *Brit. Journal of Psychology*, 50, 363–370.

Bruner, J.S. (1960) *The process of education.* Cambridge: Harvard University Press.

Bruner, J.S. & Tajfel, H. (1961) Cognitive risk and environmental change. *Journal of abnormal social psychology*, 62, 231–241.

Bruner, J.S. (1962) *On knowing: essays for the left hand*, Cambridge: Harvard University press.

Bruner, J.S. (1964) The course of cognitive growth. *American Psychologist*, 19, 1–15.

Bruner, J.S. & Potter, M.C. (1964) Interence in visual recognition. *Science*, 144, 424–425.

Bruner, J.S. (1965) The growth of mind. *American Psychologist*, 20, 1007–1017.

Bruner, J.S. (1966) *Toward a theory of instruction.* Cambridge: Harvard University Press.

Bruner, J.S. Olver, R.R., et al (1966) *Studies in cognitive growth.* New York: John Willy & Sons.

Bruner, J.S. (1969) Cognitive consequence of early sensory

deprivation. In Srinthall, N.A. *Eductional Psychology: selected readings.* Van Neserand-Reinhold Co.

Bruner, J.S. (1970) Structure in learning. In Hass, G. et al *Readings in curriculum.* Boston: Allyn & Bacon. 314 −315.

Bruner, J.S. (1970) Learning and thinking. In Hamackek, D.K. *Human Dynamics: Psychology and Education.* Boston: Allyn & Bacon.

Bruner, J.S. (1971) Needed: A theory of instruction. In Hyman, R.T. *Comtemporary: thought on teaching.* N.T.: Prentice-Hall.

Bruner, J.S. (1972) Nature and use of immaturity. *American Psychologist,* 27 (8), 11−16.

Bruner, J.S. (1973) *The relevance of education.* New York: Norton.

Bruner, J.S. (1973) Organization of early skilled action. *Child Development,* 44, 667−676.

Bruner, J.S. (1973) *Beyond the information give.* New York: Norton.

Bruner, C. H., Wern, F.A, & Banks, J.H. (1970) *The teaching of secondary mathematics.* New York: McGraw-Hill.

Case, R. (1974) Structures and strictures: Some functional limitations on the course of cognitive growth. *Cognitive Psychology,* 6, 544−573.

Flavell, J.H (1985) *Cognitive Development* (2nd. ed) prentice-Hall, Inc. Englewood Cliffs, New Jersey.

Gross, T.F. (1985) *Cognitive Development.* Brooks/Cole Publishing Company. Monterey, California.

Piaget, J., Inhelder, B., & Szeminska, A. (1960) *The child's conception of geometry.* New York: Basic Books.

Piaget, J. (1964) Development and learning. *Journal of Research in science teaching,* 2(3) 176—186.

Piaget, J. (1965) *The child conception of number.* New York: Norton.

Piaget, J., Inhelder, B. (1969) *The psychology of child.* Routledge & Kegan Paul Inc.

Piaget, J., & Inhelder, B. (1971) *Mental imagery in the child.* New York, Basic Books.

Piaget, J. (1971) Structuralism. London: Rouledge & Kegan Paul.

Piaget, J. (1972) *Intellectual evaluation from adolescence to adulthood.* Human Development, 15, 1—12.

V字作業表之格式如下。因版面限制，故未以原格式呈現，特以下範例告知讀者：

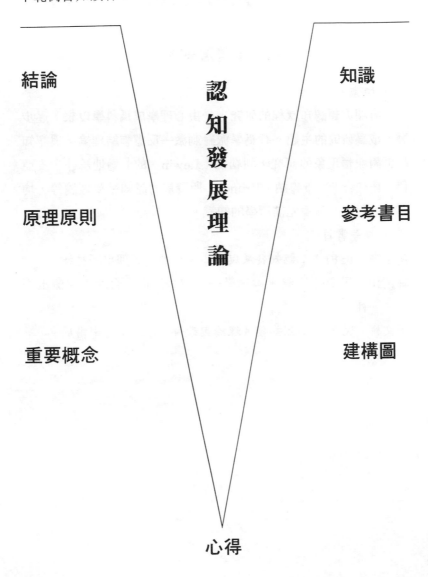

V字作業量表

認知發展理論

一、知識：

　　有關人類認知歷程的研究，是由心理學成爲科學以來，逐步發展成爲研究的主題。行爲學派對刺激—反應聯結理論，與認知學派對頓悟現象的研究，到勒溫（Lewin）的「場地論」，皮亞傑（Piaget）、布魯納（Bruner）所發展的認知發展理論等，均爲吾人對認知理論先前所學的知識。

二、參考書目：

陳李綢（民81）：認知發展與輔導。台北：心理出版社。

林清山（民79）：教育心理學——認知取向。台北：遠流出版社。

王文科（民72）：認知發展理論與教育。台北：五南書局。

三、建構圖：

```
              ┌ 結構：基模、心理運作
              │ 功能：組織、平衡、適應（同化、調適）
皮亞傑理論 ──┤ 階段：感覺動作→前運思期→具體運思期→形式運思期
              └ 影響因素：成熟、環境、平衡、社會傳遞


              ┌ 階段：動作表徵、影像表徵、符號表徵
              │ 歷程：外向、內向歷程、表徵系統
布魯納理論 ──┤ 系統：表徵系統、教育歷程
              └ 影響因素：動機—好勝、好奇


              ┌ 模式：輸出—中介（編碼、儲存）（檢索、解碼）→輸出
訊息處理模式 ─┤ 單位：基模→符號→概念→原則
              └ 歷程：知覺→記憶→假設與驗證
```

四、重要概念：

  1.認知結構（cognitive structure）

  2.基模（schema）

  3.心理運作（operation）

  4.同化（assimilation）

  5.調適（accomdation）

  6.感覺動作期（sensory－motor period）

  7.前運思期（preoperational period）

  8.具體運思期（period of concrete operations）

  9.形式運思期（period of formal operations）

  10.動作表徵（enactive representation）

  11.影像表徵（iconic representation）

  12.符號表徵（symbolic representation）

五、原理原則

  1.皮亞傑的認知理論，認知結構包括靜態的基模和動態的心理運作。

  2.皮亞傑將認知發展視為階層進化觀點，因此分為四期，認知結構不斷經同化、調適過程發展其結構及重組，其中成熟具關鍵性地位。

  3.布魯納的認知理論以表徵系統為核心，人類具有動作表徵、影像表徵、符號表徵等三種認知模式。

  4.訊息處理模式中以資訊處理的概念分析認知的歷程。由知覺接收輸入的訊息，再由中介歷程編碼、儲存、檢索、解碼等處理，在最後做輸出。

  5.訊息處理論中對認知結構的單位，由最小的基模而符號而

概念，至最大的概念形成。

六、結論：

　　皮亞傑注重成熟與自然本質的進化觀點來看認知發展，布魯納則強調環境和學習的社會觀點，但就階段分化上並無太大差異，唯在歷程上著力較多。訊號處理模式則是經驗取向，認知發展的階段性不明顯，但結構的成形則由基模、符號、概念而原則成一系統。

七、心得：

　　三個主要的認知發展理論爲我們明白地揭示了人類認知歷程的奧秘，更重要的是它們對教育過程中教學與學習的説明，爲我們教育工作者闡明應如何呈現教材、應安排什麼樣的課程、應如何教學……等，均能從中獲得明確的指引。

智力發展

■流程圖

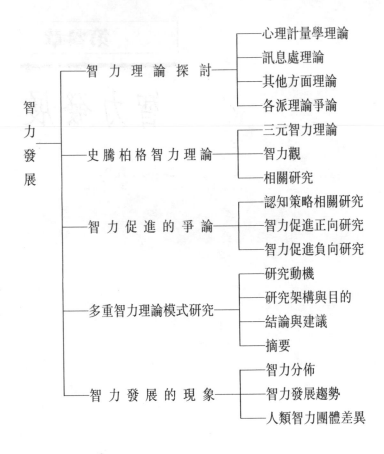

智力發展

智力理論探討
　　心理計量學理論
　　訊息處理論
　　其他方面理論
　　各派理論爭論

史騰柏格智力理論
　　三元智力理論
　　智力觀
　　相關研究

智力促進的爭論
　　認知策略相關研究
　　智力促進正向研究
　　智力促進負向研究

多重智力理論模式研究
　　研究動機
　　研究架構與目的
　　結論與建議
　　摘要

智力發展的現象
　　智力分佈
　　智力發展趨勢
　　人類智力團體差異

第一節　智力理論的探討

「智力的本質是什麼？」這個問題一直是智力理論所爭論的論點。本文綜合了相關的智力理論及研究，發現各派理論對智力的界定不同，研究方向也有所不同。本文將目前智力理論分成三種派典（paradigm）：㈠以心理計量學爲主的智力理論、㈡以訊息處理爲主的智力理論、和㈢以認知發展及其他方面研究爲主的智力理論。以下將分別分析此三種派典的智力理論特色。

壹、心理計量學的智力理論及研究

此種派典的智力理論研究人的個別差異時，係將因素視爲一個假設性架構，並用因素來表示個別差異的一組靜態的智力本質。這派理論認爲智力的本質包含各種不同的因素。斯皮門（Spearman；1927）首先利用因素分析法探討智力的因素後，其他學者陸續發展了許多的智力理論。其中具有代表性的理論有：

一、斯皮門（Spearman; 1927）的二因子論主張智力包含普通因素（general factor）和特殊因素（special factor）二種因素。其中普通因素是代表智力的心理能量，這些能量可以了解個人的學習經驗，教育的關連性及相關教育的發展狀況；因此智力本質與個人普通因素有關。

二、桑代克（Throndike; 1927）認爲智力是由多種因素組合而成的，其中包括社會能力（處理人的能力）、具體能力（處理事的能力）、抽象能力（處理語文或數學符號的能力）等多種因素。

三、塞斯通（Thurstone; 1938）主張智力包括七種基本心理能力（primary mental ability），即語文理解、語文流暢、數字、視覺空間、記憶、知覺速度、推理等七種因子。這七種基本心理能力之間無所謂前後次序，因此這套理論又稱爲非次序的因素結構論。

四、戈爾福（Guilford; 1967）主張智力包括一百二十種因素，可以三種向度來說明智力的結構，其中「內容」方面包括「圖形」、「語意」、「符號」及「行爲」四個因素；「運作」因素方面包括「認知」、「記憶」、「聚斂思考」、「擴散思考」及「評量」五個因素。「結果」方面包括「單位」、「類別」、「關係」、「系統」、「轉換」、和「應用」等六個因素。因此，智力的結構包括 $4 \times 5 \times 6 = 120$ 因素。一九八二年戈爾福的研究又指出智力結構已擴展到一百五十個因素，因爲在「內容」向度中，圖形又分爲「視覺」及「聽覺」等二方面，因而「內容」向度變爲五個因素，因此 $5 \times 5 \times 6 = 150$ 個因素。一九八八年戈爾福的研究中又指出智力的結構應涵蓋一百八十種因

素，他將原來三向度中的「運作」向度改爲六種因素，即將「記憶」一項改爲「短期記憶」及「長期記憶」二項，因此智力因子由一百五十種因素變爲一百八十種因素。這一百八十種智力代表所有智力的結構，任何一種因素都牽涉到三種向度。每一種因素都是智力的本質。

　　五、羲能（Vernon; 1950）提出智力階層論的觀點。他主張人類智力以普通能力的層次最高，以下又分出兩個主羣因素，即「語文——教育」及「空間——機械」。在這之下又分出許多小羣因素，例如「創造力」、「語文流暢」、「數的能力」隸屬於「語文——教育」主羣因素下；「空間」、「心理動作」及「機械能力」則隸屬於「空間——機械」主羣因素下。在每一小羣因素之下又有許多的特殊能力。因此這派理論認爲智力所含蓋的因素之間是有階層之分（如圖 3-1 所示）

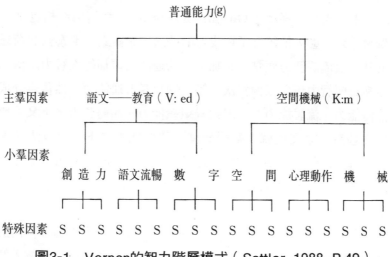

圖3-1　Vernon的智力階層模式（Sattler, 1988, P.49）

六、卡泰爾和荷恩（Cattell & Horn; 1967）主張智力結構是內涵的，其中包括二種結構，即為晶體及流體智力。所謂晶體智力（crystallized ability）包括字彙、閱讀理解及一般處理訊息能力。流體智力（fluid ability）則包括抽象類推、分類、系列填空等能力。卡泰爾（1985）並不同意普通智力的概念，但他的研究卻說明智力是包含許多不同功能的能力，這些能力有些來自基因。他以四個階層模式的觀點說明智力結構。最低層次是以感覺接受為主，包括視覺及聽覺的接收能力。往上一個層次是以聯合處理能力為主，包括短期記憶的獲得和檢索及長期記憶等。再往上一個階層是以知覺組織能力為主，包括廣泛的視覺組織、文書速度及廣泛的聽覺思考能力等。最高層次為流體能力及晶體能力（如圖 3-2 所示）。這派理論雖然受到心理計量學階層論的影響，但是對於智力發展的觀點已逐漸從人類認知的功能探討人的智力本質。

七、戈特夫斯生（Gustafsson; 1984）主張智力結構應從三個層次來考慮，他統合了斯皮門的普通因素觀點，卡泰爾和荷恩的晶體及流體智力觀點，又加上塞斯通和戈爾福等人智力結構的觀點說明智力包含三個層次。第一層次為普通能力，然後再分成晶體能力、流體能力及一般視覺組織能力。晶體智力之下又分成語文理解、語文成就及數學成就。流體能力之下又分成思考速度、圖形關係的認知、歸納及記憶廣度。一般視覺能力下又分成視覺能力、空間傾向及思考的變通性。此種智力階層模式如圖 3-3 所示。

從上述研究中，可以明瞭心理計量學派的智力理論多傾向於探討智力的內容及結構，將智力的本質視為靜態的因素。個人智

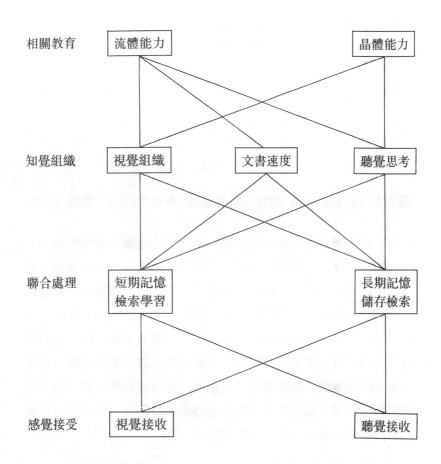

圖3-2 智力階層模式（採自Sattler, 1988, P.49）

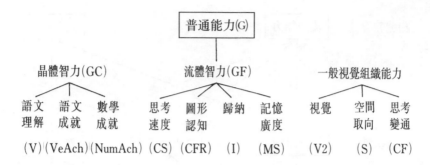

圖3-3　Gustafsson 的智力階層模式(取自Sattler, 1988, P.50)

力的發展不僅是各因素量的改變,也是智力結構改變的緣故。

　　由於心理計量學利用統計方式說明人類心智能力的發展,以智力成長的量說明智力的個別差異。但是此派典以靜態的因素說明人類智力的本質,似乎又不能全然解釋人類的智力發展。因此,近代的智力理論對心理計量的智力理論有許多批評,他們認為智力的本質並非全然由靜態因子組成的,智力是動態的、也是人類知識的表徵。這派學者受訊息處理理論的影響,對智力本質探討著重於個人心理表徵及訊息處理過程的研究。因此智力理論及研究趨勢形成另一種潮流及型態。

貳、訊息處理論為主的智力理論及研究

　　訊息處理理論將智力視為心智技能,是處理訊息及解決問題的能力,所以探討人的智力是可從處理訊息的成分(component)來探討。史瓦森(Swanson; 1985)認為智力成分可分為二類,一者為認知成分,一者是探討智力的執行部分。智力的認知成分著重於界定人的認知限度(如感覺儲存、短期記憶及長期

記憶等）。智力執行成分著重於描述人類處理訊息或認知歷程的運作及使用策略的功能等。這派理論有下列幾個代表者，其理論及研究方向有其特殊的格調。

一、凱皮和布朗（Campione & Brown; 1978）先發展一套以訊息處理論爲主的智力理論。後來經過包克斯（Borkowski; 1985）的發揚光大，將智力的成分分成二大部分，一者爲硬體系統，一者爲執行系統。硬體系統代表人類心智結構成分。執行系統代表人類心智的控制成分。心智的硬體系統包含人的能力（capacity）（如人的記憶廣度、記憶容量）、處理訊息的持續性或時間長短、心理運作的有效性、選擇性注意或記憶儲存的速度及反應等。執行系統代表人在解決問題時的運作系統，包括個人的知識系統的檢索、基模、控制歷程（如複誦策略等）和後設認知等四部分。執行系統的形成是受經驗和學習的影響，因此人類智力的發展是可以透過教學而改變的。圖 3-4 表示這套理論的研究內容。

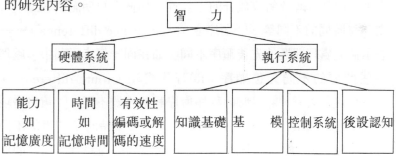

圖3-4 Campione, Brown（1978），和 Brokowski（1985）的智力模式（取自 Sattler, 1988, P.50）

二、卡羅（Carroll; 1976, 1981）認爲人的智力成分包含十

種：即監控能力、注意力、理解力、知覺統整能力、編碼能力、比較能力、交互表徵形成能力、交互表徵檢索能力、遷移、反應執行能力等。這十種能力是基本的認知成分。

　　三、戴斯（Das; 1972, 1973, 1975）從神經心理學觀點解釋智力運作過程有二種系統，一者爲並列思考（simultaneous processing），一者爲系列思考（sucessive processing）。並列思考過程是以最有效率的方法把握刺激的完形和空間性，並整合刺激以解決問題。系列思考著重於問題解決時，掌握刺激的系列或時間順序。這二種處理系統是依賴個人過去的經驗和材料的呈現目的。因此Das認爲這二種系統運作可以透過教學而改變。所謂智力是人們運用並列思考與系列思考來處理轉化訊息的歷程中所獲得知識的能力。

　　四、斯諾（Snow; 1979）認爲個人在處理訊息歷程的差異變項有四種：⑴參數變項（parameter difference）——表示個人處理訊息步驟或組成成分的差異性，如個人短期記憶容量，編碼訊息時間的不同等。⑵順序變項（sequence difference）——表示個人處理問題的先後順序不同，如在同一個流程圖中，處理某些問題的不同先後順序。⑶程序變項（route difference）——代表個人處理訊息時的程序與歷程的性質不同。⑷策略變項（strategic difference）——代表個人處理事情時所使用的不同方法。Snow的智力研究傾向於個人的認知歷程和解決問題的歷程等方面的探討。他也強調智力的可改變性。

　　五、斐歌夫斯基（Vygotsky; 1978）提出近側發展區（zone of proximal developoment）智力理論，是以社會化觀點説明兒童的智力發展與社會互動因素息息相關。他的理論主要是針對

Piaget認知發展理論中，强調兒童的認知發展是由成熟而外化的（inside outward）觀點，但是他認爲兒童智力發展是由社會訓練而内化的（outside inward）。近側發展區是代表個人所表現的和潛在能力之間的差距。智力的測量可以兒童在教學引導下的反應來推估其潛在的能力。

Vygotsky認爲心理能力可從實際的發展的内化而反映；而潛在能力則必須從社會支持或輔助下反映出來。因此他認爲智力的成長與學習環境有密切關係。他的研究領域偏重於人類高層次心理能力，如知覺、注意力、有意向的記憶力等。他認爲智力本質有高低層次之分，高層次智力功能與人際間交互作用、及歷程都不同於低層次的智力功能。他的理論重視社會化及學習因素。因此，他也認爲人類智力的發展可以透過學習和診斷而加以改變的。

六、史騰柏格（Sternberg; 1980, 1985）提出三元智力理論，亦是典型的訊息處理理論觀，本章將在第二節中説明其理論架構及觀點。

叁、其他方面的智力理論及研究趨勢

除了心理計量爲主及訊息處理論的智力理論及研究外，尚有一些探討智力本質及智力問題的研究，如：

一、皮亞傑（Piaget; 1896-1980）的認知論認爲兒童的智力發展與認知發展息息想關，智力本質即爲認知結構，智力的成長也就是認知結構的改變。他認爲兒童的智力發展與其對周圍環境的了解有關。他以同化與調適的認知模式説明人類心智成長的過程。人類認知歷程是一種複雜的機制，在複雜環境中會以適應

來增進智力的成長。皮亞傑認爲智力發展與成熟有關，隨著年齡愈大，認知能力也會增加，在認知結構質的方面也會改變。

二、派瑞（Perry; 1970）提出智力和倫理發展理論（intelletual and ethical development theory），是從認知發展的觀點說明人類的智力發展是認知結構的改變，也是各種經驗的改變歷程。他認爲人類了解外在世界是經歷九種不同性質階段；每個階段都有階層性和順序性。每一階段進入下一階段時，智能發展已融入更多的經驗。這九個階段分成四大類，即兩難式判斷、多重性判斷、相對性判斷及相對性執行經驗等，用來說明個人智能發展質的改變狀況。

Perry的認知思考模式強調個人認知思考歷程，對於智力本質的探討則重視質的分析，而不重視量化。這個觀點與 Sternberg 重視歷程及後設認知成分的分析上，有類似的看法。只是 Perry的智力發展基模理論比較傾向於測量個人內在能力及外在經驗的比較，而忽視了內外在經驗的交互作用關係。

三、高登那（Gardner; 1983）認爲智力是多重的（mutiple），可以隨著不同領域內容或符號表徵系統，如音樂、語音、數學、生理協調、空間、人際等內容而有不同的成長。他認爲教師應根據教學目標來檢視學生各種能力的側面圖是否與教材和教法調適。此種觀點顯然與Vygotsky觀點重視「智力可改變」看法相似。這種觀點可促使學者從不同領域如學科內容、數學、科學或一般問題解決方式的訓練來促進人類智力的發展。

從上述所提出的三種趨向的智力理論與研究中，可以了解心理計量學爲主的當代理論與近代認知趨向的智力理論及其研究的特色。

肆、分析各派智力理論的爭論點

心理計量學爲主的智力測驗利用客觀化的評量方式，可以明確的指出人類智力的本質或智力測量的數據，藉以鑑定人類智力的高低。這些智力理論皆有其理論依據，是屬於描述性智力理論。它和認知發展論都是在探討人的個別差異問題、重視實徵證據、藉由外在認知或心理運作表現來推測人類的智力發展，將人類智力視爲與成熟及發展有關的靜態本質而且是不能經由教育來改變的。雖然近代有些屬於心理計量的智力理論也重視文化及教育對智力的影響，但是僅限於一些與學習能力有關的智力才可改變。基本上，仍然認爲智力的本質是潛在特質，不可經由教育而改變的。

以認知歷程爲主的智力理論強調訊息處理的歷程、智力的多重化、智力的可改變性等特色。Sternberg（1985）曾指出認知取向的智力研究趨勢有下列四種派典（paradigm）：

一、重視與認知歷程有關的變項研究

主要是研究簡單的實作表現和基本認知歷程，如字母的配對問題及字彙觸接的速度等。這些研究依變項皆以反應時間作指標。如詹森（Jensen; 1978, 1982）及賴聶二氏（Lally & Nettdbeck; 1977）研究指出智力較高者在處理問題中，選擇反應變項愈多時，速度愈快於智力低者。這些結果說明智力測量可以採用選擇反應時間來作爲測量指標。杭特（Hunt; 1978, 1980）的研究發現要了解人類語文理解歷程，可從個人如何從長期記憶中將字彙訊息檢索及觸接的速度來了解。語文理解較佳者，對於字彙的檢索及觸接愈快，愈能利用剩餘時間處理其他較重要問題。

二、重視認知組成成分的研究

　　主要是探討知識的組成成分是什麼；並重視這些成分與類比、推理、應用、執行及監控等認知歷程的關係。Sternberg & Gardner（1983）研究認爲要了解人類智力，應從高層次訊息處理歷程來探討。高層次訊息處理成分包括實作表現與執行作業二種成分。實作表現方面偏重於問題解決的速度，執行作業方面則偏重於問題解決的策略使用的速度。這二種成分處理速度與歷程著重部分都不同。Sternberg（1981）研究發現智力高者在解題中，應用到整體計劃的歷程，所花費的時間較多，而智力低者則應用在低層次基本歷程的反應時間較多。

三、訓練認知歷程的研究

　　主要是根據認知理論編製相關課程加以訓練認知歷程，並重視後設認知的教學等研究。此方面研究將在下一節中討論。

四、知識庫問題的研究

　　主要研究個人知識庫的儲存架構、先前概念的差異性，及其所導致個人知識輸出量不同的問題。如 Mayer（1983）研究前導組體對記憶保持與遷移的影響，發現前組導體組受試者在記憶及問題解決過程表現較佳。

　　總之，心理計量學與認知取向的智力理論所爭論的問題可分析如下：

㈠「結構──歷程」之爭

　　心理計量學智力理論重視智力結構內容的探討，強調智力本質及知識形成的架構。認知取向智力理論則重視智力歷程的探討，將人的智力視爲心智技能，強調心智技能的形成是複雜的認知歷程，因此，探討智力問題應從認知歷程及解題歷程來了解。

㈡「靜態——動態」之爭

智力本質是靜態的潛在特質？或是動態的運作歷程？心理計量學為主的智力理論，利用因素分析或統計方式分析出智力包含了普通能力、特殊能力或其他各羣因素的能力等，這些能力與個人天生潛在能力有關，是靜態的潛在特質。

認知取向智力理論認為智力測量不一定使用測驗來推估人的智力，可以應用其他方式實際了解認知與解題的歷程。因此，智力的測量應與社會生活經驗結合，從動態化情境來測量。

㈢「量化——質化」之爭

心理計量學智力理論以因素等量化方式來研究人類個別差異。所謂因素（factor）是一個假設性架構，用來表示個別差異的一組或多組靜態的智力本質。智力本質包括一個至一百八十個多種不同的因素。智力的不同是因為因素個數不同而形成的差異。智力測驗結果可以客觀化方式來代表個人智力發展狀況。甚至了解個人智力與他人智力的高低。因此心理計量學重視常模式（normalization）的比較，認為智力是可以用「量化」來解釋及說明的。

認知取向智力理論研究從認知歷程來探討人的個別差異，因此以「歷程」中的組成成分及運作功能來說明智力的成長及發展。智力的差異是由於認知成分間的改變及認知運作改變的影響，因此智力的測量應以個人認知歷程改變的性質來解釋，亦是以「質化」的方式來解釋智力的變化。可見其特別重視個人認知歷程的變化。

㈣「因素分析——認知分析」之爭

智力是屬於潛在能力（competence）？或是屬於表現能力

（performance）？心理計量學者認爲智力本質涵蓋著一個或多個因素的能力，智力是一種潛在能力，智力的改變不僅是因素量的改變，甚至是因素與因素間結構的變化。因此，智力本質可以「因素分析」方式來分析智力內容及結構的變化。

認知取向智力理論，將智力視爲個人在認知歷程中所表現的心智技能，這些技能是一些表現能力。他們認爲以因素分析方式建立的智力測驗，只是測量個人外在表現的能力，無法了解人類真正智力的成分。要了解智力成分須直接從認知歷程及認知成分去分析，才能清楚個人思考及解題問題的各種智力成分。

（五）「不可改變──可改變」之爭

智力是先天的潛在能力，是無法改變？或是智力是處理訊息的能力，是可以改變的？心理計量學認爲智力與先天潛在能力有關，這些能力是無法經由外在力量或訓練而加以改變的，它是靠成熟與發展所形成的。

認知取向智力理論將智力視爲人的處理訊息能力與解決問題的能力；也是一些心智技能，這些技能隨著環境及材料的不同而有不同的發展。因此心智技能是可以改變的，可以透過教學而加以改進的。

事實上，智力理論的建立，依各研究者對「智力」的名詞界定而有不同的觀點。心理計量學從量化、因素架構來探討智力；認知取向智力理論則從認知歷程來探討智力。兩派學者對智力本質的認定有不同看法，才有上述問題的爭論。如何從這兩派不同觀點的理論中截長補短，統整兩派理論重疊處及彼此的特色建立一套新的智力理論，將是心理測驗發展的重要課題。

第二節　Sternberg 智力理論與研究趨勢

　　Robort J. Sternberg 是美國耶魯大學心理與教育系教授，西元一九七五年在哈佛大學取得博士學位至今，已經發表過上百篇的研究論文，撰述好幾本有關智力的專書。其著作中以「三元智力理論」（The Triarchic Mind－A new Theory of Human intelligence) 及「超越智商」（Beyond IQ）等書贏得不少獎章。

　　Sternberg 從小對考試感到焦慮及挫折感，尤其是智力測驗測出其智商很低，使得他在小學學習生涯感到不順利，但也激發往後他研究智力的興趣。中學階段他已能自行設計智力量表，並且從事研究造成心理測驗不佳的影響因素。高中畢業後，他在紐澤西教育心理測驗中心從事測驗的研究助理，接觸了許多測驗機構的測驗資料。當時他已深覺智力測驗編製不夠細密，而且測驗使用年代已久，又缺乏深入研究。因此更激發他對智力測驗之探討。

　　當他在史丹福大學唸研究所時，受到其師 L. J. Cronbach 的影響，認為考試化的智力測驗有必要重新創造及改變，加深了他深入研究智力問題的意願。之後由於參與測驗編製及設計的研究，經由出書寫作過程，深入了解人的智力（取自 1986, 8 月，Psychology today）。

　　從 Sternberg 的研究經歷中，說明他從事智力研究及發表智力理論是有其淵源及背景的。本研究將其智力理論及有關的研究

特色分析如下，作爲本研究編製智力理論模式之參考依據。

壹、Sternberg 三元智力理論
（The triarchic theory of intelligence）

Sternberg（1985）認爲智力理論應是多重理論的重疊，而非單一理論，在智力理論下含攝著各種分理論，分理論下又涉及更細微理論。智力的測量應從微理論出發，再建立整體理論。

Sternberg 認爲人的智力應從三個層面來探討，一者是從個人內在架構或內在能力來探討，這部分是與個人能力與知識形成有關。一者是從個人適應外界環境能力探討，這部分牽涉到個人智力成長與社會文化的交互關係及智力與現實生活的關連。另一個向度是從內外在經驗結合的思考來探討這部分經驗和智力的交互關係。所以，Sternberg 將智力分成三個層面智力，即成分、經驗及環境等三種智力。成分智力即爲個人智力行爲的結構部分，相當於一般的智力內容。在成分智力下尚包括「知識習得成分」、「實作表現成分」及「後設認知成分」。一般智力測驗大都是測量知識獲得成分及實作表現成分；至於後設認知成分則很少在測驗中出現。知識獲得成分是包括一般人的語文或數學學習中所獲得的能力及知識。實作表現是指個人在思考或推理中所表現出來的能力。後設認知成分是指個人在思考或解題中，對自己認知歷程的了解、監控及自我調整能力。

經驗智力是指個人面對新環境或陌生的情境時，應用舊經驗或過去曾經學過的知識與新訊息結合，去統整或創造出另一個經驗來。也是個人能快速的從舊的記憶中或舊經驗去回憶或憸索，然後與新的知識作鏈結，形成自動化反應所表現出的適當反應。

經驗智力包括個人的自動化及新奇性。自動化代表個人對新知識或新經驗的體會形成一種自動化反應。新奇性代表個人能自動將新舊知識結合成一個新經驗去創新事物的能力。因此，Sternberg 認爲經驗智力是代表個人內在知識能力與外界經驗的交互影響下的產物，說明個人在何時表現出才智行爲。

環境智力是指個人在現實生活及環境下的適應力。其中包括個人在現實生活中求生存的適應力，選擇合適生存的能力，及改造環境的能力。此一點說明個人智力與生活環境息息相關，也表示個人在現實環境中所表現出的行爲，及在何處表現適應行爲的能力。

Sternberg 認爲智力測驗的編製，必須顧及到上述三種智力成分。因此，他認爲智力架構應以上述三種智力爲中心，再形成一個統整而獨立的三元智力理論，其理論模式如圖 3-5 所示：

茲將 Sternberg 三元智力理論發展由來、動機、內涵、及測量工具分別敍述如下：

一、成分智力分理論

㈠成分分理論發展的由來

Sternberg 認爲一般智力理論只探討智力的行爲表現或探討智力的內在結構，未說明智力的心理歷程，也就無法了解智力真正本質。因此，他提倡智力應從認知成分（component）來探討，於是提出了成分智力分理論。

㈡成分分理論的研究動機

1. Sternberg 認爲要了解智力本質不應只從因素分析或約定成俗的智力觀來界定。爲了避免智力本質的探討過於量化或過於主觀，應從智力的認知歷程及心理機制（mental mechanisms）

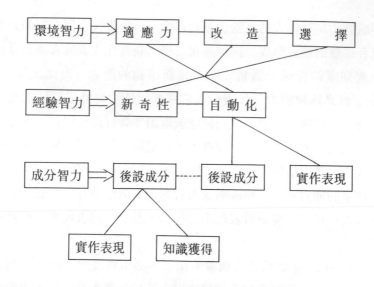

圖3-5　Sternberg的智力階層模式

來探討。

　　2.從認知成分來探討智力可以藉此了解智力表現的反應時間
（duration）、困難（difficulty）及執行可能性（probability of
execution）等特性，這些特性不同於其他智力理論的測量反
應。

㈢成分智力內涵

　　Sternberg 認爲成分智力可從認知歷程與普通因素二方面來
探討其內涵。從認知歷程而言，成分智力可包括三種成分：知識
獲得成分、實作表現成分、及後設認知成分。知識獲得成分與個
人學習新知識的歷程有關。實作表現成分與個人執行方法及工作
有關。後設認知成分是與個人在實作表現或知識獲得等歷程中所
表現的監控及作決定的歷程有關。就普通因素而言，成分智力亦

包括三部分，即普通能力、分類能力及特殊能力。普通能力與個人的學習有關。分類能力與個人的推理有關。特殊能力是與個人的類比推理有關。因此 Sternberg 認爲成分智力具有多重及階層架構。成分智力會隨著個人認知歷程與普通因素類別的不同而有不同的內涵。

㈣成分智力的測量工具：

Sternberg（1981）認爲測量後設認知成分智力須從七方面來探討：

⑴決定要解決問題的性質。

⑵決定以那些方式來解決作業問題。

⑶決定以那種策略來組合各種作業方式。

⑷選擇訊息的表徵方式。

⑸決定注意的範圍及時間的分佈。

⑹監控解題歷程。

⑺覺察外在回饋。

在測量實作表現成分面須從編碼成分（encoding components）、組合和比較成分（combination and comparison components）及反應成分（response component）等三方面來探討。編碼成分是與個人原先知覺和新訊息的儲存有關。組合比較成分是包括將資料組合比較的成分。反應成分方面是指個人各種能力的表現部分，不過在此是強調個人花費在認知歷程每一階段的時間。

測量知識的獲得成分也須從選擇性編碼、選擇性組合及選擇性比較等三方面來探討。

從普通因素探討成分智力內涵的測量方式與一般智力測驗測

量內容相同，重視記憶、推理能力及類比能力。

因此，Sternberg 認爲成分智力測驗可分爲下列幾種：

1. 後設成分測量工具：

⑴確定問題性質的問題。（如九點問題、和尚問題等。）

⑵選擇解題步驟的問題。

⑶選擇解題策略的順序問題。（如果汁問題、排列問題）。

⑷選擇心理表徵問題。

⑸資源分派問題。

⑹解題監控問題。

2. 實作表現成分測量工具：

⑴詞彙推理。⑵錯誤推理問題。⑶語文映射問題。⑷圖形類比測驗。⑸語文類比測驗。⑹語文系列補充。⑺圖形系列補充。⑻語文分類測驗。⑼圖形分類測驗。⑽圖形推理。⑾法律推理問題。⑿臨床推理問題。

3. 知識獲得成分的測量工具：

⑴選擇性編碼問題——如尋求線索問題。

⑵選擇性組合問題——如尋求中介線索問題。

⑶選擇性比較問題——如字根問題。

二、經驗智力分理論

㈠經驗智力分理論發展由來：

Sternberg 的經驗智力分理論指出外顯性智力理論只重視在標準化的狀況下測量人的智力因素問題，忽略了人遇到新奇情境及新問題時的智力歷程及人如何從新奇情境到熟悉情境的自動化反應的問題。他認爲有些人會在某種新情境下或在某些工作材料上表現傑出，是因爲這些人面對新狀況時領悟力強，會使用舊知

識去領悟新舊知識的關係，然後組織一種新的處理經驗去面對新
情境，甚至產生不假思索的無意識自動反應。因此他認為經驗智
力應包含創新力與自動化反應能力等二方面智力。

㈡經驗智力分理論的研究動機

　　1.探討經驗智力問題可以了解人類經驗形成的歷程及新舊經
驗的鏈結過程，藉以補救內隱性智力理論過份重視個人內在智力
本質及外顯性智力理論過份重視測量外在的智力表現的缺點。

　　2.探討經驗智力可以了解人類面對新情境及新的工作需要
時，個人適應新環境的認知歷程，藉以彌補內隱及外顯智力理論
重視在標準化情境智力表現的限制問題。

　　3.探討經驗層面智力問題可以了解人類領悟力與自動化反應
的關係。

㈢經驗智力內涵

　　Sternberg 認為經驗智力應包括個人面對新事物、新情境的
處理新奇能力以及自動化處理訊息能力。每個人在面對新事物時
處理能力與面對一般事物的處理能力不同；面對新事物處理能力
包括對新事物的了解及執行能力。面對新情境處理能力是包括在
新情境下如何去解釋新情境線索及執行在新情境下的表現能力。
個人在面對新事物與新情境時，新事物內容及新情境需要及個人
能力之間可能互為影響，創新能力會隨著個人、事物及情境不同
而有不同表現。

　　個人對事物及情境的處理能力會因對新奇事物情境的了解及
執行而產生自動化反應。因此自動化反應與創新力之間關係密
切。個人在面對新事物及新情境時，須先了解新事物及新情境
後，才能利用舊經驗去重新組合新事物及新情境，而產生另一種

新的經驗。這是個人領悟力發展的歷程。當個人領悟了新事物及
新情境時，新事物及新情境的訊息會儲存在人的記憶體中與舊經
驗結合。所以個人在熟悉的狀況下會表現無意識的自動化反應能
力。因此 Sternberg 認為在經驗層面的智力內涵包括了人的創新
力、領悟力及自動化能力。

四經驗智力的測量工具

　　Sternberg 認為經驗智力應從領悟力、創新力、及自動化能
力等三方面測量。測量領悟力的方式應從選擇性編碼、選擇性組
合及選擇性比較等三方面來測量。所謂選擇性編碼是指個人面對
新狀況時如何從不相關的資料中找出相關資料的能力。選擇性組
合是指個人將一些相類似或不相關的資料加以組織、整合的能
力。選擇性比較是指個人會比較過去所獲得的資料與新獲得資料
間的關係。

　　Sternberg 認為創新力是以概念投射（conceptual proje-
ction）方式來測量。概念投射的發展歷程有五個步驟：(1)個人
在概念系統中編碼一個新概念，(2)觸接新概念系統，(3)在新概念
系統中尋找一個適當的新概念，(4)了解新概念系統與舊概念之間
的不協調關係，(5)改變舊概念系統形成新概念系統。

　　自動化反應能力可從二方面來測量，一種是在新情境的反
應，一種是在舊狀況下的反應。個人面對新情境的自動反應是受
整體認知控制系統所操作，是一種意識狀態下的反應，此種反應
形成與個人整個認知歷程中長期記憶所儲存的基本知識架構有
關。個人面對舊狀況的反應是受局部處理系統的影響，是一種不
須注意力的無意識狀態下的反應。

　　因此，Sternberg 認為測量經驗智力的工具包括下列幾類：

1. 領悟力測量工具：

　⑴與選擇性編碼有關的工具有：

　①算術和邏輯學問題

　②訊息評估問題

　③猜謎題

　⑵與選擇性組合有關工具有：

　①算術和邏輯學問題

　②概念投射問題

　③創新類比

　⑶選擇性編碼、組合及比較混合問題

　①科學領悟問題

2. 自動化反應能力測量工具：

　①字母比對

　②視覺搜索

　③符號替代

　④複雜視覺搜索

三、環境智力分理論

㈠環境智力分理論發展由來

　　Sternberg 從內隱性智力理論中獲得靈感，認為智力本質應包含與社會文化環境有關的能力，因為個人智力的個別差異與個人及所處的環境有關。有些人能夠在環境中表現傑出才能或能適應環境、選擇適當的表現能力等，是由於個人與環境的交互關係所形成的。因此智力本質應包含環境智力在內。

㈡環境智力分理論的研究動機

　　Sternberg 探討環境智力分理論的主要動機有三：

1. 從現實生活環境來探討智力本質可以改善目前智力測驗過份重視「智商」及學業智力（academic intelligence）的問題。

2. 探討環境智力可以幫助了解智力本質的外在運作的問題，不再只探討與個人內在能力有關的本質。

3. 可以藉此探討所謂專家與生手在社會上「智力」的「預測指標」和「標準」的問題。

㈢環境智力的內涵：

Sternberg（1981）根據內隱性智力理論，從美國社會中提出三個與環境有關的智力，即實際問題解決能力、語文能力、及社會能力，這些能力之間彼此有重疊關係。Sternberg 是以調查方式調查四百七十六位公民對智力本質的界定，發現根據學者及一般人對智力看法可分為三種智力：即普通智力、學業智力、及日常生活智力（everyday intellignece）。再分別分析這三種智力的因素，結果發現這三種智力含蓋的因素是包括實際解題能力，語文能力、及社會能力。因此他認為環境智力應從實際解題能力、語文能力及社會能力等三方面探討及測量。

㈣環境智力的測量工具：

Sternberg 以「實際解題能力」的測量作為環境智力的主要測量工具。雖然在其研究中環境智力尚包括「語文能力」及「社會能力」，但這二種智力與「實際解題能力」有交互關係存在。因此，他只以實際解題能力的測量來代表環境智力。其中環境智力的測量工具有：

1. 適應行為檢核表

2. 解碼非語文線索

3. 真實生活問題

4. 商業經營測驗

5. 學術心理學測驗

6. 衝突解決問題

貳、Sternberg 的智力觀念

一、Sternberg 觀點

Sternberg（1985）綜合了當代所有智力理論，將智力理論分成二大類，一類稱為內隱性理論（implicit theory），另一類稱為外顯性理論（explicit theory）。所謂內隱性理論是指有些智力理論將智力的界定以一般人約定成俗的觀念來定義。如 Neisser（1979）觀點：具有某些心智才能的原型（prototype）者，才會產生智力。換言之，智力本質是內含的，並非由外在行為反應所能推估。這類理論對智力的定義皆以某些心理學家所認定的智力本質來界定，如 Terman 認為智力是一個人的抽象思考能力。Sternberg（1981）等人曾根據一些心理學家所認定的智力本質加以因素分析，分析出三個因素，即語文智力、問題解決能力及社交能力等。因此此種理論重視智力與實際生活的關係。

外顯性理論是以外在行為反應推估個人的智力的理論。這類理論包括心理計量學智力理論及認知理論，大都是利用測驗或其他測量方式來測量個人表現在外的行為反應，再間接解釋人的智力。因此，此類理論重視智力測量的實徵研究取向，著重客觀化的測量。

Sternberg（1986）認為智力本質的探討應從結構與歷程交互關係二方面來探討，而且智力理論的建立應統整這兩類理論，並且統合了其他認知理論，以形成完整的智力理論。

Sternberg（1981）對所有智力理論發展趨勢提出一個發展模式。

Sternberg 認為智力理論發展的第一個階段是以 Spearman 的普通因子說為主，智力是一種普通因素說法。然後 Thomson 等人（Thomson, 1948）認為普通能力包括一羣獨立的結構因子，如人的反射作用、習慣、聯結學習等能力。第二階段發展，採階層（hierarchical）的觀點，認為智力結構有層次之分，表示某些智力內容又含攝其他更小的智力本質，可以 Burt（1940），Cattell & Horn（1967），Vernon（1971）等人智力理論為代表。另外 Thurstone 基本心理能力說，Guilford 智力結構論，Hunt 的訊息處理論等，代表各種不同智力組型。第三個階段發展是一整合觀點，將上一階段的階層論、組型論整合在一起，並且從多重觀點說明智力應包含多種智力成分，各智力成分下又含攝微成分智力。如 Vygotsky 智力理論，Brown 智力理論及 Sternberg 三元智力理論為代表。然而第三階段智力理論仍有許多問題值得繼續探討。

二、綜述

從 Sternberg 智力概念論的分析中，可了解目前國外智力理論的發展趨勢。而我國智力理論及智力測驗的發展，也是從 Sternberg 所謂的第一階段發展至今，亦有第三階段的雛型。如從普通分類測驗修訂（路君約、黃堅厚，民 68）、瑞文氏非文字推理測驗修訂（黃堅厚，民 53）等是屬於第一階段。之後，加州心理成熟量表修訂（路君約等，民 72）、羅桑二氏語文及非語文測驗修訂（黃國彥等人，民 72）、基本心理能力測驗編製（盧欽銘、林清山、吳鐵雄，民 76）、通用性向測驗（中國

測驗學會，民 73）、皮亞傑認知發展測驗修訂（林邦傑，民
70）等多種測驗修訂與編製是屬於第二階段智力理論。近年來，
考夫曼兒童智力測驗修訂（盧欽銘等，民 76）、系列學業性向
測驗修訂（簡茂發、吳鐵雄、盧欽銘、路君約，民 74）是屬於
第三階段智力理論的型態。可見得我國智力理論及智力測驗的發
展趨勢也隨著外國智力理論模式發展而變化。因此，從認知歷程
及多重化觀點探討智力理論是值得嘗試的工作。

叁、Sternberg 智力理論及相關研究的特色

Sternberg（1977）開始從訊息處理觀點研究智力，當時他
主張智力的探討應該從認知歷程來研究，即可從「智力組成成
分」、「成分間組織原則」、「訊息處理的順序」、「處理的時
間分配」、「處理成分的反應時間及正確性」、「認知成分的心
理表徵」等六個變項來研究。之後，他陸續從上述六個研究變項
探討智力與認知歷程的問題。例如，Sternberg & Rifkin
（1979）研究高低智慧在問題解決歷程中，個人訊息處理歷程時
間的差異性，結果發現高智慧者在處理的歷程中，以編碼歷程所
運用時間較多，但在檢索及執行解題所花費時間較少；低智慧者
則剛好相反。

Sternberg（1981）研究專家與生手在解題歷程中處理時間
的分配狀況，發現專家在解題中應用在整體計劃的時間多於生
手；生手通常將處理時間時分配在「注意」及「尋找線索」上。

Sternberg & Gardner（1983）從認知組成成分探討訊息處
理歷程不同與執行時間的差異性中發現：要了解人的智力應從不
同的處理歷程來探討；智力處理層次不同所使用的時間及認知成

分也有所不同。

直至 1985 年 Sternberg 發展「超越智商」（Beyond IQ）一書後，綜合了心理計量學及認知心理學觀點的特色，探討三元智力理論。Sternberg 研究智力的立場也作了修正。他同意智力研究宜從認知結構與認知歷程相互探討。1986 年「智力應用——了解及促進你的心智」一書（Intelligence Applied: Understadning and Increasing Your Intellectual Skills）及 1988 年的「三元心智——新智力理論」（The Triarachic Mind——A New Theroy of Human Intelligence）二書明顯指出智力的多重性及社會化歷程對智力的影響。並且對「智力」的界定也逐漸綜合了各家理論的看法。

綜合上述 Sternberg 的相關研究和分析其智力理論的研究結果，可知 Sternberg 智力理論具有下列特色：

一、Sternberg（1985, 1986, 1988）強調智力與社會文化息息相關，因此智力測驗應與社會生活結合，智力測驗內容應含蓋著多重的智力，包括與學習、經驗及環境有關的內容。三元智力理論正代表他的智力是多重且階層化的觀點。

二、Sternberg（1985）認為智力的研究宜從智力的結構與認知歷程二方面相互探討，不應只局限於某一方面。換言之，心理計量學探討智力結構及認知心理學探討認知歷程皆有其特色，彼此應相輔相成，才能清楚界定智力本質。雖然 Sternberg（1977）研究強調智力探討宜從認知歷程來探討，當時研究著重於智力的歷程化本質，反對心理計量學的智力是靜態因素結構的說法。但是，從其一九八五年以後研究已修正原先看法。

三、Sternberg（1985, 1986, 1988）認為智力的發展與個人

知識及經驗的處理歷程有關。而且每個人的認知歷程不同，因此一般學業式智力測驗無法完整解釋智力發展，因爲這種測驗重視常模化比較，無法了解個人的認知和思考歷程的差異性。因此他認爲智力測驗應重視個別化診斷作用，從認知歷程的改變及運用來了解智力的個別差異。

四、Sternberg（1985, 1986, 1988）認爲後設認知成分是智力的重要一部分。它具有監控自我認知及認知歷程的作用，因此後設認知會影響個人在學習方面、經驗上及環境接觸的表現。也因爲這樣，智力測驗應重視「後設認知成分」。

五、Sternberg（1985, 1986, 1988）智力理論最大特色是強調智力是可以經由訓練而改變的。他認爲智力與社會生活關係密切，文化會影響智力；因此透過文化衝擊和教育訓練可以改變人的智力。

第三節　智力促進的相關文獻探討

「智力的可改變性」是認知取向智力理論所強調的特色，但是認知取向智力理論對智力的界定仍有不同的看法。「智力的改變是學習能力的改變？」、「智力的改變是心智技能的改變？」或是「智力的改變是解決問題能力的改變？」這些問題是重視智力促進有關研究所爭論的。因爲不同的智力界定就須使用不同的策略訓練，不同的策略訓練將有不同的效果。因此智力的促進牽涉的問題有二：一爲智力的界定問題，二爲策略的問題。智力界定問題在前一節中各種智力理論探討上已有說明，本節將從策略的問題作探討，並討論各種認知策略對智力影響的效果研究。

壹、認知策略的相關研究

　　所謂策略（strategy）是指一種有系統、有計劃的決策活動，是一種屬於目標對答的活動，它必須利用內在心理歷程，以達到解決問題的目的。布魯納（Bruner, 1956）認為策略的形成必須具備問題情境、認知壓力和冒險性等三個條件。他將「策略」定義為：「一個人面對問題情境時，會運用舊知識或訊息去應付情境，並且產生認知的衝突、緊張和壓力，預備去冒險，以達成目標。」由此說明策略不同於方法或技巧（tactics）。認知策略與認知方法不同。根據 Bruner（1956）及 Gagn'e（1980）觀點：認知策略是一個廣泛的心智技能，它是一種促進個人練習執行控制和解決問題的歷程。認知策略包括了學習策略、認知方法及學習方法等成分。因此認知策略不同於學習策略；學習策略是促進學生學習能力的有意活動和計劃。但是 Snowman（1986）則認為學習策略就是認知策略，學習策略的形成必須經過分析、計劃、執行、監控及修正等五個步驟，相當於認知歷程的策略形成。由此可見，有關「策略」的界定問題，策略和方法、認知策略和學習策略的劃分，學者看法不一；由此有關認知策略訓練的研究重點也有所不同。根據 Derry & Murphy（1986）研究指出目前國外有關認知策略訓練的理論分成三派：一者是以 Gagn'e（1980, 1985）為主的理論，一者以 Sternberg 為主的理論，另一派以 Flavell 為主的理論。

　　一、以 Gagn'e 為主的認知策略訓練理論是強調學習策略和認知策略不同，學習策略是認知策略的一部分。Gagn'e 將學習結果分為態度、動作技能、語文學習、心智技能和認知策略等五

項。認知策略是一種高層次心理歷程，它必須利用到態度、動作技能、語文學習及心智技能等四項學習結果的獲得而形成的。一般學校教育目標是爲了使學生獲得終點行爲，即獲得上述前四項結果，但是卻無法發展高層次認知策略。認知策略與心智技能發展不同，認知策略是複雜認知歷程，心智技能是學習結果的能力，二者有層次之分。認知策略須透過特定方式，以處理問題的執行及控制歷程來教學；心智技能透過學校教育即可獲得，因此學習策略的訓練可以促進個人的心智技能；但是認知策略的訓練是可以促進個人問題解決能力，它不是傳統教學方式所能訓練的。

　　二、以 Sternberg 爲主的理論是認爲認知策略與心智技能是一體兩面。心智技能是一系列的認知歷程，有高低層次之分，心智技能與認知策略是無法清楚劃分。學習策略即爲認知策略，這些策略訓練計劃本身就有促進智力效果在內。他認爲一般智力訓練方式有三種：

　　㈠微成分訓練（microcomponent training）：係指提供一些訊息處理的訓練，直接訓練學生特殊訊息處理的小技能，各種小技能再自動化形成大技能。如 Hunt（1975），Resnick（1982）等人在研究語文閱讀歷程發現：有些學生表現較差是因爲缺乏訊息處理的小技能，若能提供學生微成分訓練，則會促進其語文及閱讀的表現。

　　㈡鉅成分訓練（macrocomponent training）：即爲提供學生一些統整、複雜相關知識的處理能力訓練，目的是在訓練學生獲得一般思考能力，例如教學生作筆記、作摘要等技巧。這種訓練方式是促進學生具有統整、歸納及分析能力。

　　㈢後設成分訓練（metacomponent training）：即爲提供學生如何應用、何時使用或組織知識的自我監控訓練。Sternberg認爲這種訓練必須融合微成分及鉅成分訓練。後設成分訓練可以應用在一般思考歷程的訓練及學習歷程的訓練，其中包括了後設策略（metastrategy）訓練、問題解決的訓練。例如Dansereau（1978,1985）的 MURDER 訓練計劃即爲一種後設策略訓練；此一訓練計劃是用來訓練大學生建立心情（Mood）、了解知識（Understand）、回憶知識（Recall）、吸收知識（Digest）、擴展知識（Expend）及檢查錯誤（Review）等六個認知步驟，以促進其認知能力的獲得。Baron（1981）的問題解決訓練方式是提供學生「分析目標」、「計劃策略」、「實行策略」、「檢查策略」及「修改策略」等五個程序的訓練，藉以提高學生的認知計劃能力。另外在後設成分訓練中也應用到情意方面的處理訓練，如 Meichenbaum（1980）的情意認知技能訓練，是訓練學生利用後設策略及認知重組方式逐步的控制情緒；強調意願及動機、認知了解的組合應用方式，是一種情緒的自我覺知訓練。

　　三、以 Flavell 爲主的理論是強調後設認知的訓練，Flavell（1976）首先提倡後設認知發展的觀念。他所謂的後設認知是指學生的自我覺知和對自己學習歷程的檢討，是一種認知監控歷程。

從認知發展論的觀點探討後設認知策略訓練的研究較著名的包括 Flavell(1979)，Brown(1978, 1980, 1982)，Pressley(1984)等。

　　㈠Sternberg（1979, 1981）認爲後設認知的訓練方式有四種：

　　⑴訓練學生獲得各種學習方法的行動。

(2)訓練學生了解學習的目標。

(3)促進學生學習後的體驗和感受的訓練。

(4)幫助學生了解知識儲存的方法和使用。

㈡Brown（1978, 1980, 1982）及 Pressley（1984）認為後設認知訓練方式中最有效的方式有三類：

1. 基模知識（schema knowledge）訓練——提供學生基本認知結構訓練，例如教學生使用記憶術、作筆記、劃線、自我發問方式，以建立學生先備知識基礎，有助於學生的文章理解（Brown, 1978, 1980）。又如 Holley & Dansereau（1984）研究指出提供學生建構空間和語意網絡的表徵方式訓練，有助於學生學習。

2. 學習技巧知識（knowledge about learning tactics）訓練——提供學生目標導向的學習方法和知識，以幫助學生增進學習效果。如 Pressley（1984）強調提供後設認知訓練，教學生記憶和獲得知識的技能及方法，將會促進學生的學習遷移效果。又如Pressley, Levin, & Ghatala（1984）提供後設記憶程序性知識（MAPS, Metamemory Acquisition Procedures）訓練，幫助學生建立歸納，產生和修正有關的記憶和學習方法的後設認知知識，並且訓練學生將後設記憶知識應用於真實生活情境中，使其在不同生活情境下使用不同方法去適應。

3. 自我調整（self regulation）訓練——提醒學生隨時使用後設認知知識去監控自己的學習歷程，以便採取補救策略，調整自己學習及認知。Baker & Brown（1984）研究建議一個成功的認知技能訓練應包括三種成分：(1)訓練特定工作的策略和技能。(2)訓練學生知覺到後設認知的教學效果。(3)訓練學生建立自

我調整策略。

從以上的三種認知策略訓練的分析可了解認知策略訓練相關研究在國外正方興未艾，但反觀國內有關方面研究很少，例如（汪榮才，民79）有關此方面的研究正待學界進一步探討。

貳、智力促進的正向效果研究

一、Sternberg（1988）認為智力訓練計劃中應包括下列幾項特質：

㈠心智技能的訓練必須包括與社會文化有關的訓練材料和方式。

㈡智力訓練計劃應促進個人真實生活的應用機會，以增進個人適應現實生活的能力。

㈢智力訓練計劃應提供個人適應新工作和新情境的策略和方法。

㈣智力訓練計劃應提供與訊息處理有關方面的訓練及問題解決能力的訓練。

㈤智力訓練計劃應考慮到個人先前知識及個別差異問題。

㈥智力訓練計劃應考慮到個人的動機和需求。

由這些特質可了解 Sternberg 肯定智力促進的正向效果。

Sternberg（1986）強調提供學生各種不同認知成分訓練、知識獲得能力訓練及後設認知訓練，將有助於學生在學習表現和知識的獲得及後設認知知識的建立。

二、Pairs, Lipson & Wixson（1983）認為認知策略訓練過程應包括三種知識的提供：

㈠敍述性知識——包括日常生活事件及個人能力的訊息等。

㈡程序性知識——包括如何利用學習方法及心智技能的知識。

㈢條件性知識——包括「如何」、「何時」及「爲何」使用學習方法和技能的知識——即爲一般所謂後設認知知識。

Pairs 等人研究皆肯定學習及認知策略的訓練及教學，對學生認知學習有很大的幫助。

三、Pairs（1988）認爲一個成功的教學或認知策略訓練必須具備下列幾個條件：

㈠認知策略必須是有意義的而具有功能的。成功的策略訓練計劃必須是一個可以達成目標行爲的策略。

㈡認知策略的教學必須同時具有敍述性、程序性及條件性知識的訓練，使學生具有「使用何種策略」、「如何使用策略」、「何時使用策略」、「爲何使用策略」等有關的後設認知知識。

㈢一個成功的認知策略訓練應發展出學生正向積極的態度，因此策略訓練計劃應同時考慮到學生的需要和動機，才能使學生產生主動學習的意願，增進學習能力獲得。

㈣策略的訓練須符合學生對生態學的知覺，換言之策略訓練應配合學生的認知風格、期待和學習方式的生態條件。

㈤成功的策略訓練應逐漸增進學生自我效能及合心的建立。

㈥認知策略的訓練和教學應是直接的且公開的說明。

Rosenshine（1983）認爲直接教學包括七方面：

1.以細步驟呈現教材；2.某一時間內以某一方面觀念爲主；3.讓學生精熟有次序有組織的教材；4.示範技巧；5.呈現實例；6.針對困難再詳加說明；7.監控學生學習進步狀態。

㈦使學生主動參與「產生學習」（mathmagenic）的活動，

以訓練應用和監控的能力。

　　㈧認知策略教學應考慮學生的動機需要，使學生產生愉快價值感，並且教學應配合實際生活訓練，使產生學以致用效果。

　　以上八個條件是 Pairs 認爲認知策略教學的成功要素，可見 Pairs 認爲有計劃的教學或策略訓練會促進學生認知歷程的獲得及心智技能的獲得。

　　四、Pressley & Levin（1987）研究證實認知策略的教學——包括直接教學、精緻化、回饋和示範等方式的訓練是可以促進低智力學生獲得有效的學習。

　　五、Dansereau, Collins, McDonald, Holley, Garland, Piekhoh, & Evans（1979）利用混合式學習策略設計訓練課程探討其學習效果。其學習策略訓練分成二個階段，一個爲基本策略訓練，主要是訓練學生的理解和記憶力的增進。另一階段爲支持策略訓練，相當後設認知訓練，此策略主要訓練學生「建立目標」、「安排閱讀活動」、「建立正向情緒狀態」、「監控學習狀況」及「診斷困難」等工作。結果發現經過學習策略訓練的受試的學習效果最佳。

　　六、Novak & Gowin（1984）研究強調提供學生「學如何學」的捷思訓練及概念映射的有意義學習策略，對學生認知歷程及知識獲得的理解有很大的幫助。

　　以上相關研究指出透過一些教學或認知策略的訓練有助於學生學習能力、認知能力或心智技能及智力的獲得。這些研究基本假定是認知策略或教學介入可以促進人的認知歷程和心智技能的改進。

叁、智力促進的負向效果研究

Snow & Lohman（1984）研究指出訓練學生的思考及解決問題的技能，對能力低學生可能有幫助，但對於年紀大而且能力高學生可能造成干擾作用。Snow & Lohman的分析認爲認知策略或認知技能訓練本身可能使一些原本能力高或學習表現較佳學生改變自己的學習方式，無法調適個人和教學方式的交互關係，因而產生干擾學習效果的現象。

Lohman（1986）認爲提供新的思考技能訓練或新的一般問題解決能力訓練對流體智力較佳學生可能產生負向效果，反而會壓抑其流體智力的表現。而教導學生特定問題解決能力訓練會對晶體能力較佳學生產生負向影響，會壓抑其晶體能力的表現。

智力促進計劃的負向效果研究主要在說明認知策略訓練對「智力」的發展並不一定有效果，甚至可能造成干擾智力發展或學習效果。不過，基本假定仍然爲智力是可以改變的，智力具有動態化改變的特質。

肆、分析「智力促進」研究的爭論問題

從認知心理學立場言，大部分的研究都支持智力與認知歷程關係密切，而且智力與社會文化息息相關，因此智力是可以透過文化或認知歷程的訓練而加以改變的。從心理計量學立場言；大多數研究者反對智力的可改變性，因爲他們認爲策略的訓練及教學介入只能改變人某方面的表現能力，但個人潛在能力是穩定、持久的特質，並非透過教學可以改變的。但是本文認爲目前對智力促進爭論的問題有三種，可分析比較如下：

一、哪一方面的智力被促進或被改變？

　　同意智力促進論者認爲不管是學習能力、智力能力、推理、知識獲得能力或是問題解決能力等皆爲智力的本質，因此只要使用某些認知策略或學習策略能增進學生的學習能力、認知能力或學習表現知識獲得能力、及解決問題能力等，皆認爲是有效的策略訓練；這一點說明智力本質是可經由文化或教育而改變的。但是反對智力的促進論者認爲智力本質涵蓋很多能力，有些能力是表面的，可以顯示出來的，有些是內隱的、是潛在的。因此刻意的策略訓練或教學介入只能在實驗狀況下去改變學生的表面學習能力；事實上個人的潛在能力是無法加以改變的。由此可見，二派爭論的是智力本質能不能改變？然而不論是智力那一方面受改變，只要真的改變了，事實上便說明認知策略的有效性，也說明了認知歷程的訓練對智力發展的影響力。倘若認知策略對學生智力的任何一部分具有正向作用，那麼也是教育的積極作用。

二、智力促進是長期遷移效果？或是短期遷移結果？

　　現代認知策略訓練研究所爭論的問題是訓練後的效果是長期遷移效果、或是短期遷移效果？事實上有些大計劃的認知策略訓練強調策略訓練主要是要促進學生的一般思考能力或問題解決能力，目的是爲了使學生學習效果達到長期遷移效果（ Weistein 1981, Sternberg 1986 ）。但有些研究，如 Anderson（ 1983 ），Pressly & Bryant（ 1983 ）則重視認知策略的訓練只是爲增進學生某方面技能的獲得或學習能力的獲得，學習效果是近遷移作用。不過，從認知策略的研究文獻中可發現各種訓練策略，所使用的內容不一；有的內容限制在學習材料方面，有的內容則與日常生活有關。因此，如果是特定領域的研究則將學習遷移效果視

爲近遷移或短期遷移效果。而一般領域的研究則重視遠遷移或長期遷移效果。所以智力促進的遷移效果是長期的？或是短期的，與所運用的認知策略及研究領域有關。

三、認知策略該教或不該教？

　　從智力促進的正向或負向效果研究中可以發現認知策略的訓練對某些人有益，但可能對某些人有害。因此認知策略到底該教或不該教，乃成爲爭論問題。例如 Winograd（1975）認爲教學生後設認知策略等於教學生敍述性知識，有違後設認知策略是一種程序性知識的觀點，因此他認爲後設認知策略不應該教。但是 Kumelhart & Norman（1981）認爲認知過程具備敍述性知識及程序性知識，敍述性知識可以轉化成程序性知識。所以教學生後設認知策略，可以促進學生知識的轉化及應用。到底「後設認知該教不該教」是爲爭論點。但是本研究認爲成功的認知策略訓練應該幫助學生從被動的誘發訓練到產生主動的認知策略，如此才能使學生獲得真正的學習。同時認知策略訓練應提供學生愉快的經驗和價值感，才能促進學習的歷程及效果。

　　綜合上述對智力促進的爭論問題，可促使研究者探討認知策略訓練對智力的影響，並且探討哪種策略訓練對智力的改變有幫助，藉以爲教育診斷及補救教學之參考。

第四節　多重智力理論模式的驗證與智力的促進研究

壹、研究動機

　　智力理論常爲智力測驗編製及使用的基礎。早期智力理論的發展偏重於潛在能力和動作能力的探討。自從行爲學派興起後，智力理論深受影響，特別重視科學化及客觀的測量方式；加上因素分析等心理計量法及一些精密統計方法被發明後，使得當時的智力測驗偏向智力分類和智力結構等方面的探討，並強調智力的結構內容。最有代表性的，如 Thurstone（1938）的基本心理能力説，和 Guilford（1967）的智力結構論。一九五○至一九六○年代間的智力理論重視因素分析和常模參照比較，所以這些測驗被稱爲「心理計量學的智力理論」（Sternberg, 1985）。這些理論建立的智力測驗具有三種主要特徵：(1)經由智力測驗所測得的智商可以代表人的智力；智力的本質是天生的，是不可以改變的。(2)智力測驗結果以常模作爲參照比較，藉以了解個人在團體的相對地位。(3)智力測驗結果可以預測個人在學習方面及學業成就的能力，具有教育預測作用。這些特徵在當時是心理測驗的最大特色，但自一九七○年代認知心理學復甦以後，卻成爲認知心理學爲主的智力理論所詬病的對象。

　　以認知心理學爲主的智力理論及研究因受訊息處理論的影響，將人類智力以訊息處理的歷程來解釋。Newell & Simon（1972）以及 Sternberg（1977）認爲智力的本質是訊息處理的

基本認知成分，此成分代表著個人對事、符號、內在表徵的運作歷程。智力的成分是多重的，動力性（dynamic）的而不是靜態的因素；智力的成分是可以透過文化衝擊而加以改變的。這些觀點顯然不同於心理計量學對智力本質的看法。Sternberg（1985）曾經批評心理計量學為主的智力測驗只能預測個人在學校的學習表現能力；智力測驗結果只能說明人的潛在特質與因素分析間的統計關係（Sternberg, 1985, p.119）。

雖然認知心理學重視認知歷程及認知成分，而心理計量學重視智力結構及智力的因素，兩派理論對智力的探討各有其特色。但是本研究認為心理計量學的智力理論及測驗以目標及結果為導向，易使測驗淪為標記智力高低的工具，忽略了智力測驗在教育上的診斷功能。而且智力測驗的編製大多與學習能力有密切關係，所以容易變成以學習能力表來代表人的所有智力。另一方面，以認知心理學為主的智力理論強調人的知識處理歷程，聲稱智力測驗應具有評估及診斷個人認知歷程的功能。但是採用此一派典的研究（Carrol, 1981; Brown 1978）卻只能針對人類認知歷程中某一過程，如注意歷程、控制歷程等作探討。至於認知的整個歷程及認知成分的本質是什麼則鮮有明確的界定。因此本研究認為智力理論的建立與測驗的編製，應擷取心理計量學的計量特色及認知心理學的歷程研究特色並加以發揮，期能建立一套理想的智力測驗，使測驗能真正發揮評估、診斷和預測作用。

筆者在探討國內外有關的智力理論及研究後，發現目前的智力理論的探討及智力測驗的編製仍以心理計量學方式進行較多，而認知為主的智力理論不但發展較晚而且數量也較少，甚至有多數研究還在驗證及修正過程之中。認知取向的理論以 Sternberg

三元智力理論(triarchic theory)較具規模(Sternberg, 1985)。在研究 Sternberg 智力理論的過程中，其理論特色引發研究者的好奇與研究動機，因而想進一步以他的理論爲架構，並融合心理計量學方式建構出一個新的智力理論模式。

貳、研究架構與研究目的

　　在前一節的研究動機中，已敍述本研究想探討的方向。爲了使能瞭解本研究的架構，特地在本章將本研究的理論模式及研究架構加以申述，以說明本研究中四個研究主題的目的。

一、多重智力理論模式的建立

　　本研究所提出的智力理論是綜合 Sternberg 三元智力理論的觀念，並且採用心理計量學及訊息處理理論等多個派典的智力觀念加以統整而成的。本研究將此理論稱爲「多重智力理論」。茲將本研究智力理論的來源，對智力的觀念、智力理論模式、及智力理論的特色分別敍述如下：

㈠本研究智力理論的來源

　　本研究所提出的智力理論包含三個分理論：即「內在智力」分理論、「外在智力」分理論、及「中介智力」分理論。內在智力分理論的形成主要是受心理計量學智力理論的影響。心理計量學以因素分析及量化方式分析智力結構。雖然因素結構是假設概念，但是心理計量學智力理論是以測驗或測量工具間接推估人的智力本質，以因素分析等量化方式驗證內在智力的存在，說明智力是內在能力。因此本研究認爲智力理論應先含蓋著內在智力分理論。不過心理計量學智力理論強調客觀化及量化現象，反而忽視智力的質化歷程。所以本研究認爲內在智力分理論不僅從心理

計量方式探討，更應以認知訊息處理論的觀點解釋智力發展的歷程；如此才能使內在智力分理論的架構更完整。

本研究外在智力分理論的形成是受內隱性智力理論的影響。內隱性智力理論強調智力是內隱的，不是靠一般紙筆測驗或標準狀況測量工具所能完全測量出來的；智力是代表人的智力行為，而智力行為必須從社會環境中顯現出來。因此內隱性智力理論重視社會文化對個人智力的影響，並以某種社會公認的智力行為建立智力理論。本研究認為以測驗或智商所測到的智力是內在的，但是內在能力並不能代表人的所有智力；內在潛力不等於表現能力。具有相同潛力的人在不同環境下可能表現出不同智力行為，所以智力與個人所處環境有密切關係。這個觀點形成本研究外在智力分理論架構。

本研究又認為心理計量學及訊息處理理論的智力觀念雖然從不同方向探討智力本質，但是二派典的理論都是探討智力的內層架構，重視內在智力本質。而內隱性智力理論則重視智力的行為表現，強調智力的外層架構。不過介於這二種分理論下應具有一個智力理論來說明內在智力與外在智力互動的歷程及現象，才能完整解釋智力架構，因此本研究又提出中介智力分理論。

綜合內在智力分理論、外在智力分理論、及中介智力分理論乃形成本研究的多重智力理論。

㈡本研究對智力本質的觀點

本研究將智力分成內在、中介、及外在三層面智力。內在智力牽涉到與個人有關的潛在能力，如學習能力、推理能力、記憶力、歸納能力、演繹能力等。中介智力牽涉到個人與環境互動歷程中所表現的能力；中介智力的發展需要個人具有相當的知識能

力,再配合環境中人、事物的變化提供個人線索,去組織及統整
新舊知識的能力,如創新力、領悟力及自動反應能力等。外在智
力牽涉到個人在環境中適應的能力,例如個人面對環境的適應
力、選擇能力、及改造能力等。內在、中介及外在三層面的智力
各具獨立特性,但三者之間彼此有關連及重疊的現象。例如個人
面對新環境時,必須尋找環境線索,從許多線索中尋找相關與不
相關訊息,再組合或比較訊息,然後將過去學過的知識與經驗統
整並且應用出來,最後纔產生適應能力。由此可見,外在能力要
在環境中表現出來必須依靠經驗及內在的知識架構爲基礎。從內
在、中介、及外在三層面的智力解釋人的智力可以化解目前智力
理論過份重視單向度的狹隘觀念。同時可以從社會現實面去探討
智力,使智力的測量與文化相結合,更擴大智力測驗在現實生活
的應用,而不再以學校表現或學業成就爲智力指標。另外亦可從
個人與社會互動關係中了解個人面對新情境或新事物的特殊能
力,以彌補過去智力測驗只重視在正常或標準狀況下的智力反應
之缺點。因此本研究認爲將智力界定爲內在、中介、及外在三個
層面的智力,可以統整智力的所有本質,並以廣義的觀念來解釋
智力。

㈢本研究的多重智力理論模式

　　本研究所建立的多重智力理論模式如圖 3-6 所示。圖 3-6
表示在本智力理論架構中,智力分成三個層面,即內在智力、外
在智力、及中介智力。內在智力(相當於 Sternberg 成分智力)
與個人潛力有關,其下包括後設認知成分、實作表現成分、及知
識獲得成分。後設認知成分是決定內在智力的重要成分,它會影
響實作表現成分與知識獲得成分的形成。但是智力獲得成分與實

作表現成分亦會影響後設認知成分的形成。這三種成分是獨立的成分，但彼此有交互關係存在的。

中介智力是個人與環境互動下所形成的智力，其中包含創新力、領悟力、及自動化能力等三成分。創新力是個人面對新奇情境的創造能力。領悟力是個人從陌生情境下利用舊經驗或過去知識去體會新知識的能力，也是個人從不熟悉的情境到熟悉整個情境的認知歷程。自動化能力是個人在熟悉情境下，由於創新及領悟力的形成，個人能減少知覺注意歷程的反應時間而表現出來的精熟的反應及技能。創新力、領悟力、及自動化能力雖是代表個人面對不同環境下的互動歷程，但三者彼此之間仍有密切關係。

外在智力是指個人面對外界環境所表現出來的智力。外在智力包括適應環境能力、選擇環境能力、及改造環境的能力。個人外在智力受影響最大，相當於智力行為的表現，因此外在智力是與現實生活結合的智力。但外在智力的發展仍然以中介智力及內在智力為基礎，三個層面的智力之間彼此有交互關係，會互相影響。圖 3-6 的模式不僅說明智力本質具有三個層面，各個層面的智力又包含著各種不同成分的智力，更表示智力形成的過程與關係。圖中以三個大小不同的圓環代表三個層面的智力。最內層的小圓環代表個人的內在智力，內在智力與個人本身的潛力及學習能力有關，其中包括知識獲得、實作表現、及後設認知等三種成分的智力，這三種智力之間彼此有關連，因此在圖中以箭頭方向來表示三種智力的互動關係。同時智力表現在學習方面是屬於內在遷移作用。另外圖中的中圓環代表中介智力，中介智力是介於內在智力與外在智力之間，其中包括領悟力、創新力、及自動化能力。此三種能力之間亦互為影響，因此圖中的三種能力亦有

雙向箭頭表示之。圖中的大圓環代表外在智力，外在智力是個人
在大環境中所表現的適應能力、選擇能力、及改造能力，這三種
能力之間亦有關連性。由中介智力及外在智力所表現出來的能
力，都是屬於外在遷移作用。

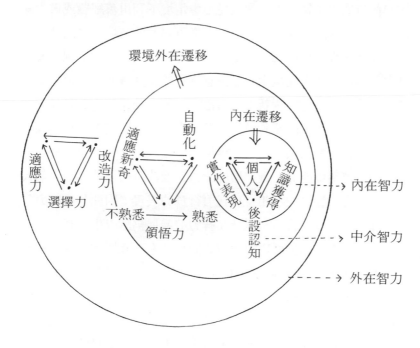

圖3-6　多重智力理論模式

㈣多重智力理論模式的特色

本研究所提出的智力理論模式具有四個重要特色：

1. 本研究認為智力本質具有多重的階層關係。

2.智力本質的探討重視質化及量化關係，可以用心理計量學方式探討，亦可從訊息處理論的認知歷程來探討。

3.本研究認為後設認知成分是智力的重要成分，後設認知成分的改變能影響智力成分的改變。

4.智力可以從認知歷程來探討，因此智力具有動態化特性。換言之，智力是可以透過教學及環境而加以改變的。

二、本論文的研究架構

本研究主要目的是要建立一套多重智力理論，再根據此理論編製一套多重智力測驗，以作為驗證本理論重要特色的主要工具。因此本研究架構分成四部份：

㈠多重智力測驗的編製

從上述的多重智力理論模式及特色中說明智力具有多重的階層關係，因此本研究認為多重智力測驗的編製應將智力以多重化及廣義的觀點界定。智力測驗內容將包含能測量多重化智力本質的工具。雖然 Sternberg 三元智力理論已有多項測量智力的工具，但是這些工具只作為訓練智力的材料並未經過標準化及信度、效度的分析。因此，本研究的多重智力測驗以 Sternberg 原先設計的工具為編製的部分依據，再依實際需要及配合國情修改原題目，並且進一步考驗多重智力測驗的信度及效度（測驗內容如表 3-1 所示）。

㈡智力的認知歷程探討

為了驗證以認知歷程探討智力本質的可行性，本研究認為智力的認知歷程探討宜從三方面著手：即(1)訊息處理歷程的認知速度，(2)訊息處理歷程各階段的時間分佈，及(3)訊息處理的執行歷

程差異性。在訊息處理歷程的認知速度研究是以反應時間爲依變項；目前多數的研究（鄭昭明，民 76; Jensen, 1980, 1982; Lunneborg, 1977; Sternberg, 1977）是以「字彙觸接速度」、「選擇反應速度」、及「推理歷程速度」來解釋反應時間與認知歷程的關係。而本研究則認爲訊息處理的速度既爲認知歷程研究的依變項；智力要從認知歷程探討，也應以「反應時間」爲依變項。因此本研究遂設計探討各項推理測驗的推理歷程與反應時間的關係。

　　另外爲了解訊息處理歷程各階段時間分佈的差異變化，本研究採用「字母比對」、「符號替代」、「視覺搜尋」、及「複雜視覺搜尋」等四種測量工具以探討訊息處理各階段時間分佈的差異性。而且爲探討訊息處理執行歷程的差異性問題，本研究採用領悟力爲自變項，以創造行爲依變項，探討高低領悟力者的創造性行爲差異性。因爲領悟力牽涉到個人的創造力，而創造力會影響創造行爲，因此本研究以探討「高低領悟力的創造行爲差異性」來說明訊息處理執行歷程的差異性。以上三方面的研究成爲本研究的二個主要架構。

㈢後設認知成分的探討

　　本研究多重智力理論中強調後設認知成分是智力的重要成分，後設認知成分會影響各層面智力的形成。但是後設認知成分的定義至今仍相當紛歧。Flavell（1976）認爲後設認知成分是指個人對認知歷程的監控及自我調整作用。但是 Sternberg（1985）認爲後設認知成分是指個人對認知歷程的了解及監控歷程，是認知策略的能力。因此他在後設認知成分的測量上重視

「確認問題性質」、「選擇解題方法」、「決定解題步驟」、「選擇心理表徵」、及「理解監控」等問題。本研究根據 Sternberg 的觀點設計後設認知測驗，藉以探討學術經驗高低的後設認知差異性和不同思考歷程的後設認知差異性，以爲本研究三的研究架構。

表3-1　多重智力理論及測量工具

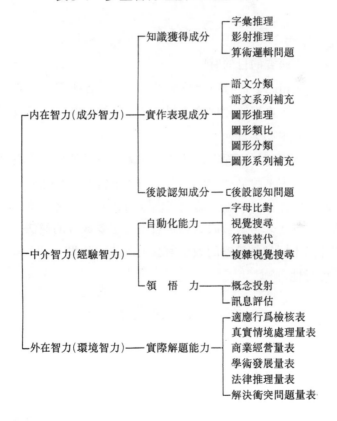

㈣智力促進問題的探討

本研究智力理論模式強調智力與現實生活有密切關連，智力是動態的，可以透過教學而加以促進的。然而智力能否改變或促進一直是學術界爭論的問題。本研究根據 Sternberg 後設認知訓練的主張和本研究多重智力模式的觀點設計兩種教學策略，以考驗智力促進的可能性和效果。這方面研究成為本研究四的研究架構。

三、研究目的：

總之，本研究的目的有四：

㈠以 Sternberg 智力理論為基礎，並配合實際需要建立一套多重智力理論，再根據此理論編製一套多重智力測驗，以為本研究驗證理論的主要工具。

㈡本研究從認知歷程與推理速度的關係；及領悟歷程與創造行為的關係，來考驗從認知歷程探討智力本質的可行性。

㈢本研究從探討學術經驗高低與不同思考模式者的後設認知成分的差異性，來考驗後設認知是智力的重要成分的說法。

㈣探討不同認知策略的教學對智力改變的效果，以了解智力促進的可行性。

叁、結論與建議

一、結論

㈠本研究建立的多重智力理論模式是將智力本質視為多重的且呈階層化的。智力理論包含內在智力、中介智力及外在智力等三個分理論。在內在智力下含攝知識獲得成分、實作表現成分及

後設成分等三方面的智力。在中介智力下含攝著創新力、領悟力及自動化能力等三方面智力。在外在智力下含攝著實際處理問題能力，適應環境力，選擇環境力及改造環境等方面能力。多重智力理論是強調智力與社會生活的結合，智力探討宜從認知歷程與因素結構交互關係中研究；智力本質中應重視後設認知成分；智力是可以透過文化或環境而加以改變的。

　　㈡本研究編製的多重智力測驗是依據多重智力理論而編製的，共有二十二種測量工具，分別測量內在智力、中介智力及外在智力等三層面的智力。內在智力的測量工具有十種，其中包括測量知識獲得成分的「字彙推理」、「影射推理」、及「算術邏輯」等三種測驗；測量實作表現成分的「圖形分類」、「圖形類比」、「圖形推理」、「圖形系列補充」、「語文分類」及「語文系列補充」等六種測驗；及測量後設認知成分的「後設認知成分測驗」一種。中介智力的測量工具有六種；其中測量領悟力的有「概念投射」及「訊息評估」二種，測量自動化能力的「字母比對」、「符號替代」、「視覺搜尋」及「複雜視覺搜尋」等四種工具。外在智力的測量工具有六種，其中包括「學術發展量表」、「商業經營量表」、「法律推理問卷」、「情境處理量表」、「解決衝突問題量表」及「適應行為檢核表」等六種工具。請參閱表 3–1。

　　本研究編製二十二種測量工具分別建立平均數及標準差以為團體參照比較指標。另外本研究各項測驗分別建立內部一致性係數及進行效度分析，顯示本研究測驗具有高的輻合效度及區辨效度。

　　㈢瞭解從認知歷程探討智力本質可行性，分別探討推理歷程與推理速度的關係研究，及高低領悟力者的創造性行為差異比較研究。由研究結果發現推理能力與推理反應時間皆呈負相關及自動化能力與反應時間亦呈負相關存在。顯示推動能力或自動化能力愈高者，其反應愈迅速。另外高低高領悟力者在「價值取向」、「問題解決態度」、「工作態度」、及「興趣」等四項創造行為表現上有差異存在。此一結果說明不同領悟力者的創造行為有所不同。

　　㈣為探討後設認知成分是否為智力的重要成分，本研究分別探討不同學術經驗者與不同思考模式者的後設認知成分差異性。由研究結果發現不同學術經驗者的後設認知成分有差異存在，但是只在「確認問題」及「相關知識」二項成分有所不同。不同思考模式者在「後設認知成分」上亦有差異存在，但是也只在「確認問題」一項成分有差異。

　　㈤為探討智力促進的可行性，本研究設計二種認知策略訓練，藉以考驗學生內在智力的改變。研究結果發現「學如何學」及「後設認知」二種認知策略訓練組與控制組等三組在內在智力中的後設認知成分智力上有差異存在。換言之「學如何學」及「後設認知」等認知策略訓練會影響學生的後設認知成分；「後設認知」策略訓練亦會影響學生的知識獲得能力。但是「學如何學」及「後設認知」等二種策略訓練並不能影響「實作表現成分智力」。這些結果顯示智力的促進是可行的，但透過策略訓練改變的能力是以問題解決能力或訊息處理能力為主。至於個人內在學習潛力的改變則不顯著。

二、本研究在教育上的意義

㈠多重智力理論模式的建立及多重智力測驗的編製,將使智力理論及測驗的發展邁進一大步,使智力測驗由只重量化結果及常態化比較進而同時也重視認知歷程及個別化的分析。這樣將使智力測驗發展更具積極意義;也使智力的定義及應用更廣泛,使智力理論與個人、學校及社會結合,促進社會化意義。

㈡多重智力測驗的編製有助於診斷學生認知歷程的個別差異,並針對認知歷程中的缺陷,進行處方性教學,以提高學生的心智技巧及解決問題能力。

㈢多重智力測驗重視認知歷程的探討,使智力本質探討可以從更多的認知變項加以探討,使智力研究領域更廣博更深入。

㈣多重智力測驗中納入後設成分測驗使智力測驗重視認知歷程的監控問題及自我調整的重要性。

㈤多重智力理論及智力測驗的編製中強調智力與社會化歷程的關係,使智力測驗的研究及發展不再只重視與學習能力及學業成就有關的表現。智力測驗與現實生活結合,使智力測驗能測量個人在實際生活上的表現,對於個人職業及生涯發展具有診斷及預測作用。

㈥認知策略訓練研究將促進教師對認知策略的了解、應用及設計。並經由認知策略訓練而改變學生的認知歷程或心智技巧的表現,使教育具有積極作用及意義。

三、建議

㈠為使本研究編製的智力測驗具有診斷作用。本研究宜繼續從認知歷程去分析各種測量工具的解題歷程,藉以了解認知歷程

的成分及功能，以作爲診斷個人認知歷程缺陷之工具。

　　㈡爲加强智力本質與社會生活結合的研究，本研究宜加强外在智力測量工具的編製及修訂，並且宜從我國文化的立場來設計各種工具，才能突顯中國人在我國生活文化環境下的智力表現，以說明智力的文化差異問題。

　　㈢爲進一步探討後設認知成分與智力的關係，未來研究宜同時從因素分析與認知成分分析二方面來探討後設認知是經由哪些因素與成分影響到智力本質。

　　㈣爲探討本研究設計的認知策略訓練效果，以提供教師教學之參考，本研究未來將進一步探討認知策略訓練在問題解決歷程及實際生活表現歷程的差異性，藉以說明認知策略的遷移效果及實用性。

肆、多重智力理論模式的驗證與智力的促進研究摘要

　　本研究旨在建立一個「多重智力理論模式」，然後根據此一智力理論模式的特色編製出一套多重智力測驗，再利用這一套測驗去驗證多重智力理論特色的正確性及適用性。因此本研究共有四個研究目的：㈠建立多重智力理論模式並據以編製多重智力測驗。㈡探討從認知歷程研究智力本質的可行性。㈢驗證「後設認知是智力的重要成分」的說法。㈣探討智力促進的效果。這四個研究主題皆以大學生及研究生爲受試者。

　　本研究所建立的多重智力理論是以 Sternberg 三元智力理論爲基礎，並且綜合心理計量學及認知取向的智力理論所形成的一

套統整性智力理論。本理論強調智力是由內在、中介、及外在等三層面智力所組合而成的，每個層面智力含攝著若干成分的智力。因此智力本質具有多重的階層關係。研究一係根據此理論來編製智力測驗。所編製的多重智力測驗共有廿二種測量工具，分別用來測量內在（成分智力）、中介（經驗智力）、及外在（環境智力）等三層面智力。本研究利用 Pearson 積差相關及因素分析等統計方式驗證，結果顯示：多重智力測驗具有高的內部一致性係數及建構效度。

　　為研究多重智力理論特色的真實性，本研究利用所編製的多重智力測驗為測量工具，以驗證與本研究的智力理論有關的三個研究目的。研究二裡探討「後認知歷程研究智力的可行性」。採用一百三十五名大學生接受「圖形類比」等五種推理測驗及四種自動化能力測驗。以各項分測驗分數及其反應時間求相關結果顯示：推理能力與反應時間及自動化能力與反應時間之間皆具有負相關存在。比較五十八名高低領悟力者的創造行為的結果也顯示二者之間有差異存在。由此可見，從認知歷程探討智力時，可以用「反應時間」及「認知成分」為依變項來進行研究。

　　研究三探討「後設認知是智力的重要成分」的說法。受試者是四十名研究生及七十名大一學生。比較學術經驗不同及思考模式不同的受試者的後設認知成分差異性，結果顯示：高低學術經驗者的後設認知成分有差異存在，不同思考模式者的後認知成分亦有差異存在。由此顯示「學術經驗」與「思考模式」會影響後設認知，而後設認知是智力的重要成分。

　　研究四探討智力促進的效果。受試者是一百零五名大學生，

分三組參與不同認知策略的訓練。多變項及單變項變異數分析結果顯示：「後設認知」及「學如何學」二組的內在智力顯然不同於控制組的內在智力，尤其是在「後設認知成分」上更有顯著的差異。由此可見，智力是可以經由教學而加以促進的。

綜合研究一到研究四的結果顯示：本論文所提出的多重智力理論具有理想的建構效度。

第五節　智力發展的現象

智力的發展受遺傳與環境的交互影響，是不可否認的事實。因此，人類的智力發展會有很大的個別的差異。狹意的個別差異是指個體間的差異，如張三比李四聰明。廣義的個別差異包括團體與團體間的差異，譬如不同性別間，不同種族間，不同社經地位間所存在的差異。本節將分別探討智力的分布，發展趨勢、智力的差異狀況、以及差異形成的因素。

壹、智力的分布

從智力的界定言，智力若是單向度的定義，那麼智力代表一種能力，可以一般的智力測驗測量其心理年齡或智力商數。根據推孟等人（Terman and Merrill, 1937）以二千九百零四個年齡由兩歲到十八歲的兒童及青年為對象，經由斯比量表測得的智力商數分布，說明人類的智力分布呈常態分配。如圖 3-7，表 3-2 所示。

另外從近代研究中，魏斯勒（Wechsler, 1974）以魏氏智力

量表測量人類智力分布及分類圖。如表 3−2 所示。

　　從單向度智商解釋來說明人數智力分布有兩種現象：

　　一、人數智力的分布，從智能不足到資賦優異的差異是連續的，而非間斷的。

　　二、人類智力的差異，僅是程度或數量的差異，而非種類的差異。所謂聰明與愚笨，只是比較性的說法，而非絕對性差異。從人類智力的常態分配曲線來看，大多數的人集中在中等程度的智力，兩極端的資賦優異者或智能不足者僅佔少數。

貳、智力的發展趨勢

一、智商的穩定性

　　美國心理學家傑森（Jensen; 1972）曾對一羣二歲到十四歲兒童做長期的智力追蹤研究。結果發現：從七歲以後，兒童的智商已相當穩定。根據研究結果，七歲組與十四歲組分別測得智商之相關係數皆達顯著相關。二歲組與日後各年齡組智商也有正相關，但其間關係較不密切。此種現象的成因大致可分為二個，其一為兒童早期的智力可塑性大；其二為測量兩歲兒童的智力工具偏重於視覺及動作的協調及反應，而測量年長兒童的智力工具偏向於抽象思考的推理能力。因此，不同測量工具所造成的差異較難控制，兩組受試的相關才會不高。由此表示，學前階段兒童的智商，其預測性將比學齡後兒童的智商為低。也就是說，學前兒童的智力可塑性很大。

二、智力發展的趨勢

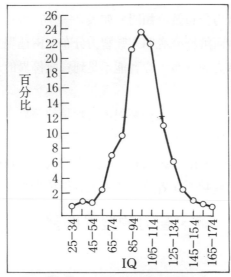

圖3-7　IQ的常態分配曲線

2904個兒童及青年的IQ分配，他們的年齡由2到18歲。圖上所述的各組的分數，是由標準化的斯比量表得來的（取材自Terman and Merrill, 1937）

表3-2　對斯比測驗智商的解釋　　表3-3　魏氏量表智商分數表

IQ	語文說明	百分比
139以上	極優異	1
120－139	優異	11
110－119	高於平均	18
90－109	平均	46
80－89	低於平均	15
70－79	邊緣	6
70以下	心理遲滯	3
合計		100%

智商	百分等級	分類
130以上	98以上	極優異
120－129	91－97	優異
110－119	75－90	中上程度
90－109	25－73	中等程度
80－89	9－23	中下程度
70－79	3－8	臨界程度
69以下	2以下	智能遲滯

來源：Kanfman & Kanman (1977) and Wechsler (1974)

人類智力發展究竟從何時開始？何時終止？速度如何？事實上這個問題牽涉到智力的界定、智力理論認定及測量工具等方面的爭執，因此，至今仍爲許多學者爭論未休的問題。從訊息處理論的觀點言，智力的起點，不是在初生之後，而是在一出生即具備了，出生以後隨著經驗再逐漸擴展認知結構，促進智力的發展。心理計量法的觀點，智力的測量大都以語文式或非語文式的測驗爲工具，智力代表推理能力，因此兒童的智力發展大致從兩、三歲以後才開始。如比西量表是從三歲的智力開始測量。桑代克主張，智力的發展以兒童期發展最快，以後逐漸減慢，呈遞減形式。推孟則認爲十三歲以前，智力是維持不變的速度發展，以後才緩慢下降。塞斯通則認爲智力的生長曲線是 S 型曲線，即從出生時，逐漸增長，中段呈直線發展，十一歲以後，速度才減慢，以至停止。

至於智力發展到什麼年齡停止？心理學家也未有一致看法。訊息處理論從多元化角度界定智力時，他們認爲有些能力如普通推理能力或記憶力可能有極限，但是智力若是代表一些外在的環境能力或經驗能力時，智力會隨著年齡增加，經驗更豐富，適應能力更增加，解決問題能力更成熟，智力是不會因年長而停止發展。但是根據一般心理計量學將智力視爲記憶力、推理能力或學習能力等單向度看法，則大致認爲智力發展的顛峯在廿至廿五歲之間。如根據貝理教授（Bayley, N）研究發現，一般人的智力從小遞增到廿六歲，然後維持不變，一直到卅六歲，然後遞減。如圖 3-9 所示，因此綜合多位學者對智力發展的研究，可知智力發展趨勢有下列幾項結論：

㈠智力高低與智力發展速率及發展終點關係。從心理計量學

觀點言，智力高者的發展速度快，停止時間晚，智力低者發展速率慢，停止的時間較早。因此，年齡愈大，個別間的智力差異也愈大。如圖 3-8 所示。

㈡心理計量學早期的研究發現智力的發展約在十五歲到廿歲之間停止。但新近研究則發現智力的發展呈直線加速狀到廿六歲，廿六歲以後呈水平線發展，一直到卅六歲才發展到顛峯狀態。如圖 3-9 所示。

㈢心理計量學者認爲四十歲到六十歲的的智力變化呈穩定的下降，但到六十歲以後，才急遽下降。如圖 3-10 所示。但訊息處理論把智力視爲環境適應力或經驗力或處理問題能力，智力的發展從四十歲到六十歲，應是個人事業發展有成的階段，個人從工作中獲得經驗及處理問題的經驗，到六十歲是最高峯。當然前述的記憶力或學業成就的能力可能因記憶負荷量增加及學習時間減少而有下降現象。所以訊息處理理論認爲智力應從廣義觀點來看，某方面能力降低，並不表示個人不能勝任其生活角色，通常成年人或老年人累積的知識及生活經驗豐富，在某些情境下，比智力高但缺乏經驗的年輕人更具有高度智慧及勝任工作能力。

叁、人類智力的團體差異

一、性別間的差異

㈠就男女兩性的整體而言，男女樣本多且具有代表性，而且所使用的智力測量工具對男女兩性是公平的，則男女兩性之間的智力不會有顯著的差異性。

㈡男女兩性間，智力的發展速率會有所變化。女性青春期通常較男性早到兩年，若以學習或推理能力代表智力，則智力測驗

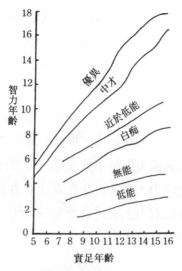

圖3-8 各級智力發展的比較（採自Pressy）

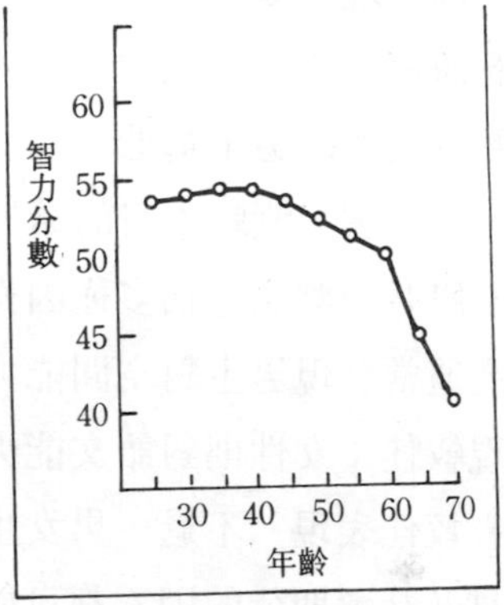

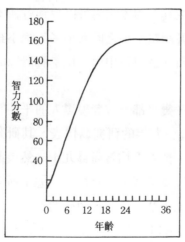

圖3-10 各年齡的智力變化

本圖的分數是由五種主要能力測驗而來組合分數，其中對速度測驗，如文字流暢測驗的加權值較大。在三十五、六歲左右，智力臻於最高；在六十歲左右，則急驟下降。（取材自Shcaie and Strother, 1968）

圖3-9 智力成長曲線

根據大型量表之縱貫研究，得來的智力成長曲線（理論上的）。本圖的智力分數乃以現行的某些「以年齡爲準」的測驗而來的，包括貝氏嬰兒量表（Bayley Infant Scales）、斯比測驗、及魏氏成人測驗等，然後將分數轉換爲智力的絕對量度。

的分數常呈現女優於男的趨勢；但過了青春期後，則智力測驗結果則呈現男優於女的趨勢。根據推孟的長期研究發現；絕大部分智商極高的女性兒童，長大成年後的學業及事業表現均較原來同智力層次的男子為低。

　　㈢智力測驗本身的結構和內容，對男女兩性未必是公平的。一般智力測驗包括多種因素或多種向度的題目，根據心理學者研究通常發現男生對空間能力，機械能力與數學推理能力等方面表現較佳；女性則對語文能力、記憶力、審美及社會表達能力方面有較佳表現。不過，男女生是否在智力上表現有所差異，測量工具及社會期待的因素都可能使兩性之間產生差異。

二、種族間的差異

　　自智力測驗問世之後的三十年代，智力的種族差異研究曾盛極一時，特別是美國學者在其美國本土內可以找到各種不同種族的研究對象。然而因為影響測驗結果之因素很多，絕不宜單憑測驗結果對種族優劣遽下斷語。茲引述中西三位學者研究的結果來探討種族間的智力差異：

　　㈠近四十年來的研究，幾乎都一致發現黑人的平均智商低於白人。其中以 Tanser 一九三九年的研究為代表，其研究結果指出白人平均智商為一○四，黑人平均智商為九十。然後此種差異的解釋成為爭論關鍵，是因為美國多元化社會型態下所發展的結果？還是不同種族間遺傳原因？至今未有明確的看法。

　　㈡美國心理學者羅德（Rodd）在一九五九年，曾在台灣省使用卡泰爾所編的免受文化影響的智力測驗，測量台省中、北部學生一千二百九十名高中生，其研究結果顯示：中美兩個同年齡的高中生，在測驗上得分不相上下。

㈢國內黃堅厚教授於一九六四年亦曾從事類似的研究。該研究係以瑞文式非文字推理測驗，對台北市區小學與中學生一千一百零八人施測，所得結果與同年齡組英國兒童比較，發現各年齡組（八歲到十四歲間）中國兒童在該測驗上的分數，大多有略高於英國常模的趨勢。

三、社經地位間的差異

向來，研究職業類別與智力發展之間的差異關係，多從兩種資料來分析。一為探討各種職業從業人員智力的差異性；一為探討各種從業人員子女的智力比較。根據美國學者強森（Johnson, 1948）比較英美兩國從業人員的智力差異發現：兩國從業人員智商分布相當一致。即專業人員受過專業性教育而從事專門性職業者，如醫師、律師、教師、技師、勞工和農民等，在智商的高低排列順序有依次降低傾向。由此可見，社經地位不同，智商層次將有差異。

由於社經地位不同，父母對子女的教育方式，管教方式及生活經驗不同，會影響個人學習的機會及環境，因而影響個人學習能力及其他心理能力之發展，智力發展也會有所差異。

綜合以上智力發展的各種現象，智力發展的影響因素可包括遺傳因素與環境因素。遺傳因素一方面受個人生理發展及先天基因的影響，環境因素則包括個人學習環境、教育、社會地位及文化等因素。因此，智力的發展隨著年齡成熟與環境經驗的改變而增長。

【參考文獻】

吳鐵雄、邱維城（民74）國民中學系列學業性向測驗編製報
　　　告。測驗年刊，中國測驗學會。32輯，30-37頁。

林邦傑（民70）國中及高中學生具體運思，形成運思與傳統智
　　　力之研究。中華心理學刊。第12卷，2期，33-49頁。

林邦傑，（民74）我國心理測驗誤用。測驗年刊，中國測驗學
　　　會。32輯，221-222頁。

林清山（民69）多變項分析統計法。臺北，東華書局。

林清山（民72）心理與教育統計學（修正版）。臺北，東華書
　　　局。

林清山、陳李綢（民74）布魯納式認知發展能力測驗的編製及
　　　其相關研究，測驗年刊，中國測驗學會，32輯，55-66
　　　頁。

林清山（民76）認知心理學對教學研究的影響，教學研究專
　　　集。台北市，南宏書局。

林清山（民79）教育心理學——認知取向。台北，遠流出版
　　　社。

汪榮才（民79）國小六年級資優生與普通生在數學解起之教育
　　　認知行為。台南師範初等教育學報。3期，199-244頁。

張春興（民76）知之歷程與教之歷程：認知心理學的發展及其
　　　在教育上的應用，師大教育心理學報，21期，17-38
　　　頁。

郭生玉（民74）心理與教育測驗。台北市，精華書局。

黃堅厚、路君約（民 53）瑞文氏非文字推理測驗之應用。測驗
　　年刊，11 輯，20–23 頁。

黃國彥（民 72）羅桑二氏語文智力測驗指導手冊。台北，正昇
　　出版社。

路君約、黃堅厚（民 68）普通分類測驗。師大教心系，心理測
　　驗實施手冊（第一冊），1–38 頁。

路君約（民 71）我國性向測驗的發展。我國測驗的發展，中國
　　測驗學會，21–23 頁。

路君約（民 72）加州心理成熟量表修訂指導手冊。台北，行為
　　科學社。

路君約、何榮桂（民 74）大學系列學業性向測驗之編製報告。
　　測驗年刊，中國測驗學會，32 輯，44–52 頁。

楊牧貞（民 79）中文字彙知識的腦側化性。臺大心理研究所博
　　士論文。

鄭昭明（民 76）認知心理學與教學研究。教學研究專集，臺
　　北，南宏書局。

盧欽銘、黃堅厚（民 74）高中系列學業性向測驗之編製報告。
　　測驗年刊，中國測驗學會，32 輯，38–43 頁。

盧欽銘、林清山、吳鐵雄（民 76）基本心理能力測驗之編製。
　　測驗年刊，中國測驗學會，34 輯，1–16 頁。

盧欽銘、黃堅厚、路君約、林清山、簡茂發、吳武典、吳鐵雄
　　（民 77）考夫曼兒童智力測驗修訂報告。師大教育心理
　　學報，21 期，1–16 頁。

陳李綢（民 70）學習材料具體化程度與兒童認知發展的關係。
　　師大教育心理學報，14 期，205–220 頁。

陳李綢（民 71）資優兒童與普通兒童認知發展比較研究。師大教育心理學報，15 期，215-226 頁。

陳李綢（民 73）表徵方式與教學策略對國小學生認知發展的成效研究。師大輔導研究所碩士論文。

陳李綢（民 74）布魯納理論應用於中小學生認知學習的成效研究。師大教育心理學報，18 期，191-228 頁。

陳李綢（民 75）國中學生認知能力與創造力的關係研究。師大教育心理學報，21 期，99-112 頁。

陳李綢（民 77）大學生創造性行為與其相關因素研究。師大教育心理學報，21 期，99-112 頁。

陳李綢（民 78）智力理論的發展與研究趨勢。資優季刊，30 期，21-32頁。

陳李綢、林清山（民 79）多重模式測驗的編製報告，測驗年刊，中國測驗學會，38 輯，151-170 頁。

簡茂發（民 71）我國智力測驗的發展。我國測驗的發展，中國測驗學會，17-20 頁。

簡茂發、蘇建文、陳淑美（民 74）國民小學系列學業性向測驗之編製報告。測驗年刊，中國測驗學會，32 輯，22-29頁。

簡茂發（民 76a）心理與教育測驗的發展。師大教育研究所集刊，29 輯，27-44頁。

簡茂發（民 76b）心理測驗與統計方法。台北心理出版社。

Anderson, J. R. (1983) A spreading activation theory of memory. *Jouranl of Verbal Learning and Verbal and Verbal Behavior*, 22, 261-295.

Baron, J. (1981) *Reflective thinking as a goal of education. Intelligence* 5, 291-309.

Baker, L., & Brown, A. L. (1984) Matacognitive skills of reading. In D, Pearson (Ed.), *Handbook of reading research* (353-394). New York: Longmans, Green.

Binet, A & Simon, T. (1973) Classics in Psychology: *The development of intelligence in children.* New York: Arno. press.

Brokowsik, J. K. (1985) Sings of intelligence: Strategy generatlzation and metacognitio. In S. R. Yussen. (Ed.) *The growth of reflection in children* (105-144) Orlando, FL: Academic Press.

Brody, E. B; & Brody, N. (1976) *Intelligence: Nature, determinatnts, and consequences.* New York: Academic press.

Brown, J. S. (1978) Diagnostic modeles for procedural bugs in basic mathematical skills. *Cognitive Science*, 2, 155-192.

Brown, A. L. (1978) Knowing when, where, and how to remember: A Problem of metacognition. In R. Glaser (Ed) *Advances in instructional psychology* (Vol. 1) Hillsdale, NJ: Erlbaum.

Brown, A.L., Pallincsai, A., Armbruster, B. (1984) Instructing comprehension-fostering activites in interactive learning situations. See Mandle et al. (1984) *Learning and motiviation in the classroom.* Hillsdale, NJ: Erlbaum.

Bruner, J. S., Goodnow, J. J., & Austin, G. A. (1956) *A study of thinking.* N. P.: Wiley.

Burt C. (1940) *The factors of the mind.* London: University of London press.

Campione, J. C. & Brown, A. L. (1977) Memory and metamemory development ineducable retarded children. In R. V. Kail, Jr., & J. W. Hagen (Eds.) *The development of memory and cognition.* Hillsdale, NJ: Erlbaum.

Carroll J. B. (1976) Psychometric tests as cognitive tasks: A new "structure of intellect" In L.B. Resick (Ed.) *The nature of intelligence*, Hillsdale, NJ: Erlbaum.

Caroll J. B. (1981) Ability and task difficulty in cognitive psychology. *Educational Researcher*, 10, 11–21.

Carroll, J. B. (1988) Cognitive abilities, factors and processes. *Intelligence*, 12, 101–109.

Cattle, r. B. & Horn, J. L. (1967) Age differences in fluid and crystallized intellignce. *Acta Psychological*, 26, 107–129.

Cattell, R. B. (1971) *Abilities: Their structure, growth, and action.* Boston: Houghton Miffin.

Dansereau, D. F. (1978) The development of learning strategy curriculum. In H.F. O'Neill, Jr. (Ed.) *Learning Strategies* (1–29). New York: Academic press.

Dansereau, D. F. Collins, K. W., McDonald, B. A., Holley, C. D., Garlland, J. C., Diekhoff, G. M. & Evans, S. H.

(1979) Development and evaluation of an effective learning strategy program. *Jouranl of Educational Psychology*, 79, 64–73.

Dansereau, D. F. (1985) Learning strategy research. In J. W. Segal., S. F. Chipman, & R. Glaser (Eds.) *Thinking and learning siklls* (vol.1, 209 – 240). Hillsdale, NJ: Erlbaum.

Das. J. P. (1972) Patterns of cognitive ability in nonretarded and retarded children. *American Journal of Mental Deficiency*, 77, 6–12.

Das, J. P. (1973) Cultural deprivation and cognition competence. In N. R. Ellis (Ed.) *International review of research in mental retardation* (Vol.6, 1–53). New York: Academic press.

Das J. P. (1975) Varieties of simultaneous and successive processing in children. *Journal of Educational Psychology*, 67, 213–220.

Derry & Murphy (1986) Designing systems that train learning ability: From theory to practice. *Review of Educational Research*, Vol.56. (1), 1–39.

Eugene, R. (1981) *How Creative Are You?* New York: Perigee. press.

Flavell, J. H. (1976) Metacognitive aspects of problem. In L. B. Resmick (Ed.) *The nature of Intelligence* (231–235). Hilldale, NJ: Erlbaum.

Flavell, J. H. (1979) Metacognition and cognitive monitoring: A new area of psychological linquiry. *American Psychologist*, 34, 906−911.

Flavell, J. H. (1981) Cognitive monitoring. In W. P. Dickson (Ed.) *Children's oral communication skills* (35−60) New York: Academic press.

Gagn'e R. M. (1984) Learning outcomes and their effects: Useful categories of human performance. *American Psychologist*, 39, 377−385.

Gagn'e, R. M. (1985) *The conditions of learning.* (4th ed.) New York: Holt, Rinehartand Winston.

Galton, F (1883) *Inquiries into Human faulty and its development.* London: Mac−millan.

Garderner, H. (1983) *Frames of mind: The theory of multiple intelligence.* New York: Basic Books.

Ghatala, E. S., Levin, J. R., Pressley, M. & Lodico, M. G. (1985) Training cognitive strategy monitoring in children. *American Educational Research Journal*, 22, 199−216.

Glaser, R. (1984) Education and thinking. *American Psychologist*, 39, 93−104.

Greeno, J. G. (1978). Indefinite goals in well-structured problems. *Psychological Review*, 83, 479−491.

Guilford, J. P. (1967) *The nature of human intelligence.* New York: McGraw−Hill.

Guiford, J. P. (1980) Components versus factors. *Behavioral and Brain Science*, 3, 591—592.

Guilford, J. P. (1982) Cognitive Psychology's ambiguities: Some suggested remedies. *Psychological Review*, 89. 48—59.

Guiford, J. P. (1988) Some changes in the structure of intellect model. *Educational and Psychological Measurement*, 48(1). 1—16.

Gustafsson, J. E. (1984) A unifying model for the structure of intellectual abilites. *Intelligence*, 8, 179—203.

Holley, C. D. & Dansereau, D. F. (1984) *Spatial learning strategies.* New York: Academic press.

Horn, J. L. (1976) Human abilities: A renew of research and theory in the early 1970's. *Annual Review of Psychology*, 27, 256—280.

Horn, J. L. (1979): Trends in the measurement of intelligence. *Intelligence*, 3, 229—239.

Horn, J. L. (1985) Remodeling old models of intelligence. In B. Wolman (Ed) *Handbook of intelligence* (267 — 300), New York: Wiley.

Hunt, E., Lunneborg, C., & Lewis, J. (1975) What does it mean to be high verbal? *Cognitive Psychology*, 7, 194—227.

Hunt, E. B. (1978) Mechanics of verbal ability. *Psychological Review*, 85, 109—130.

Hunt, E. B. (1980) Intelligence as an information-processing concept. *British Journal of Psychology*, 71, 449—474.

Hunt, E., & Pellegrino, J. (1985) Using interactive computing to expand intelligence testing: A critique and prospectus. *Intelligence*, 9, 207—236.

Jensen, A. R. (1979), G: Outmoded theory or unconquered frontier? *Creative Science and Technology*, 2, 16—29.

Jense, A. R. (1980) *Bias in mental testing.* New York: Basic Books.

Jensen, A. R. (1982) The chrorometry of intelligence. In R. J. Sternberg (Ed.) *Advances in the psychology of human intelligence.* Vol. 1, N. J: Hillsdale, Erlbaum.

Kaufman, A. S., & Kaufman, N. L. (1983) K—ABC Kaufman *Assement Battery for Children.* Circle Pines, Minnesota: American Guidance service.

Lally, M. & Nettelbeck, J. (1977) Intelligence, reaction time and inspection time. *American Journal Mental deficiency*, 82, 273—281.

Lohman, D. F. (1986) Predicting mathemathanic effects in the teaching of higher-order thinking skills. *Educational Psychologist*, 21(3), 191—208.

Lunneborg, C. E. (1977) Choice reaction time: What role in ability measurement? *Applied Psychological Measurement*, 1, 309—330.

Mayer, R. E. (1983) *Thinking, problem solving, cognition.*

New York: W.H. Freeman.

Mayer, R. E. (1988) Learning strategies: An overview: learning and study strategies. *Issues in assessment instruction, and evaluation*, 11−12.

Meichenbaum, D. H. (1980) A cognitive-behavioral perspective on intelligence. *Intelligence*, 4, 271−283.

Murphy, D. A., & Derry, S. J. (1984) *Description of an introductory learning strategies course for the job skill education program.* New Orleans LA.

Neisser, U. (1979) The concept of intelligence. *Intelligence*, 3, 217−227.

Newell, A., & simon, H. (1972) *Human problem solving.* Englewood Cliffs, NJ: Prectice−Hall.

Novak, Jd & Growin, D. B. (1984) *Learning how to learn.* Cambridge University: Press.

Pairs, S. G; Lipson, M. Y., & Wixson, K. K. (1983) Becoming a strategic reader. *Contemporary Educational Psychology*, 8, 293−316.

Pairs, S. G. (1988) Models and metaphors of learning strategies. In Weinstein, L. E. (1988): Learning and study strategies: *Issue in assessment, instruction, and evaluation.* 291−321.

Pellegrino, J. W; & Glaser, R. (1982) analyzing aptitudes for learning: Inductive reasoning. In R. Glaser (Ed.) Advances in instructional. *Psychology* Vol. 2, Hillsdale, N.

J: Erlbaum.

Perry, N. G. (1970) *Intellectual and ethical development in the collegepears Scheme*, New York: Hall.

Piaget, J. (1972) *The psychology of intelligence.* Totowa, Hillsdale, NJ: Erlbraum.

Pressley, M., Levin, J. R. (1983) *Cognitive strategy research: psychological foundation.* New York: Springer — Verlag.

Pressley, M., & Levin, J. R., & Bryant, S. L. (1983) Memory strategy instruction during adolecence: When is esplicit instruction need? In M. Pressley., & J. R. Levin (Eds.) *Cognitive strategy research psychological founction* (25—44) New York: springer Verlag.

Pressley, M., Levin, J. R. & Ghatala, E. S. (1984) Memory strategy monitoring in adults and children. *Journal of verbal learning and verbal behavior*, 23, 207—288.

Pressley, M., & Levin, J. R. (1987) Elaborative learning strategies for the inefficient learner. In S. J. Ceci (Ed.) *Handbook of cognitive, social, and neuopsychological aspects of learning disabilites.* Hillsdale: NJ: Erlbaum.

Resnick, L. B. (1976) *The nature of intelligence.* Hillsdale, NJ: Erlbaum.

Resnick, L. B., & Ford. W. (1981) *The Psychology of mathematics for instruction.* Hillsdale, NJ: Erlbaum.

Rosenshine, B. (1983) Teaching functions in instruction

programs. *The Elementary School Journal*, 83, 335-351.

Rumelhart, D. E., & Abrhamson, A. A. (1973) A model for analogical reasoning. *Cognitive Psychology*, 5, 1-28.

Sattler, J. M. (1988) *Assessment of Children.* (3rd) San Diago: press.

Snow, R. E. (1979) theory and method for research on aptitude processes. In R. J. Sternberg & D. K. Detteman (Eds.): *Human intelligence. Perspective on its theory and measurement.* Norwood, NJ: Ablex.

Snow, R. E. & Lohman, D. F. (1984) Toward a theory of cognitive aptitude for learning from instrucion. *Journal of Educational Psychology*, 76, 347-376.

Snowman, J., Krebs, E. W., & Kelly, F. J. (1980) Enhancing memory for prose through leaning strategy training. Paper presented at the annual meeting of American Educational Research Association Boston.

Snowman, J. (1986) Learning tacitics and strategies. In Phye, GD. & Andre. T. *Cognitive classroom learning--understanding, thinking and problem solving.* (243-275). New York: Academic press.

Spearman, c. (1927) *The abilities of man*, New York: Macmillan.

Stern, W. (1924) *Psychology of early childhood up to the sixth year of age.* New York: Henery Hill.

Sternberg R. J. (1977) Intelligence, Information, Prcoessing, and analogical reasoning: *The componental analysis of human abilites.* Hillsdale, NJ: Erlbaum.

Sternberg, R. J. (1979) The nature of mental ability, *American Psychologist,* 34, 214−230.

Sternberg. R. J. (1981) Testing and cognitive psychology, *American Psychologist,* 36, 1187−1189.

Sternberg R. J. (1982) *Handbook of human intelligence,* New York: Cambridge University press.

Sternberg. R. J. (1982, 1984, 1986, 1988, 1989) *Advances in the psychology of human intelligence,* (Vol. 1−5) Hillsdale, NJ: Erlbaum.

Sternberg. R. J. (1985) *Beyond I. Q.: A triarchic theory of human intelligence.* New York: Cambidge University press.

Sternberg. R. J. (1986) *Intelligence applied: Understanding and incresasing your intellectual skills.* San Diego, CA: Harcourt, Brace, Jovanovich.

Sternberg. R. J. (1988) *The triarchic mind: A new theory of human intelligence,* Viking Pengain, Inc.

Sternberg. R. J. & Rifkin, B (1979) The development of analogical reasoning processes. *Journal of Experimental Child Psychology,* 72, 226−234.

Sternberg, R. J., & Gardner, M. K. (1983) Unities in inductive reasoning. *Journal of Experimental Psychology:*

General, 112, 80-116.

Swanso, H. L. (1985) Assessing learning disable children's intellectual performance: An infromation processing perspective. In K. D. Gadow (ed) *Advances in learning and behaviing disabilities,* Vol. 4, 225-272. Greenwich, CT: JAI: press.

Thomson, G. A. (1984) *The factiorial analysis of human ability.* (3rd. ed) Boston: Houghton Mifflin.

Throndike, E. L. (1924) The measurement of intelligence: Present status. *Psychological Review,* 31, 219-252.

Thurstone L. L. (1938) *Primary mental abilities.* Chicago: University press.

Vernon, P. E. (1971) *Structure of human abilities.* London: Methuen.

Vernon, P. E. (1979) *Intelligence: Heredity and environment.* San Francisco: Freeman.

Weinstein, C. E., Cuberly, W. E., wicker, F. W., Underwood, V. L., Roney, L. K., & Duty, D. C. (1981) Training versus instruction in the acquistion of cognitive learning strategies. *Contemporary Educational Psychology,* 6, 159-166.

Winograd, T. (1975) Frame representations and the declarative/procedural controversy. In D. G. Bobrow & A. Collins. (Eds.)., *Representation and understanding: studies in cognitive science,* (185 - 210) New York:

Academic press.

Wolman, B. B. (1985) *Handbook of intelligence theories, measurements and applications.* New York: John Wiley & Sons press.

V字作業量表

智力發展

一、知識：

1. 智力是處理人、事、語文或數學符號的能力。

2. 智力是處理訊息及解決問題的能力。

3. 人類智力的發展可以透過學習和診斷加以改變。

4. 智力測量可以兒童在教學引導下的反應來推估其潛在的能力。

5. 聰明與愚笨只是比較性的說法，而非絕對性的差異。

二、參考書目：

林清山：教育心理學。台北：遠流出版社。

陳李綢：認知發展與輔導。台北：心理出版社。

李　丹：兒童發展。台北：五南出版社。

吳清基：精緻教育的理念。台北：師大書苑。

陳龍安：智力結構初探。資優教育季刊，27期。

三、建構圖：

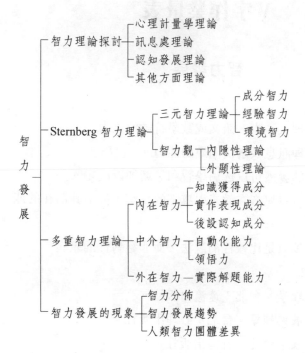

四、重要概念：

　　1. 晶體智力：字彙、閱讀理解及一般處理訊息的能力。

　　2. 流體智力：抽象類推、分類、系列填空等能力。

　　3. 並列思考：以最有效率的方法把握刺激的完形和空間性，並整合刺激以解決問題。

　　4. 系列思考：著重於問題解決時，掌握刺激的系列或時間順序。

　　5. 三元智力理論：1985 年 Sternberg 將智力分成三個層面智力，即成分、經驗及環境等三種智力。

　　6. 中介智力：個人與環境互動下所形成的智力，包含創新力、領悟力、自動化能力。

五、原理原則：

　　1. 人類智力的分佈，從智能不足到資賦優異的差異是連續的而非間斷的。

　　2. 智力高者的發展速度快，停止時間晚。智力低者的發展速度慢，停止的時間較早。因此，年齡愈大，個別間的智力差異也愈大。

　　3. 智力具有動態化特性，智力是可以透過教學及環境而加以改變的。

　　4. 推理能力與推理反應時間呈負相關，自動化能力與反應時間亦呈負相關存在，因此，推動能力或自動化能力愈高者，其反應愈迅速。

六、結論：

　　1. 兒童的智力發展與認知發展息息相關，智力本質即為認知結構，智力的成長也就是認知結構的改變。

2.由於社經地位不同,父母對子女的教育方式、管教方式及生活經驗不同影響著個人學習能力及其他心理能力之發展,智力發展也會有所差異。

3.學前兒童的智力可塑性很大。

4.成年人或老年人累積的知識及生活經驗豐富,在某些情況下比智力高但缺乏經驗的年輕人更具有高度智慧及勝任工作能力。

七、心得:

1.智力的促進是可行的,但是若透過一些策略訓練只能改變個體問題解決的能力以及訊息處理的能力,而對於個體內在學習潛力的改變並不顯著。

2.智力測驗若能與現實生活結合,則智力測驗較能測量出個體在實際生活上的表現,將對於個體職業及生涯發展具有診斷及預測作用。

3.遺傳與環境是影響智力發展的二個重要因素,因此,智力的發展是隨著年齡成熟與環境經驗的改變而增長。

知覺發展

■流程圖

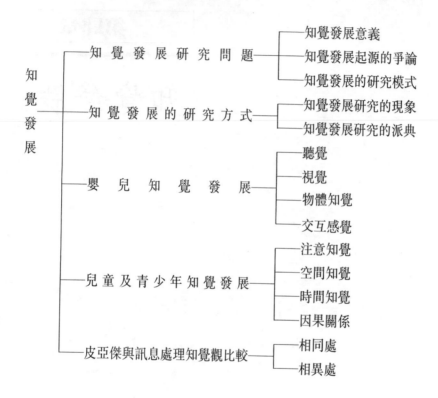

　　知覺是人類經驗外在世界的第一步，是解釋外在世界並賦予意義的必要條件。因此研究知覺的功能主要在探討下列幾個問題：

　　一、人類如何感覺器官所接收的事物，將其知覺化並賦予意義？也就是說人類如何將外界知識賦予意義？

　　二、感覺是靜態的物理現象，而人類又是以何種方式表現聲音、語文、動作及視聽能力？

　　三、兒童的感覺要發展到那種年齡或階段才能與成人的看法相同？

　　四、早期的感覺被剝奪經驗後，對人類知覺的發展有何影響？

　　五、知覺的研究主要來自人類知識來源的探討。

　　爲探討這些問題，心理學家與發展學家企圖從不同的角度來驗證人類知識形成與知覺的發展密不可分。本章將分別針對知覺研究問題、知覺發展研究方式、嬰兒知覺發展、兒童及青少年知覺發展、及皮亞傑與訊息處理論知覺觀比較等五部分內容敘述。

第一節 知覺發展的研究問題

壹、知覺發展的意義

一般對「知覺」的定義：個人透過感覺器官對外界環境產生覺知的現象。感覺器官所接收的訊息是物理的真實現象，而知覺是把外在的客觀現象加上個人主觀色彩的定義。因此，知覺的發展與感覺器官的發展，知覺的歷程、知覺與感覺現象等問題息息相關。

皮亞傑將知覺發展視爲一種現實的結構，他認爲知覺是由兩種結構形成的，一者爲表象成分（figurative component），一者是思考運作成分（operative component）。表象成分是現象或事物的本身；思考運作成分是形成知覺的認知基模或思考運作。因此他重視知覺組成的結構及方式，研究的取向偏重於知覺的發展現象探討。

訊息處理論對知覺的解釋是：外在世界有那些特性可以爲人所知覺，他們强調外界刺激對個人知覺所產生的反應。因此訊息處理論研究知覺發展着重於研究人如何從感覺進入知覺的歷程，以嬰兒的知覺發展爲研究重心。

吉布森（Gibson, 1969）對「知覺」下一個定義：就知覺功能言，知覺是人類獲得周遭環境第一手資料的過程；是個人對現實環境中事物的覺知現象；也是個人對環境中刺激作區辨及選擇的反應。這種定義是綜合的說明知覺是歷程也是現象。但是處理「覺知」現象和「區辨」及「選擇」的反應的起源是什麼？則成

爲知覺發展起源的爭論重心。

貳、知覺發展起源的爭論

知覺發展起源的爭論有兩派極端看法。即經驗論與天賦論。兩派爭論分別敍述如下：

一、經驗論

經驗論是以洛克（Locke）及詹姆士（William, James）爲代表。此派認爲：

1. 人一出生沒有天生知識。

2. 人類所有知識來自感覺（senses）。

3. 人類知覺的發展來自學習與經驗。

二、天賦論

天賦論是以笛卡兒及康德等人爲代表，他們認爲：

1. 人類出生即具有知識，（人出生後就有分類或組織方面的知識。）此種知識有助於知覺功能。

2. 知覺發展是先從視覺（眼睛）發展出來的。

3. 人類天生就會將感覺組織成有意義的知覺，而不是依靠經驗或學習將感覺東西給予意義化。

經驗論與天賦論對知覺發展的起源，也就是對人類知識的來源有不同的看法。事實上，有些學者如皮亞傑、吉布森及傅來福（Flavell）等人認爲人類知覺的發展都是先建構於生理因素，需要經由感官將外界事物輸入，才能發揮功能。因此知覺的發展是靠先天成熟及後天環境交互形成的。知覺的發展有部分可能是先天的，而有部分則是從先天發展到後天的。

叁、知覺發展的研究模式

綜合天賦論及經驗論對知覺與發展來源的爭論，高太博（Gottieb, 1981）針對知覺發展的研究提出五種研究模式，由絕對的天賦論到極端的增進論，可區分成五種研究模式，此五種論點如下述：

一、成熟論（maturation）

發展是由遺傳因素所決定。經驗的有無全無影響。例如嬰兒的生理發展順序隨著成熟而改變。

二、維持論（maintenance）

發展是靠成熟，而經驗可以維持及穩定目前已充分發展的狀態。如果缺乏經驗，則有些能力會永久喪失。例如：貓的視覺剝奪實驗，由於小貓的右眼視覺缺乏經驗，因而喪失右眼視力。

三、促進論（facilitation）

經驗可以催化發展的速度，但不能影響最終的發展形式或階段順序。例如：嬰兒爬樓梯的訓練，可以加速嬰兒的爬梯能力，但許多嬰兒到某個階段都會爬行走路。

四、調整論（attunement）

經驗會改變並調整最後的發展結果或水準。例如，老鼠被關在黑盒子的實驗，老鼠一開始被關在黑盒子中，視覺被限制，但最後老鼠學會調整在暗室的視覺。

五、誘發論（inductive）

經驗決定知覺的發展現象和型態，早期發展缺乏經驗則無法誘發知覺能力的發展。例如鴨子的銘印（imprinting）行為和嬰兒的語言發展錯過重要關鍵期的訓練，則可能事倍功半，無法建

立行爲發展。

　　圖 4－1 爲五種模式的比較圖。圖中實綫代表有經驗產生。虛綫代表缺乏經驗。縱面代表發展水準。

　　以上五種模式說明人類知覺發展的研究有從知覺天生論觀點到知覺是學來的觀點等不同的看法。事實上，人類知覺的發展不論是天生的或是後天學來的，知覺的發展仍是受遺傳與環境的影響，也是成熟與經驗交互結合而成的。

第二節　知覺發展的研究方式

壹、知覺發展研究的現象

　　通常，研究知覺的發展有兩種現象，一種是知覺發展的研究相當重視推論問題。由於知覺的發展現象及結果都是需要經由主觀的解釋，知覺的研究必須經由假設，再驗證假設，然後提出說明及推論的過程。因此推論的效力則視研究結果的證據是否充足而定。一般研究語音知覺方面問題，以收集有關語言行爲的資料爲主，再提出證據及推論，而研究非語文方面的，則以動作或生理反應爲基礎，以收集相關的資料，建立有效推論。

　　另一種現象是知覺發展方面的研究大都以嬰兒爲研究對象，其實以嬰兒爲研究對象的原因有三：一、由於天賦論與經驗論對人類知識起源的爭論，人類是否天生具有某種感知能力？只有以嬰兒爲研究對象，才能瞭解知識發展的來源。

　　二、人類的知覺發展大約到兩歲或三歲後已逐漸成熟，因此研究知覺現象應以嬰兒爲對象。

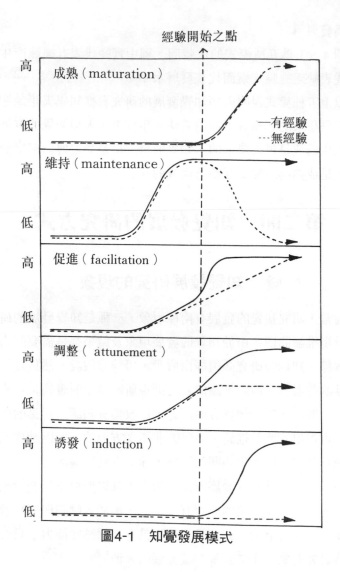

圖4-1 知覺發展模式

三、過去發展方面的研究皆以回溯方式追溯兒童早期的發展，此種研究在推論上有缺點，因此研究人類知覺的發展，宜以直接方式探討之，故以嬰兒爲研究對象。

這些現象說明知覺發展的一般研究趨勢。

貳、知覺發展研究的派典

知覺發展方面的研究大致可分成三種派典。

一、以生理心理學爲基礎的研究方式

以生理心理學爲基礎的研究，其基本假定是：人類的知覺是由感覺器官來反應，感覺器官受中樞神經及自主神經的影響，因此，人類知覺的發展可從人體的生理反應及神經系統變化而得知。故此派研究，通常是以測量人的腦波變化、心跳、脈搏等生理反應爲依變項或觀察變項。

不過，這類研究結果有限，知覺的發展只能以生理反應作推理的證據，但却無法解釋人類如何將知覺主觀化意義化的歷程。

二、以行爲學爲基礎的研究方式

要評估個體是否具有某種感知能力？通常是探討個體是否能覺察到物體的存在？或是探討個體是否能區別不同刺激來源的物體。如此的研究方式，其基本假定是：個體的行爲總是與某種刺激物出現相聯結，而不作其他的反應，則表示個體已具有覺察與分辨的能力。這類的研究皆以探討個體行爲的改變，藉以解釋人的知覺發展。其研究方式有下列幾種：

㈠視物偏好法（preferential looking method）

簡稱偏好法，指從嬰兒特別喜歡注視某一刺激的反應表現，從而推斷嬰兒知覺的一種方法。此法使用時，在嬰兒面前同時出

現兩種（或多種）刺激，然後觀察何者特別引起嬰兒的注意，並隨時記錄其注意的時間。如果嬰兒對兩刺激之一特別注意，即表示該刺激對他具有某種程度的意義；亦即該刺激確能引起嬰兒的知覺。

最初視物偏好法是以研究形狀知覺爲主，而以偏好法命名後，即推廣用以研究嬰兒的聽知覺行爲。我國傳統「抓周」的習俗，在嬰兒周歲時，放置各種物件於其面前，以試探其興趣。可見抓周與視物偏好法具有同樣的意義，抓周又稱「試兒」。

「兒生一期，爲製新衣，盥浴裝飾，男則用弓矢紙筆，女則用鍼縷，及珍寶物玩，置之兒前，觀其所取，以驗貪、廉、智、愚，謂之試兒。」《顏氏家訓》

㈡單刺激法（single-stimulus method）

使用視物偏好法，至少要選用兩個刺激，對剛出生的嬰兒而言，要他選取其中之一予以注意，有時可能有困難。採用單刺激法，在嬰兒面前出現單一刺激，並觀察記錄嬰兒對該刺激的反應方式，接著將該刺激停止，並觀察記錄嬰兒對刺激停止在反應上產生的變化。然後再出現該刺激，再觀察嬰兒反應的變化。如此，採 A→B→A 的實驗方式，反覆練習數次之後，如發現嬰兒的反應隨 A→B→A 變化的順序而變化，即可確定該刺激對嬰兒來說，已具有知覺上的意義。

㈢習慣化法（habituation method）

爲一種因刺激變換，引起嬰兒注意，從而推斷嬰兒能表現知覺辨別的方法。此法實施時在嬰兒面前先出現一種刺激，並一直維持不變，使嬰兒對之習慣化不再對之注意。此時出現另一刺激，並觀察記錄嬰兒對新出現刺激之反應，如嬰兒對新加入之刺

激特別注意，即表示嬰兒在知覺上已能對新舊兩種刺激加以辨別。

(四)反射行為測量

新生兒出生時已具備一套完整的無條件反射裝置，例如轉頭、瞳孔收縮等，這些反射行為的引出，彷彿是嬰兒在告訴我們：「我已經感覺到了」，但如果刺激不能引起新生兒相應的反射，我們就很難斷定是嬰兒沒有覺察當前的刺激或是有別的刺激干擾了已被嬰兒覺察到的刺激，而抑制了反射活動。

(五)定向反射習慣化測量

當一個新異刺激出現時，任何一個個體，包括新生兒都會產生定向反射（orienting reflex）。這時個體的心率就會起變化，注意也會朝向刺激物，其他正在進行的活動（如吸吮、身體動作）也會停止，稱定向反射。當個體已對某種刺激形成習慣之後，又出現一個新的刺激，這時的個體可能出現兩種反應：一是又對新刺激產生了反射行為，表示個體能將新舊刺激加以區別。二者可能仍未出現反射，即個體不能區辨新舊刺激物。研究者利用這種方式，就可以辨別新生兒能否察覺個體間的差別以及這種差別要達到什麼程度方能為新生兒所察覺。

心率是定向反射的一個組成部分，從心率的變化可以了解新生兒是否產生了定向反射。

(六)身體動作和臉部表情測量

嬰兒的某些身體動作和臉部表情總是與某種刺激物的出現相聯繫，而與別的刺激物出現無關。如五、六個月大的嬰兒看到自己的母親和熟悉的人，就會咿咿呀呀的「笑」呀，「說」呀，而見到陌生的人就無這種反應，表明嬰兒已能區分熟人和陌生人。

又如當有一巨大物體朝向他移動好像要撞上他，則嬰兒會眨眼或好似後退。此外如轉頭以確定聲音方向，吸吮等均爲研究嬰兒知覺的重要依據。

㈦眼睛注意的時間測量

　　將兩種刺激物呈現在新生兒眼前，觀察新生兒注視這兩種刺激物的時間（ visual fixation duration ）。有研究者設想，如果個體對其中一種刺激物注視的時間比另一種刺激物長些，即表明新生兒對它較偏愛。換句話說，新生兒能分辨這兩種刺激。

　　目前這些研究方法能推論出三項訊息：

　　1.嬰兒是否有知覺區辨能力。

　　2.嬰兒是否有知覺偏好或敏度。

　　3.嬰兒是否有再認、記憶能力—注意的習慣化暗示著嬰兒至少有某些種類的再認型態的記憶能力，否則無法習慣化。

　　但是這些研究方式仍有其限制，如：

　　1.嬰兒，尤其是新生兒其生理狀態不穩定，重複測量的結果可能不一致。

　　2.嬰兒也許能夠在兩個刺激中辨別，但不表現任何的注意偏好，因此其區辨能力就無法測得。即偏好在邏輯上是暗示辨別，但能辨別並不意味著偏好行爲。

　　3.在某個年齡水準較好的測量方法，也許不能用在所有其他的年齡水準。例如幼小嬰兒無法移動身體去接觸物體，而一歲的孩子則無法安坐在椅子上重複地接受刺激，使得追蹤知覺能力的發展非常的困難。

　　4.現有可用的方法，多是非口語的，無法正確地告訴我們嬰兒現有的知覺經驗及知覺對他們的意義。

　　雖然有這些缺點，但這些新方法發現了許多有關嬰兒知覺發展的新事實，大部分是有關視覺和聽覺的，這兩種能力是人類學習和發展的最重要感覺工具。

三、以早期知覺的本質爲基礎的研究方式

　　此派研究着重於探討某些特殊個案的先天能力或知覺發展發生的時間，及其發生變化的歷程，並追蹤其知覺發展的狀況。通常是以臨床方式診斷，並以縱貫發展方式探討特殊個案的整個知覺發展狀況，以比較其早期及晚期知覺發展的差異性，以爲推論知覺發展的歷程及可能變化的現象。

第三節　嬰兒期知覺發展

　　一九七七年，Bower 認爲：研究嬰兒知覺就像月亮的黑暗面。他這句話説明兒童發展研究者非常想要研究嬰兒知覺能力。因爲長久以來，嬰幼兒的感知覺（sensory-perceptual）研究領域一直渾沌不清。而事實上，嬰兒的知識能力卻是驚人的。

　　而爲何會低估嬰兒的知覺能力呢？原因有三：

　　㈠早期學者認爲人剛出生時具有的能力非常少，經年累月的經驗，逐漸慢慢地產生了各種能力。經驗論、聯結論及傳統的學習理論都抱持此種觀點，因而有了白紙説、石膏板説，這種觀點影響我們對知覺能力的負向評估。

　　㈡由嬰兒的動作能力來推理知覺能力是無法得到驗證的。因嬰兒的動作技能差，採用動作技能的評量無法得到知覺能力的判斷。

㈢過去研究發現知覺能力隨年齡而進步，因而向下推論——嬰兒的知覺能力必然非常缺乏。這是種錯誤的推論。

以下分別介紹嬰兒期知覺的發展，嬰兒的知覺發展在感覺發展之後；因此，本節將重點擺在聽覺、視覺、物體知覺的發展及交互知覺發展上。

壹、聽覺

一、聽覺發生期

生理上，聽覺系統的成熟比視覺要早得多。胎兒在五、六個月時，聽覺系統就可以正常運作。廖德愛、黃華建對「關於新生嬰兒聽覺發生期的探討」證實出生第一天的新生兒已有聽覺反應，聽覺臨床測試表明，83.3％新生兒對聽覺刺激反應較快，只有 16.66％的新生兒反應較慢。

新生兒不僅能夠聽見聲音，而且還能區分聲音的音高、音響和聲音的持續時間。連續不斷的聲音對嬰兒可以產生撫慰或鎮靜作用。出生平均為五十八小時的嬰兒能夠區分二百和一百赫的音。音高低的音比音高高的聲音更易引出明確而又一致的反應。

傳統上，測驗嬰兒的聽覺是敲擊響板，看嬰兒有沒有震驚反射（startle reflex）。但這種方法太過粗糙無法得知敏銳度。近來的研究大多採用習慣化（habituation）的方法。這種方法簡略過程如下：

1.刺激 A 重複呈現，起初個體的反應明顯而強烈，重複刺激後反應逐漸減弱。這種逐漸減弱的現象叫習慣化。

2.當反應減弱至某種程度時，以刺激 B 代表刺激 A，若個體能區辨 A 與 B 之差別，當 B 出現時，個體反應會由弱變強。

這一步叫反習慣化（dishabituation）。由習慣—反習慣的運用，我們可以得知 A、B 之間那一項具體差異（音量、頻率、結構等）可以被嬰兒察覺。

二、語音知覺（speech perception）

嬰兒語音知覺最早的一篇研究是愛瑪士（Eimas et al, 1971）的報告，他主要是想知道嬰兒是否有能力區辨語言上一些極細小的差別。他以/pa/ 及/ba/兩音作爲刺激，以習慣——反習慣爲研究方法，以四個月至六個月大的嬰兒爲對象。結果發現四個月大的嬰兒不但能區辨/p/和/b/的差別，而且他們對這兩個音有類別式反應（categorical perception）。一般知覺上的測驗都發現，人的分辨能力（discrimination）比識別能力（identification）要強得多。例如我們可以區辨兩千種以上的色彩。但在語音知覺上，我們能分辨的語音並不比識別的多。這是語音上非常特殊的現象，也證明了人類語言有先天性(innate)機制的存在。愛瑪士認爲，四個月大的嬰兒對語音的類別式反應，支持語言學習有強烈生物基礎的論點。雖然後續的研究發現對語音類別式反應似乎在某些其他動物也有，如短尾猿、栗鼠，而對愛瑪士的說法打了折扣，但這個想法對語言學習的理論還是有十分重要的影響。

三、聲音敏銳度

嬰兒對說話聲音反應敏感。弗里曼（Freedman D.G., 1971）發現新生兒對一個婦女的說話聲音比對鈴聲作出更多、更有力的反應。四週大的嬰兒能辨別/ba/和/pa/兩種語音，二個月的嬰兒可以分別不同人的說話聲及一個人帶有不同情感的語調。例如同樣一段文章由兩個人讀，嬰兒有不同的反應。而同一

個人用生硬的、憤怒的語調,或者用愉快的、柔和的語調,嬰兒
的反應也會起變化。

還有研究發現,新生兒在聽成人講話時,能準確地使自己的
身體運動與講話的聲音同步。實驗者拍攝了嬰兒在聽成人講話和
發出其它聲音時動作變化的影片,分析表明,出生頭一天的嬰兒
就具有這種使自己的身體運動(頭的、腿的、手的,甚至足趾
的)與講話聲音同步的能力。如當發出一個詞或一個音節時,嬰
兒的某種運動模式就馬上開始,一旦一個詞或一個音節終了時,
這種運動模式也馬上停止(Condon, W.D., Sander, L.W.,
1974)。但研究發現,這種身體運動與聲音同步的現象只限於成
人的講話聲(無論是講英語,還是講中文)。新生兒能對成人的
講話聲有如此驚人的反應能力,據分析可能與先天的遺傳機制有
關。

嬰兒對聲音敏銳度的研究在一九八○年以後,才有比較可靠
的資料。這也是因為研究方法的進步使然。崔海柏(Trehub et
al., 1980),以頭轉動的方法(Head-turning procedure)研究
六個月到二十四個月嬰幼兒聲音敏銳度的發展情形。

頭轉動的方法過程如下:(1)嬰兒坐在一個隔音室內,前方左
右兩邊各有一個音響喇叭。(2)一個固定頻率,音量的聲音以隨機
(random)的方式,由左邊或右邊放出。(3)若嬰兒聽到聲音
後,頭轉向聲音出現的方向,他會得到一個增強物(reinforce-
ment)。這一段是訓練的過程,訓練的主要目的是要嬰兒聽到
一個聲音後,頭轉向音源所在。訓練完成後,音量會在測量時漸
漸減低,然後看音量低到什麼地步,嬰兒還會有穩定的轉頭反
應,崔海柏的實驗是以65%的正確反應率為音閾(threshold)

的標準。

　　研究結果發現，嬰兒的聽覺閾比成人要高（亦即對聲音的敏銳度較低）。例如在 1000 赫（HZ）時，成人的音域是分貝（這是分貝的定義），但六個月的嬰兒約爲 25 分貝（db），十八個月大的嬰兒約爲二十分貝，高頻的敏銳度，嬰兒與成人相差有限，但在低頻時（如 4000 赫以下），嬰兒與成人的差異約爲 25 分貝。由崔海柏的資料，我們可以得到幾個結論：(1)嬰兒由六個月到十二個月，聲音的敏銳度平均增加五到七分貝。(2)由嬰兒期（六個月）到成人，敏銳度平均增加二十五分貝。(3)嬰兒對高頻的聲音（一萬赫以上），敏銳度與成人相差無幾，發展上敏銳度的增加主要是低頻的範圍。

　　六個月以下的嬰兒，因爲還無法自己坐立，頭的轉動也不靈活，所以頭轉動的方法無法適用。到目前爲止，我們對六個月以下的嬰兒的聽覺敏銳度，尚無可靠資料，要等到方法上有突破後，才可能有進一步的結果。

四、音定位(sound localization)

　　音定位是人對音源位置的知覺能力。這項能力建立在人的雙耳對聲音到達耳朵，時間差異的計算。一個音源若位置偏離中線，它所發出的音波到達左右耳，時間上就會有先後之別。音源偏中線越遠，時間上差異的也越大。我們可以根據時間差異的大小，來決定聲音的位置。這種定位的能力是透過經驗學到的呢？還是先天就具備了呢？一般認爲，這種能力先天具備的可能性不大。因爲先天具備這種能力，代表著人的腦部有一個以時間差異換算成方位的機制。但左右耳的距離會隨著頭部的成長而增大，因此，時間差異與方位的關係也會改變。若先天就有換算的機

制，這個換算關係會隨著頭的增長而越來越不準確。

　　以繆耳（Muir & Field, 1979）的實驗爲例，他以二到四天的初生兒爲受試，主試者以雙手扶在嬰兒腋下，將嬰兒扶成直立狀態，然後在左右偏中線九十度的兩個方位，各放置擴音機一台，聲音出現二十秒，然後有二十秒的安靜。初生兒有74％的機會，轉向聲音的位置。嬰兒反應的延遲時間（response latency）相當長，約爲十秒（成人幾乎是立即反應）。在過去的實驗中，沒有找到初生嬰兒音定位能力，絕大部分是因爲聲音發出之後，等的時間不夠長，嬰兒沒來得及反應。

　　這項結果，似乎推翻上面我們認爲初生嬰兒不應有音定位能力的假設。事實上，嬰兒音定位的能力還有更曲折的變化。因爲許多實驗資料顯示二、三個月大的嬰兒並沒有音定位的能力。因此，繆耳在另一個實驗中（Muir et al, 1979）以長期追蹤（longitudinal）的方式，以四個嬰兒，由初生一直重複測驗到四個月。他發現音定位的能力由初生開始一直減弱，直到四十天到一百天的這段時間，嬰兒幾乎沒有音定位能力（正確率50％或更低），但是自一百天至一百二十天（四個月）音定位能力又開始增強至百分之百。這個發展趨勢已被其他的研究所證實。由此看來，初生嬰兒的音定位能力應是一種先天（innate）的能力，而且這種先天能力有可能不屬大腦皮質控制（non-cortical control）（Clifton et al, 1981）。到四、五個月時音定位能力則受大腦的控制，而且很可能是經驗的產物，在本質上與初生嬰兒的音定位不同。

貳、視覺發展

一、視覺集中（visual attention）

新生兒視覺調節機能較差，視覺的焦點很難隨客體遠近的變化而變化。據一些研究認爲，視刺激在二英尺範圍之內，眼睛晶體的功能發揮最好，視刺激理想的焦點是在距眼睛的八英寸處。多數研究證明，嬰兒要到兩個月時才能自己改變焦點，直到四個月才能像成人那樣改變晶體的形狀，以看清不同距離上的客體。

新生兒已能用眼睛追隨視刺激。在新生兒頭的上方出示一個四英寸的紅環，頭的一邊向另一邊作水平方向的弧形移動，然後作垂直方向的移動。結果發現，剛出生的嬰兒中有 26％能立即用眼睛追隨紅環，出生後十二～四十八小時的嬰兒中有 76％能作出同樣的反應。追隨水平移動的刺激比追隨垂直方向移動的刺激容易。（Greenman, G.W. 1963）

嬰兒視覺集中的時間和距離都隨年齡的增長而增長。三～五週的嬰兒僅能集中五秒，第三個月已達到七～十分鐘；三～五週的嬰兒注視距離爲一～一‧五米左右，三個月時達四～七米左右，六個月時已能注意遠距離的客體。

嬰兒最初注視客體的性質較被動，總是由客體的刺激引起。三個月左右嬰兒開始主動的搜尋視覺刺激物。

二、光的察覺

成人對於四百～七百毫微米範圍的亮光比較敏感。通過對新生兒瞳孔反射的察覺知道，初生兒出生後便能立即察覺眼前的亮光，還能區分不同明度的光，只是敏感性遠低於成人。第一個月末的新生兒所能察覺的最微弱的光（絕對閾限，absolute

threshold）要比成人能察覺的光的明度約大 2Log 單位。在頭二
個月裡嬰兒對光的明度的敏感性發展很快。

　　新生兒能察覺移動的燈光。向出生廿四～九十六小時的嬰兒
呈現作周期性運動的燈光。爲了確定嬰兒能否對移動的燈光有反
應，研究者專門監察嬰兒在實驗期間（有燈光移動）和在控制實
驗期間（燈光不移動）的吸吮變化。發現在有燈光移動的實驗期
間，嬰兒的吸吮活動顯著地有所減少（Haith, M.M. 1966）。

三、視敏度（visual discrimination）

　　視敏度是眼睛區分對象形狀和大小微小細節的能力。如兩根
等高的線要離開多遠才被察覺爲是兩根線，或者一根線在一定的
距離上要有多寬才能被察覺到。普通用的視力圖是由字母或其它
大小不同的圖形所組成，在距觀察者一個標準距離處展示。觀察
者的視敏度可以根據對圖形的正確判斷加以測定。可以用與平均
視力的相對比例來表示。按照斯尼倫（Snelln）標記，20/20 代
表正常的視敏度，意思是指一個人在距客體二十英尺遠的地方的
視力與在二十英尺處的標準察覺能力是相同的。20/30 的視力表
示一個人在二十英尺處的視力相當於在三十英尺處的標準視力，
那就是近視眼。按照這種方法，一個月以下的新生兒其視力是在
20/150～20/290 之間。嬰兒的視力改善極其迅速，大約六個月
到一歲便能達到正常成人的視力範圍之內（Cohen, L.B. et. al.，
1978）。

四、顏色視覺

　　一般認爲，兒童從三、四個月起就能分辨彩色與非彩色。紅
顏色特別能引起兒童的興奮。四～八個月的嬰兒最喜歡波長較長
的暖色，如紅、橙、黃色，不喜歡暗淡的顏色。

給嬰兒呈現兩個亮度相等的圓盤，測定嬰兒注視兩個圓盤的時間。發現三個月的嬰兒對彩色圓盤注意的時間要比對灰色圓盤的時間多一倍（Staples, F.R. 1937）。

五、視覺圖樣(visual pattern)的辨識

圖樣的知覺是視覺系統上最基本的功能之一。能分辨圖樣，才能進一步分辨物體，分辨外界各式各樣不同的東西。

范茨（R. Fantz）於一九六一年開始，用一個極簡單的方法來探討嬰兒對視覺圖樣（visual pattern）的辨識能力。嬰兒仰臥在一個小屋裡，小屋頂端有一個小觀察孔，研究人員可從此孔觀察嬰兒眼光注視的方向。小房頂端內面，嬰兒可以看見之處，左右兩邊各放置一張圖樣。研究人員可以由嬰兒注視左右兩張圖樣的時間來推斷：(1)嬰兒是否能分辨不同的圖樣；(2)嬰兒是否對某些圖樣較為偏好。

結論：(1)嬰兒不但能區辨不同的圖樣，而且偏好較為複雜的形狀。(2)由四天大的嬰兒已具備區辨，並且偏好複雜樣形看來，這種能力應是天生的（innate）。(3)由(1)及(2)看來，初生嬰兒的視覺世界絕非如傳統上所認為的一片混亂及空白。

由沙拉柏蒂克（Salapatek, 1975）所領導的研究小組，以嬰兒目光掃描路線圖發現兩個月以前的嬰兒似乎不能看到圖樣（pattern）的結構。Salapatek 的方法是以照相機或錄影機拍攝嬰兒瞳孔在看一個圖樣時所掃描的路線。

假設嬰兒在看一個三角形，瞳孔最先的落點是 1，然後順序到 2,3,4……7，把不同落點依順序連接起來，就成為掃描路線。下頁的圖是沙拉柏蒂克比較一個月與二個月大嬰兒的掃描圖。

由此圖可見，一個月大嬰兒注視點大多落在圖形的外圍，二

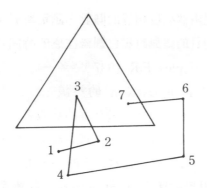

個月時則掃描範圍較完整，內外都有落點；由此可見，范茨早期
給嬰兒看的圖樣，也許並沒完全被新生兒看到所有的細節，亦
即新生兒分辨圖樣也許並不是分辨圖樣的不同結構，而是比較局
部的差異（如三角形的一角與圓形的半弧之間的差異）爲分辨的
基礎。

Haith（1979）綜合自己與 Salapatek 的研究，對嬰兒的視
覺能力作了幾個總結：⑴嬰兒由出生時便主動的尋找外界的視覺
刺激，以爲其注視之目標；⑵初生嬰兒注視最強的地方是圖樣的
外緣，隨著發展才漸漸由外而內的修正視覺掃描方式；⑶初生嬰
兒雖然不一定有天生能力知覺圖樣的形狀，但他有先天的掃描能
力（innate scanning capacity）使他能在極短的時間之內，在外
界經驗的協助下，獲得知覺圖樣的能力。

六、形狀知覺

范茨〔R.L. Fantz, 1971）在嬰兒形狀知覺與視覺偏愛方面
的研究有不少貢獻。爲了測定嬰兒早期能否辨別物體的形狀，范
茨特地設計了一間觀察小屋，讓嬰兒躺在小床上，眼睛可以看到
掛在頭頂上方的物體。觀察者通過小屋頂部的窺測孔，記錄嬰兒

注意物體所花的時間。范茨假定，看同樣的兩個物體須花同樣的時間，看不同物體所花時間就不同。這樣就可從嬰兒注視兩樣不同的物體所花費的時間是否相同來判斷嬰兒早期能否辨別形狀、顏色。嬰兒喜歡看什麼，不喜歡看什麼，也即視覺偏好，如給出生八週的嬰兒看一張靶心圖和一張橫條圖，發現嬰兒注視兩張圖的時間不一樣，在靶心圖上花費較長的時間。范茨認為，這說明嬰兒較喜歡看靶心圖。另一實驗給一～十五週的嬰兒看幾對模式圖，每對模式圖在形狀和複雜性程度上都有不同：線條圖和靶心圖；棋盤圖和正方圖；交叉十字和圓形。發現嬰兒對各對模式注視的時間有顯著差異。對靶心圖和線條圖這對注視時間最長，而對以後幾對簡單的圖形注視時間較短。以後又將對子拆開，發現靶心圖是嬰兒最喜歡看的圖，對棋盤的注視又超過正方形，因而可以設想，嬰兒是帶著觀察複雜的模式超過簡單的模式的偏愛而出生的。

　　類似的實驗是給嬰兒看六個圓盤，三個圓盤上印有圖案：人的臉、印刷材料（報紙）、靶心圖。另外三個圓盤上有三種顏色，分別為紅、白、黃。結果表明，從出生幾天到六個月的嬰兒都對有圖案的圓盤注視的時間較長。其研究方法的缺點：

　　1.在注視時間沒有差別並不必然表明嬰兒對於兩個形狀不能加以區別，幼小嬰兒可能同樣被兩個圖形所吸引。

　　2.在注視時間上出現差別也不必然是揭示刺激吸引兒童的注意。

　　根據嬰兒喜愛有圖案的模式，不喜愛沒有圖案的模式的特點，范茨設計了一個黑白相間的線條圖，每幅圖的線條寬細不同，每幅線條圖都配以一張同樣大小的變色正方形，每次給嬰兒

看一對圖。他推斷嬰兒一直喜愛的最後那幅最細的線條圖便是嬰兒可以覺察到的線條寬度。使用這種方法發現新生兒能看到十英寸遠的 1/8 英寸寬的線條，六個月的嬰兒能夠在同樣的距離上看到 1/64 英寸寬的線索。

　　嬰兒還喜歡看清晰的圖像。讓三十個五～十二週大的嬰兒看一部描寫愛斯基摩人家庭生活的無聲彩色影片。其中有許多面部表情的特寫鏡頭，嬰兒很快被吸引住了，他們能用特製的橡皮奶頭自動調節畫面的清晰度。當圖像模糊時，他們就移開目光。

　　此外，嬰兒還喜歡看活動的和輪廓多的圖形。如果新生兒看下面兩張圖，新生兒一般都喜歡看（Ⅰ）圖，因為它的輪廓線比（Ⅱ）圖長。

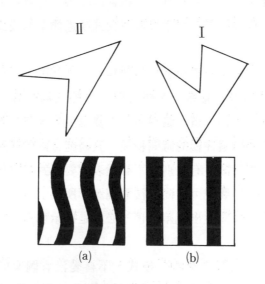

(a)　　　　　(b)

　　還有一些研究報告顯示，在其它情況相同的條件下，新生兒

更喜歡注視曲線，不喜歡注視直線或角。如新生兒更喜歡看上圖中的(a)。

格林堡（D.J. Greenberg）等人也作過與范茨類似的實驗，他們把方格、線條和圓點三種圖形分別由簡到繁分爲三級，出示給六～十一週的嬰兒，測定其凝視的時間。發現第六週的嬰兒對中等程度的複雜刺激凝視較久，第十一週的嬰兒對更複雜的刺激凝視較久。這裡表明，不同年齡的兒童可能有一個與其發育階段相適應的輸入刺激和處理信息的最適宜水準。

七、知覺的恆常性（perceptual constancy）

嬰兒已具有物體形狀和大小知覺（size perception）的恆常性。鮑厄（T.G.R. Bower）曾經創造了一種獨特的研究嬰兒視覺世界的方法。

Bower（1966）對物體大小恆常的實驗如下：他先訓練二個月大的嬰兒在看到一個三十立方公分，距離一公尺的木塊時，就把頭轉一下（依操作制約的方法訓練）。等到這個動作訓練成功後，嬰兒面對四種測驗狀況：(1)控制組，還是原來的情況。(2)以同樣的木塊、距離三公尺。(3)以大三倍之木塊，距離一公尺。(4)以大三倍之木塊，距離三公尺。研究者設想，如果被嬰兒觀看的客體改變了，但嬰兒對客體反應的頻率很少變化，這就說明嬰兒仍把二個客體知覺爲第一個客體；如果反應頻率發生了變化，那就意味著嬰兒把兩種客體知覺爲不同的。鮑厄發現，當同樣的積木放在離嬰兒不同的距離上時，嬰兒的轉頭反應變化不多。這就是說積木在嬰兒知覺網膜上的映象大小雖然發生了變化，但嬰兒仍把它看作是原來那塊積木。另外研究者改變積木的大小和積木與嬰兒間的距離，使積木在嬰兒視網膜上的映象保持不變。可是

研究發現，嬰兒對積木反應的頻率明顯的減少了。這個結果說明出生才六週的嬰兒已顯示大小知覺的恆常性。

以類似的方法，鮑厄也證明了嬰兒形狀恆常的能力。

八、深度知覺

深度知覺（depth perception）即立體知覺，是對立體物體或兩個物體前後相對距離的知覺。

兒童對深度的知覺是先天就具有的，還是通過後天的學習獲得的，這是一個有爭論的課題。爲了解決這個爭論，吉布森和瓦爾克（E.J. Gibson and R.R. Walk, 1960,1961）精心地設計了一種「視崖」（visual cliff）實驗。一塊大的玻璃平臺，中間放有一塊略高於玻璃的中央板。板的一側玻璃上，有一塊格子形的圖案布，因爲它與中央板的高度相差不多，看起來似乎像個「淺灘」（shallow side）。在中央板的另一側離玻璃幾尺深的地面上也放上同樣格子形的圖案布，使兒童形成一種錯覺：這裡似乎像「懸崖」（deepside）。然後把六～十四個月的嬰兒放在中央板上，讓孩子的母親分別在「淺灘」和「懸崖」兩邊招呼孩子。實驗結果表明三十六名被試中有二十七名願意從中央板爬過「淺灘」來到母親身邊。只有三名「冒險者」爬過懸崖。大多數嬰兒見到母親在懸崖一邊招呼時，不是朝母親那邊爬，而是朝離開母親的方向爬，還有一些嬰兒哭叫起來。這個實驗表明，嬰兒早就有了深度知覺，但還不能由此斷定深度知覺是先天的。因爲它很可能是在出生後的六個月中學會的。而且嬰兒必須會爬行才能接受測驗，故六個月前的嬰兒無法接受測試。於是坎坡斯和蘭格（J.J. Campos & A. Langer, 1970）採用更爲靈敏的技術研究嬰兒的深度知覺。實驗對象縮小到二～三個月甚至更小的嬰兒，測

定嬰兒被放在『淺灘』或『懸崖』兩邊時的心跳速率變化。發現這個年齡的嬰兒被放在『懸崖』一邊時，心跳速率就會減慢，而放在淺灘一邊時，心跳速率並未減慢，這很可能是由於嬰兒把懸崖當作一種好奇的刺激來辨別。如果把九個月的嬰兒放在『懸崖』一邊，心率不是減慢而是加快了，因為經驗已使他們產生了害怕的情緒。

人類深度知覺有許多視覺線索（perceptual cues）。視崖是利用紋理遞變度(texture gradient)的差異來反映深度，這是一種單眼線索(monocular cue)。雙眼線索(binocular cue)，如雙眼像差（binocular disparity）或幅輳作用（convergence）都須要靠兩眼肌肉控制成熟到某一階段，雙眼的焦點可以相互配合時才有可能。Aslin（1967）以一、二及三個月大嬰兒為對象，發現嬰兒大約在三個月左右才比較能夠以雙眼注視跟蹤一個慢慢移動的物體。三個月以前的嬰兒，幾乎沒有這種能力。

雙眼像差距是深度知覺極為重要的來源，因為像差能反映深度的主要機制是源於大腦內部的運算，可以說是與經驗無關。Aslin研究小組（Fox et al, 1980）以隨機點（random dots）為左右雙眼像差的刺激。這種刺激表面上看來像是一堆沒有意義的亂點，但戴上特殊眼鏡，圖上的某些點會合成一個立體影像而浮出平面（其原理與立體電影相同）。他們發現三個半月的嬰兒能夠看到這種立體影像，亦即三個半月的嬰兒已有能力透過雙眼像差而產生深度知覺。

深度知覺的發展，現今比較可靠的資料顯示，最早的雙眼深度知覺產生在三個月左右。到了六個月，嬰兒的行動已經受到深度知覺的控制。一般而言，他不會「盲目」的爬過深崖或樓梯。

九、注意調度的改變

　　在一個關於嬰兒對輪廓的早期反應的研究中，嬰兒被放在一個頭部受到束縛的小床裡，刺激顯示在他眼睛上方九吋的地方（Salapatek, 1966）。發自視覺顯示器的標識燈光的射束在受試的角膜上反射出來，揭示出眼睛的方向，並由一個對準眼睛的照相機記錄下來。對一個實驗組和一個控制組都作了記錄。給實驗組呈現的是一個白色背景上的黑色三角形；給控制組呈現的是一個黑色的圓形。結果發現控制組的受試在這色調單一的區域上並沒有顯示出那一部分看得較多些，而實驗組的嬰兒則較多注視三角形的角頂部分。很多嬰兒對單獨一個角頂加以注視或注意，雖然在每次實驗中他們傾向於選擇不同的一個角頂。值得注意的是，在實驗組中較少對整個刺激加以掃視。作者結論說，嬰兒在出生後很短時間內至少已辨別出形狀的一個方面，但是由於他們沒有掃視三角形的邊線，他無疑地沒有感知到整個圖形。

　　一個相似的實驗揭示了出生後三天大嬰兒有注視兩個顏色片——例如，白和黑——之間的邊界的傾向〔凱森、薩拉帕蒂和海斯（Haith），1965〕。也觀察到七～二十四星期的嬰兒傾向於對簡單刺激作次數較少但時間較長的觀察，和對已看過的刺激再注視。這些行為無論在活動的或靜止的刺激物上都曾見到，研究者還進一步注意到年齡較小的嬰兒不如年齡較大的嬰兒能夠隨意的從視野中選取觀察對象〔阿梅斯和西爾芬（Silfen），1965〕。這種以運動被抑制和視覺注視為特證的最初的視覺反應，被稱為「強制性注意」，幼小嬰兒似乎確實是被迫地去觀察某些物體（Stechler, Brabford & Levy, 1960）。

叁、物體知覺

物體知覺或物體恆存概念是指物體雖然消失在人的視覺範圍外，人看不到這件東西，但仍然有這件東西的概念。皮亞傑認為嬰兒大約二歲以後，才真正具有物體概念的觀念。也就是過了嬰兒期才有物體知覺發展。

根據皮亞傑的觀點，物體的發展是經由下列三種特徵形成的：

(1)嬰兒物體知覺的發展，是從感覺動作期發展延伸出來的。

(2)嬰兒物體知覺的獲得，大都是由經驗中學來，而非天生具有的。

(3)嬰兒物體知覺的發展，如同感覺動作期的發展，具有階段性、順序性的特徵，不同階段的兒童，對物體的了解過程也不相同。

因此，皮亞傑將嬰兒的物體知覺發展分成六個階段：

階段一或二（〇～四個月）嬰兒會注意移動的物體，直到物體消失為止。當物體消失後，他對物體的興趣也隨著消失。此階段嬰兒未具有物體表徵的架構。

階段三（四～八個月）當物體消失於視覺中，嬰兒會在消失點的附近探索，當物體部分被遮蓋住時，嬰兒會注視著它，但物體全部被蓋住後，嬰兒會失去對物體興趣。這階段嬰兒對物體的了解，只限於主觀及與其本身行為有關的想法。物我不分。

階段四（八～十二個月）嬰兒對被遮蓋的物體會主動的尋找，經過多次的尋覓，即使他看到這個物體已被人移到另一地方，他會繼續從同一個地點找尋消失的物體。這個階段嬰兒開始

了解物體的實質及恆常性，了解物體與本身無關聯，物體是獨立的東西。物我分開。

階段五（十二～十八個月）嬰兒尋找物體，只能從其眼睛所看到消失的地方尋找。例如將一個玩具放進容器中，然後用布包住拿走，要嬰兒尋找，它會尋找容器中物體，而不注意布包的東西。可見得嬰兒對「看不見的轉換」還沒有觀念。

階段六（十八～二十四個月）嬰兒在此階段已具有物體恆存的概念，他能使用象徵的能力，對容器中被布包住的玩具問題，已經能清楚的解決了。也表示他已具有物體知覺了。

肆、交互知覺

交互形態知覺（intermodal perception）是指人類的知覺包容了若干形式的感官訊息，例如，咬一顆花生米，我們「聽」到了聲音，也「聞」到了香味，更「感覺」到它的脆度，我們產生了不同形態的綜合知覺。

有些成分只能被一種感官所知覺，例如，你只能「看」到顏色，不能「聽」到顏色。不過有些成分乃「超」形態的（supermodal），它可以產生交互知覺，例如我們可以知覺某「形←→聲」乃在同時間與同地點發生，這些成分包括：強度，速率，持續性，空間位置，空間範圍，韻律，與形狀皆是。

「經驗」與「學習」會影響「交互知覺」的發展，但兩者之關係則有兩種說法：

一、皮亞傑派學者認為：主要的知覺形態（視、聽、觸），在出生時尚未統整協調，所以剛出生的嬰兒並無此內在交互形態的知覺。

　　二、吉布森等派學者認爲：嬰兒出生時即具備若干交互知覺能力，且生而具有這方面的特質與傾向，可以在早期即有能力催化個體透過經驗而更增進它。

　　三、有關研究：

　　1. 斯布克（Spelke,1979）實驗結果顯示：嬰兒四個月大時，就對撞擊與聲音的同時性敏感，並且企圖產生知覺之關連。這是「形－聲」之交互知覺。

　　2. 庫爾和瑪洛夫（Kuhl & Meltzoff,1982）的實驗發現，一個半月大到五個月大的小嬰兒已經會讀唇了。

　　3. 威那（Wagner）等人（1981）報告：十一月大的嬰兒能夠捕捉「形－聲」關係的隱喻性質。例如：他聽到比較高音調的音，會對朝上的↑表示更明顯的偏好。

　　4. 瑪洛夫和柏騰（Meltzoff and Borton,1979）的實驗發現一個月大的嬰兒可以辨認出，某一件以前沒見過，但在嘴裏觸過的東西。這是「形－觸」之交互知覺。

　　5. 傅來福（1976）提出「人可以模仿他人表情」一事來闡述「形─動作」的交互知覺。

　　6. 瑪洛夫和摩爾（Meltzoff 與 Moore,1983a）讓出生後沒多久的小嬰兒看「開」「閉」嘴巴與「伸」「縮」舌頭的動作，結果證實小嬰兒後來表現出這二個動作，足證已具有「形－動作」之知覺。

第四節 兒童與青少年知覺發展

壹、注意知覺

一、注意的發展

過了嬰兒期之後，可以說「知覺發展」已不只是「感官的發展」，而是「注意知覺」的發展（perceptual-attentional development）。

「注意」可以定義爲：思想，記憶，知覺等認知活動針對某一或某些目標之對焦（focusing）。

吉布森和雷德（Gibson & Rader；1979）爲「注意」（attending）下的定義是：個體受內外在動機之促動，針對一項任務或者一個目標來知覺有關的一切，他所知覺的訊息，可以使他有效且經濟地完成此任務。

傅來福（Flavell, 1976）以爲，兒童的注意系統乃隨著注意的經驗與一般認知的生長而日趨完善且適應良好。

二、影響注意發展的因素

影響注意力發展的因素包括環境、控制、適應力、計劃力及持續力等。

㈠環境因素

環境的安排與個體本身的因素會影響個人注意力的選擇，兒童對喜歡的工作情境會加以注意，並且對明顯的刺激向度（如顏色、形狀及大小）亦會產生注意，並加以選擇及區辨。一般言，較小的兒童只能注意到物體較完整的相似性，而較大的兒童則可

能注意物體個別特殊的向度，這種知覺擴展現象代表個體本身因素對注意力的影響。

（二）控制力

兒童控制自己注意力的能力隨年齡增加而愈趨成長。他愈來愈能夠集中注意力在某一特定對象，只接收跟他的對象有關的訊息，而排斥跟他的對象無關的訊息。注意力能夠區辨，認定，他要選擇的部分，其它部分的刺激物，就算再吵、再鬧、再吸引人，它也會強迫自己不管它，只注意所選定的對象。

（三）適應力

兒童之注意力能夠有彈性，有效率且經濟地符合環境的需求，此即為他的適應。舉例來說，一個八歲大的兒童比兩歲大的兒童，更能視情況需要而擴大或縮小他的注意力範圍。另一例，一個六年級的兒童比一個二年級者，更可以視工作需要而一再快速地變化他的注意策略。

（四）計劃力

個體刻意地運用知覺擴散與集中的策略，表示成熟的注意力是有計劃的。個體在腦中已先有計劃，注意力系統事先準備要對某一類訊息作經濟有效的反應，較大的孩子比較能夠意識知覺的計劃性，這是「後設認知」之能力。

（五）持續時間的注意力

注意力不是零碎分散的，而是複雜的序列持續行為，新的行為往往受先前行為之影響。一個認知成熟的個體，可以運用他控制、適應、計劃的能力，而使他長時間的注意力發展具有統整與特定類型的風格。

貳、空間知覺

皮亞傑認爲空間知覺的發展與物體存在概念的發展關係密切，兩者之間相互影響。嬰兒在感覺動作末期具有物體恒存概念之後，即表示他已具有空間的知識。而空間知覺發展分爲四階段。

幼小嬰兒物體概念發展有限，空間知覺知識亦相當貧乏。嬰兒通常只靠實際空間來理解位置，嬰兒與其經驗之間尚未聯結。因此，他有許多獨立的實際空間，如視覺空間、觸覺空間，但這些空間彼此是獨立的，而且不協調。這是空間知覺的第一、二階段之發展。

嬰兒到感覺動作期的第三階段，才逐漸能結合各個獨立的實際空間，此種現象不但有助於物體知覺的發展，更能發展空間位置的概念。而這個時期的嬰兒雖然能結合實際空間，但却未意識到物體間的客觀空間關係，也未注意到個人本身的移動和物體間的空間關係。因此，在此階段的知覺概念是相當主觀的。此即爲空間知覺第三階段的發展。

空間知覺的第四階段發展有兩個特性：

一、嬰兒的空間知覺易被鄰近相似性物體所混淆。露卡司和由季尼（Lucas & Uzginis, 1977）的研究證實：主試在嬰兒面前把一件玩具擺在 A 物前面，然後用一樣和 A 物相似的 B 物把玩具蓋住；當玩具被蓋住之後，再將 B 物連同玩具移到嬰兒的右邊。其結果發現：大部分嬰兒會直接到 A 物附近尋找玩具。由此說明：嬰兒的空間知覺會被鄰近物體所混淆。

二、嬰兒的空間概念是自我中心的。嬰兒判斷物體的空間位

置，通常都以自己或身體爲依據。例如，嬰兒如有一樣東西掉在他的右邊，他可能記得東西是掉在右邊，但是他不會注意到東西掉了之後，可能有其他位置變化。

由以上二種特質可知空間知覺發展的第四個階段是嬰兒只有位移空間概念，但知覺概念仍然未脫離自我中心。

影響空間知覺發展的因素，除了個體的自我中心，物體知覺發展外，環境的相似性程度及突顯性兩項因素亦會影響空間知覺的發展。

兒童空間知覺真正形成是在兒童能瞭解自己和其他物體位置之間的關係時，也就是兒童能以非自我中心方式判斷自己位移和周圍對象的位置關係。因此，兒童空間知覺的發展要到七歲左右才能具備。

叁、時間知覺

時間知覺是：個體在生活環境中，以某件事的發生爲依據，對「過去」、「現在」、「未來」、「以後」、「以前」、以及「快」、「慢」等時間變化有所了解的心理歷程。

由於時間知覺和其他知覺有所不同，㈠時間知覺並非由刺激所引起，㈡時間知覺不靠生理感覺器官爲基礎，大部份的知覺是對於感官得來的訊息給予分析與解釋，如空間知覺要靠視、聽等感覺器官，時間知覺則無。因此如何構成時間知覺經驗的心理歷程？皮亞傑將時間概念發展分爲三個階段。

一、序列期

對事件之發生有先後次序的感覺。

二、超序列期

　　不但了解事物情況的先後，同時也考慮到所牽涉的空間及經過的時間，而且能比較時距。

三、精確衡量期

　　此時明瞭恆定時間與速度的關係，且能追溯及預測時間。通常十二歲以上兒童已具備此種能力及知覺。

　　皮亞傑認為正確的時間概念是隨著兒童認知發展而逐漸獲得的。但兒童時間知覺的發展與邏輯時間（logical time）的發展有關。所謂邏輯時間是由事件的連續性和持續性推論時間概念。事件的連續性代表事件發生的起訖，持續性代表事件發生的延續時間。成人通常會應用事件的連續性與持續性來推論時間。例如，大明和小華在同一地方工作，他們每天開車上班，而且兩人住家與公司距離相等。若小華比大明「早到達工作地點」，由此訊息可知大明比小華要花更多時間從家開車到公司去。由此可見運用邏輯時間推理時，不需要知道花費多少時間，而只需要知道事件的起訖點，及其間發生事件的時間長短。正如：倘若大明與小華開車到公司所花費的時間一樣，而小華比大明早到，則小華一定是比大明早出門。也就是說，開車所用時間及距離一定時，那麼事件發生的先後順序便能推測出來。

　　皮亞傑認為嬰兒邏輯時間概念要到感覺動作期第四階段，產生意向的行為反應後，才能瞭解邏輯時間概念。到感覺動作期末期，由於嬰兒已具有語意符號的表徵反應；因此兩歲左右幼兒能夠從短暫記憶中部分重組事件的順序。當兒童能將一系列有目的的行為模式組合起來，才能產生邏輯時間概念；但此時期兒童只是運用實際動作順序作時間推論依據。

　　前運思期兒童雖然已能實際地使用邏輯時間概念，但他們對

邏輯時間的了解仍然相當混淆。譬如，此階段兒童常將「時間」、「空間」、「速度」混淆不清。隨著年齡的增加，兒童才逐漸分辨時間的先後與空間的前後關係。一般言，具體運思期兒童已能清楚辨別時間、空間與速度等概念了。由此可見，時間知覺的發展也隨著年齡及經驗增加而增長及精緻化。

肆、因果關係知覺

所謂因果關係是指一個事件合理地導致另一個事件的發生。因果關係知覺是指個人能觀察到某些事件引發其他事件之間關係。

嬰兒最初認爲外界現象完全由主體造成的，因此他常常隔空抓物，或是以完全沒有關聯的行動去影響外界事件，並且主客不分。嬰兒滿週歲時，他已有初步的因果概念。譬如：嬰兒要桌布上東西，四、五月大嬰兒可能只用搖手或搖頭動作表示；但一歲的嬰兒却會用手扯桌布，以縮短自身與客體的距離。由此表示嬰兒似乎瞭解距離、桌布、物體各個事件的關聯性。一直到兩歲後，幼兒才獲得實用的因果觀；能夠將所觀察到的事件相關及不相關部分分別連結，皮亞傑的解釋是小孩已有初步的因果觀念了。

雖然兩歲兒童已發展了初步的因果觀，但是他們的想法和成人的看法有很大差距。前運思期的兒童在理解因果關係上是主觀的，而且認爲事件的因果關係的發生，是很接近的，（在時間上是很接近的）；因與果的關係並不能清楚的分開，而且不具有可逆性。此時兒童通常是應用目的論（從目的看因與果關係）、泛觀論（大家所共識方法看因與果）、動力學（從行爲動態作因果

判斷）、人工論（以自圓其說方式看因與果）等觀點推論事物。

　　因果關係知覺發展成熟，必須是兒童及青少年已具有可逆性思考、同一性觀念，才能真正明瞭事件的因果關係。

第五節　皮亞傑與訊息處理理論知覺觀比較

壹、兩派理論之相同處

一、大小和形狀的恆存性

　　皮亞傑和訊息處理理論學者皆認定：嬰兒在四至六個月大時，便具有物體大小和形狀恆存性之知識。

二、對外來感官訊息之統整

　　訊息處理論學者認為，三個月大的嬰兒已能對其週遭環境中的特殊物體（如母親）產生期待的心理，並區辨其外觀和聲音；而皮亞傑則認為這種統整能力在感覺動作期的第三階段，亦即不超過四個月，嬰兒便能發展出此種能力。

三、對知覺發展的解釋

　　皮亞傑認為，個體藉著「類化」（generalizing）和辨認同化（recognitory assimilation）作用而發展視覺和聽覺；皮亞傑則認為知覺是建立在四種基本概念的發展上——物體、空間、時間，和因果關係——藉著這些概念知識的獲得，我們可以認知並有效的對環境產生反應。亦即前者主要著眼在外界事物中有哪些能被個體知覺和產生反應；而後者則想要知道，在個體和外界事物的互動中，知覺是如何建構而來的。

四、在感官經驗方面

皮亞傑學派學者相信，知覺是反應基模修正的結果，這些修正產生在個體和環境互動的過程中，知覺的發展是產生行爲的結構；但愈來愈多的訊息處理論學者卻相信，有好幾種知覺能力（如：形狀和大小的恆久性、深度知覺等）是天生的，而非皮亞傑論者所言，是經由基模的修正建構而來。而經由在感官經驗中，原型概念的抽取和特質的區辨等作用，使個體的知覺知識更進一步。

五、在活動性方面

皮亞傑極強調兒童主動探究環境的必要性，活動性強有助於知覺的發展；而訊息處理論學者則較不強調活動性在知覺發展中扮演的角色，這一點可由其實驗設計多採被動式技巧（如：圖畫重組作業）看出。

六、先備條件方面

皮亞傑論者認爲：無論是知覺或認知發展過程，個人都必須具有基本心智或認知基模，而這些基模是靠同化和調適作用，逐漸組織成有系統認知結構，這些基模會隨著年齡而改變，影響個體的行爲模式。

訊息處理論認爲個體知覺發展是靠視覺、聽覺等感官的接收而拓展基模。個體知覺發展過程有二種階段，一爲對一組事物的概括性反應；一者爲對特殊事物的反應；此即爲「原型」及「辨別形象」學習。也是指個人知覺發展必須靠先天的原型及分類辨別能力之發展。原型是指個體經由歸納的歷程，從多次類似經驗中獲得對事物的認識後所形成的概括性判斷。分類辨別是指兒童經由同化歷程吸收新經驗，並且辨認物體間的相異性。此種觀點

與皮亞傑的同化與調適看法有異曲同工之妙。

貳、兩派理論之相異處

一、在理論基礎方面：

　　訊息處理論學者著眼在個體已有知覺外界的事物的先備條件，而能察覺並認知其特質；然而皮亞傑卻認為，知覺應是現實的架構，因此著眼在探討個體建構經驗的方式，而不是引發知覺的外界事物。

二、在研究方法方面：

　　訊息處理論學者研究知覺的方法是在情境控制良好的實驗室裡，給與兒童一套有系統、有計畫安排的標準測驗；而皮亞傑的研究環境則是在自然的情境中，使用的測驗材料和問題，都是兒童日常生活所熟悉的事物，實驗的施測者並可視兒童的個別需要情形更動實驗情境，較訊息處理論的研究方法更有彈性。

三、在研究內容方面：

　　訊息處理論學者著眼在兒童如何對不同的訊息形式產生反應，而這些訊息主要來自過程中，感覺器官（視覺和聽覺）的成熟是必要的先備條件，強調訊息處理，認為知覺是內在活動轉化為外在行為的過程，雖然認知是一連續不斷的過程，卻不認為有皮亞傑論者所言的會隨年齡而改變的智力結構來影響此一訊息轉化的活動。

　　總之，就皮亞傑和訊息處理論二者在理論及其他各方面之比較，可以發現二者有許多之歧異：皮亞傑強調外在結構，而訊息處理論強調內在訊息的處理歷程；皮亞傑重視成熟的因素，而訊息處理重視經驗的因素。然而在諸多歧異中，雙方又有殊途同歸

的相似觀點，而非絕對的南轅北轍。學問本非絕對的孰是孰非，二者之觀點皆可供研究認知發展之參考。

【參考文獻】

1. 赫洛克著，胡海國編譯（民 73）兒童心理學：發展心理學第一部。修訂六版，台北桂冠出版社。

2. 游恆山等譯（民 80）發展心理學，台北五南出版社。

3. 左學理著（民 36）發展心理學，上海再版，台北商務印書館。

4. 詹克明、韋喬治等譯（民 76）發展心理學，五洲出版社。

5. 賴保楨等編著（民 78）發展心理學，國立空中大學初版。

6. 李丹主編（民 78）兒童發展，五南出版社。

7. 黃慧貞（民 79）兒童發展，桂冠出版社。

8. 蘇建文等（民 80）發展心理學，心理出版社。

9. Flavell, J.H. (1985) *Cognitive Development.* Prentice-Hall, Inc., Englewood Cliffs, New Jersey.

10. Gross, T.F. (1985) *Cognitive Development.* Brooks/Cole Publishing Company. Monterey, California.

V字作業量表

知覺發展

一、知識：

　　知覺是人類對個體與周遭事物認識的第一個步驟。其道理雖然簡單，但人類對外界各種資訊的知覺，其實是一種複雜的認知過程。在許多研究的學者中，有認為人生而具有知覺，有認為知覺是要靠後天學習，也有的認為需要部分先天的基礎再配合後天的經驗。

二、參考書目：

陳李綢（民 81）：認知發展與輔導。台北：心理出版社。

游恆山等譯（民 80）：發展心理學。台北：五南出版社。

蘇建文等（民 80）：發展心理學。台北：心理出版社。

三、建構圖：

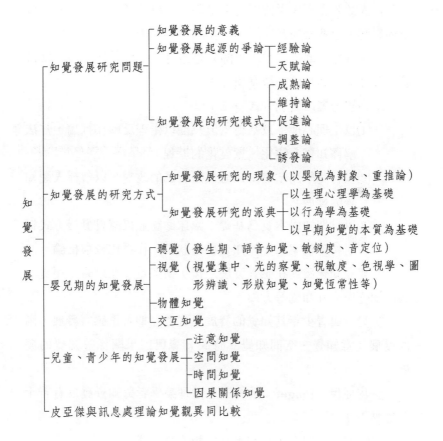

知覺發展
├─知覺發展研究問題
│ ├─知覺發展的意義
│ ├─知覺發展起源的爭論─┬─經驗論
│ │   └─天賦論
│ └─知覺發展的研究模式─┬─成熟論
│   ├─維持論
│   ├─促進論
│   ├─調整論
│   └─誘發論
├─知覺發展的研究方式
│ ├─知覺發展研究的現象（以嬰兒為對象、重推論）
│ └─知覺發展研究的派典─┬─以生理心理學為基礎
│   ├─以行為學為基礎
│   └─以早期知覺的本質為基礎
├─嬰兒期的知覺發展
│ ├─聽覺（發生期、語音知覺、敏銳度、音定位）
│ ├─視覺（視覺集中、光的察覺、視敏度、色視學、圖
│ │   形辨識、形狀知覺、知覺恆常性等）
│ ├─物體知覺
│ └─交互知覺
├─兒童、青少年的知覺發展─┬─注意知覺
│   ├─空間知覺
│   ├─時間知覺
│   └─因果關係知覺
└─皮亞傑與訊息處理論知覺觀異同比較

四、重要概念及原理原則：

1. 人類知覺有先天的與後天學來的，但其發展均受遺傳與環境的影響，也就是成熟與經驗交互結合的結果。

2. 知覺發展的研究模式可綜合爲五種：分別是成熟論、維持論、促進論、調整論、誘發論等。

3. 知覺發展的研究方式有三：

   (1)以生理心理學爲基礎：但只能以生理反應作推論，無法解釋知覺主觀化、意義化的歷程。

   (2)以行爲學爲基礎：探討個體行爲的改變，以解釋人類知覺的發展。

   (3)以早期知覺本質爲基礎：臨床診斷並以縱貫發展方式探討特殊個案的整體知覺發展狀況，作爲比較與推論。

4. 嬰兒知覺發展在感覺發展之後，研究重點在聽覺、視覺、物體知覺與交互知覺等方面。

5. 兒童與青少年其知覺的發展是從嬰兒期著重感官發展，漸次發展注意知覺、空間知覺、時間知覺與因果關係等知覺的發展。

6. 皮亞傑（Piaget）派與訊息處理論學者對知覺發展有若干共通點：

   (1)嬰兒期即有大小和形狀的恆存性知識。

   (2)統整外來感官訊息能力。

   (3)藉物體、空間、時間、因果關係的基本概念來認知學習事物。

   (4)以「同化」、「調適」作用逐漸組織有系統的認知結構。

7.知覺發展的研究，不同學派的研究重點不同。皮亞傑派學者強調外在結構，重視成熟等因素；而訊息處理論者則強調內在訊息的處理歷程，重視經驗等因素。

五、結論：

在知覺發展方面的研究，主要以皮亞傑和訊息處理論爲主要論點。在知覺發展上，皮亞傑較強調外在結構，而訊息處理論者較重視內在訊息的處理歷程；皮亞傑較重視個體成熟的因素，訊息處理論者較重視後天經驗的因素。但兩派學者對個體知覺的基本認知，如大小、形狀恆存性、個體對外在訊息之統整、知覺發展與個體知覺成有系統的認知結構等，大致有相同的共識。故兩派學者論點雖有不同的看法，卻又相距不遠，彼此理論有相輔相成的功效。

六、心得：

知覺是人類最基本的官能反應，對於知覺的產生與其發展，在「成熟」與「經驗」兩種論點的爭論下，我們並不容易區分孰是孰非，但卻可確知二者均部分説明了人類的知覺歷程。其中皮亞傑與訊息處理論者將知覺有系統地討論其形成與發展，讓身爲教師的我們因此能更深地瞭解學習的歷程，如此在教學中能夠更詳細地研究學生的知覺情形與其發展，進而能更實際地設計教學活動，以符合學生的學習經驗，知覺發展的理論有待教學工作者更普遍應用於教學實務中。

社會認知

■流程圖

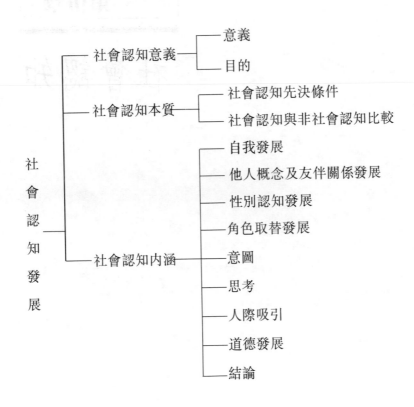

第一節 社會認知意義

人類自我意識漸漸覺醒，會推動人們試著去了解自己、他人、人際關係、風俗、社會制度等，甚至包括任何社會領域中可引起興趣的事物。因此，這些性質及發展歷程成為最近研究的主題。

社會認知（social cognition）是一門新興且涉及多種學科的研究領域，J. M. Zimmer 在國際教育百科全書裡說到：它是探討人們如何了解自身與人羣的關聯，如何認知社會與社會組織；其主要由社會心理學、心理分析論、社會學習論、發展心理學及人類學統整而成。C. Shantz 說：社會認知的研究，最早溯自一九六五年，在此之前，學者們主要研究興趣乃在社會行為方面。而現階段發展上，社會認知的研究領域，以其所提出的問題多過於它所能提供的安全答案。

壹、社會認知界定

一、 J. H. Flavell 的定義：社會認知乃指個人對自己或他人的觀察與推理，其內容基本上包含意向、態度、情緒、信念、能力、目的、特性、思想、知覺、記憶等內在屬於個人心理事件，同時也涉及人際間某些特質，如友誼、情愛力量與其影響。

二、 D. J. Schneider：社會認知是涉及社會經驗如何影響思考，與人們如何思考他們的社會經驗。

兒童自嬰兒開始，就不斷地感應社會、洞察社會，與社會溝通，進而認識個人與社會世界。

三、呂翠夏（民77）也提到：兒童經由直觀及邏輯思考，以其內在經驗來推論。兒童的認知歷程、認識的方式，都影響社會認知的性質。

四、 Smith 認為兒童社會認知的步驟是：界定（defining）、感覺（sensing）、決定（deciding）、行動（acting），乃是對所察覺的事物賦予意義，再產生感受，接著思考原因，解決方法，而做決定，再採取行動。

貳、社會認知探討目的

個人與社會之間的關係，下列各學者有其看法：

一、 Baldwin（1906）：主張人的成長主要在靠「社會互動」。

二、 Mead（1934）：「心智」和「自我」是在社會環境的脈絡中孕育的。

三、 Marx（1953）：人的思考發生在人類活動及和活動

有關的社會世界中。

四、Singer（1969）：兒童的經驗發生於社會環境中，此一環境即由父母、他人組成的社會世界，以及一個由人佈置而成的物質世界，兒童就在此具有人與物互動中的環境中，經歷其身心發展。

五、Vygotsky（1978）：「社會互動」扮演最高的心智發展功能。

六、Piaget（1967）：以個別內在的（intraindividual）與個別之間（interindividual）來形容二類不同的智慧。同儕的互動使兒童有別於自己與父母或其他成人相處的經驗，產生認知衝突，會促進認知重新建構，而有更成熟的思考。

七、Shanley & Walker（1971）：智力有「社會智力」與「非社會智力」二種，前者是人際關係的認知，後者是人以外物質世界的認知。

八、Selman（1974）：以「非關人的」（impersonal）、「人際的」（interpersonal）二詞來代表物質世界及社會世界的認知。

以上說明嬰兒自呱呱墜地，即在人與物交互作用的環境中，積極從事著「社會認知能力的發展」，並進行「社會互動」，以適應寬廣的社會世界，所以我們探討社會認知。

第二節　社會認知的本質

社會認知以人羣和人羣相關事物爲其認知客體。我們主要觀察和推論深藏在個人內在的事項，如態度、情緒、知覺、意願、

思考……，也嘗試定義人際間心理特質，如友誼、利社會、權
力、愛……。我們也常思考社會團體人羣和特定個人的問題，如
社會角色、結構、制度……，我們會問，我應該做些什麼？爲何
如此？如何做？

這些社會認知的內涵可以圖5-1來說明

S是自我，O是他人或團體，虛線代表社會認知的行動和結
果，主要是個人的推論、信念、內在歷程或特性的概念。實線則
是外在的社會行動而非內在的心理歷程，是無法直接穿透他們的
客體，除非有充分的線索（社會認知），我才能推論你腦裡有什
麼，否則只是感情地了解它的外在。

圖5-1的上半部說明自我對本身與他人或團體會有各種型
態的認知。下半部則是社會認知客體，包含個人間或團體間的各
類關係和互動。自我是許多互相影響的個體之一，且是心理的反
映，這些互動所反映的是內在社會認知與外在社會行動的自我，
我若能思索別人的自我、社會認和、社會行動，同樣別人亦可同
等對待。

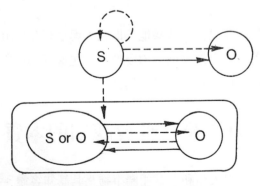

圖5-1 社會認知的圖解

壹、社會認知的先決條件

一、實存（existence）

指對個人的基本認識，社會特定事實和現象存在的可能性。要思索社會領域的某些事物，個人必先確定它是存在的社會認知客體。如小孩若不知道他人是有知覺的，就很難去推論他人存在的細節。亦即客體現象的實存若未能被思考者所認識，則思考者就少有社會認知的思考。

二、需求（need）

是推動社會認知行動的預期或急迫的需求。個人或許清楚別人是存在的，別人也有經驗，但他或許不會嘗試去分辨它們，因為沒有需求，就不會想，也不會努力嘗試去做。

三、推論（inference）

是成功執行某種社會認知的技巧或能力。嚴格地說，推論不一定會包含在思考中──任何社會認知過程都顯示如此（Flavell, 1974），如我了解你現在擁有的思想和感覺型態都是存在的，我也很需要去了解你感受到的，然而我可能有能力應用眼前證據去澄清推論它。我或許能推論到你覺得不快樂，但若缺少線索，或閱人（people read）能力不夠，則會阻礙到我的正確推論，甚至不瞭解你所經驗的是如何不快樂的感覺。

實存和推論的差距在視覺的認知領域中更清楚。若我坐在一堆雜亂的東西旁，而你坐另一邊，我的工作是從各種角度拍攝的，但我又不能到處走動，必須靜坐著想像你所看到的影像。此種推論別人正確視覺的工作，首先要先知道你有視覺經驗（實存），才能推論，這些攝得的影像中只有一張是你所見的，而必

然與我的所見不同。所以社會認知是對不同認知客體發展基本認識（實存），明瞭需求，再發展社會認知推論的不同技巧和能力。

貳、社會認知與非社會認知的比較

一、相同處

社會認知與非社會認知有許多相同處。思索社會認知與非社會認知所用的頭腦是相同的，社會認知要分類、記憶、推論，所需的基本心理能力也可應用於非社會認知的處理。而社會認知與非社會認知輸入的某些基本層面也是相同的，非社會認知有些是空間、時間的變化，或具體、抽象的概念，這和社會認知的客體也相通。有時，我們甚至很難決定是社會認知或非社會認知，如寵物、昏睡瀕臨死亡的姑媽、棋賽中贏你的電腦……。

㈠**外層到內層**：非社會認知開始於外層的認識，其次是外層之下的結構並進而推論內層的原理原則。社會認知亦同，如兒童先認識自己、他人、社會互動、與其他社會認知客體的外表和知覺特徵，注意到人們外表行為，但無法推論行為的心理過程、意義和原因。

㈡**空間和瞬間的注意力**：幼兒社會認知有空間和瞬間注意力的偏執現象，他們易於注意社會客體和情境明顯且靜態的層面，而忽略模糊卻重要的層面，如嬰兒接收別人歡笑的訊息，但要加上額外的社會認知發展，才能選取微小不明顯的訊息，得到別人是被迫或虛偽的歡笑。

㈢**不變的結構**：社會認知客體於不同時間有不變的結構，幼兒思索自己與他人不論時間環境變遷有著不變的結構形象，而其

社會地位、人格、性別角色、認同等亦是如此。日日不同的自我和他人形象，行為只是不變結構主體中的變項，辨認個人特質有其不因時間而變動的恆常性。

㈣**數值思考**：兒童對物質世界有數值的探究，而對獎懲也有評量的觀念，此獎懲因對象、情境不同有變化，但其變化是可判定的，這些概念的公平分配、交易，有數值的成本。

㈤**統整認知**：統整認知客體或其相關方面的認知動作、知識，會慢慢變成深思內省，細密地探索自我思路與感覺，質疑外表和行為，猜測了解內心世界。

㈥**抽象與假設的思維**：個人能思索團體、制度、人，賦予共同、不變的特徵、氣質和許多特殊而瞬間的變化。對未來也有抽象的推測。

㈦**認知的盲點**：推論物質現象會有錯誤及偏執，社會認知亦然。人們對自身和他人的錯誤推論是由於諸多偏差與扭曲，如你犯錯是因你太笨了（穩定的特性），我犯錯是因環境太暗了（變動的情境）。此認知失調現象，即皮亞傑所謂「自我中心」。受到自我中心影響，推論別人感覺時，加入自己感覺。這自我中心出現在兒童早期，隨後減少。

㈧**遊戲感**：幼兒在成長過程中要具備玩閱人遊戲的動機，有此欲望才可開展社會認知，而此種遊戲有個人和文化的差異。

二、相異處

　　人與物質之間，如社會認知與非社會認知之間有許多相異處。人是感性，可隨心所欲地活動，有知覺、反映、思考、學習、能自由積極的活動，且是自由負責的，由於內外交互作用複雜，很難預測人的行為。相反的，物質是較不變的，沒有與人互

動的能力。

第三節　社會認知的內涵

　　社會認知的內涵包括個人內在心理事件及與他人互動歷程的發展。其中包括自我發展、友伴發展、性別發展、角色取替發展、人際關係發展及道德認知發展等，本節將分別介紹各項發展，唯有關情緒發展部分及社會依附發展部分留待第十二章介紹。

壹、自我發展

　　社會認知發展的首要任務之一，即為獲得獨立個體的自我感。自我概念是對自己的統整觀感，或是呈現關於自我訊息的方式。我們常假設自我概念是一直存在的，但是我們並不是天生就知道別人有思想或感覺。也並不知道自己的經驗不是宇宙的中心。

　　自我的發現始於對身體的知覺，這些身體的知覺加入正在形成的自我意識裡。身體的經驗影響孩子，引導孩子接觸這個世界，嬰兒也藉看、聽、摸來分辨自己和其他物體。

一、自我意義

　　在人類已存在的字彙中，無論何種語文系統，「我」這個字恐怕是應用最廣的一個字。在日常生活與別人交往中，隨時都提到我，甚至獨自思考時，也總是想到「我」自己。這個字是用的最多的概念，但其概念的範疇也是最難確定的。然而對自我的認知與理解是發展心理學家、非發展心理學家、社會學家、人類學

家和一般人都迷惑的,其意義紛雜又難以概括敘述,要明確加以定義,實非易事。

　　有關自我的理解、認知和對別人的理解、認知,其發展是平行的、重疊的。如果我們能知道後設認知的發展,也就能知道有關自我系統的發展——亦即獲得有關人、工作、策略的後設知識和後設經驗。在此最重要的是知識的獲得與自我的覺知。在成長中的兒童獲得有關他自己的知識、經驗和概念與瞭解他人的自我發展是大致雷同的。 Liversley & Browley 的研究中,受試者對他們本身人格的描述和對別人的描述是在同一認知水準上的。較小兒童的自我描述缺少個人心理屬性,同樣地對別人的描述也是。隨著年齡的增加,特徵的描述愈趨分化,愈顯出自我特徵的真實面。

二、自我的發展

　　孩子並非一出生即能察覺自我的存在,這種自我意識的發展是逐漸展開的歷程,通常到了二、三歲左右,幼兒才能漸漸發現自己和身邊重要的關係人物是分開的,知道自己和週遭的人是區分開的,這種分化的知覺即是「自我感」的源頭。一般公認十八個月大時是首度產生自我認識(self-recognition)的時期。透過實驗,把孩子放在鏡子前,觀察者先記錄嬰孩(六～二十四個月)摸鼻子的次數,量基準線次數。然後由媽媽暗中把口紅塗在孩子的鼻子上,再讓孩子面對鏡子,並觀察他們碰觸自己鼻子的次數是否會增多(Lewis & Books, 1974)。結果發現:十八個月左右的孩子,摸鼻子的次數大量增加,顯示這些孩子認識了自己。

　　Maccoby 認為兒童時期自我概念的發展是逐漸由外在的發

展到內在的。早先（三歲左右）孩子主要以外在的特徵來描述自己——我長的如何，住在那裡，做些什麼。漸漸的到學齡期（大約六、七歲），孩子開始從心裡方面來界定自己——我感覺如何，我和別人的關係如何。此時兒童除了主動地探尋由外在到內在的我外，隨著年齡的增加，自我概念的形成也建構在別人是如何看我，另外也發展出理想的自我——希望自己是什麼樣子的概念。幼兒至兒童期的自我概念是由外在我（ physical self ），經心理我（ psychological self ），而完成社會我（ social self ）的過程（ Maccoby, 1980 ）。

三、相關研究

Damon 等人發現有關自我概念的發展研究，大部分指出四個共同的現象（ 曾端真，民 80 ）：

㈠在發展早期，自我的覺察以自己的活動和活動的結果為依據。

㈡在發展早期，具有性別、軀體大小等身體方面的自我覺察。

㈢隨年齡的增加，個體會從外在特質（ 身體、物質、活動等方面 ）轉變到內在特質（ 心理、精神等方面 ）來界定自我。

㈣隨著年齡的增加，個體能逐漸將自我的不同層面融合成一個統整的體系。

其中第三點， Damon 等人根據自己與他人的研究指出「 從表面到深層 」或「 從身體到心理 」，並不能做為發展的指標。因為兒童早期的自我瞭解便已超越身體的自我覺察，已有社會、情緒方面的自我描述，且隨著年齡的成長，身體及外在方面的自我瞭解仍很重要。因此，某些現象可以用「 從身體到心理 」的轉變

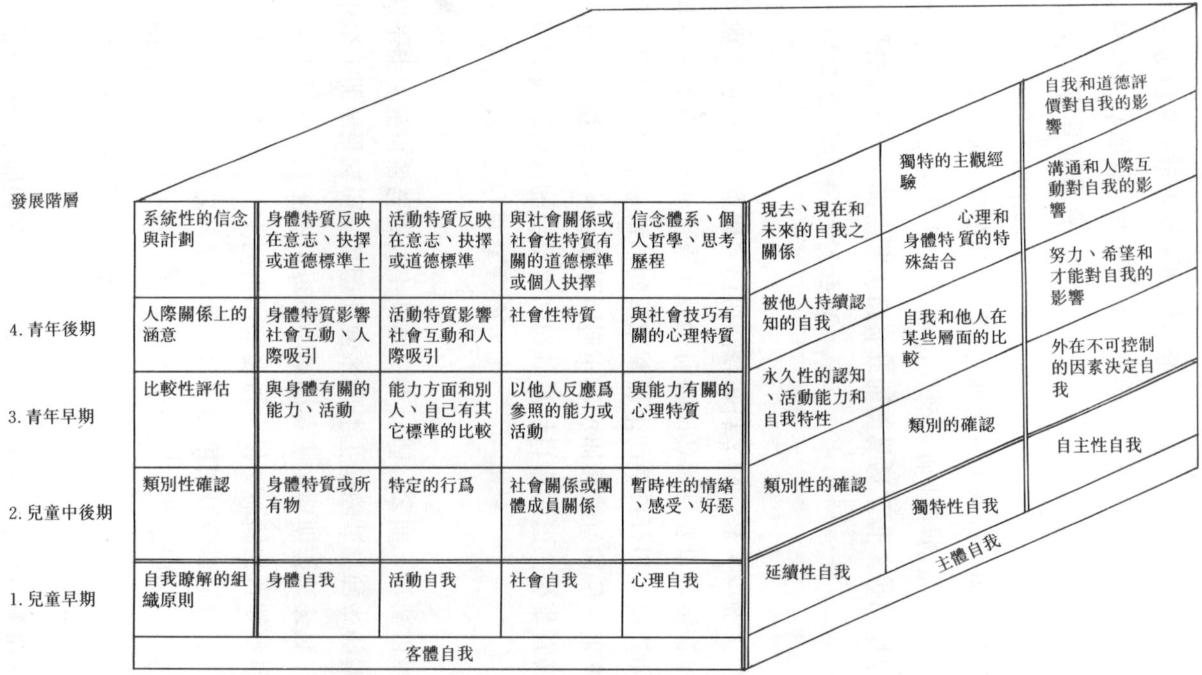

發展階層	自我瞭解的組織原則	客體自我				主體自我		
		身體自我	活動自我	社會自我	心理自我	延續性自我	類別性自我	自主性自我
4. 青年後期	系統性的信念與計劃	身體特質反映在意志、抉擇或道德標準上	活動特質反映在意志、抉擇或道德標準	與社會關係或信念體系有關的道德或個人抉擇	信念體系、個人哲學、思考	現在、現在和未來的自我之關聯	獨特的主觀經驗；心理和身體特質的特	溝通和人際互動對自我的影響；自我和道德評價對自我的影響
3. 青年早期	人際關係上的涵意	身體特質影響社會互動、人際吸引	活動特質影響或個人抉擇	與社會關係有關的人格歷程	與社會技巧有關的心理特質	永久性的認知，活動能力和自我特性	從他人的認知，自我持續	努力、希望和才能對自我的影響
2. 兒童中後期	比較性評估	與身體有關的能力、活動	能力方面和別人比較，以自己有其活動	以他人反應區參照的能力或活動	與社會技巧有關的心理特質	自我和他人在某些層面的比較	自我和他人在某些層面的比較	外在不可控制的因素對自我
1. 兒童早期	類別性確認	身體特質或所有物	特定的行為	社會關係或社會成員關係	暫時性的情緒、感受、好惡	類別性的確認	獨特性的確認	自主性自我

圖 5-2　Damon & Hart 的「自我瞭解發展模式」

去分析自我概念的發展，但這種方法無法探知全部發展現象的本
質。

四、自我概念發展的測量

因為嬰兒不會說話，研究者必須以間接的方法瞭解嬰兒自我
概念的發展，最可靠的方法之一是將胭脂抹在小孩的鼻子上，以
測量視覺自我認知。不同年紀的嬰兒，對於他們所見的影像反應
不一，十五個月以下的小孩很少碰觸鼻子，然而絕大多數二歲大
的小孩，能夠辨識他們實際看起來的樣子與應該看起來的樣子之
間的差距，所以嬰兒應在十五到二十四個月之間，發展出視覺自
我概念。

五、學步期幼兒的自我發展

此時期的嬰兒開始以不同的特質將自己歸類，最常見的分類
特質有年紀與性別。早期他們使用的類別多為具體的，比如說：
描述自己時，他們會提供關於在團體中的成員身份、物質財產、
會做的事及外貌等的訊息。有時他們的分類行為也會與成人的人
格分類（如外向）類似。但他們對於持久的感覺，很難予以概念
化。

六、八歲左右兒童自我發展

這時的孩童，開始除了以外在明顯特質之外，也以內在、心
理歸因為基礎來定義自己。換句話說，他們開始思考自己的態
度、好惡及感覺、思考的方式。這時期孩童對自我的察覺常是與
其他幼童比較而形成的。

七、青少年自我發展

青少年時期對自我的呈現更為細緻，也明白在不同情境下與
不同對象相處，會呈現不同的自我。

　　就 Erikson 而言，青少年是個體由兒童轉變為成人的過渡階段，在這個轉變階段，個體須脫離兒童期的依賴心理，學得獨立自主，準備承接成人的社會角色。在兒童時期，個體遭遇到問題時多半聽從父母、師長的意見來處理。到了青年期，他則須自己負責生活上的問題，這些問題中有些是對其未來生活有重大影響的，如職業的選擇、價值觀念的定向、性別角色的認同等等。面臨這些選擇，個體很容易經驗到心理衝突，產生適應上的危機。Erikson（1968）指出個體到了青少年時期，因其兒童期的認同作選擇性的拒絕和同化（assimilation），然後重新組成一個新的自我形象。這種自我重整、或追尋可能獲得成功，而導致自我統整（ego identity）；但也可能失敗，而導致統整的錯亂（identity diffusion）。依 Erikson 的看法，自我統整的工作雖並非自青年期才開始，但卻是青年期的關鍵難題。

　　Erikson（1950）及 Sanford（1966）曾指出三個有利於個體解決自我統整危機的條件：(1)當個體處於焦慮較低、壓力較小的情況時；(2)個體有機會嘗試、試驗各種不同角色和生活形態；以及(3)個體能獲得有意義的成就。

　　Erikson 把人生發展分為八個階段：(1)信任對不信任期；(2)自主對羞愧懷疑期；(3)自動自發對退縮內疚期；(4)勤勉對自卑期；(5)統整形成對統整錯亂期；(6)親密對孤獨期；(7)創作生產對停滯期；(8)統合對絕望期。這八個時期的前後關係是連續的，因個體生理成熟、智力成長以及社會文化要求的不同，個體所須面對的難題亦因之而異；面臨待解的難題，自然地形成心理衝突與壓力，Erikson 稱之為「危機」（crisis）。一個時期的危機能否化解，有賴於前面各階段的成敗經驗，及當時的適應能力。個

體面對一個危機，可能變得適應不良，但也可能會因之產生更好的內在一致感，激發或學得更好的判斷力及更能依自己內在標準行事的能力。依 Erikson 的看法，青少年的關鍵性難題是自我統整的形成（identity formation）。個體到了青年期，隨著身心的成熟、自我意識（self-consciousness）增強，對自己的身體、慾望、能力、經濟，以及別人對他的期待反應等，特別敏感，因而產生「我是誰？」「我能做些什麼？」「我想做些什麼？」等問題。在思索這些問題時，個體將過去經由認同得來的經驗放在一個新的自我形象下，加以重新組合，形成一個各部分密切關連的整體。這種自我重整的歷程，亦即自我統整形成的歷程。 Erikson 認為統整危機的解決是人格發展過程中關鍵性工作，包含了七個小衝突（part conflicts），每個小衝突分別是兒童期的四個階段及成人期的三個階段中的核心衝突的影子，一個穩固的自我統整須藉著成功地解決這七個小衝突才能達成，這七個小衝突也是自我統整危機的七個層面，這七個層面分別是：

㈠時間透視對時間混淆（time perspective vs. time confusion）

　　青少年要能正確計畫未來，須對個人的過去、現在及未來想成為什麼，做個評估。若有良好的時間透視感，則人格較能統整成熟；反之，會傾向於要求立即行動或不斷更改未來的計畫，這些是時間混淆的現象。

㈡自我統整對自我意識（self-certainty vs. self-consciousness）

　　在自我統整的過程中，個體須能體認自己，並對自我有信心。透過自我檢視（self-examination）的過程，個體可能對自

己產生足夠的認識與信心，但也可能產生過度的自我懷疑。

㈢**角色試驗對角色固著**（ role experimentation vs. role fixation ）

自我統整的形成有賴於個人探索與試驗各種可能的社會角色，再由其中選擇最適合自己的。在這些過程中有些青少年因面臨太多的選擇而無所適從，因而產生角色固著的現象。

㈣**職業意願對工作無力**（ apprenticeship vs. work paralysis ）

一般認為職業選擇是自我統整的關鍵性因素，因為職業決定個人的社會地位，並影響自我看法的形成。這方面若正向發展是青少年扮演「學徒」的角色，樂於對未來職業付出心力去做準備；若負面發展則是青少年對工作不發生興趣且不認識其價值。

㈤**性別分化對性別混淆**（ sexual polarication vs. bisexual confusion ）

個體能認同自己的性別角色，則自我統整發展較好；反之，對自己的性別角色混淆不清或缺乏自信，則很難形成穩定的自我統整。

㈥**主從分際對權威混淆**（ leadership and followership vs. authority confusion ）

參與社會活動時，個人能恰如其份地扮演領導者或跟隨著的角色，表示其具有自我統整感；反之，若不能將不同權威的價值加以整合，形成個人的信念，則會產生權威混淆。對權威的態度不是盲從，就是盲目反對。

㈦**價值定向價值混淆**（ ideological commitment vs. confusion of values ）

　　此一層面是統整危機的最關鍵部分，因而綜合了前述六個衝突，青少年若能將過去、現在及未來連絡起來，並找到自己的價值理念，則能順利度過此危機；反之，會經驗到價值混淆，缺乏價值的標準。

　　與 Erikson 一樣，Chickering 也認爲青少年的主要發展任務是統整的建立（establishment of identity）。但他認爲統整這個概念過於抽象，所以爲了使之更明確、具體，就主張以七個向度來了解青少年的統整發展。在他看來，發展即是在這七個向度上的行爲與思考的分化與統合。

　　Chickering 所提的七個心理社會發展向度包括：

㈠向度一：**勝任感的發展**（developing competence）

　　這項發展包括三種能力的發展：⑴智能方面的能力（intellectual competence）：包括一般知識、批評思考，以及心智能力的增加；⑵運動和藝術技能（physical and manual competence）；⑶人際社會技巧能力（interpersonal competence）：與他人友好的合作關係，能共同完成一些工作的能力。

　　Chickering 認爲勝任感（sence of competence）是三種能力最重要的部分。Chickering 把勝任感界定爲個體對於自己能力的信心，包含處理一般問題的能力以及達成自己預定目標的能力。若缺乏勝任感，個體就感到無助、自卑。他也指出智識的能力，運動和藝術的能力，以及人際關係的能力的發展雖然重要，但實際上個人能發揮多少這些能力，完全受到勝任感的影響。

　　Chickering 進一步指出勝任感的發展乃其他各項發展的基礎，個體有了勝任感才能進一步發展自主性、情緒處理、自我統

整及目標選擇等。

　　㈡向度二：情緒處理的發展（ managing emotions ）

　　在這方面的發展，個體須完成二項互有關連的發展。第一項是情緒知覺：其內容是一個人能知覺自己的情緒，能了解導致情緒產生的原因與情緒對行爲的影響；第二項是他必須能有彈性地控制情緒，且能有效地表達自己的情緒，Chickering 稱之爲情緒的統合。

　　㈢向度三：自主性的發展（ developing autonomy ）

　　Chickering 認爲所謂的自主是一種「成熟的獨立」（ independence of maturity ），一個自主的人是具有安全感的，其性格是穩定的，而會把這自主性表現在如下三個層面：

　　1. 情緒性的獨立（ emotional independence ）：個體不再過度地需求他人的確認、喜愛或讚許。要達到情緒性獨立，個體必須擺脫對父母的依賴，而把它轉爲對同輩的信賴，但最終仍須達到個人的自主。

　　2. 工具性獨立（ instrumental independence ）：工具性獨立包括兩部份⑴個體能獨立完成活動或處理問題；⑵如果需要的話，個體有能力自由地移動。工具性獨立和情緒性獨立二者是互相影響。若其一沒有改變，另一的改變也會受到限制。

　　3. 體認互賴（ interdependence ）的重要性：能了解個人和社會羣體互賴的關係是個體達到真正自主的基石。對青少年而言，認識互賴的重要性意指其能了解個人與其家庭、同輩及社會之間所存在的互賴關係，即愛與被愛是相互的，有了這些認識之後個體才能成爲真正自主的人。

　　㈣向度四：統整的建立（ establishment of identity ）

　　Chickering 認為所有的發展向度皆可以用統整的形成（identity formation）來涵蓋。但由於統整是一項複雜的工作，涉及多方面的事物與活動，所以為了使之具體化、明確化，須將之分成上述的數個向度。既然將之分成了好幾個向度，那麼「統整的建立」這向度所涵蓋的又是什麼？Chickering 認為統整是一種自我的感覺（sense of self），當一個人的勝任感、情緒處理和自主性等三個向度順利發展成功之後，個體就會形成一致性的自我感，而自我感的形成會促成開放人際關係的發展（向度五），未來目標發展（向度六）以及整合感的發展（向度七）等三向度的發展。

　　青少年的自我感發展，包含二個成分，其一是對自己身體和外表的概念，其二是性別認同的澄清。此一時期對自己的外表體型相當敏感，成熟的發展是指了解個人的自尊是建立在個人的特質和行為上，而非外表。此外，對於身為女孩，或男孩應有那些行為，應扮演什麼角色，亦是大學時期要獲得解答的問題。

　㈤**向度五：開放人際關係的發展（freeing interpersonal realationship）**

　　這項發展包括兩個層面：

　　1. 容忍（tolerance）與尊重能力的增強；這些能力的增強，使得青少年接受不同背景，具有不同習慣與價值體系以及不同外貌的人，而且可以與之建立良好關係。在此所指得的容忍力並非指面對差異時消極地忍氣吞聲，而是積極的開放自己，接受對方，選用使自己及他人滿意的溝通管道，與人維持親密持久的友誼，並進而發展出自在的人際關係。

　　2. 與親近朋友關係的提升：這項提升一方面意指個體與朋友

間的關係，由依賴共生朝向互依發展，變爲使彼此都擁有更廣的生活空間，有較大的自由，互相間的信任度和穩定度都增加；另外一方面也意指雖有不一致的意見，但彼此間仍然維持親密關係，而且互相分開一段時期後再相會，彼此間的友誼可以很快恢復到先前的程度。

㈥向度六：未來目標的發展（developing purpose）

Chickering 主張未來目標的建立是要先統合興趣，計畫以及生活型態，然後訂下未來的計畫及各種生活目標的優先次序，透過這種統合的工作，個體的生活才具備意義與方向。成年時期，個人的興趣逐漸經由多方涉獵，變得深入而穩定下來。

㈦向度七：整合的發展（developing integrity）

Chickering 認爲青少年的價值内容改變不大，且其改變是漸進的；而改變較大的是個人維持其價值信念的理由以及價值觀對生活影響的大小。因此，Chickering 認爲整合感的發展，是指個人行爲與價值觀念逐漸趨於協調。此發展涉及三個循序但重疊的階段：

1. 價值人文化：個人由完全盲目順從信念而逐漸了解道德規範乃取決於情境因素的考慮。

2. 價值個人化：當價值信念趨於極端相對，個人會失去行爲的憑依標準，因而使個人感到茫然與焦慮不安。爲了減低此種不安，個人將逐漸發展出内化且穩固的内在原則，以做爲個人行爲和抉擇，以及判斷他人行爲的依循準則。

3. 協調一致的發展：當一個人可以建立屬於自己的價值體系時，他的内在衝突即可減少。但此種行爲與信念的協調一致性發展是終其一生的工作。

貳、對他人概念及友伴關係發展

瞭解他人就如同瞭解自我一樣，是個漫長的發展過程。嬰兒時期的一項成就是發現社會互動是相互的——別人的行動是依我們自己的決定。比方說：嬰兒學到微笑會引發照顧者愉快的反應，而哭泣會得到關注、擁抱。嬰兒也逐漸懂得讀取人們面部的情緒。十二個月大的嬰兒，就會在面對新玩具時，藉著看媽媽來徵詢意見，獲得肯定；若媽媽的表情顯示關心，嬰兒就會趨向媽媽，而非趨向玩具；若他們看到父母之一微笑，卻看到另一個人恐懼的表情，嬰兒就會困惑、沮喪。

從兒童早期到八歲，小孩傾向於將焦點放在對他人簡單、具體的歸因。比如說：他們看起來的樣子，或表現的角色。但八歲後，他們對他人的基模開始改變。

人乃是具有社會性的羣居動物，所以在現實的社會中，人與人之間為了相互共存，便建立了多樣的人際關係，而在變化多端且錯綜複雜的人際關係中，「友伴關係」就恰似甘美的泉源滋潤著人們，分享你的歡樂、分擔你的悲傷。所以藉著友誼的施與受，人們更能社會化，更愉快的相互依存。愛默生（Ralph Waldo Emerson）說：「朋友，就是讓我能誠實地面對他的人。對朋友，我可以說出心理的話。」可見朋友是人生歷程的重要支柱。

同樣地對年幼兒童來說，亦是如此。幼兒在生長過程中，年齡雖小，但一樣有著被人愛、需要、注意、認可、讚美的需求。他們嘗試去探索，接近其他兒童，更進一步建立所謂的「友伴關係」。這種社會關係的成功與否，與兒童未來能否完全社會化，

息息相關。蘇利文（Sullivan, 1953）提出親密朋友對兒童發展的重要影響。他認爲在兒童期若缺乏親密朋友互動的經驗，將會造成日後生活、人格及社會化能力發展的障礙。

　　友誼的關係迥異於其它社會關係，朋友間的互動經驗並非成人與兒童之間的關係可以替代的（Buhvmester, 1987）。因此，在個體的生活中，朋友具有極重要的地位。所以，對兒童間友誼的形成、友誼形成的看法（友誼觀念）有探討之必要。以下將探討兒童友誼觀念的發展，Bigelow & Gamer（1980）以及 Selman & Jaquette（1977）的友誼瞭解階段模式，最後探討友誼技巧的訓練。

一、兒童友誼觀念的發展

　　謝爾門（R. Selman）曾形容兒童是「友誼哲學家」。他們自己有一套對於朋友是什麼，朋友應該有什麼表現，友誼如何開始和結束的看法。所以，欲瞭解兒童友誼觀念之發展可藉晤談的方式，詢問兒童他們所指的好友爲何是他的好友，對朋友有何期望，怎樣成爲朋友，友誼又怎麼會斷絕等問題。

㈠友誼觀念隨著年齡而轉變

　　學前期和學齡期低年級的兒童，認爲朋友就是一羣能快快樂樂一起遊戲和享用東西的同伴，友誼是短暫的，隨時隨地可以形成，也可以解散，至於對同伴的人格特質無所謂喜歡或不喜歡。

　　中年級和較年長的兒童視朋友爲互相扶持和彼此信任的人，即互相扶助、彼此信任爲友誼的要素，他們也開始認爲友誼是一件主、客觀兼有的事，朋友不僅是遊戲的伴侶，也是有獨特個性且討人喜歡的人。

　　青少年時期對朋友的觀念是「彼此瞭解，分享對方內心最深

處的想法和情感（包括秘密）的人，肯幫助對方處理心理問題，避免給對方帶來麻煩」。人格、興趣的相投是擇友的條件，友誼的中斷是出於互不信任，雙方的溝通有時是化解友誼危機的媒介，有時卻是結束友誼的殺手。

顯然的，兒童友誼觀念隨年齡而轉變，反映了兒童視人爲獨特個體之觀念的發展。在友誼的例子中，對人的觀念就是「從表面到深層」的發展趨勢之證明。從具體的、行爲的、共同遊戲的表面關係到青少年彼此照顧、分享思想情感和相互慰藉的較抽象的內在特質之人際關係。

㈡友誼與社會參與有關，但二者並非同一回事。

孤獨的兒童固然無朋友，與一大羣人來往的兒童也可能沒有朋友，因爲友誼通常被視爲二人間的親密交往，心靈相通、彼此信任，「相識滿天下，知心無一人」不是沒有的。

美國心理學家蘇利文（Sullivan）認爲四～九歲的兒童對遊戲的友伴有強烈需求，少年期對友誼、同儕之需求是爲了提高個人聲望、地位，欲從同儕的眼光中尋到自己威望的肯定；九～十歲以後才開始建立真實的友誼，需要一個或一個以上年齡相近的密友，雙方經常保持密切關係，彼此真誠關懷對方。這種關係對自我尊重、自我價值感非常重要，得到朋友的接納，有助於發展青少年的他人感及確定自己成爲一個人的價值。就如佛洛姆（E. Fromm）曾說的：「人只有在和友輩親近和團結一致時，才能找到自我的滿足與快樂。」

二、兒童瞭解友誼的階段模式：

㈠ Bigelow & Gamer（1980）的階段模式

根據 Bigelow 等人的看法（Bigelow & LaGaipa, 1980），

隨著年齡的增加，個體對事情的看法由具體到抽象，因而對友誼的認知也有不同程度的理解。 Bigelow 將兒童對友誼的理解分成三個階段：

1. 獲利階段（reward-cost stage）約七～八歲。

約在小學低年級的時候出現。這時的兒童認為友誼是指經常一起參與活動的人，或因地緣的相近而在一起的人，或對一件事有共同興趣的人在一起所擁有的關係。

2. 規範階段（normative stage）約九～十歲左右。

約在小學中年級出現。這時的兒童認為朋友應該是被團體所接受、讚許的人，這些在同一團體的人必有共同價值觀，共同的目的，願意遵守共同的規範準則，若違反規定，必受處罰，踰越團體共同規範的人則不稱為朋友。

3. 同理心階段（empathic stage）約十一～十二歲左右。

約在小學高年級時出現。這時兒童已理解到朋友間的關係是相互存在的，應該與團體中的其它成員無關，如果二個人可以分享共同的經驗，體會共同的經驗，並願意接納對方，表露自己的經驗，則二人有朋友的情誼。

㈡ Selman & Jaquette（1977）的階段模式

Selman 和 Jaquette 訪晤了二百五十人（三～四十五歲）對友誼關係之瞭解與知覺，將他們對友誼的想法分為五個階段，各階段與角色取替能力有關。

1. 友誼是短暫的玩伴關係（三～七歲）

在童年早期，孩子視朋友為住在附近或一起玩類似遊戲的有趣的人。這階段的孩子不會被他人的穩定人格或行為習慣所吸引，好玩的社會遊戲是他們主要的考慮重點，兒童無法想像友誼

的心理基礎，因爲他們的觀點取代技巧非常有限。

2. 友誼是單向的協助（四～九歲）

在這個階段，兒童變得更加了解友誼在心理上和情緒上的益
處，他們視朋友爲肯做別人要他做的事的人，他們對友誼的觀念
只針對一個人的需要與經驗，朋友只有在滿足到別人的希望時才
是有價值的。在這階段兒童認爲朋友會幫助你，但尚無互惠的觀
念。

3. 友誼是雙向的協助（六～十二歲）

這階段的孩子認爲友誼是互相有益、互惠的特別關係，但若
朋友不能回應彼此的興趣就可能分開，因特殊事件而非友誼本身
衝突可能中斷關係。此階段的限制就是兒童通常視友誼的功能在
於符合個人興趣而非相互的、分享的，對於友誼是種合作且能滋
養雙方的關係，他們還沒有清楚的概念。

4. 友誼是親密、分享的（九～十五歲）

此時期能意識到友誼的親密性及相互關係，能分享彼此的感
覺與秘密，不因挫折而中斷。

5. 友誼是自發性的互賴（十二歲左右）

此階段兒童能更客觀地審視友誼並考慮朋友間共同興趣，談
論互相的問題，提供有助益的建議，意識到關係的發展和轉變，
依賴朋友也接納朋友的需要。

二種模式在細節上雖有異，但還相當一致，到了中年級心理
變複雜了，出現友誼互惠觀念，而在青少年時期親密和協定顯得
格外重要。

㈢結論

由以上友誼觀念的發展可歸納爲下列三點：

1. 兒童從自己為優先，轉變到能察知他人的想法和感受。

2. 兒童從著重於可見的與外表的品質，轉變到注意朋友所具備的比較細微的心理特質。

3. 兒童從視友誼為短暫的互動，轉變到相信此等關係會維持長久。

三、兒童社會技能訓練

許多研究，樂觀地指出，以社會技能教導無朋友、社會孤立的兒童，可助其獲得同儕的接納和友誼。

Oden 和 Asher 教導八～九歲社會孤立的兒童（受忽略或被拒絕）如何參與團體與同儕合作等溝通技巧後，將其安排到特定的遊戲小組與指定的兒童練習，這些兒童的社會關係優於小組中未受過社會技能訓練的兒童，結果顯示訓練計畫幫助兒童為他們的同學所樂於接納，一年後的追蹤，發現他們仍深為同儕所接納。 Asher 的友誼訓練計畫，促使許多不出眾的兒童為同儕所接納。

另外，對中年級的兒童運用示範等直接的社會技巧方式，讓他們看一系列有關「一個退縮兒童在同儕互動程度漸高的活動中的表現」的影片，結果在觀看後兒童的社會互動的確變多了。可見，孤獨落單的人，仍有獲得友誼的希望。

叁、性別的認知發展

一、前言

孩童們對性別的瞭解以及性別對他們的意義，在最初幾年改變極大，並在一生中持續地演進。有一派認知發展理論假設孩童瞭解性別的過程可分成三個階段：第一階段是「性別認同」，在

這個時期，孩童將自己歸類為男性或女性，通常在二歲前，他們便可以正確認清自己是男是女，也開始認同其他同性的孩童；第二階段是「性別穩定」，此時期的孩童開始瞭解他們的性別是維持穩定不變的，不過他們仍不確定別人的性別也不會改變；第三階段是「性別恆定性」，在此階段，孩童學習到性別是不能藉由外表或活動改變的。

二、性別基模

當認知發展學家把焦點放在孩童性別想法的認知結構時，其他的研究者則將注意力放在孩童知識的內容上。不受文化差異的影響，五歲前的孩童，開始顯現出對自己文化中關於性別信念的察覺，而且在孩童中期，腦中就充滿了許多其文化中的刻板印象，他們將文化中對於男性和女性的定義組織，編碼於性別基模（將心理學特徵與男女性別做連結的心理表徵）中。孩童對自己性別形成有條理基模的時間要早於對異性基模的形成，在學生時代，則會繼續接收更多關於自己性別的訊息。

儘管文化差異造成了世界各地性別基模不同，但是各地的性別基模仍有相當大的相似處。曾有研究者對二十五個國家的大學生施測，請他們填寫一份三百題的形容詞檢核表，決定哪些詞較具男性特質，哪些詞較具女性特質，或哪些是兩者皆不適合的。雖然許多形容詞在世界各地的分類並不相同，但仍有一些形容詞與男女特質的連結是放諸四海皆準的。一般來說，男性特質總和以下形容詞有連結：主動的、強壯的、專橫的、侵略的；而女性多被認為：被動的、柔弱的、養育的。

雖然對性別的觀感有這樣的一致性，但有兩件事可以減少人們對性別的刻板印象：

　　第一，科技改變減少了性別間的差別。接續先前的調查，研究者用類似的形容詞檢核法調查十四個國家的性別意識，研究結果顯示，科技發達、城市、個體化的社會，對於性別角色的觀念較平等，對於男女適當行爲的看法也較一致。

　　第二，性別差異只是平均的差異，男女性的絕對與差異是主要和次要的性徵。大多數男女特質（如：侵略性或敏感度）的鐘型曲線有很大的部分是重疊的，所以在一個文化中，有些女性在男性化特質的得分比男性還高。

肆、角色取替的發展

一、前言

　　早期社會認知的研究是以角色取替與個人知覺爲兩大重點，角色取替能力是社會認知中一項重要且基本的技巧，於孩童時期、青少年時期發展，甚至過了青少年時期都還有可能繼續發展，一般對角色取替的定義爲：瞭解他人觀點或看法的能力。

　　發展理論的影響最大，次爲海德（F. Heider）與凱樂（H. H. Kelly）等人提倡的社會心理學，而米德（G. H. Mead）等人主張的象徵互動論的影響最小，但因各學者研究的重點不同，其理論取向亦有所偏。昌德樂（Chandler, 1977）就曾以皮亞傑的發展認知論中主體與客體的互動比喻早期社會認知研究領域的發展，他認爲在個人知覺的研究方面較側重客體，亦即偏重社會情境的現象，但在角色取替的研究方面則是側重主體，強調個體本身的發展。綜言之，角色取替是社會認知研究領域的一大課題，受到認知發展論的影響，其理論取向多以瞭解個體爲主。

二、角色取替研究領域的發展

　　皮亞傑在觀察兒童後，提出了人類認知發展四階段：感覺運動期（初生～二歲），運思前期（二～七歲），具體運思期（七～十一歲），形式運思期（十一歲以上）。在運思前期，兒童的思考出現了自我中心觀與集中注意的特徵，由於自我中心觀，兒童假定他人的思考與己無異，而集中注意之意，通常指兒童面對視覺刺激，容易將注意力集中於該刺激有限的知覺層面；這兩項思考特徵至具體運思期，會慢慢爲非自我中心觀與離中化所取代。

　　除皮亞傑的非自我中心觀與離中化概念外，威納（Werner, 1948）也提出了觀點化的概念，是與自我中心觀相對的社會認知；他認爲人的認知層次越高，越能認知到他人的觀點。在皮亞傑與威納提出這些觀點後，不少實徵性研究隨之出現，其中最有名的是皮亞傑與殷賀德（Inhelder）的三座山實驗（Test of Three Mountains）；他們以一個三座山的模型，測試兒童是否能知覺不同的空間位置所看到的物體會有所不同，研究樣本爲一百名四～十一歲的兒童，請他們以選擇圖片等方式指認洋娃娃在不同角度所看到的三座山空間座落情形。此類研究一般稱之爲知覺性（或視覺）角色取替，後有許多學者從事進一步或增加工具複雜度的研究。

三、角色取替能力的定義(role-take or perspective-taking ability)

　　角色取替能力是指一個人站在另一個人的立場來理解或感覺他人思想或情感的能力（Schaffer, 1985）。根據皮亞傑的說法，幼兒發展之初是自我中心的（ego centric），在他們的眼裡，自己見到的東西與別人見到的層面並無二致，無法區分主觀

的感覺想法與客觀事實間的差異。例如：他們喜歡吃肯德基炸雞，媽媽也一定喜歡吃；但隨著年齡、社會經驗的增加，幼兒在與社會互動的過程中逐漸學到原本的認知模式不再能夠解決現階段的事務，個體開始慢慢以別人的觀點來看社會事務，以別人的立場來考量事情，發展出角色取替的能力。目前研究角色取替的內容來看，角色取替能力可分為三類（賴保禎等，民 79；謝水南，民 64）：

㈠知覺性或空間性的角色取替能力（perceptual or spatial）

知覺性的角色取代是指設身處地去揣摩他人對某些事物的知覺，尤其是視覺景象方面。

㈡概念性的角色取替能力（conceptual perspective taking ability）

通常是指個體去考量他人的思想、意圖的能力。

㈢情感性的角色取替能力（affective perspective taking ability）

個體考量他人的感覺或情緒的能力。而這類的角色取替能力包含二種能力：⑴辨識他人情緒的能力，例如：快樂、生氣……等區別；⑵個體利用線索來推論他人情緒的能力，例如：什麼情況下，小華會覺得高興。

角色取替能力分成三種類型，僅是為了測量的方便，並非截然畫分，三種之間有很大的重疊。也因此許多研究在探討年齡與角色取替能力之間的關係時，會得到不同的結果（謝水南，民 64 年；柯華葳，李昭玲，民 77 年）。

四、 Selman 的角色取替能力發展理論。

Selman 以階段論來描述個體角色取替能力的發展過程（呂翠夏，民 77；賴保禎，民 79）：

㈠第○階段：自我中心期，約三～六歲。

這個時期的孩子能夠辨別自己與別人，但是不了解別人具有與他們不同的看法，尚未發展出別人的觀點，認爲自己的觀點等於別人的觀點，因此稱爲第○階段。

㈡第一階段：主觀期，約五～九歲。

認爲別人的想法與他是分開的，但仍舊不能設身處地的去了解別人想法，他們也不能從別人的觀點來評判自己的行爲，故稱爲主觀期。

㈢第二階段：自我反省期，約七～十二歲。

這時期兒童嚐試以自己的想法來推測別人的想法──「我正揣想你對我有什麼想法……」，首次出現了遞迴思考，此時期又稱第二人觀點期（the second-person rode taking）。這時兒童明瞭別人的想法可以和自己不同，二人的關係是基於相互了解彼此的想法。

㈣第三階段：相互期，約十～十二歲。

兒童能更客觀地考慮他們與別人的交往過程，兒童不但可以利用自己的想法來推測別人的想法，並可同時考量正負二種想法，權衡利弊得失，作爲反應依據，又稱爲第三人觀點期（the third person role taking）。在這時期，人與人之間的關係由二個人的認知發展到三個人之間關係的認知。

㈤第四階段：社會期，約十二歲～成人。

兒童已進入青少年期，由於認知能力已進入形式運思期（formal operation stage），其想法深受整個社會大多數人的

價值觀影響，非僅侷限在少數二個人或三個人的想法，他能跳出自己的立場，縱覽全局。

　　根據 Selman 的理論，大多數兒童時期的受試者多處於第二、三階段，且角色取替能力的發展，經由一定的程序：由自我中心到二人之間的相互了解，推展到三個人之間的相互關係，最後體認到社會是由大多數人形成的羣體所結合而成的。

　　另外研究發現，個體的角色取替能力發展與認知能力發展具有因果關聯性（Keating & Clark, 1982），且發現在同儕團體中越受歡迎的孩子，其角色取替能力愈強（Karderk & Krile 1982），角色取替能力和利社會行爲呈正相關（Aronfred, 1978; Feshback, 1978; Rushton, 1980; Hoffman, 1982）。總之，角色取替能力在認知發展上扮演相當重要的角色，因此角色取替的發展，使認知發展更臻成熟（賴保禎，民79）。

伍、意圖（intention）

一、對意圖了解的重要性：

　　㈠幫助兒童了解人與其他事物的不同是有原因的，人類的行爲是因其內在的意圖、動機和計畫所促動的。

　　㈡意圖知識對責任感和道德感的了解是必要的。兒童學習人們之所以被讚美、批評、責備，有些部分要看他們的行爲是否有意。

二、有關意圖的研究：

　　早期的研究把焦點放在孩子使用意圖消息來作價值判斷，這是從皮亞傑對孩子道德分析的研究而來。其中有一部分常被做的研究是兒童中期的主觀責任取代客觀責任是否該受責難的評估，

例如：問孩子「一個在媽媽不在時，爬到櫃子上去取糖，結果不小心打碎一個杯子，另一個是幫忙拿東西進餐廳，不小心打破十五個杯子，那一個較壞」，結果指出六～七歲孩子傾向說第二個較壞，因打破十五個杯子，而九～十歲則認爲第一個較壞，原因是他有不良動機。皮亞傑認爲年幼兒童（七歲左右）根據「結果」訊息來判斷行爲好壞，年長者則以「動機」作判斷（賴保禎等，民 78）。

　　但此研究有其缺失，Karniol（1978）認爲皮亞傑等人所使用的故事，並不是合適的測量工具。所持理由有二：

　　㈠每個故事中，主角先前有意的行動，與損壞結果並無直接的相關（例如：爬高取糖並非是想打破杯子），損壞結果的發生都是由於主角後來無意的行動所致。因此，兩個故事的比較，似乎只是指「兩個無意行動的比較」，不見得是拿「一個有意與一無意行動」來相比較。

　　㈡在每對故事中，研究者假定：某主角的行動屬善意，另一主角的行動屬惡意。而在皮亞傑的報告中顯示：屬於客觀責任的兒童對主角的意圖並無產生善、惡之辨；反之，屬於主觀責任的兒童則有。因此，他們所下的結論，與其說是兒童使用道德評價之標準有所不同，不如說是兒童對主角的意圖性質之理解有所分岐。

　　因此，不同年齡的兒童如何判斷意圖的訊息，經過長期研究的結果是，了解兒童意圖的知識發展，應試著直接研究他，而不是由孩子的道德判斷中作推論。

　　後來的研究，例如：Shultz 在一個分辨有意和錯誤行爲的測驗中，要求受試者重複一般的句子和繞口令，當然受試者較易

念錯繞口令的句子；然後，實驗者問念的兒童「你的意思是這樣嗎？」Shultz 發現他們可以正確回答——兒童知道即使重覆錯誤，但並非「意思是那樣」。

　　另外讓三～四、五～六、七～八歲的受試者都接受一種被實驗者聽打膝蓋以引發反應，和另一種看似自動的腿部動作（兒童模仿實驗者腿部動作），問受試者這個動作是否「故意」的；兩組較大的受試者會說「看似自動」的動作是故意的，而反應動作則不是，三～四歲也有相似傾向，但未達統計上顯著水準。

三、結論

　　兒童如何分辨有意和無意的行動呢？正像大部分對「如何」（How）的認知發展問題一樣，答案是很難完全掌握、明瞭；但 Smith 和 Shultz 描述了一些分辨這二種行動的內在、外在線索，可以幫助兒童分辨：假設一個結果配合行爲者所表達的意圖，如果行動者看起來像是試著要達到它，也肯定想要的結果，而當結果出現時，他看起來並不失望、驚訝或困惑——那可能就是故意的。一個人有意或無意的行爲，會在內心引起不一樣的思想和感覺——即非常不同的「後設認知經驗」（metacognitive experience）。

陸、思考（Thought）

　　社會認知具體而言就是在觀察、推論深藏在個人內心的事項（特別是心理的），那麼思考在此扮演一個機制的角色。發展中的兒童在思考者（thinker）、思考（thinking）和思想（thought）的範疇中學得的情形是如何呢？大多數皆認爲是從基本、簡單的到複雜、精進的（Flavell, 1985）。

一、兒童社會思考的發展

根據 Mossler, Marvin & Greenberg（1976）的研究，此研究是讓二～六歲的兒童觀看錄影帶，影片中的重要訊息伴隨聲音訊息而呈現。影片開始，媽媽不在現場，一會兒之後再回來與兒童觀賞影片；看完之後，兒童被問及媽媽對影片中事情的了解，例如：你媽媽知道誰進入 David 的家？研究發現年齡較大的受試者能基於影片的限制，非自我中心的回答媽媽知道些什麼，不知道什麼；相反的，年齡較小的兒童似乎不具社會認知推理能力，很快的判定媽媽知道所有狀況。

另外，Flavell et al.（1968）的研究，讓受試者運用複雜、成熟的知識來玩一種策略性遊戲。在銅板遊戲（nickle and dime test）中，把二個罐子放在桌上將銅板蓋住，裡面分別是一個五分錢和一個十分錢，告訴受試者待會兒會有人來猜，並將擁有錢幣。此研究的目的在讓受試者預想對方的選擇，結果發現年齡較大的受試者呈現了豐富的思考能力，他們會站在別人的立場設想。這種複雜、層層的設想已出現在兒童的生活當中，可見，兒童逐漸了解基本的事實，那就是人們會去思考、知覺、感受別人的解釋、了解、記憶與判斷。

二、遞迴思考(recursive thinking)

例如「我認爲他知道……」或「他想我在想他……」這類迴轉、循環的思考稱之爲遞迴思考，自己可以重複運作、迴轉，創造出更複雜的結構。這種思考的特質在兒童中期就有了，持續增加到青少年期。Miller 發現在他的實驗中十一～十二歲受試者無法完全瞭解「一個迴圈」（one loop）（例如：這個男孩在想那個女孩在想他），而大部分對「二個迴圈」更無法完全了解

（例如：這個男孩在想那個女孩在想他在想她……）。

人們重視迴圈性質的思考有二個原因：

㈠遞迴思考是心智的表現，若一個人不能以別人的思維進行迴轉，就不算擁有成人水準的思想知識。

㈡許多青少年、成人的日常溝通和社會思想，似乎已支持這種特性，二人彼此分析、釐清誤會時會說：「我以爲你已經知道……」這反應出說者假設思考可以迴轉，這種假設是建立在成熟溝通者的說聽行爲上。

Shultz 強調意念的迴轉能顯現出真實的社會互動，也反應出真實的人生，這種思維的洞察是認知發展的里程碑。

柒、人際吸引發展

當人們相遇時，是什麼決定他們彼此喜不喜歡對方？這個問題一直受到廣泛討論，有從命運方面解釋的，也有從天文學符號象徵來解釋的。浪漫的人相信有股不可抗拒的力量促使他們與相愛的人相遇，但社會心理學家則從實際的觀點來看這個問題，他們發現喜歡和愛是與下列事物有密切關連的：接近、外表的吸引、相似、交換和親密。

一、接近

「接近」大概是決定是否吸引的最重要因素，兩個人住得越靠近，越有機會互動；而互動越頻繁，他們就越可能喜歡對方。相反地，兩個相隔兩地的人，不太可能相遇，也就更沒機會相互吸引。

費司汀格（Festinger）、斯契克特（Schachter）和拜克（Back）對麻省理工學院住在住宅社區的已婚學生，做了一個

接近對友誼所產生的效果之研究，發現 44％的居民對隔壁的鄰
居最和善，只有 10％的人說最好的朋友是住在同一層樓，而更
少的人是與樓上或樓下的鄰居成爲最好的朋友；在納海默
（Nahemow）和羅頓（Lawton）的研究中發現了類似的結果，
內城住宅區有 93％的居民從同一棟建築物中選擇最好的朋友。
接近所造成的效應，不只是因爲方便的因素，而是因爲和熟悉的
人、事、物在一起，我們會有安全感、舒適感，對於熟悉的人，
我們較瞭解，因此較能預測他們的行爲、想法，較爲安全，也因
此較值得喜歡。

二、外表的吸引

外表的吸引影響力之大，甚至可以左右我們對他人個性的看
法。我們通常對有吸引力的人的整體印象會較好，比如說，我們
會認爲他們比較聰明、有趣、快樂、親切、敏銳、有道德，而且
他們也被認爲是較好的配偶。

我們不但會把具吸引力的人與好的特質作連結，也會比較喜
歡他們。一個可能的原因是美麗本身就是一個正向的因素，而一
般也相信美麗具有「輻射效應」，他人美貌的光芒，增強了我們
的公共形象。

無論外表吸引的原因爲何，其造成的偏見，具有實質的影
響：(1)外表吸引人的人，在與人交談時較有說服力；(2)人們會費
較多力氣去討好長得好看的人；(3)老師在長得特別漂亮的小孩表
現出不好的行爲時，會比較仁慈，而且對他們智力和成績方面的
期望較高；(4)我們對外表貌美俊俏的人表現未達理想時，通常會
再給他們一次機會，或希望與其有第二次的互動機會。這些都給
予外表吸引人的人在生活上極大的優勢。

對外表吸引人的人偏愛的態度，幾乎全世界皆然，這也使得他們產生了自我實現預言，認爲自己是好的，是可愛的，因爲別人都這麼待他，相反地，吸引力較弱的人就認爲自己是壞的，不可愛的，因爲他們總是被如此認爲。

三、相似

　　態度、興趣、價值觀、背景和信念等方面的相似，是人際吸引的有利因素。當我們知道某人和我們的態度、興趣相似時，通常對那人就會有好感，相似的程度越高，彼此之間的吸引就越強。我們之所以對相似這點如此重視，是因爲對我們而言，讓別人同意我們的選擇與信念是很重要的，找到與自己相似的意見，會減低我們對社會情境的不確定，也會增強我們的信念與自尊。

　　然而相似要造成吸引也是有限制的，某些相似的基礎明顯要比其他相似點重要，如對衣飾喜好的相以，不如對運動、宗教等興趣的相似重要。另外相似的真實程度也許不比感覺到的相似程度那般重要，我們常以爲我們和吸引我們的人有類似的態度。有些研究指出，婚姻可能有的部分會以對相似的幻覺爲基礎，換言之，夫妻們察覺到與配偶間的相似處，常比實際上的相似處還多。

　　有人主張我們會受到與我們完全不同者的吸引，關於這樣的主張，得不到進一步的研究證實。雖然和我們完全不同的人在一起，可能會感到興奮、有趣，但這兩者之間要相互吸引，可能性極低，就長期關係來看，人們還是喜歡和自己類似的人在一起。由某些例子看來，似乎兩人彼此吸引是因爲他們的差異性，但研究顯示，他們的重要特質不是相反的，而是互補的，這些人並不是真正的不同，他們的能力與欲望互補，並達到互相滿意的地

步，互補或許只存在於兩個已有類似目標、價值觀，且願意爲對方調整自己的個體之間。

四、交換

根據吸引的獎賞原則，我們會傾向於喜歡那些我們將其與獎賞連結在一起的人，此處的獎賞指的是引起我們自己價值與信念興趣的行爲。但吸引與獎賞之間的關係不是那麼的簡單，獎賞行爲的逐漸增加對吸引的影響，要大於恆常不變的獎賞行爲所造成的影響。同樣的道理也可運用在「討厭」這個現象上，我們會比較討厭那些對我們的印象由好變壞的人，甚至比那些對我們評價一直很低的人還討厭。

吸引的獎賞原則是以交換的概念爲基礎。在社交互動中，兩個人彼此交換不同的物品和資源，在每一次的交換行爲中，都牽涉了獎賞與花費，只要雙方發現他們的互動中獎賞多於花費，他們的交換就會繼續。

交換只有在平等的狀態下才有吸引力，當其中的一人得到的與另一個人得到的相當時，他們的關係就是以平等爲基礎；當交換持續呈現不公平時，付出較多的人會感到被欺騙，而收到較多的人則會有罪惡感，如此造成的痛苦與不舒適感，會將原先吸引兩人在一起的因素一筆勾消。一開始互相喜歡可能是由無法控制的因素如接近和外在的吸引所造成，但若要繼續維持、發展下去，則需要靠兩方的努力，平等相待。

五、親密

社會心理學家發現，「愛」除了人際吸引外，還需以數個關鍵過程決定；在這些過程中，關係理論者對「親密」最感興趣。親密是指在與他人溝通時，所達到之真實親近與信賴的品質。當

我們與初識者聊天時，只會觸及安全、表面的話題，如：天氣、運動等等；但隨著時間累積，我們聊天的話題就會較深入、較個人化，這樣的演進顯示出彼此的信賴。

親密的溝通是以自我揭露爲基礎。我們向朋友揭露的個人經驗，是不會向陌生人透露的，這是因爲自我揭露只有在信任聽者的情況下才可能發生，而且我們會希望得到對方相等的揭露，以維持對話的平衡性，這種互相的親密讓你覺得平等，而且對於此關係感到情緒方面的滿意。另外揭露的步調也很重要，若其中一方一下子揭露太多，而另一方尚未做好心理準備，他就可能會退縮，而對話也無法持續。

捌、道德發展（Moral development）

這一部分主要談的是兒童的道德發展。道德發展是指在社會化過程中，個體隨著年齡的增加，逐漸學到是非判斷標準，以及按該標準去表現道德行爲的歷程。準此而論，道德含有兩種意義：其一是屬於「知」的道德，即對是非善惡事理的判斷；另一是屬於「行」的道德，即對道德理念的具體實踐。所以道德發展可由兩層面來討論，一是認知的層面，另一則是行爲的層面。道德發展的認知層面是經由兒童認知結構的改變，來幫助兒童做道德判斷，兒童因而會根據自己的判斷以決定該做的行爲；道德發展的行爲層面則以社會學習的觀點出發，兒童經由觀察、模仿的方式學習到應該做的行爲或不應做的行爲。以下分別探討：

一、道德認知發展理論

㈠皮亞傑的道德發展說：

皮亞傑採用觀察實驗方法研究兒童道德認知發展，在探討兒

童的道德發展時，基本上以道德的現實主義（moral realism）
爲出發點，因此他認爲一個人的道德發展必須經過無律、他律及
自律三個階段，循序漸進發展而來的，説明如下：

第一、無律階段（stage of anomy）：初生～五歲以前。兒
童的行爲表現純粹是知覺與動作的反應，只有個人的行爲而無團
體規約，完全以自我中心的行爲表現，無是非善惡判斷能力。

第二、他律（stage of heteronomy）：此時期大約出現在
五～八歲之間，以學前兒童居多數。此時期兒童對道德的看法是
遵守規範，服從權威者就是對的，他們對行爲對錯的判斷，只重
視行爲後果（打破杯子是壞事），不考慮行爲意向，故稱之爲道
德現實主義（moral realism）。

第三，自律階段（stage of autonomy）：自律道德始自
八、九歲之後，約小學中年級。此時期的兒童不再盲目服從權
威，他們開始認識到道德規範的相對性，同樣的行爲，是對是
錯，除看行爲後果之外，也要考慮當事人的動機，故稱爲道德相
對主義（moral relativism）。

雖然皮亞傑認爲兒童的道德發展必須經歷三個階段，但是他
並不認爲兒童的道德判斷是截然畫分的。八～十歲之前，傾向於
利用他人的觀點或權威法則作爲行事的準則；隨著年齡的增長，
他律的觀點逐漸減少，代之自律的態度，開始以自己的看法來判
斷行爲的好壞；當發展到自律的道德觀時，仍會用他律的觀點來
作爲行爲的準則，僅使用比率降低罷了。且一個人在發展過程中
所在的文化環境，所擁有的社會經驗與所遭遇的道德問題，都會
影響到其使用「自律」或「他律」的觀點來判定事情，年齡並非
唯一的因素。

㈡柯柏格的道德發展階段說——三期六段論

繼皮亞傑之後，採認知發展取向研究道德發展提出系統理論者，乃美國哈佛大學的柯柏格（Lawrence Kohlberg, 1927－1981）。柯柏格根據皮亞傑的觀點發展出三期六段論的道德認知發展論，以解釋個體由出生到青少年時期的道德發展。

1.道德成規前期（preconventional level）

道德成規前期是指幼兒尚未習得一般人所認同的規範階段，這時期的幼兒仍不瞭解規範的意義，依事件的結果來判定行為的好壞。此層次又分為二階段：

⑴避罰服從導向

這時期幼兒尚無規範的概念，行為的結果是決定行為好壞的唯一因素，此階段最重要特徵乃服從權威，避免懲罰。

⑵相對功利取向

行為的好壞按行為結果帶來的賞罰而定，得賞者為是，受罰者為非，自己並沒有主觀的是非標準。

2.道德循規期（conventional level）

大約出現在小學中年級以上，一直到青年、成年，此一時期的特徵是個人由了解和認識團體規範，進而接受、支持並實踐規範。此時期又分為二階段：

⑴尋求認可導向

這個階段的兒童則開始領略到別人對自己的期望，也領悟到當「好孩子」或「大家所同意的人」是非常重要的，因此孩子開始學著去調節自己的行為以期成為大家心目中的好孩子，期望獲得別人的讚許。

⑵順從權威導向

　　兒童開始體會到社會是一個整體，而每個人都要遵守社會規範以維持社會的和諧，因此，遵守法律、盡個人應盡的義務是每個人都要擔負的社會責任，此時服從團體規範、嚴守公定秩序、尊重法律權威、判斷是非時有了法制觀念。

　　3.道德自律期

　　道德自律期或稱道德成規後期，指個人思想行為發展到超越現實道德規範的約束，達到完全獨立自律的境界，年齡上至少要到青年期人格成熟之後，始能達此境界；事實上，道德自律是理想境界，即使到了成年，僅少數能達此境界。此一時期也分為下列二個階段：

　　⑴法制觀念導向

　　有強烈的責任心、義務感，尊重法制但不囿於法條，相信法律是為了大眾公益而制定的，大家應該遵守。

　　⑵道德觀念的建立

　　有其個人的人生哲學，對是非善惡有其獨立的價值標準，對事有所為有所不為，其取決不以現實的規範為限。

二、道德推理、道德情感、道德行為（賴保禎等，民78）

　　嚴格說來，柯柏格的道德發展理論僅說明了個體道德推理能力（moral reasoning）的發展，也就是說，個體在回答道德兩難的問題時，僅說明個體是如何思考道德問題，並不能代表道德行為。道德行為產生的原因很多，道德推理能力僅僅是其中的一項因素罷了，除了道德推理以外，道德情感也十分重要，道德情感是指個人的良心。由於決定個體道德行為的因素很多，因此Rest將柯柏格的理論加以擴充以預估個體的道德行為，他認為道德行為由四種成分組成：

㈠解釋情境。

㈡選取合乎道德的行爲。

㈢在道德與非道德的行爲中作一抉擇。

㈣完成想做的行爲。

　　Rest 的理論包括了道德推理、道德情感和道德行爲之間的關係，而這四個成分之間存在著明顯的互動作用，一個成分改變可能牽扯到其他三個成分的變化。由此可見，道德行爲是相當複雜的，很難由單一因素來預估其變化。

三、利社會行爲的發展

　　前面談到道德發展的理論，以皮亞傑和柯柏格的道德認知理論爲主。根據他們的說法，道德的發展是以認知發展爲主，個體的認知發展必先達到某一層次才有相對層次的道德發展；且道德發展是以道德推理能力爲基準，個體必先有道德推理能力，然後才會有相當程度的道德行爲。

　　一個人光有道德認知的基礎是不夠的，單純的道德認知並不足以表示其道德行爲。道德行爲的發展大致分爲二部分：一是消極地不做被禁止的行爲；二是積極地去做合乎社會利益的行爲——即利社會行爲（ prosocial behaviors ）。以下我們將探討兒童利社會行爲的發展。

　　近來，利社會行爲（ prosocial behavior ）的研究逐漸受到重視，因爲利社會行爲是積極的社會行爲，也是道德行爲的具體表現。在中國，向來視利社會行爲是一項美德，如：「人飢己飢，人溺己溺；殺身成仁，捨身取義，濟弱扶傾……」等行爲，常爲人所讚頌。而今日的社會，處處可見自私自利，唯利是圖的反向行爲，令人感嘆；因此，利社會行爲的培養不容忽視。

㈠利社會行為（Prosocial behavior）的意義

根據 Eisenberg & Mussen（1989）對利社會所下的定義：利社會行為是一種有益於他人或團體的行為，行為者並不要求外在的酬賞，並且這些行為可能要付出某些代價或做某些犧牲、冒險才能達成的。一般利社會行為的型態可包含以下幾種：分享（sharing）、合作（cooperation）、捐贈（donate）、同情（sympathy）、利他（altruism）等行為。

㈡有關利社會行為的研究

Zahn & Radke（1982）曾進行有關幼兒的利社會行為研究，研究資料發現：

1. 年紀較小組（二十個月以下）對他人苦惱的常見反應措施為：哭叫、焦急或自己跟著抽抽噎噎地哭，只有極少數表現如：觸摸、輕拍、或拿東西給當事人的利社會行為。

2. 年齡稍大組（二十～三十個月）約三分之一幼兒曾表現利社會行為，如寬慰（「你會沒事的，安心」）、打抱不平（去打攻擊者）、送東西等。從上述的研究可清楚看出：三歲以下幼兒已能表現出某種形式的利社會行為。

利社會行為（prosocial behavior）的發展往往和個體本身能否站在別人的立場、替別人著想的能力有正相關（Feshbach 1978; Hoffman, 1978; Eisenberg & Mussen 1989; Zimmerman, 1982）。一般說來，如果個體越能體認對方所處的情境，感覺出他人在這情境的窘況，越能表現出安慰、幫助、分享等行為來，而這種角色取替能力和年齡有很大關係，因此，年齡和利社會行為的發展息息相關。除了替人著想的能力之外，影響利社會行為還有其他的情境因素或個人因素。

㈢培養利社會行為的計畫

　　一些心理學家認為利社會行為和其他社會行為的養成是一樣的，人際間的互動因素是兒童社會化過程中最重要的因素。兒童透過對利社會行為的觀察和模仿，學會了利社會行為；透過重要他人的角色和認同，潛化了利社會情感；成人角色的獎賞與鼓勵，積極鼓勵兒童主動的利社會行為（Berman, 1987）。社會學習策略對使用權威取向的六、七歲兒童，是有積極正向的效果（Eisenberg & Mussen, 1989）。

　　而年齡愈大的兒童，及至十歲左右已慢慢在利社會推理判斷具有了他人的觀點、知覺、社會觀點取代能力，他們的利社會行為已脫離外在酬賞為導向階段，使用較高推理判斷取向來增進利社會行為（Peterson, 1983）。因此，認知發展論者認為一個具有同理心、他人觀點角色取替能力的兒童，可利用認知技巧的訓練，來增進利社會行為發展以及利社會推理判斷成熟（Rushton, 1976）；認知技巧訓練包括：對他人觀點的覺察、角色取替技巧、人際問題解決技巧、道德推理訓練……等，對一個具有成熟認知能力的兒童，會有明顯的效果，而對一個未具有成熟認知者，則較不易收效。因此，對不同年齡，不同認知能力的兒童，採用不同的學習策略，方能達到訓練效果，符合個別差異、個別需求原則（林維芬，民 80）。

玖、結論（參閱圖 5-3）

　　一、個人必須經過社會化過程，才能由一個「自然人」變成一個「社會人」，建立良好自我概念，增進了解他人，健全人格基礎。

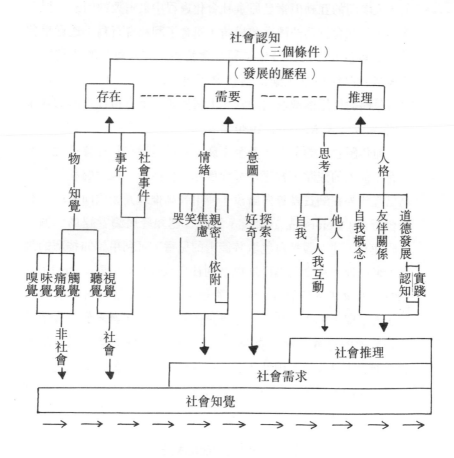

圖5-3 社會認知發展模式架構

　　二、社會認知發展歷程的基本重點、轉換的焦點都是從具體到抽象——從可觀察的、當時、當地的特徵與行為，到可推測的、基本的特性、人格特質。

　　三、不同年齡層的兒童，他們所認識的「社會世界」的內涵，充分反映出其社會認知結構與認知功能的不同。皮亞傑和Selman 先後肯定的認為：社會認知的形式是經過一連串不同階段的演變，而每一階段中，都有不同的認知發展結構。

　　四、兒童自我中心的思維型式不同於成人的利己主義。兒童因未具角色取替能力，不會設身處地的思考他人觀點，兒童許多錯誤的社會行為，乃是源於社會認知未臻成熟，而非道德上的邪惡行為。感同深受他人心理狀態的「同理心」，由於需要足夠的認知狀態技巧，嬰兒不能對他人產生「同理心」，將不同於「能夠」同理卻「不願」同理他人的情況。

　　五、雖然一再強調年齡是重要因素，且達到某種認知水準可能有某種行為，需聲明的是認知是行為的必要條件而非充分條件，達到某一水準，並不保證就具有某種的反應，只是「可能有」，也就是除非人有認知過程上的準備來統合其他人的反應，否則無法取替他人觀點。

　　六、藉社會劇遊戲、良好的依附關係發展、社會技巧訓練的策略和活動，可以培育兒童的角色取替能力，引導兒童進入比較積極的社會世界。

　　七、兒童不是成人的縮影，勿以成人的眼光或標準來衡量兒童的社會行為，應重視兒童的心理發展。娃娃看天下，他們有自己的世界，給他們一個快樂、無暇的天空。

　　八、兒童社會認知領域之研究逐漸受到重視，是必然的趨勢。

【參考文獻】

丁心平（民 78）：陌生情境下嬰兒之行爲及其依附類型之研究。師大家政研究所碩士論文。

呂翠夏（民 77）：兒童的社會發展──策略與活動。台北：桂冠書局。

章淑婷（民 80）：兒童的社會認知世界。幼兒教育年刊，4期。台中師院。

王鐘和編譯（民 75）：兒童發展（上）（下）。台北：大洋出版社。

何秋蘭（民 82）：從社會認知談幼兒的分類技能。國教天地，98 期，51–55 頁。屏東師院。

江麗莉（民 77）：兒童角色取替能力之發展。台灣省市立師範學院七十六學年度兒童發展與輔導學術討論會論文集，326–339 頁。省立台南師範學院。

林維芬（民 80）：年級與學習策略對國小兒童利社會行爲及利社會道德推理之影響。國立台灣師範大學教育心理與輔導研究所碩士論文。

徐綺穗（民 79）：角色取替能力、溝通能力與幼兒同儕地位關係之研究。國立師範大學家政教育研究所碩士論文。

陳玲玲（民 80）：兒童友伴選擇、友誼概念與友誼知覺之相關研究。國立台灣師範大學家政教育研究所碩士論文。

曾端真（民 80）：德哈二氏自我瞭解發展模式在中國文化中的驗證及其在評估認知治療效果上之應用。國立台灣師範大學教育心理與輔導研究博士論文。

蘇建文等（民 80）：發展心理學。台北：心理出版社。

賴保禎（民 79）：發展心理學。國立空中大學用書。

謝水南（民 64）：兒童角色取替能力的發展。國立台灣師範大學教育研究所集刊，18 期，25–82 頁。

張春興（民 79）：現代心理學。台北：東華書局。

張春興（民 79）：從情緒發展理論的演變論情意教育。國立台灣師範大學教育心理學報，23 期，1–12 頁。

Flavell, J. H. (1985). *Cognitiue Development.* N. J.：Prentice-Hall.

Maccoby, E. E. (1980). *Social Development: Psychological Growth and the Parent-Child Relationship.* New York：Harcourt Brace Jovanovich, Inc.

Schaffer, D. R. (1985). *Development Psychology: Theory and Application.* CA: Brooks/Cole Publishing Company.

V字作業量表

社會認知

一、知識：

　　1. 良好的社會認知概念，起源於良好的家庭教育。

　　2. 嬰兒期的 baby 雖然不能言語，但已能與周遭的環境有所互動（包括人、事、物）。

　　3. 社會認知的概念是隨年齡不斷增加的。

　　4. 個體在與他人互動時，不斷地自我調適，發展良好的社會認知，終於達成人羣和諧並存。

二、參考書目：

陳李綱（民 81）：認知發展與輔導。台北：心理出版社。

張春興（民 79）：現代心理學。台北：東華書局。

盧素碧（民 82）：幼兒的發展與輔導。台北：文景書局。

蘇建文等（民 81）：發展心理學。台北：心理出版社。

三、建構圖：

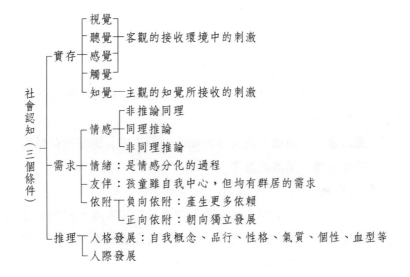

社會認知（三個條件）
- 實存
  - 視覺
  - 聽覺 ─ 客觀的接收環境中的刺激
  - 感覺
  - 觸覺
  - 知覺 ─ 主觀的知覺所接收的刺激
- 需求
  - 情感
    - 非推論同理
    - 同理推論
    - 非同理推論
  - 情緒：是情感分化的過程
  - 友伴：孩童雖自我中心，但均有群居的需求
  - 依附
    - 負向依附：產生更多依賴
    - 正向依附：朝向獨立發展
- 推理
  - 人格發展：自我概念、品行、性格、氣質、個性、血型等
  - 人際發展

四、重要概念：

1.社會依附（social attachment）：係指嬰兒與照顧者之間所建立的感情聯結。

2.情緒：指激動狀態較強烈者，內容指生理變化及外顯反應，範圍較窄、較客觀且易被觀察。

情感：指激動狀態較溫和者，內容偏向主觀的心理感受之描述，其範圍較大。

3.遞迴思考：例如「我認為他知道……」或「他想我在想他……」這類迴轉、循環的思考。

五、原理原則：

1.社會認知以人羣和人羣相關事物為其認知客體，我們主要觀察和推論深藏在個人內在的事項，也嘗試定義人際間心理特質和思考社會團體人羣和特定個人的問題。

2.皮亞傑（Piaget）的道德發展論認為一個人的道德發展須經過無律、他律及自律三個階段，循序漸近發展而來。

3.依附行為最重要的影響人是「母親」。

4.「安全感」的滿足方可促使兒童獨立發展。

六、結論：

1.個人經過大環境的影響，透過社會化的過程，方能由一個「自然人」成為「社會人」，達成自我概念之建立，終而有良好的社會適應。

2.社會認知的發展歷程隨著年齡的增長，由具體到抽象。

3.兒童的社會認知發展未臻成熟時，其觀點與成人是不同的，故有時表現出是非不明或黑白不分，大人不可以成人世界中的標準予以判斷。

　　4. 兒童的社會認知是否能客觀持平發展，端看其成長過程中與環境的接觸而定，若其成長過程中盡是黑暗、暴力、不安全，則長大成人後，他也絕看不到社會、人生的光明面，故提供給下一代正面、鼓勵、積極、有希望的社會認知觀點是絕對必須的。

七、心得：

　　1. 對孩子的教導，老師的「風箏論」我很贊同，只是在拉與放的拿捏分寸，看各自的修爲了。多數中國父母只曉得拉，卻捨不得放，小時還好，大時就如斷了線的風箏，再也無法掌握！孩子的發展自小就得給予「成長、發展」的空間。

　　2. 明知親職教育重要，也知道母親是孩子生長過程中重要的支柱，然而身爲「現代婦女」的我們，既要兼顧工作崗位的角色，又要扮演好爲人妻、爲人母的角色，有時實在是「辛苦」，失控的情緒、突發的脾氣，常使得平日的努力付之東流！先調整好自己是必須的重要課題。

　　3. 現代兒童多半有「豐富的物質」，卻少有「溫厚的心靈」，在其社會認知發展過程中，若能教導其「惜福、感謝」之心，相信未來的社會將更好！

記憶力發展

■流程圖

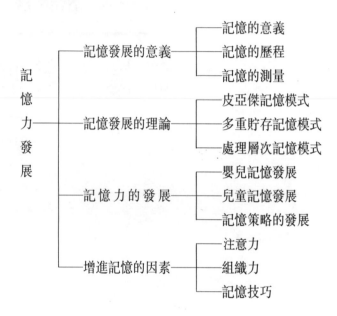

記　　　　　　記憶發展的意義 ── 記憶的意義
憶　　　　　　　　　　　　　── 記憶的歷程
力　　　　　　　　　　　　　── 記憶的測量
發
展　　　　　　記憶發展的理論 ── 皮亞傑記憶模式
　　　　　　　　　　　　　── 多重貯存記憶模式
　　　　　　　　　　　　　── 處理層次記憶模式

　　　　　　　記憶力的發展 ── 嬰兒記憶發展
　　　　　　　　　　　　　── 兒童記憶發展
　　　　　　　　　　　　　── 記憶策略的發展

　　　　　　　增進記憶的因素 ── 注意力
　　　　　　　　　　　　　── 組織力
　　　　　　　　　　　　　── 記憶技巧

第一節　記憶發展的意義

壹、記憶的意義

一、記憶與認知發展

　　記憶與認知的關係密切，根據皮亞傑派觀點，他們將記憶從廣義及狹義兩方面來界定，廣義的記憶係指個人根據過去經驗或認知基模而瞭解周遭世界的事物，記憶是認知結構的型態及認知發展的結果。狹義的記憶係指個人對有關記憶活動的回憶、再認、及再結構能力。

二、記憶與學習保留

　　心理學家通常把學習視爲行爲或認知改變的歷程，此歷程是中介歷程，行爲或認知產生與否無法直接測量，只有靠外在表現或外在反應來推測，而記憶就是學習表現的表徵，記憶就是學習的保留。

三、記憶與認知歷程

　　訊息處理論將記憶視爲知識的儲存的歷程，其中包括知識的編碼、知識的貯存，知識的檢索及解碼等歷程。記憶的種類有三種：即感覺記憶（sensory memory）、短期記憶（short-term memory）、及長期記憶（long-term memory）。感覺記憶是個人靠視、聽、味、嗅等感覺器官，感應到刺激時所引起的短暫記憶。短期記憶是經感官記憶注意而能保留到幾秒內的記憶。長期記憶是能從短期記憶中傳達訊息而保留較長或永久的記憶。

　　訊息處理理論對記憶歷程的探討有兩種模式，一種是從多重儲存模式說明記憶的儲存歷程，另一種是從處理程度說明記憶的運作歷程。記憶的處理層次模式將記憶視爲認知的處理歷程。記憶可從處理程度而分爲語意的記憶（semantic memory）和非語意記憶（nonsematic memory），語意的記憶是指個人對事物的記憶，並非記住事物本身的表面特徵，而是記住該事物所蘊涵的意義。非語意記憶是指個人對事物的記憶，只記住事物本身的外在表徵。

貳、記憶的歷程

　　訊息處理論從認知歷程解釋記憶，將記憶歷程分成編碼（encoding）、儲存（storage）、及檢索（retrieval）三個，以下將敍述每一個次歷程的意義。（見圖6－1所示）

一、編碼

　　編碼（encoding），指個體在訊息處理時，經由心理運作，將外在刺激的物理特徵（如聲音、形狀、顏色等等），轉換成另一種抽象的形式，以便在記憶中貯存並備供以後取用的心理表徵（mental representation）。所謂心理表徵，亦即經心理運作，

將外在世界的物理特徵，轉爲心理事件，以便處理與記憶的歷程。例如：在學習與記憶事物時，用抽象的文字或符號代表具體事物，以便在心理上作處理，就是心理表徵。再如：在學習文字時，按單字之形狀、聲音、意義，分別編成意識中的形碼、聲碼、意碼，以便於心理上運作處理，也是心理表徵。

二、儲存

儲存，指將業經編碼的訊息，留存在記憶中，以備必要時可檢索之用。儲存可長可短，端視記憶類別而定。目前，一般咸認，學習後訊息之貯存與中樞神經有關；而不同性質之訊息（如屬視覺、聽覺、味覺等不同訊息），又與大腦皮質之各部位功能有關。

三、檢索

檢索（retrieval），指在必要時將貯存在記憶中的訊息取出應用的心理歷程。檢索時，將編碼後貯存在記憶中的訊息，再經過心理運作的解碼（decoding）過程，使之還原爲編碼以前的形式，並表現於外顯行爲。

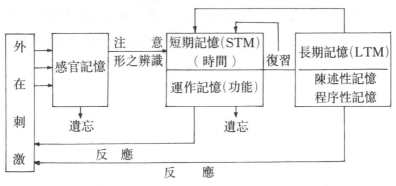

圖6-1 訊息處理中的記憶模式

叁、記憶的測量

一、測量方法

測量記憶的方法有很多種，其中最爲常用的方法有以下三種：

㈠回憶法

回憶法（recall method）是測量記憶最常用一種方法。此法可用於測量短期記憶。例如：實驗者先說一個數字（如電話號碼），接著由受試者立即複述，就是回憶法。回憶法也可用於測量長期記憶，學校裡一般採用的論述式題目測量學得知識的方法，在性質上就是回憶法。在實際使用上，回憶法又可分爲兩類型：其中一種叫做自由回憶法（free recall method），對所回憶的資料，在次序上不加限制；另一種叫序列回憶法（serial recall method），規定按一定程序回憶學得的資料。以回憶一個學生名單爲例，如只要求記得幾個人的名字。而不計其前後順序者，即爲自由回憶法；如要求記得名字之外，還須按照原有順序，就是序列回憶法。回憶法的目的在於要將以前所學過的東西重新表現出來，故而亦稱再現法或再生法（reproduction method）。

㈡再認法

再認法或稱辨認法（recognition），也是常用的方法之一。再認法所要測量的是學習的經驗是否「認得」，認得未必能記得。一切測驗或考卷中的是非題與選擇題，在性質上，均屬以再認法測量學過的知識。再認法的優點是，使用時省時簡便，可用於前述三種不用的記憶類型；尤其在回憶法無法使用時，再認法

仍用可來測量記憶、因爲，如果在學習時練習程度不夠，或學得的經驗爲時已久，記憶模糊的情況之下，回憶法就不適於使用。

㈢再學習法

再學習法（relearning）也稱爲節省法（saving method）。因爲再學習法用起來耗時費力，故而較少使用。採用此法時，要受試者重新學習以前學過材料，而達到初次學到時同樣熟練的程度。使用再學習法時，分數的計算，按以下公式：

$$節省的百分數 = \frac{（初學習練習次數）-（再學習練習次數）}{初學習練習次數} \times 100$$

二、測量變項

㈠記憶廣度及記憶程度

記憶廣度（memory span）是指個人對學習材料的記憶容量。一般人記憶數字的容量能記住7±2個單元串數。

記憶程度（memory level）是指個人對材料的記憶深度，是只記住材料的表面特徵或材料的內涵意義或情節等。

㈡記憶時間

記憶的保留時間長短，分爲感覺記憶、短期記憶和長期記憶，感覺記憶記憶時間是瞬間，約幾分之一秒。短期記憶可保留幾秒內，而長期記憶時間可維持分、時日數，甚至永久期間。

第二節　記憶發展的理論

有關記憶發展的理論可從兩個向度來探討，一者是從記憶發展現象與年齡關係來研究，以皮亞傑的記憶理論模式爲代表。一者是以記憶發展的歷程來探討，其中又分爲兩類，一類是從多重

貯存模式說明記憶發展的歷程，另一類則是從記憶的運作層次來探討記憶發展的歷程。以下將分別介紹三種理論的特色及相關研究。

壹、皮亞傑派的記憶模式

一、皮亞傑論對記憶的看法

根據皮亞傑對記憶的觀點，記憶並不僅單純將刺激事件原始地呈現，而是個體對事件的解釋及重建。我們可以將此記憶的觀點比喻爲印象派畫家對現實世界的描寫，依個人的看法來解釋這幅畫代表什麼。而這又牽涉到發展的因素，因爲對刺激事件的建造是根據一個人知識的程度或者是個人知覺現實所採用的方式，因此在認知結構上與階段性有關的改變會使個人對現實的知覺有所改變，也就是說記憶的產物也會隨著年齡增長而改變。

皮亞傑認爲記憶會經時間而改善，並不是如對長期記憶的傳統觀點所預測的——記憶會因時間太久而變得差些；而是個人對過去事件的特別記憶會隨時間而記得更好。例如小孩對一組序列的筷子，無法在短期記憶內將筷子按次序回憶出來，但是經過稍後的一段時間，他們就可以回憶出原始排列的連續筷子的順序。

爲解釋此現象，皮亞傑和殷海德（Piaget & Inhelder）將記憶的定義分爲廣義與狹義兩方面做說明：

㈠廣義的記憶

廣義的記憶是指個體了解他（她）周圍的世界奠基於過去的經驗。這反映出認知基模的運作即心理運作成分。因此從廣義觀點而言，記憶是認知結構的型態。記憶的基模只有當它們被用來對過去發生事物的特徵能夠充分理解時才能與認知的基模做區

別。因爲認知的結構被認爲會隨年齡而產生改變，小孩的記憶也會隨年齡而改變——小孩子運作的層次會影響他們對過去事件的了解方式。

（二）狹義的記憶

狹義的記憶是指有關記憶活動的產物或是對於事物的再收集，這是屬於較傳統的說法。此觀點將記憶視爲表徵成分以及對現實的建造、解釋。狹義的記憶包括知覺、模仿、意像以及被視爲記憶痕跡的再現。

（三）廣義與狹義記憶之間的關係

對於記憶表徵性的成分這觀點無法排除心理運思成分而獨立存在。物體和東西是經同化作用併入認知的基模而得知它們，這些認知基模幫助我們記憶外界事物。也就是說我們記得某件東西是依賴認知基模及其心理運作。譬如，嬰兒與較大兒童記得奶瓶所運作的層次不同，嬰兒對物體的認識採用感覺與動作的基模，將它同化於嬰兒原來習慣的動作基模裡（如抓、握、吸、吮……）。靠應用基模嬰兒才能認得物體，如採用適應的基模，嬰兒才能把奶瓶與其他物體做區別。而較大的兒童能利用已擴大的基模及操作，他們能在心裡自然地表現出與物體相關的動作來（如假裝模仿喝奶瓶的動作），最後還能保留物體與物體之間所存在的複雜關係（他們知道不管奶瓶方向如何，瓶中的液體仍與水平線保持平行狀態）。因此認得一個物體與我們如何應用運作的層次有很大的關係。

從以上所知，皮亞傑對記憶的觀點，認爲記憶並非是對現實精確無誤的複製，如照相機完整地將畫面拍攝保留下來；而是個人對事件的解釋方式，而這牽涉到記憶中心理運作性成分。

二、記憶發展的相關研究

相據皮亞傑與多位學者（Piaget & Inhelder, 1973, Inhelder, 1969）的研究顯示：兒童對過去事件的回憶隨年齡的增加而增進。亦即，記憶的表現隨著心理運思階層的發展而有所增進，但是，沒有運思成分的記憶訊息，卻會隨著時間而有退化現象。

㈠記憶發展隨著年齡增加而增進

皮亞傑和殷海德（Piaget & Inhelder, 1973a）以三歲到八歲的兒童爲對象，先讓兒童記憶由十根不等長木棒依長短順序排列而成的圖案；然後在一週後和六至八個月後，要求這些兒童就他們記憶中所看到的畫出木棒，以評估他們回憶的情形是屬於那種記憶階層。皮亞傑將兒童的記憶發展分成四個階段，即前運思期、過度期，經驗的序列期，及運思的序列期。前運思期兒童沒有序列概念。過渡期兒童可將木棒按長短順序排列，但是是以成捆的木棒互比長短，經驗的序列期兒童會透過嘗試錯誤練習而有序列概念，運思的序列期兒童已有清楚的序列概念。從研究的結果發現：

（1）大多數前運思期兒童在回憶時無法有序列觀念，過渡期兒童回憶時開始有序列觀念；至於運思期兒童則有明顯的序列觀念。

（2）就一週後和六至八個月後的回憶結果比較，發現三、四歲兒童有74%在六至八月後的回憶還優於在一週後回憶。五至八歲組兒童則90%隨著時間增加而有進步。由此說明年齡愈大，記憶的長期增進愈明顯。

㈡記憶發展隨著回憶時間增加，而有遺忘現象

Liben（1975）以幼稚園兒童爲對象，利用線索回憶方式測

量兒童的記憶發展。主試先讓兒童看一些圖片，經過一段時間後，再呈現與圖片具有相同特徵的運思性與非運思性圖片，要求兒童就過去他們所看過的圖畫，完成這些圖畫。研究結果發現：幼稚園兒童對運思性特徵的圖片記憶量較多而對非運思性特徵的圖片記憶量減少。由此說明，幼稚園兒童的記憶發展隨著年齡增加，對具有心理運作的記憶材料的回憶量有增進的現象，但對於沒有運思性材料則回憶量會隨著時間增加而有退化現象。

以上的研究，由於測量記憶的方式及變項不一致，因此記憶發展與年齡的關係是正向或負向的關係，至今未有定論。但是皮亞傑論對記憶發展的觀點，一直深信運思性思考是產生長期記憶的重要因素。兒童要具備序列關係的概念後，才具有序列關係的回憶能力。所以，皮亞傑認為記憶的發展會隨著成熟及年齡增加而有所改變。

貳、多重貯存記憶模式的記憶觀

多重貯存記憶模式認為人類的記憶系統可分成三個階段：
1.感覺記憶，2.短期記憶，及3.長期記憶。

外界的刺激首先進入感覺貯存區，此區保留了大量有關感覺（即物理屬性）的訊息，如光、線條、音量等。諸如浮光掠影，視覺暫留現象即屬之，貯存時間不超過一秒鐘，若超過則會消失或被其他新的訊息所取代。

接著，如果進入感覺貯存區的訊息被我們所認知了，就會進入第二區：短期貯存區。而值得一提的是，有些訊息會直接從感覺貯存區跳至長期貯存區，這種過程叫「形的辨識」。譬如我們過去經驗到 °8° 就代表味全公司，以後我們一看到 °8°，就馬上

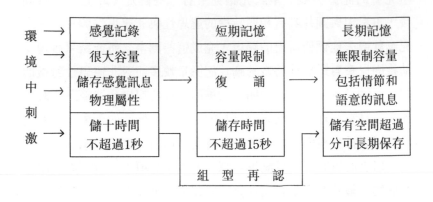

圖6-2　多重貯存記憶模式

會跳到長期貯存區去拿「味全公司」，而把 ⁰°° 看成味全公司的同義形。

　　第二區：短期貯存區的容量十分有限。同一個時間約只能貯存七個（加減二）個單位的訊息。這裏所指的單位並非訊息單位：比特（Bit）。因為如果短期貯存區的容量是七比特，當實驗者使用一系列英文字母加以測量記憶廣度時，受試者最多只有兩個字母的記憶廣度。這是因為如果每一個英文字母有相同出現的可能性，一個英文字母就有將近五個單位的訊息（$\log_2 26$），然而，使用英文字母的系列以測量記憶廣度的結果，受試者仍能正確地重複約七個英文字母。這表示短期記憶的容量，不能以訊息單位來測量。根據很多實驗結果；一個項目無論有多少單位的訊息，所測得的記憶廣度均為七個項目左右。因此，短期記憶的

容量不應以訊息單位計算，而應以貯存在長期記憶的項目單位來計算。

　　短期貯存保留的時間只有十五秒，但是如果我們一直重複這個訊息，那麼它就會無限地被保留下來。舉個例子來說，我們記電話號碼，這號碼是我們經過辨別、認知的，所以不同於其他的數字。我們記數字有一定的限制量，最多大約不會超過十個數字（包括區域號碼），如果我們不一直不斷地重複記誦的話，就很快忘記。

　　如果短期貯存區的訊息進入長期貯存區，那麼可能永久地保保存下來。長期貯存區沒有容量的限制，可以長期或甚至永久地保存資料，只不過我們還是有可能忘記這些資料，因爲我們無法拿出來。爲什麼呢？有可能是因爲干擾，譬如回想某人的名字却被其他人的名字所妨礙；亦或是搜尋的線索消失了，譬如想不起一個人的名字開頭（姓什麼或第一個字母爲何？）。

　　長期貯存包括了多種類的資料，這裡提出較值得注意的兩種：一是情節資料（episodic information），一是語意資料（semantic information）。根據張氏心理學辭典的解釋，情節資料是指對特殊事物或特殊情境事物的記憶，帶有時間空間的特徵，不是普通的概念，而是具體的事實。譬如想起高中畢業典禮，腦子裏所浮現的景象，人、事、物歷歷在目即屬之。而語意資料即指一些對事物的印象。所記的並非是事物的表面特徵，而是它所蘊涵的意義。如雨天空中傳來巨響，就會記起那是雷聲，雷聲所代表的意義長期存意識裏，以後遇類似的聲音即可供參照比較，所以語意資料又叫參照資料，另外，語意資料又可叫世界知識（world knowledge）。

其實，多重貯存模式不只包括三個貯存區，而是一連串訊息轉譯的過程。Atkison 和 Shiffrin 把它叫做控制處理，因為他們控制了整個訊息的流動。它的重要在於①他們大多能自動地運作，譬如說為了記住某樣東西（long-term store），就會自然地注意它（sensory store），②主宰了訊息的譯碼、操作和取用。

一、感覺記憶的發展

廣義的記憶過程包括獲得訊息，貯存訊息與運用訊息的歷程，而訊息的獲得多本依賴感覺器官，如眼睛、耳朵等，這是最基本的記憶歷程，也是最立即的知覺貯存，我們稱之為感官收錄，又叫感官記憶（sensary memory），詳細的說它是指個體感官接受刺激所引起的短暫記憶，感官記憶只發生在感官層面，如不加注意瞬即消失，又稱感官訊息貯存（sensory information store SIS），總之，感官記憶是在訊息處理過程中，在尚未輸送到短期記憶之前的暫時記憶。

㈠感覺訊息的選擇

任何一個時刻，環境所提供的訊息幾乎是無限的多，我們究竟如可選擇其中一部分訊息，而忽略其餘的訊息？這是有關「注意」（attention）的問題。而「注意」的問題有兩方面：第一，究竟依據刺激怎樣的屬性；我們選擇某些刺激，來注意該刺激所提供的訊息；第二，我們如何分配注意力。

1.刺激的選擇

有關刺激選擇的研究，很早就開始了，而後由英國的 Broadbent（1958）加以完成，根據他的研究結果顯示，在聽覺的實驗上其聽覺刺激的物理向度是最重要的特徵。如果聽覺刺激

在音調、音強、或説話者的聲音上有所不同,受試者就較能辨認刺激。而在視覺方面,發現視覺刺激的顏色、小大、形狀等都容易用來辨認一個刺激。

2. 注意的分配

根據研究顯示,雖然我們收錄很多訊息,但在訊息處理的某個階段,我們只能處理一部份訊息,例如 Mowbray (1935)的聽故事實驗,在這個實驗中,受試者一邊聽一個故事,一邊默讀第二個故事,從理解測驗的結果顯示,理解較差故事的分數相當於憑機會作答的水準,在這個實驗中,受式者雖然嘗試將注意力平均分配到兩個故事上,顯然當注意其中一個故事時,不得不忽略另一個故事。

關於「注意的分配」主要有兩個理論:過濾論和過濾減弱論。

過濾論 (filter theory) 是由 Broadbent 所提出的,他認為訊息處理系統中有三個主要成分:選擇性過濾器 (filter) ,容量有限的路線 (limited capacity channel) ,和偵測裝置 (detection device) 。

感覺訊息的收錄裝置可視為沒有容量上的限制,而是平行 (parallel) 接受所有訊息。而選擇性是過濾器可視為一種簡單的開關,只接受很多刺激中的一個,只有經過過濾器被選擇的刺激,才能進一步的處理;如果需要處理兩種訊息,首先處理其中之一,然後視另一種感覺訊息是否仍被貯存,才處理第二訊息。當進入偵測裝置接受進一步的處理時,主要是在分析訊息的意義,或發現與其反訊息的關係。

然而 Treisman (1964)卻認為過濾器並不像一種簡單的

「全有或全無」的開關，完全接受所注意的訊息而完全不接受没
加注意的訊息。他認爲過濾器是用來減弱無關的或不加注意的訊
息而已，因此這個理論稱爲「過濾減弱論」（filter-atteuation
theory）。換言之，不加注意的訊息接受在感覺收錄裝置中的
「前注意分析」以後，仍接受進一步的處理，僅較所注意的訊息
接受少些處理而已。

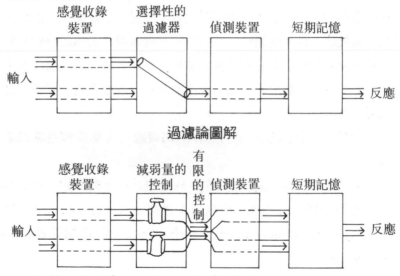

圖6-3　過濾減弱論所假設的訊息處理模式

（二）感覺訊息的貯存

　　由感覺器官收錄的訊息，首先進入感覺訊息貯存所
（sensory information store）。視覺訊息是存於影像貯存所
（iconic store），聽覺訊息是存在回音貯存所（echoic
store），大部份人類行爲以依賴視覺訊息和聽覺訊息爲主。而
感覺記憶對訊息的把握是非常短暫的，差不多是可以讓它做選擇

性的注意和更進一步在短期記憶中的辨識歷程的期間，此外，感
覺記憶所收錄的資料都是一些完全尚未組織並且是種很原形的複
印品，感覺記憶的痕跡也是非常短暫、快速的，例如視覺記憶差
不多是 0.5 到 1.0 秒的期限，而聽覺記憶則長些，爲 3.0 到 4.0 的
期間（當然這是指那些未進入更深歷程的記憶爲主。）雖然我們
平常很難察覺到感覺記憶的存在，然而它卻是確確實實的存在
著，我們也許可以藉著一些實驗來獲得證明，例如，很快的用手
臂在眼前左右的揮動一下，當手臂消失在眼前後，我們仍然可以
看見一個很微弱的手臂影像，這種微弱的影像大約出現了 0.5 秒
左右。

　　關於感覺記憶的研究，最有貢獻的首推 George Sperling
（1960）的實驗設計，他發明了「部份報告」（partial report）
和全部報告（whole report）的實驗方法來研究視覺記憶，他發
現部份報告中受試者所能正確報告的字較全部報告多了四分之
一。這個結果顯示出感覺記憶的痕跡太短是主要的限制，而不是
受試者沒有看到的原因，此外，儘管已收錄了大部分的訊息，但
感覺記憶消逝得太快了以致來不及報告出來就消退不見了，在這
裡從感覺記憶所消逝的視覺記憶系統差不多是一秒甚至更少。

　　假若我們能越快的將感覺訊息轉換到短期記憶裡，那麼我們
越能有效的處理訊息。根據研究顯示，假若將視覺影像呈現更長
的時間，那麼我們這種轉換的能力將比原來的慢了許多，同樣
的，這種比一般最適宜還要來的長的視覺痕跡也會影響到閱讀，
這是因爲影像具有潛在的干擾與混淆作用之故。

　　Sperling 在視覺記憶研究上的方法也可適用於聽覺記憶的研
究，跟視覺記憶一樣，也是部份報告的效果優於全部報告，而聽

覺記憶痕跡卻較視覺記憶來得長，約四秒左右，這是因爲每個字
音均需與下一個字音聯結成一個有意義的字，故在感覺記憶中它
就需維持較長的期限。

(三)結論

　　儘管感覺記憶很少爲人所察覺，但是它卻是很重要的，因爲
它的存在而延長了刺激，讓我們有第二次機會對重要的訊息能加
以知覺處理；所有的感覺記憶都有一些特點：(一)記憶痕跡都非常
的短暫，例如視覺是一秒或更少，而聽覺則是四秒。(二)連續刺激
的出現對那些在感覺記憶中尚未全部消褪的訊息具有干擾作用。
(三)所有感覺記憶的容量都非常巨大，對我們感覺所能感受得到的
刺激皆有做短暫的貯存，亦即能將所有刺激加以輸入。(四)感覺記
憶是一種不自主的作用，無法由個體做必要的控制。個體既無法
延長它的時間，也無法改變它的形式，而形式的呈現主要是受到
外界刺激樣式的決定，例如視覺記憶包含有外界視覺刺激的視覺
影像。(五)感覺記憶的特性，例如它的時間長度和容量，似乎有個
別差異的存在，而且在發展階上似乎也有所不同。

二、短期記憶的發展

　　外界的訊息進入人類的感官受納器，首先儲存於感覺記憶
區，此時的訊息是以其原有的物理形式存在著，它能受納原訊息
的全部，但訊息會迅即消逝。每一感官有其不同的感覺記憶，視
覺訊息的感覺記憶，可以像是一個快照，精確且完整，但是半秒
鐘內消失無形。

　　假如感覺記憶訊息消逝前付出注意的話，有一部分訊息就會
轉到短期記憶，此時的貯存可能會改變原始的感官型式，好比將
視覺呈現的字母轉化成聲音。短期記憶貯存的能力不強，但利用

技巧和方法可增長短期記憶的能力。短期記憶可被視爲意識的記憶，它能貯存個體在一刹那間所覺知的全部。短期記憶也被稱爲工作記憶，它能像心理運作方式轉化訊息到長期記憶中。

㈠痕跡時限：（ trace duration ）

　　在本世紀的二十年代，完形心理學派的學者以「 記憶痕跡 」（ memory trace ）的觀念來解釋學習、記憶與遺忘的歷程。該等學者認爲，在學習階段，因爲經過神經系統的活動，在大腦產生一種變化，留下一種痕跡，叫做記憶痕跡。學習活動時，因學習材料不同而經由不同的感覺器官收納外界訊息，因此在大腦中留下的痕跡也不相同。遺忘之所以產生，乃是由於停止練習後留下的記憶痕跡逐漸泯沒。到底人類的短期記憶痕跡的保留時限有多長呢？

　　短期記憶保留期限之研究由 Peterson & Peterson (1959)於印度安那州立大學提出。他們研究大學生在短期記憶上的表現。其實驗過程如圖 6-4 所示。

　　由結果得知，記憶保留至十八秒後已完全消失。經後來學者的研究，短期記憶的存在時長約在十到三十秒之間，但這也要視研究方法而異。主要持不同說法者有兩派：一派持記憶的消失，與訊息→回憶的間隔成正比，間隔愈長，消逝地愈多；一派持干擾論，認爲短期記憶的消逝乃由於接收訊息與回憶的過程中受到干擾之故。就 Rosner 與 Lindsay 在一九七五年的研究指出，對成人而言，接受訊息後的立即回憶是相當容易的，但如果在此過程中受到干擾，而且間隔時間超過二十秒，則回憶量會明顯降低。就兒童而言，就算間隔期間沒有干擾，一旦過了二十秒亦不復記憶，這可能因爲兒童在記憶保留策略的應用能力較爲匱乏，

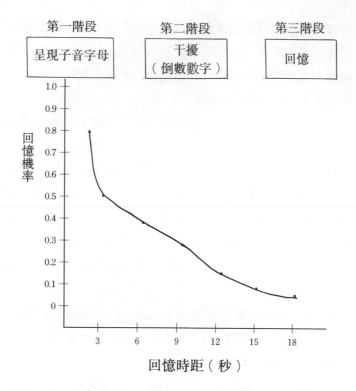

圖6-4 回憶量與回憶時距關係

如果對於未經處理的訊息反應的話，兒童與成人的痕跡時限是差不多的。

(二)記憶容量（Capacity）

　　一般而言，記憶容量是指個體在沒有運用記憶策略的情況下，所能記憶的最大量。記憶容量通常以記憶廣度的實驗測之。舉例而言：看一次下列的字母，閉上眼睛回憶出這些字母正確的排列順序。

TMFJRLB

HQCNWYPKV

SBMGXRDLT

JZNKYCA

如果你與大部份的成人類似，你可能很容易記得第一、四兩排七位數的字母；卻記不住第二、三兩排九位數的字母，類似的實驗很多，結果都顯示人們單向的記憶廣度通常在 7±2 位數之間。也就是說，人類的記憶廣度大約在 5～9 位數之間。

當然，透過經驗與技巧的練習（如復習、串節等），可以擴大記憶容量。其中串節技巧的運用，可打破許多 STM 的限制，Miller 甚至認爲，人類 STM 容量之測驗，應以串節數目爲計量單位，而非單一字母或數字。

㈢編碼（ encoding ）

編碼是將短期記憶之訊息轉化爲長期記憶的重要過程。一般而言，有三種主要的編碼形式：

1. 聽覺入碼（ acoustical codes in STM ）

這是一般學者認爲成人與年長兒童較常採用的編碼方式，持此說者認爲，當我們思考時，我們有對自己說話的傾向。（ Sperling, 1963 ）指出，人們常會因爲聽覺上的誤差而對外界產生錯誤判斷。Conrad 亦舉了兩個例子證明。他將兩組在誤差小而受試者間差異大的字母（ BCPTV; FMNSX ），讓受試者看一遍，而後要他們回憶組字母中其中六個。一個有趣的現象發生了，即遺忘部分字母時，受試者通常會以同一組的字母來代替，而不會考慮別組的字母。在這個例子中，兩組各有相同的意素，如 B／bi／、C／ci／、P／pi／、T／ti／、V／vi／；F／æf

／、M／æm／、N／æn／、S／æs／、X／æks／。這些相同的音素，造成了受試者的混淆。可見受試者是因字母發音作爲記憶的主要依據。

聽覺入碼的人會認爲：由於記憶靠聽覺入碼而來，任何事物都必須轉爲「聽碼」，也就是「聲音」，才能進入我們的記憶之中。讀書時，要把書中的描述轉化爲一種口頭敍述（可以在心中默念，不一定要說出來），才可能進入記憶庫中。

雖然「聽覺入碼」的理論的確獲得實驗證實，但它只適用於成人與較長的兒童。年幼兒童的入碼方式，一般是採用「視覺」入碼。

2.視覺入碼（visual codes in STM）

前面提到，成年人與較長兒童以「聽覺入碼」，相對的，年幼兒童以視覺爲編碼之依據：Brown 在一九七七年做了一個實驗，將四組卡片呈現在年幼兒童面前，其一視覺與聽覺都有高度相似，如 BDGP；其二視、聽覺皆低度相似，如 CRTY；其三視覺高度相似，聽覺低度、甚至不相似，如 KMVX；其四視覺不甚相似，但聽起來非常類似，如 DETV。結果發現幼兒對於第三組產生了較大的錯誤。由此得知，年幼兒童以視覺入碼。雖說年幼兒童多以視覺入碼，但這並不表示聽覺入碼對年幼兒童沒有作用。根據幾個研究顯示，「聽覺入碼」提供了喚起兒童注意力的功能。因此，編碼方式的差異主要只是在比重上的不同而已。

3.與語意有關的編碼方式

我們前面曾經用「知覺混淆」的實驗來說明入碼的方式。同樣的，語音編碼亦適用於此。Shulman（1972）提出一個實

驗，他列了一張上面有十個字的表，第十個字後面跟著一個「探測字」（probeword）。受試者要回答此字與前面十字可用相似或相同之處。如果受試者說「有」，但是表中並無相似或相同字，可見受試者是將探測字與表中的某字（意義相似）混淆了。由此可知，人們亦可能經語意編碼達成記憶的功能。

4.記憶策略：

短期儲存的容量是相當有限，若想增加短期儲存的保存量，必須靠一些記憶策略來幫忙，如：複誦、串節、心像法及主觀組織，以下就分別述之：

⑴複誦：當你臨時要記住一電話號碼時，手邊又沒有紙筆，那你只好不斷的複誦以加強記憶，事實上，複誦的使用也是將材料轉入長期記憶的重要歷程。

在學習材料裡，序列學習佔了一個頗重要的部份（例如：數數兒、記字母順序，背誦一年的月份）複誦在序列學習裡，有三種策略，舉一個地理地名學習的例子，要學生按順序背出中國三十六省的省名：湖南、浙江、福建、山東、遼寧、四川、河南……等。有下列三種複誦記憶策略：

①累積複誦（cumulative rehearsal）──當刺激出現時，要把此刺激項以前的刺激項全部背出且要依次序，例如：第一次說「湖南」、第二次便說「湖南」、「浙江」，第三次「湖南」、「浙江」、「福建」以此類推。

②部分複誦（partial rehearsal）：當刺激出現時，你重新說出先前所呈現過刺激項中至少一個刺激項的名字，例如：呈現到第六個刺激時，可以說：「湖南」、「福建」、「山東」、「四川」。

③叫出名稱（naming）──當刺激項出現時，説出該刺激項的名字，例如到第六個刺激時，便叫出「四川」。

複誦是一個基本且重要的學習策略，有學者以研究是否隨著年齡的增加而自動的出現與應用，Flavell, Freidrichs & Hoyt, 1970 研究提供證據顯示：在學習中，自然的使用複誦策略的情形，似乎是隨年齡的增長而增加。例如：在一項研究中，受試者被安排看一列窗口，每個窗口有一種不同的圖片，每一項窗口下有一個按鈕，按下按鈕窗口便有亮光，使受試者看到窗口裡的圖片，不按按鈕時，窗口便是暗的，看不見裡的圖片。受試者工作是繼續一次一個的按動按鈕，直到他能回憶整個序列圖片爲止。

受試者的年齡層包括托兒所、幼稚園、小學二年級，四年級的兒童，實驗者仔細記錄兒童的行爲，包括受試面對各個圖片「叫出名稱」（亦即手按下按鈕眼睛注視圖片，且叫出圖片名稱）的次數，「複誦」正在看到的圖片以外的圖片名稱（受試者説出已看過的圖片的名稱，即使它已不出現在窗口）的次數、兒童「預期」某一圖片將出現（手指準備要按鈕，然後説出將要出現的圖片名稱）的次數，以及做「手勢」（用手指頭有節奏的指著按鈕，或用手指數數兒，或點頭）的次數。研究結果顯示：年紀小的兒童比年紀大的兒童較少出現説出名字、複誦、預期做手勢等活動。可看出從托兒所到小學四年級這段時間，兒童漸漸發展能用更多的複誦策略及有關技巧來記憶。

(2)串節策略：（chunking）

另一種增加短期記憶容量的方法，就是串節策略，串節策略是在短期記憶的短暫過程中，組合對彼此分離的刺激（如數字單字等），經由知覺組織迅速加以處理，使原本零散性的個別單位

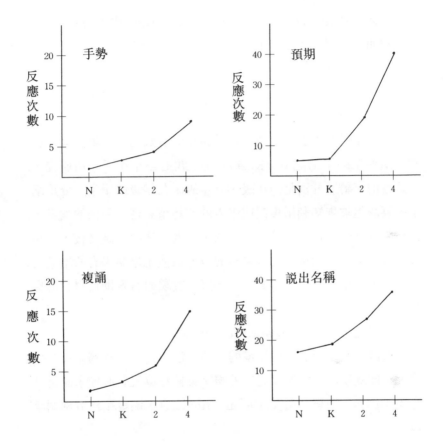

（N＝托兒所，K＝幼稚園，2＝小2，4＝小4）

圖6-5 四種反應數在各年齡組的摘要圖

資料，集組而成一個包括多個單位的整體，便於記憶。

　　例如：要記憶一系列的數字 7－8－1－9－2－4－3－5－6－7－8－1，12 個數字，利用串節的策略將每個單位的數字變成：781－924－356－781，利用此技巧，可使訊息單位變小，但所記的內容增加。

　　串節策略的發展與複誦一樣是與年齡有關的，年齡較大才會利用這些策略幫助記憶；Rosner 在一九七一年作了一項研究，受試者的年齡層分別是一年級、五年級、九年級的學生，分爲兩組，實驗組被告知利用複誦或串節的技巧來記憶一系列的圖畫，指控組則被告知自由回憶的指導語，經過一連串嘗試之後，一年級的實驗組並未因接受兩項策略的教導而使記憶結果有所增進。而串節的策略教導對五年級與九年級的實驗組有幫助於材料的保留時間。

　　⑶關鍵字法：（ keyword technique ）

　　關鍵字法是屬於心像記憶的一種方法，常用在外國語彙的學習上，關鍵字法是將所要記的外國字彙轉變成視覺心像來記憶其意義。例如：西班牙語"carta"是 letter 之意，關鍵字法有兩個階段：

　　1. 聲音鏈結（ acoustie link ）：把外國語的字轉變爲英語容易發音的"關鍵字"，這個關鍵字的聲音聽起來又很像外國字的一部份聲音，例如："carta"轉變爲英語"cart"。

　　2. 心像鏈結（ imagery link ）：運用想像的方法，想像一封信裝在購物車裡（ cart ）。

　　這項技巧在教導較高年級的學生記憶地理位置或歷史人物也有助益。

⑷主觀組織：

意指面對多種彼此不相類屬的事物時，個人仍將之加以主觀組織以便記憶的心理傾向。古希臘雄辯家便曾利用一些特定的地點與雄辯的內容聯結起來以助於演說時利用地點綫索來回憶雄辯內容。

一種方法可以研究主觀組織，便是使受試者回憶一列表的字，那些字是有不同程度的種類相似性，受試者在回憶這一列表的字時，會傾向種類相似的字組織成一羣，而主觀組織的策略亦是與前三個策略一樣與年齡有關，年齡較大者較能具有應用、發展這些策略的可能性。

⑸短期記憶的檢索：（ retrieval ）

檢索意指找出儲存在記憶裡的訊息。

一般人自覺從長期記憶檢索訊息需要花較長的時間和努力來進行，而從短期記憶檢索則幾乎是不需花時間，例如：要受試者記憶三數字"361"，然後馬上儘快回憶這三個數字裡是否有含7，一般人在類似的情況裡都可馬上反應出正確的答案，而且認為幾乎是不需花時間便可回答的。但在一九六六年，史騰柏格（ S. Sternberg ）發表許多研究認為人類對短期記憶檢索是不需花時間的想法是不對的；他設計了「記憶搜尋作業」（ memory search task ）來研究短期記憶的檢索。使受試者在每一次嘗試中都先要記憶一套「記憶組」（ memory set ）例如：TKQW 四個字母是一記憶組，記憶嘗試呈現幾次後，他再對受試者作測驗，測驗的字母羣裡有一半是屬於記憶組裡，另一半不是，受試者前面有兩個按鈕："是"和"否"，若測驗的字母屬於記憶組裡，受試者馬上按"是"鈕，反之則按"否"鈕，結果所要測量的便是測驗項

目呈現給受試者到受試者放開鈕之間的"反應時間"。（圖6－6
爲 Sternlerg 的設計。）

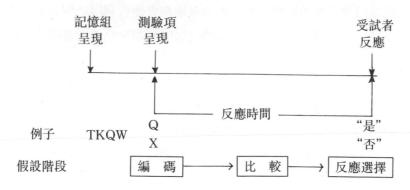

圖6-6　Sternberg的研究設計

　　史騰柏格假設在這段反應時間裡，受試者完成三個階段的歷
程，第一階是"編碼期"，受試者將測驗項編碼入短期記憶裡。第
二階是"比較期"，已編碼的派驗項和記憶組比較檢索。第三階段
是"反應期"，受試者決定按"是"或"否"鈕。

　　史騰柏格推論影響反應時間階段是第二期"比較期"，他假設
在第二階段有三種比較方式，第一種是"平行搜尋"（parallel
scanning）是將所有在短期記憶裡的內容全部同時比較對照，如
果是"平行搜尋"式的話，那記憶組的大小是不會影響反應時間
的。

　　第二種可能的方式是"序列搜尋"（serial scanning），是將
所有在短期記憶的項目都提取出來，一個個與測驗項比較。在
"序列搜尋"下又有兩種方式一是："序列徹底搜尋模式"假設受試
者不管測驗項有無包括在記憶組裡，都要完全對記憶的內容比較

完畢，故不管受試者的反應是"是"或"否"，反應時間是呈平行直線的。另一種方式是"序列自我終止模式"，這種方式是受試者將測驗項逐一與記憶組比較之後，找到相符的便不再搜尋下去，若一直沒有找到相符的字母當然一直找下去到最後一個不停止，因此"否"反應仍是與"序列徹底搜尋模式"斜率是一樣的，而"是"反應的斜率不再與之平行，這三個模式見圖6-7。

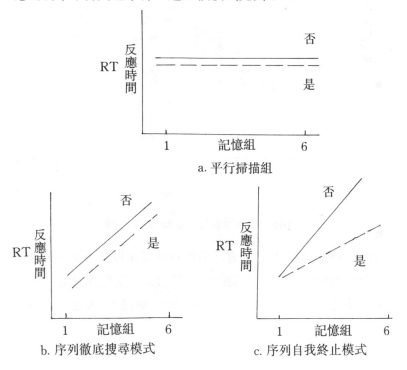

a. 平行掃描組

b. 序列徹底搜尋模式　　　c. 序列自我終止模式

圖6-7　三種模式之反應摘要圖

　　從 Sternberg 研究的結果發現：受試者的反應時間呈現的是序列徹底搜尋模式的斜率；且反應時間幾近於以 38 毫秒增加，

也就是説受試者在一秒鐘內可檢索 25 個測驗項。（研究結果見圖 6－8）。

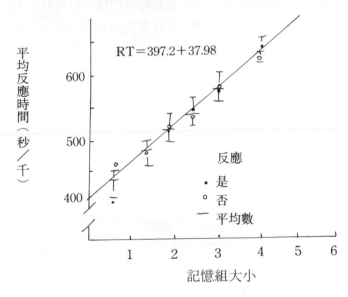

圖6-8　序列徹底搜尋模式反應

　　由一些利用史騰柏格的方法的實驗發現在每一個年齡層的搜尋技巧是相似的，都是"序列徹底搜尋"方式，記憶搜尋的方式似乎並不是由發展來控制而是一自發的歷程（automatic process）。

三、長期記憶的發展

　　所謂長期記憶是指在短期記憶中保留經過選擇的資料，經由集中注意力之後，不斷的練習和複誦，得以長久保存在長期記憶儲存機構中。

㈠長期記憶的特色

　　1. 儲存諸多資料：LTM 的儲存機構好比一大型的圖書館，新購買的書經過圖書館員編成書碼後，就可長久置放在其一特殊位置，但如果要借書時，沒有適當的線索——好比書名或作者名等，則借不到書。

　　2. 高度地組織資料：面對由外界進入短期記憶而至長期記憶的資料是如此源源不斷。因此我們的記憶系統是如何組織運轉這些資料，乃是科學家們有興趣探索的主題。一般學者提出兩種模式理論來說明，在本文中所提之兩種模式均奠基於「語意記憶」之基礎。

　　以下將兩種理論模式說明之。

　　1. 特定模式（specifity model）

　　由 Collins 和 Suillian（1969）提出的，他們認為記憶是一個階層模式，語意記憶乃是一種互相連結的網狀組織，在這種網狀組織中，各式各樣的資料被儲存在不同的節點（mode）上，而每個單字的儲存都伴有幾個指示字，單字的概念就是幾個指示連結的交點。此網狀組織的基本假設是：關於一種特殊階層事物資料的儲存，只限於該階層之中。例如，鳥類此結點所連結的資料必與鳥類的特點有關，好比翅膀、飛翔及羽毛等等，但這些資料並未儲存在每種鳥的交點當中，例如，金絲雀這個結點所儲存的資料乃是其特有的，好比牠有黃色的羽毛，鳴叫聲優美等。不過，也有例外，如鴕鳥不能飛翔的事實就儲存在鴕鳥的交點中。

　　根據這種模式，一段敘述只有在其中的字句能貫穿語意的網狀組織時，這段敘述才會被認為是真的。以圖 6－9 而言，欲肯定「鯊魚能運動」這段敘述的真偽必有一定的途徑，其推理程序如下：鯊魚是一種魚，魚是一種動物，而動物能運動。

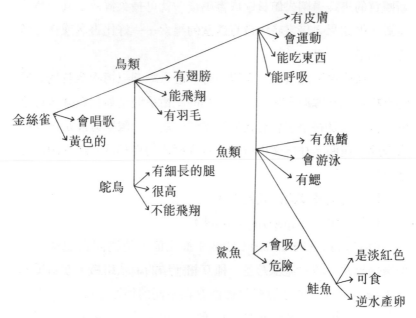

圖6-9 階層記憶網狀圖

（取材自Collins & Sullian,1973）

　　這種模式可經由個人在判斷句子真偽時的速度來證明之。要
驗證時，可令受試者判斷一段敘述的真偽，真的敘述有好幾種方
式，第一種如「金絲雀是黃色的」，這種敘述已將敘述的特性儲
存於字本身的例證中。另一種則如「金絲雀能飛」，其中所敘述
的特性例證儲存於上一階層中。其他如「金絲雀能吃東西」的敘
述則將其特性例證儲存於上二個階層中，即需要受試者從金絲雀
的交點移動二個階層到動物交點上。語意階層性的數目愈多，決
定一段敘述為真的時間也就愈多。這項實驗雖不能完全證明人類

的記憶組織是依循此一方式，但是這項實驗支持了階層性（hierarchy）的觀點。據此模式儲存各種資訊，可以節省記憶的精力，同時也可以使我們記憶數量龐大的資料，不致生干擾。

2.顯著模式（saliency model）：乃 Anderson 及 Bower 提出，他們假定字之連結乃是奠基於與語意相關連結的基礎。例如，給受試者看一組句子：「孩子打房東」及「傳教士爲房東祈禱」，在聽完這些句子後，我們便可預測孩子與傳教士必與房東有某種連結，因爲攻擊與祈禱的「動作」與房東相連結，好比我們設計填空的項目，如：「孩子爲＿＿＿祈禱」及「傳教士揍＿＿」雖與原來的陳述不同，但其效果卻是一樣的──同樣會填「房東」。因「房東」此字眼在此具有顯著性。又如「鶴立雞羣」的成語，其意指「鶴」在「雞羣」中具有顯著性，但「鶴」本身並非「特定」或「特殊」的（可能鶴很普遍的解釋成其它鳥在雞羣中圖樣可顯得突出而顯著。）

Nelson & Rosslyn（1975）曾針對這兩種對長期記憶組成的觀點予以評估，實驗指出不論是那一年齡層的受試者，他們回答高顯著性的反應時間較快，而令人驚訝的是回答低特殊性的反應較快。這些結果乃告訴我們，不論在那一年齡層，長期記憶乃奠基於連結的基礎。Chi & Koeske（1983）也指出兒童的語意記憶反映出其構造組織是靠著內在項目的聯結。而較不爲所知的知識則由較少的項目連結成，如表6-1所示。

㈡組織長期記憶的方法

雖然上述的研究均指出不論何種年齡層，記憶的內涵都要靠連結才能產生，然而兒童與成人的連結方式是很不同的，譬如：在字的連結測驗中，結果發現成人對字的反應是很普通的聯結，

表6-1　兒童語意記憶舉例

顯著性	特定性	例子
高	高	豹有斑點。
高	中等	長臂猿會爬樹。
高	低	孔雀有尾巴。
中等	高	孔雀的冠毛。
低	低	貂有鼻子。

而兒童的反應則變化很多。對於此兩種不同的反應有兩種不同的解釋：

㈠整合（integration）：是指將部分組織成整體的過程，統整的層次較聯結、協調或組織均高，統整後的各部分雖然仍可辨識，但已失去了原來的面目（張氏心理學辭典，P.337）。此種整合的說法乃是假定兒童會將相關的項目排除以形成範疇（categeries），即打破了各不同範疇種類形成另一大範疇，也因此兒童的觀念遂成零碎而不完整的。當兒童日漸成長之際，這些零散不完整的範疇會結合得更像成人的概念組合。例如，研究兒童的分類行為者發現，年齡較大的孩子會將更多的項目歸類，而且其類別中包含著那些較不明顯的項目，顯示年齡較大的兒童會將類別的一些「周圍的」（peripheral）項目包括在內。

㈡分化（differentiation）：乃指觀念組織的形成是將羣集中不相干的項目刪除的結果，觀察兒童的分類情形，將可顯示年齡較大的兒童會將適當的種類歸在一起。

事實上概念的發展及組織，這兩種過程乃同時存在的，Roener & Hayes 在一九七七年曾經做過一個實驗，他們要學齡前兒童及四年級學生針對普通範疇及特殊範疇來分類，結果發現兒童在普通範疇的分類上兩組較爲一致，而在特殊範疇的分類上則年齡較小的學前兒童會將許多不適當的類別歸入特殊的範疇中。此種現象顯示分化的概念必須在兒童已發展並且會組織成階層概念時才會產生。

叁、處理層次模式的記憶發展

處理層次的記憶模式主要是探討語意和非語意程度對記憶的影響，編碼的深度和廣度、編碼的特殊性等問題。此種記憶模式認爲只要人類認爲有意義的事物，就容易被儲存入記憶中。

一、語意與非語意程度對記憶之影響

處理層次模式的基本假設是：訊息處理的模式是有程度之分的，代表不同的深度。例如 Car 這個字，以其外表特徵來說（如：這個字如何拼或如何發音）是無語意的，但若解釋 Car 爲一種交通工具，四個輪子，則是語意的訊息。另一個基本假設是：訊息處理程度最深的是保存訊息，因此記憶是一種連續的編碼。複誦是記憶保存的重要方式，但是複誦有兩種，一種爲機械式複誦，對短期記憶歷程有用；另一種爲精緻式複誦，它和語意相連結的，故能保存在長期記憶中。

Craik 和 Tulving（1975）的研究支持：「語意的編碼比非語意的編碼更容易記憶」。另外 Eysen（1978），Fisher & Craik（1977）認爲語意精緻性有助於長期記憶的保存，因爲語意精緻化有很多獨特性的特徵及可辨別的項目，故易於保存。

Geis 和 Hall（1976）的研究，以一、三、五年級的學童爲對象，比較其在字義、字音和字形記憶上的不同。結果發現：不管任何年齡層，語意編碼的字都比非語意編碼的字來得容易回憶。

雖然有許多研究發現語意編碼記憶比非語意編碼記憶更與年齡有關，但是這方面的研究仍有許多爭執。

二、編碼的廣度和深度

編碼廣度是指記憶體內所能包含訊息的範圍，通常是與個人的定向活動有關。所謂定向活動是指個人對符號形狀的確定，或單字中字母排列的確認方式有關。編碼廣度包括語意及非語意的聯結。編碼廣度愈廣，愈能使記憶痕跡精緻化，愈有助於長期記憶。因此編碼廣度與深度問題牽涉到記憶方法的精緻化與組織力。Eysenck 和 Eysenck（1979）的研究發現語意的編碼比非語意的編碼更有助於記憶的儲存。學習兒童語意組織的方法，則對於圖畫或句子都有較佳記憶。若增加字列表中，語意的相似性，可使兒童建立語言與名詞之間關係，促進兒童的記憶力。

儘管語意方面的精緻化和組織化有助於任何發展階段兒童記憶廣度及深度的提高。但年齡愈大兒童愈會受外在導向的語意精緻化的誘因所影響。（Ackerman, 1982；Buss Yussen, Mathews, Miller & Rembold, 1983）總之，兒童和成人一樣，能由設計「導向更有意義的注意」活動而使記憶增進。由此可見，有意義的記憶策略訓練將有助於兒童的記憶發展。在幫助兒童理解及記憶的過程中，可鼓勵兒童將現在所學與以往所學的東西作聯結，形成一個知識網絡。有助於學習，並建議兒童多拓充學習經驗。

第三節　記憶力的發展

壹、嬰兒記憶發展

　　記憶發展的研究爲了解人類是否先天具有某些記憶能力？因此，先從嬰兒的記憶發展爲主題，到底嬰兒是否具有記憶力？許多的研究支持此種看法。例如從嬰兒的習慣化傾向的實驗及嬰兒產生依附行爲的研究中，可了解嬰兒若非具有記憶力，又如何辨識不同的事、物，如何產生習慣及依附行爲。

　　㈠Fagen（1973）研究讓五個月大嬰兒注視一些人的臉孔，每天注視幾分鐘，兩週後，嬰兒還能再認這些圖片，可見得五月大嬰兒能儲存記憶大約兩週左右。

　　㈡Piaget（1968,1973）及 Inhelder（1973）的研究皆認爲嬰兒具有再認記憶能力，但無回憶能力。因爲再認能力只需要知覺或感動動作的基模，而回憶能力則須有語文的符號表徵基模。

　　㈢但是有些學者却認爲還具有回憶能力優於再認能力，例如 Sullivan（1979）。Rovee, Collier & Tynes 等人的研究發現嬰兒的延宕模仿，及模仿學習都是先有回憶再有再認反應。

　　㈣另外，日本醫生岡肇亦探討胎兒期能於產後聽到母親的心跳聲音，而停止哭泣。他由此推論胎兒在母體內已有聽覺的記憶能力。另一位學者鈴木鎮一做了三十年實驗，把母親所熟悉或喜愛的曲子，從出生後就播放給嬰兒聽，不斷重複，等到嬰兒五個月後，他把嬰兒不曾聽過的曲子和經常聽的曲子，接連播放；當嬰兒聽到不熟悉曲子，表情木訥；但聽到熟悉曲子時，則表現喜

悅動作，擺動四肢。由此證明嬰兒具有記憶能力。

　　有關嬰兒記憶力的研究，至今仍有許多未解的謎，但是仍吸引許多學者熱於參與及探討。但是嬰兒的記憶力發展有儲存量的限制，是不可否認的。

貳、兒童記憶發展

　　有關兒童記憶發展的研究，大都偏向探討於兒童記憶歷程及記憶策略的發展。而兒童記憶發展的特徵有三：

　　一、兒童的記憶發展會隨著年齡增加，在記憶容量上、記憶的廣度及深度都會有所變化。

　　二、事物愈有意義、愈具體化、愈有組織織化的，愈容易使兒童記憶。隨著年齡增加，兒童愈能辨識抽象的記憶材料。

　　三、兒童的記憶能力是從記憶整體材料到分化，及細緻化材料。年齡愈大愈能記憶較細緻化材料。

叁、記憶策略的發展

一、記憶策略發展階段

　　表6-2為記憶策略的發展狀況，由表中可知記憶策略的發展大致分成三個階段：

　　㈠無法獲得策略階段。此階段兒童不知道如何使用策略，亦不會使用自動化策略，即使使用誘發性策略喚起其記憶，其效果亦不彰。

　　㈡生產缺陷階段。此階段兒童有能力使用策略，但未必表現得很好，在實驗者的誘發下，可以使用策略者記憶。但却不知何時該使用記憶策略。

表6-2 記憶策略的發展

策略發展的階段

	無法獲得策略	生產缺陷	成熟使用策略
執行策略基本能力	貧乏	很難做的	表現很好
使用自動化策略	缺乏	缺乏	出現
誘發使用策略	無效	有效	不必要
使用檢索策略的有效性	—	正向	正向

　　㈢成熟使用策略階段。此階段兒童可自動化使用策略，而且能依學習性質主動採取適當記憶策略，而不需要由外在的誘發策略來促進記憶。

二、各種策略發展及相關研究

㈠複誦（rehearsal）

　　複誦策略是指自動陳述或重覆學習材料的各個刺激項名稱。

1. Flavell, Beach & Chimsky(1966)之研究

　　在這個研究內，實驗者想探討的是不同年齡兒童使用複誦策略的情形。而此實驗的受試者為五、七、十歲三組兒童。在實驗過程中主試者會對受試者呈現很多次圖片，每一次都出現七張圖片，且由主試者指出其中連續的三張圖片。受試者需於十五秒後能依序指出剛才主試者試着所指定的三張圖片。在這十五秒內，受試者被帶上一種遮著眼睛的半透明面具，然後接受訓練的主試

者會觀察兒童是否以嘴唇默讀來幫助記憶且記錄下來。結果發現
在各年齡層都有二十名受試中,其中五歲組有二位兒童、七歲組
有 12％受試者,十歲組有十七名受試者會使用自動複述策略。
這說明了隨著年齡的增加,自動使用語文複誦為記憶策略的也增
加。

　　2. Keeney, Cannizzo & Flavell（1967）

　　Flavell 等人亦使用相同的實驗程序來研究,只是受試者改
為一年級的兒童。結果有四種發現:

　　⑴會使用自動複誦者,其回憶量較非複誦者多。

　　⑵非複誦者在給予極少的指導下會再有複誦的能力。

　　⑶一旦誘發非複誦者的複誦,他們回憶的水準會與複誦者一
樣好。

　　⑷若給予非複誦者有權做要不要複誦的取捨,一半以上的非
複誦者會不再自動使用複誦策略。

　　由以上兩個研究,我們可得兩個結論:

　　1. 記憶問題的最主要處理策略是在儲存階段而非檢索階段。
而且目前的研究發展集中在儲存階段的意向性記憶作業
（intentional-memory task settings）。

　　2. 另外目前的這些研究都是典型的研究領域。亦即這些研究
是傳統的實驗室－記憶－實驗（laboratory-memory-expri-
ment）類型且並不全然地代表兒童或成人在真實世界的訊息儲
存或檢索。

㈡組織（organization）

　　所謂組織是指將學習材料（一系列名詞或事物名稱）加以分
門別類,並找出各部分之間的關係。

　　在運用組織策略的過程中，學習者係積極主動地處理學習的內容，亦即他們對學習內容作深層的處理，而非僅止於表面膚淺的複述。

　　根據學者們的研究亦指出年紀較小的兒童在被訓練組織策略時，亦如同複誦策略，也產生生產性缺陷現象。

㈢精緻化（elaboration）

　　精緻化是指就新的學習內容作連想或引申，目的在使新的學習內容和個人記憶中以往的知識作有意義的聯結，以便增進記憶。

　　1.精緻化策略通常使用於配對聯結學習（paired-associate learning）。

　　2.精緻化在形式上又可分為①視覺心像精緻化（visual elaborational strategy）。主要是將學習材料在腦海中形成一個視覺心像（visual image），然後貯存在長期記憶中。

　　②語文精緻化策略（verbal elabortion）

　　能將呈現的材料組織成一個包含一部分項目或所有項目的句子，或者利用諧音法等使學習材料更富意義。

　　3.不同的策略涉及的認知複雜度不同，因此其發展速度早晚不一。相較之下，精緻化發展最晚，組織次之，而複誦則是最早發展出來的。

㈣檢索策略

　　當一個人真正需要由儲存的記憶中發現事物，不管他先前是否已知道，他都可能會善於使用應變的手段來檢索記憶。由此可知，如同儲存策略，檢索策略亦隨著材料的複雜度而有所不同。

　　通常較晚發展，較精緻化且複雜的策略會牽涉到特殊記憶架

構、一般知識和推理或推論的交互作用。

第四節　增進記憶的主要因素

我們經常因爲漫不經心而漏掉一大堆資料，像看完一頁書，却什麼也記不得。這種情形是眼睛看著書上的字，注意力却放在別的事情上；結果相同的資料一再重覆才記得住。因此增進記憶的首要條件是把注意力集中在有關的資料上。

經過組織已儲存的資料，到了需用的時候便能輕易地回憶起來，就像從整理過的手提袋裡拿東西一樣方便。能夠把學到的資料儲存在長期記憶中的人，就能毫不費神地記得牢牢。所以，增進記憶的第二個條件是要有一套很好的組織技巧。

壹、注意力

我們的注意力往往會從一個刺激轉到另一個刺激；除了睡眠時間外，注意力不斷地工作，任何時刻都會有許多事件、人或刺激，同時在爭取我們的注意。哪些刺激較能引人注意，由兩個因素決定：

一、刺激本身的特性

有些刺激由於具有某些特徵，往往迫使人們不得不注意它們，例如：明亮的色彩、新穎有趣的廣告詞、極大的聲音、動態畫面特別吸引人，而加深人們的記憶。但我們的注意力一旦適應某個不變的刺激後，就不再敏感了。然而，對新奇的刺激却不斷有反應。

二、人可以決定是否要注意某個刺激

　　由於人可以決定是否要注意某個刺激，我們的注意力不致於完全受外界刺激的影響，我們可以選擇周遭環境中某一方面加以注意，並且有效地忽略其他的刺激或事件。注意某一事件，將增加記憶該事件的機率。

　　因此，為了增進記憶力，必需做到兩點：首先是學習集中注意力於該注意的地方，摒除擾人的或無關的刺激；其次是增進找出最重要刺激的能力。

貳、組織

一、增進短期記憶

　　增進記憶最簡單的組織系統，就是「成串」地儲存資料。如果我們把 7,4,9,5,1,6,8,3,9 九個數字分成三組來記憶，也就是聚成三「串」，每組三個字，（749），（516），（839），就容易輸進短期記憶中。

　　聚集成串的方法，並不需要學習者本身主動參與，也無需思考學習材料之間的關係；只有主動將材料本身的關聯性或規則性加以組織，才能增進長期記憶。

二、增進長期記憶

　　增進長期記憶有兩個原則。一是利用中介歷程（mediation）、心像（imagery）、或記憶術（memonics）；另一是很快找出新的記憶材料和舊的記憶之間的關係。

㈠中介歷程

　　中介歷程就是同時要記住兩項事物時，在兩項事物之間建立一道聯結的橋，使三者形成一個固定單位儲存在長期記憶裡。中介歷程是以真實的字詞，連接字與字，或以組成句子的方法，使

記憶材料變得有意義。假定你想記住李強和一位叫嬌嬌的小姐結婚了，你可以這麼想：「李強」這個名字和「弱」相反，進一步想到「嬌弱」，就可以很快聯想起「嬌嬌」這個名字。

要想出適當的中介歷程，常需要創造力，不管中介歷程對別人而言是如何可笑或無意義，只要對使用者有意義，就能增進記憶。事實上，中介字愈新奇可笑，作用愈大。中介歷程唯一必須遵守的原則，就是要替無意義的材料製造意義。

㈡心像

利用心像就是將事物想像成圖畫以便儲存在長期記憶裡。只要能在一個情景中想像出東西，就能想像這些東西互相作用的方式，如一隻蜘蛛在划船；一隻手在幻想中消失。愈具體的東西，容易形成生動的心態，也就愈容易記憶。

如何利用心像的知識幫助記憶？心像有兩種：直接心像及間接心像。

直接心像法就是在記憶一個項目或系列項目時，直接想像要記憶的材料，因為想像的圖形就是真正想要記的東西的直接方法，所以直接心像只用來記憶具體的東西，不能用來記憶抽象的東西。想一想，你最喜歡的五件衣服是什麼？你們學校的校景。台北車站的位置。是不是每一樣東西，都跳入你的腦海裡？

間接心像法是將要記憶的資料，轉換成可以想像的東西或行動。不能想像的資料無法傳達具體的印象，因此必須把它轉換成具體可想像的心像。

㈢記憶術

記憶術是把一些預定好的規則用在記憶的材料上，不似中介歷程和心像，從材料中找出其間的規則性。在沒有看到記憶材料

之前，就先定出計畫決定如何組織，雖然記憶術有時也用到心像和中介歷程的技巧，但是用來聯接的媒介，却不是根據記憶材料本身產生的。

記憶術包括兩類方法：

1. 容納法：先有一個空的架構，然後將記憶材料填進去。

2. 雙重轉換法：前面討論的心像和中介歷程，是將記憶材料轉移一次，記憶術則轉換兩次，因此存留在腦中的影像，是經過轉換，並不是記憶材料本身。

叁、記憶學習的方法

一、劃線法

劃線法可以增進學生選擇注意力，利用劃線方式凸顯出學習材料的重要地方，將有助於學習及記憶。不過，劃線太多，或是使材料顯得凌亂不整，那麼，劃線法可以會干擾學習及影響注意力。

二、作摘要

要求學生在學習後，作摘要，將有助於學生思考的統整及組織。但作摘要的記憶效果如何，至今仍有許多爭論，有些研究支持摘要法有助於熟練學習效果（Ross & Divesta, 1973；Bretz-ing & Kullhary, 1979）。但有些研究也指出摘要對記憶學習仍有其限制。（Finally, Dyer, Riley and Yekovich, 1979）。因此這方面研究有待學生進一步的開發。

三、頭字語（Acronym）

頭字語就是把學習材料中，每一個字的第一個字母聯結成一組字，以便於記憶與檢索線索。例如美國五大湖，每一個湖名的

頭一個字可記爲 HOMES。

根據White（1983）研究指出，當我們要回憶系列的資料時，尤其是抽象的或日常生活項目時，頭字語似乎是最有效的方法。然而，White（1983）反對對頭字語的效果輕率作結論，因爲有關頭字語的研究，往往忽略了學習者特性及其他的變因。

四、句子法（Sentence）

句子法是將訊息中單獨的項目結合成句子來學習系列式資料和應用押韻方式，將系列性資料的第一個字母組成句子。如音樂老師教學生記住五線譜（E,G,B,D,F五調）將五線譜變成一個句子：「Every good boy does fine」。

另一方面是使用在聯對學習項目中，將聯對學習材料結合成有意義的句子，如「家禽一槍」可變成獵人拿槍射擊家禽。句子法應用在聯對學習的效果優於系列學習上，而且對年齡小、低年級生及低成就動機學生，以句子法記憶效果較佳。

五、敍述故事法（Narrative Story）

敍述故事法是將單獨項目的資料組成一個有意義的單位，這種單位可以建構成故事的句子。故事法適用於小學生，不論在立即或延宕的自由回憶，系列記憶和再認測驗中，都有較佳的效果。而且這種方法應用在具體題目上比應用在抽象題目上有效。

六、位置法（Method of Loci）

使用位置法，學習者首先要形成一組類似的位置的視覺心像，就像一個房子的房間，然後將所要記憶的材料想像在某個房間或空間內，當記憶時，學習者想像走回房間，找回那些意像，再譯成反應或文字，此種技術有許多研究（Snowan Krebs & Kelly 1980）認爲位置法有助於閱讀文章的回憶。

【參考文獻】

王克先（民 68）：學習心理學。台北，正中書局。

王文科譯（民 71）：兒童的認知發展導論。台北，文景出版社。

劉英茂（民 72）：基本心理歷程。台北，大洋出版社。

洪祖培、邱浩彰（民 72）：認識你的頭腦。台北，健康世界雜誌社。

楊國樞（民 71）：實用心理學。台北，黎明文化事業公司。

梁庚長譯（民 77）：怎樣增進記憶。台北，遠流出版社。

路君約等（民 63）：心理學。中國行爲科學社。

張春興（民 67）：心理學。台北，東華書局。

張東峯編譯（民 70）：心理學。台北，桂冠圖書公司。

朱敬先（民 75）：學習心理學。台北，船塢書坊。

高陽堂等譯（民 77）：記憶術。雷鼓出版社。

余德慧（民 70）：心理資訊。張老師月刊出版社。

謝敏娜（民 73）：解開記憶之謎。張老師月刊，十三卷一期。

張春興（民 77）：知之歷程與教之歷程：認知心理學的發展及其在教育上的應用。教育心理學報，第 21 期。

陳李綢（民 77）：學習策略的研究與教學。資優教育季刊，第 29 期，P.15～24。

Bourne, L.E. & Pominowski, R.L; & Loffus, E.F. Healy, AF(1986). *Cognitive Process*, New Jersey Englewood Cliffs.

Gross, T.F.(1985) *Cognitive Development*, Brooks / cole Publishing Co.

Flavell J.H. (1985) *Cognitive Development*. N.J. Prentice-Hall.

V字作業量表

記憶力發展

一、知識：

記憶是保持經驗的必要條件。可分為兩個層次：一是「認識」，有些事物雖然無法自動地喚起，可是重見時卻能靠腦中印象加以認識；二是「喚起」，也就是有意義或自動地喚起並且印象較深。

二、參考書目：

陳李綢（民85）：記憶力發展，認知發展與輔導。台北：心理
　　　出版社。

林清山（民80）：記憶力的發展，教育心理學──認知取向。
　　　台北：遠流出版社。

三、建構圖：

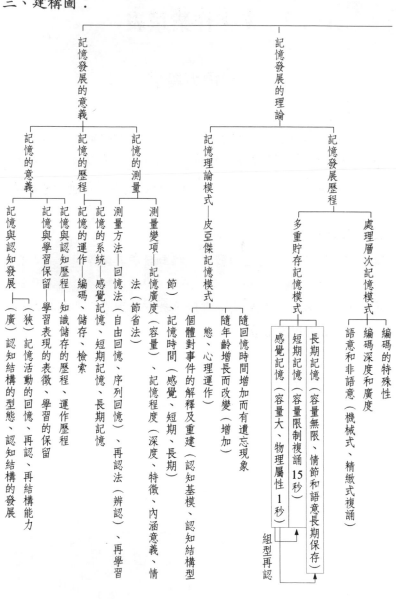

記憶力發展

- 記憶力的發展
  - 嬰兒記憶發展—有再認記憶能力，記憶力發展有儲存量限制
  - 兒童記憶發展
    - 特徵
      - 整體（材料）→分化→細緻化
      - 事物具體化、組織化
      - 年齡增加—愈易使兒童記憶
    - 記憶策略的發展
      - 各種策略發展及相關研究—複誦、組織、精緻化、檢索策略
      - 記憶策略發展階段—無法獲得策略、生產缺陷、成熟使用
- 增進記憶的因素
  - 注意力—刺激特性、人的注意與否
  - 組織力
    - 增進短期記憶—成串組織材料
    - 增進長期記憶—中介歷程、心像（直接與間接）、記憶術（容納、雙重轉換）
  - 記憶技巧—劃線法、作摘要、頭字語、句子法、敘述故事法、位置法

四、重要概念：

　　1. 心理表徵：經由心理運作，將外在世界的物理特徵，轉爲心理事件，以便處理與記憶歷程中有關之事物。

　　2. 情節資料：對特殊事物或特殊情境事物的記憶帶有時間、空間的特徵，不是普通的概念而是具體的事實。

　　3. 語意資料：指對事物的印象，非事物的表面特徵，而是它所蘊涵的意義，又叫世界知識或參照資料。

五、原理原則：

　　1. 記憶力的發展與認知結構的型態，及基模運作的歷程、知識的儲存、保留的狀態有關，且隨年齡增加而精進。

　　2. 記憶力可透過視覺、聽覺、知覺等不同方式而進入機體的大腦，再透過記憶的運作而達到機體對認知結構的再認、確定，進而完成學習的目的。

　　3. 記憶力的發展非常重視記憶策略的使用，能讓記憶力更牢固，因此有記憶發展的三大理論出現，三種理論是以兩種架構方式出現，一是記憶理論模式（皮亞傑），二是記憶發展歷程（多重貯存、處理層次）。

　　4. 記憶與學習保留密切有關，而學習的保留端視機體機制的運作歷程，從編碼、儲存、檢索的記憶模式裏，隨時抽取、放置以促進學習的效果。

六、結論：

　　記憶力的發展必須考慮個體成熟的因素，記憶材料組織方式、機體的認知歷程和心理運作……等各項條件的配合，再加上使用記憶的策略方式，讓個體在學習與認知的過程裏，充分的達到最大容量與深度的記憶學習。人的記憶自嬰兒時期即開始，且

每個階段的任務不同，因此，記憶乃成爲終生之事。所以，如何使記憶力增進，是成爲教師在教學過程必須重視的一件事，教師有絕對必要教導每位學生使用適合自己的記憶策略，並訓練學生的記憶技巧。一旦學生的記憶能力增進，在學習的過程中可減少挫敗，並使學習成爲有效率的功課，進而調整學習的態度增進自信心。

七、心得：

　　善用學習策略，熟練記憶技巧，可以增進人的短期及長期記憶的能力，進一步幫助個體有效的學習各種不同的材料。

　　記憶策略與編碼、儲存、檢索的運作有密切的關係，而記憶的運作繫乎大腦的健全與否，有研究指出，不斷地使用大腦，只會增進其記憶的能力，不會使它衰弱。因此，要掌握好的策略，進而增加記憶力。

語文能力發展

■流程圖

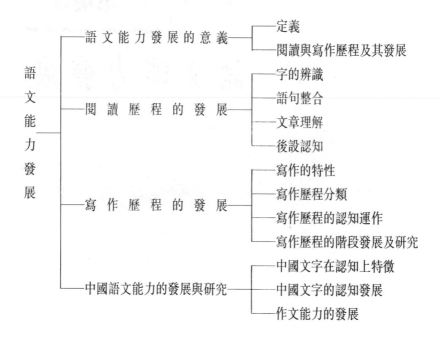

語文能力發展
├─ 語文能力發展的意義
│　　├─ 定義
│　　└─ 閱讀與寫作歷程及其發展
├─ 閱讀歷程的發展
│　　├─ 字的辨識
│　　├─ 語句整合
│　　├─ 文章理解
│　　└─ 後設認知
├─ 寫作歷程的發展
│　　├─ 寫作的特性
│　　├─ 寫作歷程分類
│　　├─ 寫作歷程的認知運作
│　　└─ 寫作歷程的階段發展及研究
└─ 中國語文能力的發展與研究
　　　├─ 中國文字在認知上特徵
　　　├─ 中國文字的認知發展
　　　└─ 作文能力的發展

第一節　語文能力發展的意義

壹、語文能力的定義

語文能力乃指使用語言與文字的能力。依據興柯夫和史騰柏格（Sincoff & Sterberg; 1987）的說法，語文能力應可分爲兩部份，即「語文流暢」（verbal fluency）及「語文理解」（verbal comprehension）。前者指個體語言表達的流利程度，又包括「說」（speaking）與「寫」（writing）兩種能力；語文理解指對語文材料接收的能力，又可分爲「聽」（Listening）與「讀」（reading）的能力。

一般而言，口語表達能力是書寫能力的重要基礎，而聽力理解則是閱讀理解的重要基礎，因此上述四項語文能力之間關係頗爲密切，在語文能力的研究中不應有所偏廢。但由於語文流暢以往在心理計量的研究中，評量較爲不易，因此受到較少的探討。

貳、閱讀與寫作的歷程及其發展

一、聽說寫讀能力的交互作用

　　由於聽說寫讀四種能力交互影響，Juel et al（1986）認為，寫作能力與閱讀能力的習得可以圖7－1的方式加以表示。

　　由圖7－1可知，個體的種族（Ethicity）、智力（IQ）與口語能力（oral language）會同時影響個人的「音素覺知」（phonemic awareness）。所謂「音素覺知」乃指個人在進行閱讀時，對於每一個字，如「cat」所組成的音素，如「k」，「æ」「t」，及其相對應的音，能夠覺知的程度，由於語音知識對於字的解碼頗為重要，因此，音素覺知常被視為閱讀能力的先備能力。

　　個體的音素覺知能力及閱讀經驗（Exposure to Priat）又同時影響個體的解碼知識。解碼知識影響個人拼字（Spelling）與「字的再認」（word Recognition）能力，而字彙知識（Lexical knowledge）亦同時影響這兩種知識。最後，個體的聽力理解能力及文字再認能力影響其閱讀理解，而個體產生觀點的能力及拼字能力則影響其寫作能力。

　　Juel等人的研究以小學生為研究對象，進行上述各類語文能力的探討，發覺頗能符合上述模式。而Juel（1988）的研究亦有幾點值得注意：

　　1.閱讀能力不好的兒童，往往也會變成寫作能力不好的兒童。

　　2.聽力理解與閱讀理解的關係頗為密切。

　　3.口語與寫作能力的關係尚待探討。

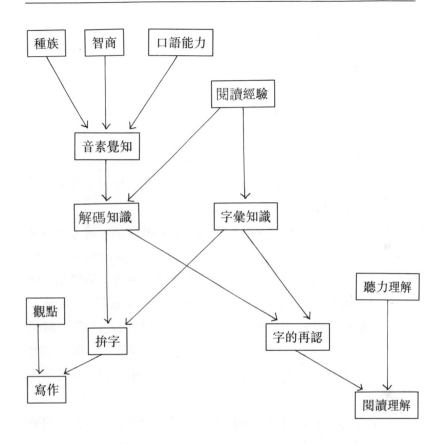

圖7-1 閱讀與寫作能力的習得模式
（採自 Juel et al,1984）

二、閱讀與寫作能力的組成要素

　　閱讀與寫作歷程及其組成要素可以圖7-2表示，寫作能力將於下文說明，在此不再說明，從圖7-2可知，閱讀的歷程，可以簡單到一個字母或一個字，也可複雜至一個句子或一篇文章（text）。

　　在字的辨識階段中，又以語音轉錄（phonetic recoding）及字義觸接（lexical access）較為重要，透過此二歷程，個體可以獲得某一字的意義。

　　在句子整合（sentence integration）的階段中，個人必須將一個個組合成句的詞或字作有意義的切割（segmentation），同時在斷詞時，將所看到的各個單位加上語法或語義上的標記。如看到"The cat is black."時，知道"The"是一個冠詞，cat是名詞，"is black"是述詞，同時black也是形容詞。此即所謂的「剖句」（parsing）歷程。只有經過這些歷程後，一個句子的意義可以大略的被了解，再從各有意義的單位中，將所有意義作一整合。

　　一篇文章是由許多的大小段落和句子組合而成，因此其閱讀過程中所牽涉的重要成分就比字、句的閱讀成分較為高層。譬如尋找該文章的主題、區分各句子在文章中是否表達了重要的概念，作推論、尋出文章的大意等等。

　　上述各個歷程在進行時，又受到個體本身的知覺所監控，即各個歷程進行狀況如何，個體往往能夠有所意識或覺察。如我們可以知道某個字是否為我們所認識，某個句子是否理解等。此即個體的「後設認知」（metacognition）部份。此部份可以幫助個體進行理解監控（comprehension monitoring）、目標設定

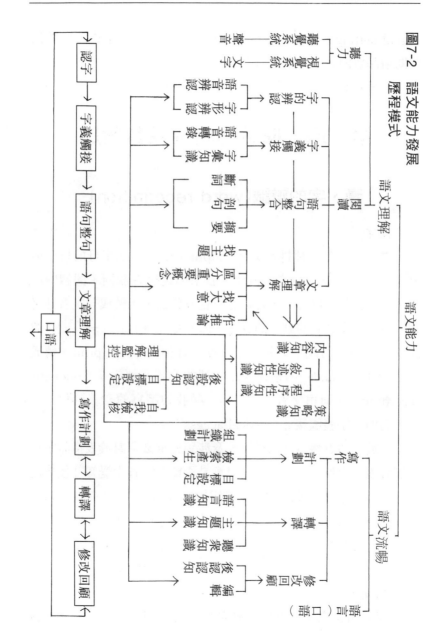

圖7-2　語文能力發展歷程模式

（goal setting）及自我檢核（self-checking）等工作，對於個體閱讀品質的好壞有重要的影響。

上述各歷程及成份的發展，將評述於後。

第二節　閱讀的歷程及其發展

壹、字的辨識（word recognition）

一、定義

由於英文是一種拼音文字（alphabetic），其字母的拼法與發音有相當一致的對應，因此，歷來頗爲學者認同，閱讀的歷程，（字再認的歷程），乃是將視覺看到的字，轉成「字音」之後，再藉由字音找尋到字的意義。即「形」→「音」→「義」的過程。而兒童的認字過程更是如此。此種將字形（print）轉成「字音」（sound）的過程，即所謂的「語音轉錄」（phonetic recording）。而由字音（或字形）尋找到讀寫的意義過程，就是所謂的「字義觸接」（lexical access）。

由於「語音轉錄」的過程，牽涉到兒童必須對於表徵諸字母的「音素」有所了解，因此，兒童是否能有「音素覺知」便成爲「字再認」過程中頗重要的一個因素。例如，若兒童無法知道 "cat" 中的 c 發 [k]，a 發 [æ]，t 發 [t]，則他很可能亦無法綜合 [kæ] [t] 而發出 [kæt] 的音，進而對於 cat 一字的意義有所了解。

二、相關研究

Liberman 等人（1974）研究四至六歲兒童的音素覺知，他

們發現，四歲兒童尚未發展出此種能力，五歲兒童發展出此種能力的則有 17%，六歲兒童發展出此種能力者，則達 70%。

國內學者吳敏而（Wu, et al, 1985）研究則發現在五歲兒童中，發展出此種能力者有 2%，六歲兒童中有 58%，七歲時則達 86%。

Calfee 等人（1973，參考 Gagné 1985）則發現，語音轉錄的能力，大約至小學四年級即可發展得頗爲完整。（參考圖 7－3）。

雖然大多數學者同意字音在兒童早期認字的過程中，扮演相當重要的角色，但許多人亦頗關心「字形」在兒童逐漸熟練閱讀此一「工作」後所扮演的角色。

Taylor & Taylor（1983）即認爲，隨著兒童年齡漸長，閱讀經驗也逐漸增加，此時，「音」、「形」在閱讀過程中的重要性會有所消長。他們認爲，兒童早期藉著大聲誦讀（vocalization）來從文字中透過字音取得意義，而後逐漸習得默讀文字（subvocalization）來取得意義。在此二階段語音扮演著取得意義的主要媒介。最後，兒童逐漸習得以字形爲取得意義的主要媒介，而語音產生則爲一抽象聲音碼，此時，此語音碼之角色爲協助閱讀材料在短期記憶的保留。（Taylor & Taylor, 1983）。

貳、語句整合（Sentence Integration）

一、意義

「句子」本身是由許多個別的字、詞所組合而成，在閱讀時，將不同字彙加以整合而爲有意義的、和諧的句子結構之歷程，稱爲「語句整合」。（林清山，民 79）

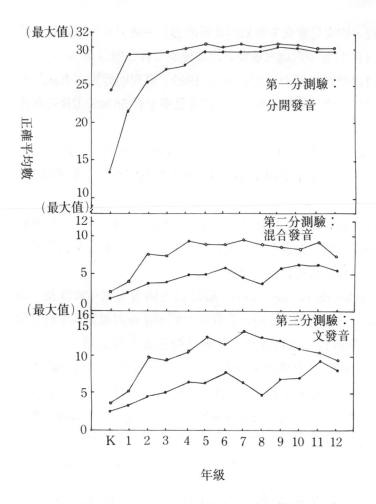

From: Gagné (1985)

圖7-3　語音轉錄能力的年齡發展

　　在句子整合的過程中，個別字的再認會受到字前後其他字或句子的意義影響，此即所謂的「脈絡效果」（context effect）。

　　研究脈絡效果常用的方法之一，就是「目光駐留法」（eye fixation method）。所謂目光駐留法，主要是記錄讀者的眼球停駐在正閱讀的字詞之上所耗費的時間，閱讀時，眼球回視的頻率，以及眼球跳動的視野廣度等，來推估讀者可能經歷的認知歷程的一種方法。茲舉一例說明如下：

　　某人閱讀以下文章的目前駐留部份記錄如圖7－4。

　　The little girl was sad beacause her clothes were torn. She was upset because she couldn't go to the party.　There were big tears in her brown dress.　She didn't know what to do.

　　在這段文章中，前面若干句子描述小女孩因衣服被撕破了而開始哭泣。由於此種「語境」使得第三句的「tears」被誤以為是「眼淚」（〔tɪrs〕），但當讀者讀到「brown dress」時，發覺眼淚與衣服不太能連貫，於是產生回視現象（句子上面阿拉伯數字8、9即代表讀者的第幾次目光停駐所在），由圖7－4可知，該讀者重讀句子後，企圖將「tears」與「dress」作一整合，後來才發現「tears」不應唸成〔tɪrs〕（眼淚），而應唸成〔tɛrs〕（破洞）。由此例即可知，閱讀的歷程不是一種單純的「由下至上」（bottom－up）的過程，而且是受到上層概念影響的「由上至下」的歷程（top－down），在此種過程中，句子中的各個字會交互影響整個句子的整合。

二、相關研究

圖7-4　目光駐留法的記錄

若干目光駐留法在發展上的研究可概略説明如下：（參考 Taylor & Taylor, 1983）

㈠知覺單位隨年齡之增加而增加。如小學二年級孩童可能以單字母作爲閱讀時的知覺單位，而五年級學生常使用字母串作爲知覺單位。四至六年級的學生他們使用六個字母以上的字母串作爲知覺單位的能力與成人相近。

㈡目光駐留的時間，在句内目光駐留的次數，以及在句内目光回視的次數，隨年級的增加而減少。（參考圖7－5）。

叁、文章理解

一、意義

文章是由許多句子或段落所構成，因此，研究者多半著重讀者對於整個文章概念理解掌握方面的探討，而較少探討較基本的歷程如字、詞辨識過程。

與文章理解有所關連的因素頗多，如讀者的先前知識，掌握文章結構的能力、作推論的能力等等均會影響一個人閱讀文章的理解程度。至於與發展有關的研究，則介紹如下：

二、相關研究

㈠Brown 與 Smiley；1977（參考林清山，民78）將一篇具有代表性的故事文章的内容分成許多的觀念單元。然後要求一些有技巧的成人閱讀者將這些觀念單位依其重要性評定爲1, 2, 3, 4等四個層次，依次代表「最不重要」、「次不重要」、「次重要」、「最重要」，且每一個層次的觀念單位各佔四分之一。Brown 等人再將這篇文章拿給不同年級的學生閱讀，並請他們評定各個單位觀念的重要性。圖7－6即爲其結果。

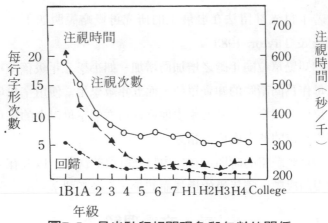

圖7-5　目光駐留相關現象與年齡的關係

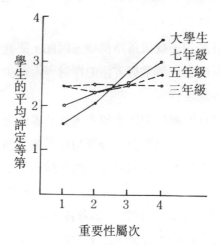

圖7-6　四個年齡組學生對課文重要性的評定

　　由圖 7-6 可知，三年級和五年級的小學生尚未發展出評定重要性的能力，也就是說，他們對於文章中那些觀念是重要的，那些是不重要的，尚未有十分良好的掌握能力。然而，七年級學生，就已能分辨觀念單位之相對重要性。

㈡Brown 與 Day（1983，參考 Taylor & Taylor, 1983）的研究發現，高中生及大學生能夠整合不同段落的訊息，並且以「改寫」（rephrasing）的方式作摘要，而五及七年級的學生一般只能將自認爲多餘或不重要的訊息加以刪除，並且留下來刪除的訊息，但却不會改寫以作摘要。

㈢有關文章閱讀時，所進行的推論歷程，研究者亦約有探討。例如，Paris 等人（1978，參考林清山，民 78），讓幼稚園、二年級、四年級學生聽八個句子，每一個句子均可以作暗含的推論（implicit inference），例如「我們的鄰居打開門鎖」暗含使用鑰匙此一工具。研究者可能提供學生明示的線索（句中已有的字詞），也可能提供暗示的線索，然後要求學生對聽過的句子進行回憶。實驗結果如圖 7－7。由圖 7－7 可知對幼稚園的學生而言，使用明示的線索表現較好；但對二、四年級學生而言，使用明示與暗示線索同樣有效。在 Paris 許多相同研究中均支持隨著兒童年齡的發展，兒童愈來愈能夠作推論的結果。

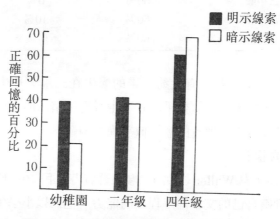

圖7-7　不同線索的文章之回憶情形

肆、後設認知(metacognition)

「後設認知」是指一個人對自己認知歷程的知識和察覺。在後設認知中，對閱讀有關的可概分為理解監控、自我檢討，與目標設定等。

一、理解監控

是指個人是否瞭解自己正在閱讀什麼的覺察。

Markman（1979，參考林清山，民78）請三、五、六年級學生閱讀三篇短文，每篇故事不是包括明示的矛盾便是包括暗含的矛盾。研究者想探討學生是否能發現文章中的矛盾。其結果如表7−1所示。

表7-1　三篇短文中至少認出兩篇有矛盾地方的兒童百分比

年齡層次	有明示的矛盾時	有暗含的矛盾時
三年級	50%	0%
五年級	60%	10%
六年級	60%	0%

由表7−1可知，有大約一半的學生在三篇文章中至少看到兩篇有明示的矛盾，但幾乎沒有學生看得出暗示的矛盾。因此，學生對於文章內容理解的監控似乎尚有困難。

二、自我檢核

Forrest與Waller（1979，參考蘇宜芬，民79）研究不同年級學生判斷自己的文章理解程度的能力。他們以小學生為對象，要求他們閱讀文章後回答問題，並就答對題目的信心加以評定。

結果發現高年級學生有較高的信心評定分數與答對問題分數之間的相關。顯示高年級學生可以檢核自己的理解程度。

三、依目的而閱讀

Mayer 與 Paris（1978，參考林清山，民 78）發現：不同年級依閱讀目標之不同而改變閱讀方法的意願方面有所不同。例如，對於逐字記憶的要求，80％的六年級學生願改變閱讀的方法，而二年級學生只有 33％。

第三節　寫作歷程的發展

壹、寫作的特性

語文流暢包括寫作與口語表達兩類，但寫作的歷程與口語表達的歷程有何不同？寫作與口語表達的處理過程有何差異？寫作與口語輸出的管道（由手或口）不同，但其內在的歷程是否也有所不同呢？值得探討。

寫故事和説故事有何不同？先讓我們看一段故事：

「從前從前，有一個名叫尼奧比（Niobe）的婦人，她有十二個男孩和十二個女孩。她遇到了一個只有一個男孩而没有女孩的仙女。這個婦人嘲笑這個仙女，因爲這個仙女只有一個男孩。於是，仙女非常生氣，就把這個婦人綁在岩石山。這位婦人哭叫了十年。最後，她變成岩石，她的淚水變成河流，河水一直流到現在。」（採自 Piaget, 1926）

這個故事是從皮亞傑早期的研究中摘出來的（Piaget, 1926）。這個研究中，受試是六到八歲的兒童。研究者要求他們

傾聽故事，然後要求他們將聽到的故事告訴別的沒聽到故事的小孩。研究的結果發現兒童在訴說的故事裏犯了很多錯誤，包括，他們會忽略一些關鍵性的訊息，像仙女處罰這婦人的理由；或利用一些不知所指的代名詞來代表某些人物；或是說故事時忽略故事事件發生的順序。

皮亞傑對年幼的說故事者的表現，認為「兒童所說的話並不是以聽說話者的立場來思考的。」換句話說，年幼的兒童好像無法採取聽話者的觀點。他的表現就好像聽眾已經知道這個故事——即，幼童認為別人知道他們聽知道的事。例如，小孩會在電話上說：「媽媽，媽媽，你看，我的洋娃娃漂不漂亮？」兒童的這種表現，Piaget 稱之為「自我中心」（egocentrism）。

相對於自我中心期的兒童，成人常能夠隨著聽眾的不同來調整他們所說的故事內容，也就是說，成人會考慮到「聽眾的觀點」。

從皮亞傑這個說故事的示例中，我們可以得知，寫作與說故事有一點是一樣的，透過媒介（口說或筆寫）來傳遞訊息，企圖影響聽眾（讀者）。因此，聽眾（讀者）觀點很重要。然而，寫作與說故事不同處在於，說故事時，聽眾在面前，而寫作時，讀者卻是潛在的。寫作者需要有「內在線索」——提醒他，掛念著「有讀者」這回事。事實上，即使是成人，也常有自我中心性和缺乏組織的文字作品。由以上可知，「讀者觀點」、「內在線索」是寫作者需要的。更進一步，一個優秀的寫作者要知道什麼呢！阿波比（Applebee, 1980）以為有下列三種知識。

1.語音的知識——如英文的文法規則。

2.題目的知識——如應被傳播的特定知識。

3.聽衆知識——即潛在的閱讀者的觀點。

從 Hayes 和 Floter（1980）的寫作模式圖中可知：上述這些知識都是存在寫作者的長期記憶中，也是在寫作者的工作環境裏。這兩者可視爲寫作的潛在資源。

貳、寫作歷程的分類

Flower 和 Hayes（1980, 1981）的研究指出人的寫作歷程可分爲計劃、轉譯，及回顧檢查等三個歷程。

Nold（1981）亦將寫作歷程分爲上述三個歷程。

Bruce, Collins, Rubins 和 Centner（1982）將寫作歷程分爲：產生意念、產出正文，及編輯等三部分。

Gould（1980）則將寫作分爲計劃、產生、回顧及觸接加添的訊息等四個歷程。

顯然地，對寫作所包含的次歷程，各家的看法頗爲一致，而且各個歷程之間都是交互作用的，而不是各個歷程單獨發生的。另外，寫作的次歷程之間並非以「計劃」→「轉譯」→「回顧修改」的一直線順序進行的。事實上，寫作時，常有一邊構思（計劃階段），一邊寫下（轉譯）的情況，也常見寫出的（已轉譯）和未寫出的（將轉譯）文字／文思被修改（回顧修改及監控歷程）。

叁、寫作歷程的認知運作

根據語文能力發展模式的架構（圖7－2）及（圖7－8）寫作結構模式中，很清楚的描繪寫作歷程各階段中，各種知識的關係及各種認知的運作。以下將敍述寫作歷程的認知運作關係。

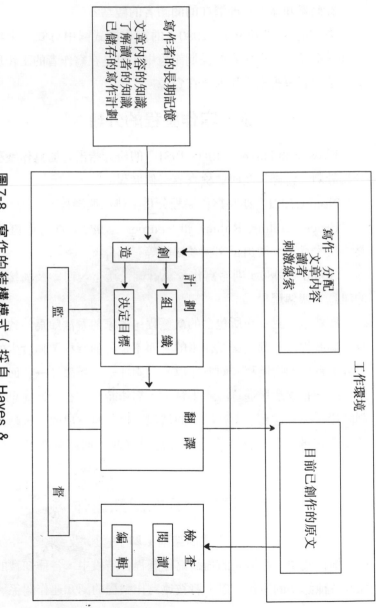

圖7-8 寫作的結構模式（採自 Hayes & Flower,1980,P11）

Flower 和 Hayes（1980）的寫作模式（參考圖 7-8），包含三大部分：寫作者的長期記憶內有主題、讀者和寫作計劃的知識。主題的知識是後設認知經驗、人的知識、工作的知識；讀者的知識是人的知識；寫作計劃的知識是策略的知識、後設認知的經驗。

寫作過程內有計劃、轉譯、回顧及其監控的歷程。計劃需要工作的知識、策略的知識和後設認知的經驗配合。轉譯需要策略的知識配合。回顧需要人的知識、工作的知識、策略的知識和後設認知的經驗配合。而監控則是後設認知的知識、後設認知的經驗、執行控制和期望所形成的認知系統，對正在進行中的寫作活動，行使監督、指揮的功能。

至於工作環境中的寫作任務，是針對寫作者對已完成的文章內容所做的審視，就文章內容的主題、讀者羣的理解程度詳加考慮，其過程可能受知覺的注意、選擇、期望及執行控制的心理歷程影響。

寫作者的長期記憶儲存了主題、讀者和寫作計劃的知識，需要靠檢核的策略、整合的歷程，在寫作歷程中運用，並增加其知識。

在寫作過程中，計劃階段需要產生文思、組織文章結構、設定文章的撰寫目標，要靠長期記憶中的知識協助；轉譯階段要靠良好的拼字及文法結構；回顧階段除了拼字、文法之外，還要靠閱讀理解的監督功能進行評估和修改的工作。

知識的形式包含命題、條件語句和心象，命題是由論證和關係詞所構成，故依命題所描述的知識是「敘述性知識」，條件語句是由條件句和行動所構成，故依條件句所描述的知識是「程序

性知識」；心象是由一些物理屬性所構成，在工作記憶（working memory）中，表示一些無法利用命題、條件語句描述的知識（Gagné, 1985）。

程序性知識是有關如何執行工作的知識，在寫作歷程中，屬於文章結構、段落組織、修辭技巧、句子結構之運用。敘述性知識是有關知道某些事實的知識，在寫作的歷程中，屬於文章的內容知識、先備知識。因而可以說：程序性知識是動態的，敘述性知識是靜態的，（Anderson, 1985；Gagné E.D. 1985）。

明白這些知識的意義及其寫作歷程各階段所涉及的角色，便能理解寫作歷程的運作關係。當寫作者獲得要寫作的任務要求（或產生寫作的意圖）時，會到其長期記憶中去搜尋有關文章主題的知識、讀者的知識……等，這些屬於內容知識；其中有關於主題的知識、文章型式和要求的知識，這些屬於敘述性知識；另外還有如何符合文法的知識、如何正確表達的知識，屬於程序性知識。當寫作者開始寫作時，會依賴於長期記憶裏的檢索搜尋，並需要「工作環境」裏的線索刺激。檢索得有用、適合的觀念，進行組織，也互動地決定目標，這個「計劃」歷程是不斷互動、修正（要靠回顧階段的後設認知能力及長期記憶中的經驗等來決定、篩選），並且受到監控的調節。同樣的，被"認可"可以通過的，就寫下來——轉譯，其中牽涉到知識的表徵問題，並且要注意到溝通的要求（一些規制，從文字、文法到全文脈絡）、技巧及特別的觀點，這當然需要長期記憶系統的支援，並且受到監控（有些機械化技巧則視已自動化與否而毋須皆靠"注意"）。

肆、寫作歷程的階段發展及研究

寫作歷程分爲計劃、轉譯，及回顧修改等三個階段，每個階段亦分爲幾個次歷程，茲將各歷程的發展及相關研究敍述如下：

一、計劃

Flower 和 Hayes（1981）將寫作的計劃歷程又分爲三個階段：即目標設定、產生觀念和組織觀念。根據 Flower 和 Hayes（1981）等人研究發現寫作者的寫作歷程分爲三階段，而第一、第二階段中皆以計劃的次歷程，即產生觀念和組織觀念爲主要重點，詳見圖7－9。圖7－9是利用原案分析法分析兩位作家所作的敍述性和詳論性資料而來，結果發現：寫作歷程可分爲三部分，每一部分中都有「產生」、「組織」、「轉譯」及「回顧」等四個次歷程，只是各次歷程所佔的百分比不一致。其中「產出」和「組織」皆屬於計劃的次歷程。由圖中可知：第一部分主要是採用「產出觀念」最多，第二部分則是「組織觀念」的百分比最高。第三部分則是「轉譯」的百分比最高。由此可見在計劃的次歷程中，「產生觀念」和「組織觀念」扮演著重要的角色。

至於計劃在寫作歷程中所佔的比重如何？一個常見的現象是：人類寫作的速度比抄寫或口述的速度爲慢。例如：一個人說話的速度可以輕鬆地做到一分鐘二百字，但是口述一篇書信或文章時，平均一分鐘只達 23 字。手寫的速度在人力不勉強的範圍內能達一分鐘四十字，但實際寫作的是每分鐘十三字。

Gould（1980）的研究：以記錄人們在說話和寫作時的「停頓」時間，佔總時間的三分之二。也就是說：人們在說話或寫作時，大部分時間都停留在思考計劃上。另外，Matsuhshi

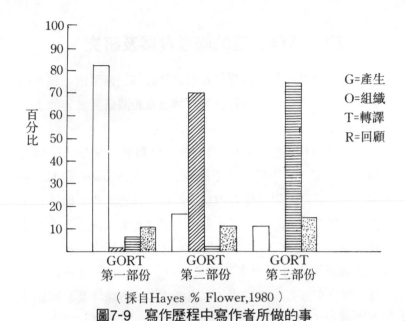

（採自Hayes ％ Flower,1980）

圖7-9　寫作歷程中寫作者所做的事

（1981；1982）研究：以觀察大學生寫論說文的停頓現象，而發現兩項結論：㈠「計劃」此歷程佔總時間的二分之一到三分之二。（事實上，此項發現只是研究者的推論，因停頓不等於正在進行計劃。）；㈡「停頓」現象主要發生在意念與意念之間的邊界（即每一字句的字尾）。這可能意味著，一個意念結束到下個意念出現之間，需要停頓去計劃一下（即產生觀念或組織新觀念等）。

　　Scardamalia, Bereitei & Gelman（1982）等人的研究是探討小學生寫作時，老師於不同的地方打斷，再問學生接下來要寫什麼。其結果亦有兩項結論：㈠中斷時，問學生，則發現大多數學生心中已保有五、六個字；並且在寫到句尾之前就已有想法。㈡低年級學生在寫作時，傾向於對自己口述：唸出每一個字。而

四年級以上學生則很少出現邊唸邊寫的情況。由此結論說明年紀小的兒童靠外在記憶（唸給自己聽）將保存的字儲存於短期記憶中，而較大兒童則不需要。

㈠目標設定

　　根據多數的研究發現：專業作家在寫作時專注於溝通傳達文章的主旨，而生手則有兩種特徵：㈠把個人對特定題目的記憶素材堆砌於紙上；㈡專注於避免一些機械性的錯誤上。譬如，Biraboum（1982）比較國小四年級、七年級的寫作高手和生手，發現高手會透過文章向別人或自己傳達旨意；而生手則期望順從一個無意義的文章外在型式的要求。另外，Atwell（1981）比較十個大學生的寫作高手及生手，以回憶法報告自己在寫作時對自己文章的評論和要求。其評論結果如下表7-2所示：

表7-2　寫作高手與生手的歷程比較

	寫作高手	寫作生手
全文的／結構的	50％	30％
文字／表面的	27％	51％
句法	14％	9％
外在的／情感的	9％	10％

　　由表中可見，專家花較多時間及精力於全文架構的要求，佔50％；生手則專注於用字遣詞，拼字標點方面，佔51％；另外，專家停頓的現象都發現在句子與句子之間。生手則在文字間停頓。

　　由此可見得：在設定目標上，寫作專家與生手不同處是，前者關心文章的主旨與結構，目標是在傳達意義；後者關心文章的

書法和表面外貌，目標在避免機械性錯誤。

㈡產生觀念

人們在寫作時，產生觀念的數量有所不同。

蓋聶在一九八五的研究，給國小四年級和六年級學生同一個作文題目。結果六年級學生平均寫出九十個字，四年級的學生平均寫出五十七個字。爲何文章在內容上有如此差異呢？他認爲有三個因素：⑴敍述性知識有所不同。⑵工作記憶的處理有所不同。⑶善用線索（cue）來引導寫作的思考不同。

也就是說，可能是小孩（對文章主題）相關知識較少（原因一）；工作記憶在運作上用很多能量做別的事（原因二）——例如常惦記著要改標點等機械性錯誤，常複誦或常監控……。或者，小孩較熟悉口語溝通（較早學習且已精熟），而不習慣作文的表達方式。他們從社會互動（與人問答）中的線索去繼續產生觀念（問答之下才能愈說愈多），亦即是，依賴外在線索。

而寫作除應有讀者觀點外，尚需有內在線索去繼續產生觀念（或激發）才有利於源源產生觀念。缺乏線索除了有認知的發展因素外，與原因一、二亦有關。

爲了考驗上述的假設三，Scardamalia 等（1981），在國小四年級及六年級學生快寫完一篇文章時，以下列的方式引導：如「你寫得很好」、「你能寫得更多嗎？」。其結果發現：⑴四年級及六年級的學生在作文內容的長度上有所增加；⑵文章的連貫性及清晰上只有四年級生有進步。

這個結果支持假設三，四年級的學生在文章未貫通時就停頓，而老師給予引導刺激，作爲線索，能使內容更延伸，產生愈多觀念，使文章充實。

(三)組織觀念

文章的組織對文章主旨的傳達很重要。一篇有組織的文章把相關的觀念分目列舉，使之系統分明，結構緊密，可減少讀者工作記憶的負擔，促進文章的理解及資料的回憶（這就是爲什麼"記憶術"著重"組織"的原因了）。

在寫作上，組織是透過句子與句子間的「凝聚」（cohesion）及段落和段落之間的「連貫」（coherence）來達成。

1. 凝聚方面：

早先發展的組織的技巧是使用凝聚的連結。「凝聚連結」（cohesiveties）是語言學的方法，在文章中把一個觀念和鄰近的觀念聯結在一起。句子有三種凝聚的方式：(i)指示的凝聚（referential cohesion），即使用代名詞、指示詞和定冠詞來指出前面提到的事項。如「小明走進教室，他放下書包」（用代名詞指示）。(ii)連接的凝聚（conjunctive cohesion），使用連接詞如「和」、「或」等指出觀念間的關係。例如「小明看著窗外的雨景，並且想起父親在田裏工作的辛勞」（用並且連接）。(iii)字彙的凝聚（lexical cohension），使用字彙的意義來建立觀念之間的連結。例如「新兵訓練的第一天，阿明匆忙地趕到步兵學校，擠過擁擠的人羣，看到班長已經在吆喝整隊，阿明呼了口氣，拿出值星排長的彩帶掛披在身上，向台上走去」（用佈局法）。

是否善於使用句子的凝聚現象，我們可以從學習外語者身上看到——而我們自己在中學初學英文時，也常是多使用簡單句，而再慢慢學習以連接詞（and, or, but）組成較複雜的長句子。

Collins 和 Williamson（1981）發現，在國小四、八、十二

年級學生的劣等文章中，錯誤的使用特定指示詞的比率為優等文章的兩倍。而其他兩種凝聚法的使用，也是年級愈低，錯誤率愈高。

　　而根據 Witt 和 Faigley（1981）的研究，優等文章中，使用凝聚的連結法及其種類，也多於劣等文章。而劣等文章中充斥著語句重覆的現象，使之缺乏可讀性。優等文章中使用佈局法來凝聚連結的比率三倍於劣等文章，這個現象可以說明優等文章的寫作者擁有較多該篇文章題目的知識，這些豐富的知識素材有助益文章的佈局和凝聚。總之，寫作能力高者，在寫作時比寫作能力低者用到更多的凝聚的連結。

　　2.連貫方面：

　　連貫是指整個文章前後連貫，首尾呼應，使之成為一篇結構完整，條理分明的文章。

　　連貫的使用，我們可以從下列這個摘譯的例子來了解。假如要學生寫一篇文章，開頭是「有關某項運動，有許多有趣和吸引人的地方……」，結尾是「因此，這項運動可能是有趣的，但也有許多危險性，我們必須小心，以免減損了這些樂趣。」

　　圖 7-10 及圖 7-11 分別列舉了連貫性的文章和不連貫的文章。

　　這兩個圖例的差別在於：前篇文章許多句子與主題句銜接，且上下句子連貫，可從每句左欄觀念與右欄觀念的箭頭指向與連接看得出來。這樣的文章就是首尾呼應前後連貫，因此結構緊密。後一篇文章的句子只與主題句銜接，而前後句子並未連貫（上下句子間無箭頭連接），所以文章失去連貫，變得鬆軟。

　　隨著年齡的增加，文章的連貫銜接程度愈逐漸發展，根據蓋

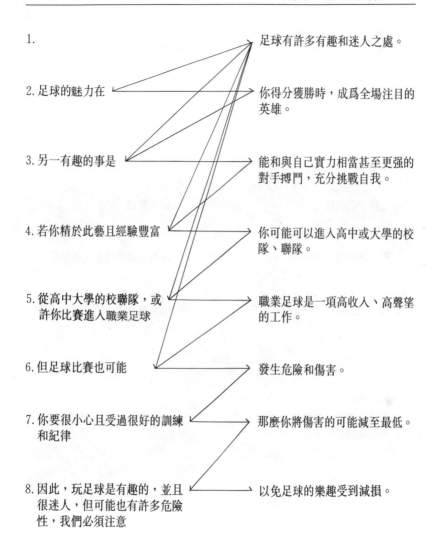

1.　　　　　　　　　　　　　　足球有許多有趣和迷人之處。

2.足球的魅力在　　　　　　　你得分獲勝時,成為全場注目的
　　　　　　　　　　　　　　英雄。

3.另一有趣的事是　　　　　　能和與自己實力相當甚至更強的
　　　　　　　　　　　　　　對手搏鬥,充分挑戰自我。

4.若你精於此藝且經驗豐富　　你可能可以進入高中或大學的校
　　　　　　　　　　　　　　隊、聯隊。

5.從高中大學的校聯隊,或　　職業足球是一項高收入、高聲望
　許你比賽進入職業足球　　　的工作。

6.但足球比賽也可能　　　　　發生危險和傷害。

7.你要很小心且受過很好的訓練　那麼你將傷害的可能減至最低。
　和紀律

8.因此,玩足球是有趣的,並且　以免足球的樂趣受到減損。
　很迷人,但可能也有許多危險
　性,我們必須注意

圖7-10　連貫性文章(採自 E.G.Gagn'e ,1985)

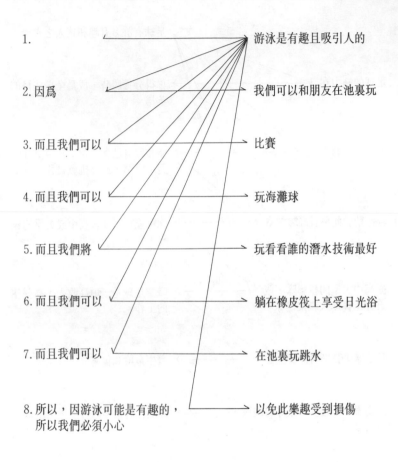

圖7-11 不連貫文章（採自 E.G.Gagn'e ,1985）

轟（1985）的研究顯示：四年級的學生只有 44% 達到前一篇的
連貫程度，六年級和八年級的學生則可達 60% 以上的連貫程
度。

二、轉譯

　　轉譯是寫作歷程的次階段（「計劃」之後，此階段涉及實際
產生一些寫出來的文章，把「計劃」加以實現。據 Flower 和
Hayes 的說法，轉譯和計劃是交互進行的：寫作者產生計劃，
把其中一小部分轉譯出來，然後「檢查」計劃的下一步，再把它
轉譯出來，如此一直下去。簡圖如下：（可參考圖 7～12）

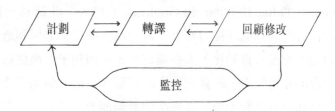

　　至於此階段的內在心智運作──從外表看，轉譯是把腹稿實
際寫成一篇文章──是從開始形成心理表徵到以手繕或電腦寫成
文字，它透過工作記憶把心中的計劃和文思組織表現出來。轉譯
包含許多寫作所要求的拼字、標點、文法等細節的運作（機械化
技巧）。在做轉譯時，個人的工作記憶在其容量限制內，保持記
憶著有寫作的目標、計劃、素材（主題知識，屬敍述性知識），
及已寫出的內容……（以上存於長期記憶中及工作環境系統中，
工作時將之"叫"到短期記憶／工作記憶裏。

　　因此，我們可以知道，轉譯中涉及很多事情要"處理"，其中要
受到一些因素的規制（constraints）。這些規制因素概有：(i)文
字、書寫的、拼字、字體、版面空間……；(ii)造句的：合文法

否、標點……(iii)語意學的：傳達意旨；(iv)本文的、組織的：連貫與和諧……(v)脈絡的：文體與風格……。（ Mayer, 1987；林清山譯，民 80；Gagné, 1985 ）

事實上，我們寫作在轉譯時，並毋須去"注意"，這牽涉到訊息處理歷程的自動化歷程。自動化解碼技巧有助閱讀，自動化技巧也有助於寫作。拼字、標點、文法等機械性規制的自動化能力，使寫作者能投入更多的能量，在文章的凝聚和連貫，旨意傳達和風格塑造。幼童和寫作能力低者，必須花時間、心力在注意拼字、標點等瑣碎的細節上。

Scardamalia, Bereiter 和 Goelmon（ 1982 ）就認為，因為年幼寫作者的訊息處理能力有限，以及寫作的文字方面和造句法方面的能力還沒有自動化，太強調寫出正確的句子反而使寫作的素質普遍的變得較差——强調寫作的低層次方面（例如正確的拼字、標點和書寫）會干擾到高層次的計劃能力。

為考驗這個想法是否正確，Scardamalia 等人將小學四年級、六年級學生分為①寫作文章②以正常速度口述作文③以緩慢速度口述作文等三組。其中口述的方式是假設口述可以使低年級寫作免除在轉譯時有關文字的及造句的限制。其結果發現如同預期，口述方式作文的字數為寫作作文的兩倍，並且品質也較佳。

而 Gould（ 1980 ）以為，口述作文對成人而言，並不能增進文章的品質。顯然的年幼寫作者在書寫、拼字、標點等機械性歷程方面，還沒有自動化；而對這些簡單作業，成人寫作者已趨於自動化了。因此，把觀念轉譯為文字的行動，可能會真正的影響到年幼者的寫作。

從另一個研究顯示：如果成人的寫作只注意其機械式歷程，

則其產品的品質也受影響。Glynn, Birtton, Muth 和 Dogan（1982）在他們所進行的控制實驗中探討過此問題，他們對兩組學生指定不同的作業要求：一部分學生被指定要寫出經過潤飾的初稿（完美版），另一部分學生則要求寫出不必經潤飾的初稿（自然版）。前者的指導語要受試注意「內容、觀念順序、形成句子和機械歷程；而後者則只要求注意內容、表達觀念」而「毋須專注處理順序、句子形成和機械歷程」。其結果如表 7-3：

表7-3　初稿潤飾過與未潤飾過的最後完稿的差異

	論點總數	每句論點數	每句機械歷程錯誤數
初稿潤飾過	2.9	.38	.43
初稿未潤飾	8.0	.85	.23

（採自 Glynn,etc 1982.林清山譯，民80）

這個結果顯示，寫不經潤飾的初稿的學生，其最後完稿包含較多的論點，每句中有較多論點及機械性錯誤也較少，被要求「完美」、潤飾初稿的學生反而表現較差。研究者還發現，這種情況對語文能力中等及以上的學生更明顯。

轉譯歷程中的機械化規制對寫作品質有影響，在 Piomca 的研究（引自 Gagné, 1985）中也得到證實。他發現，問大學生寫作劣手在寫作時想到什麼，大多數報告他們想到的是拼字、標點及選字。相對的，寫作高手則報告他們在寫作時並未意識到要把每一個字拼出來，而是注意寫作的形式和目的。這一點倒是和前面〈設定目標〉指出的，寫作能力高者以傳達旨意為目標，而低能力者則以避免錯誤為目標的論點不謀而合。

三、回顧

寫作模式的第三個主要歷程是回顧歷程。Barelett（1982）指出，這個歷程應包括(1)偵錯；(2)改正兩個部分。而蓋聶（1985）的想法也差不多，他認爲此歷程包括：評估寫作的內容，決定內容是否達成寫作的目標，及訂正作品中不滿意的部分。

至於有關寫作回顧歷程的研究和發現將敍述如下：其中，包括成人及學童的實驗和現象。這些發現會令人驚訝和覺得有趣。

㈠成人在寫作簡單的作業（如單頁商業書信）時，極少做修正的工作。

成人在寫簡單文章時，似乎極少（甚至不）做回顧和修改，有經驗的口述者會用少於口述時間 10％的時間去回顧及修正他們所説的話（Gould, 1980）。如果寫作書信時並未用到回顧，那麼禁止寫作者回顧應不致嚴重影響其寫作表現吧？！爲證實此一想法，（Gould, 1978）要成人受試做「看不見的寫作」（invisible writing），以複寫紙墊在兩張紙中間，而在上面那張紙上以木筆寫作——如此作者看不見其文字，但有作品產出。其結果發現：看不見的寫作者與正常寫作者比較起來：(1)所用時間相近（前者用十分鐘，而後者用十一分鐘）；(2)兩者被評定其作文品質的分數差不多；(3)兩者的校樣編輯方面的修正總量也大約相同（兩組幾乎都沒有修正）。

由此研究顯示，當寫作作業很短很簡單時，成人並不太去回顧他們所寫出來的文章。

㈡兒童的回顧歷程，「偵錯」易而「訂正」難。

國小的學童要先能確認文章中的問題，才能進一步訂正這些

問題。根據蓋聶（1985）的研究，要四到六年級學生評估及訂正文章中的錯誤，結果如下表7-4：

表7-4 各年級評估文章錯誤率的比較

	正確評估－錯誤評估	正確訂正－錯誤訂正
四年級	85％－15％	23％－77％
五年級	93％－7％	47％－53％
六年級	100％－0％	64％－36％

（採自E.D. Gagn'e, 1985）

表中結果顯示，即使只是四年級的學生也已很能辨認出錯誤（85％），然而他們却不太能成功地訂正他們所辨認出來的錯誤（失敗率達77％）。能完全辨認錯誤的六年級生，其訂正正確率只達64％。但比較低年級，已是大進步了。

Bartlett（1982）也曾廣泛地進行一系列研究，探討三到八年級學生如何修改文章。第一個研究是，四、五年級學生被要求改「他們自己」的及「老師給的」文章，其中含「造句學」的及「指示物」的錯誤兩類，結果如下表7-5所示：

表7-5 偵錯文章百分比

	偵出錯誤的百分比	
	指示物錯誤	造句舉錯誤
自己的文章	17％	53％
別人的文章	73％	88％

由這個表顯示，學生指出別人文章的錯誤遠比指出自己文章錯誤容易；而指出造句學的錯誤又比指出指示物的錯誤容易（尤

　　其在自己的文章中的差距更明顯）。顯然，要指出自己文章的指示物錯誤，對兒童來說是一件特別困難的事。

　　Bartlett（1982）所報告的另一個實驗之中，研究者給兒童八段文章供他們修正，每一段文章都有一個罕有的「指示物錯誤」，而不能以一般的修正策略來修正。圖7—13敍述五到七年級的改正成績，寫作者分平均數以上的及平均數以下的兩組。而如同預期，平均數以上者改正的錯誤的比率大約兩倍於平均數以下者，且較高年級者改正的錯誤的比率也兩倍於較低年級生。但是，即使是最高年級和最優等的寫作者，也只能正確改正「指示物錯誤」的 36%。

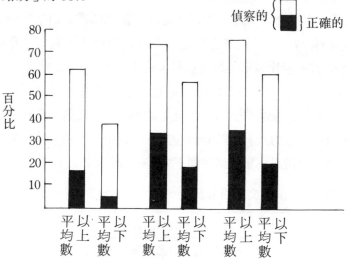

（採自Mayer,1987.林清山譯，民80）（Bartlett,1982）

圖7-13　偵察與改正的指示物錯誤

（三）修改歷程的時間和種類

　　Nold（1981）提出的一篇研究，以九歲和十三歲的兒童為

對象，要求他們寫出一篇有關月亮的科學報告。研究者告訴學生：⑴他們有十五分鐘的時間去用鉛筆書寫報告；⑵然後，再有額外的十三分鐘以鋼筆加以修改。這項研究有個令人驚訝的發現：有 40％的九歲小孩和 22％的十三歲小孩在十三分鐘修改時間內都沒有做出修正的動作。Nold 指出，事實上，很多的修正是在十五分鐘的書寫時段內進行的。另外，這個研究還發現學生修改的各類型的百分比，如表 7－6 所示：

表7-6　兩個年齡組所做的修改的類型

修改的類型	進行修改的學生百分比	
	九歲組	十三歲組
美化的	12％	12％
機械的	28％	49％
文法的	22％	37％
連接的	20％	22％
資料的	25％	48％
文體的	26％	53％
轉換的	6％	24％
組織的	7％	18％

（Nold,1981）　（採自 Mayer,1987.清山版民80）

　　另一個研究（Stallard, 1974）曾經比較具寫作技巧的十二年級學生與另一組隨意選取的十二年級學生的寫作表現。當然，如同預期的，技巧組用了更多時間（41 分鐘比 23 分鐘），產生了更多字（343 字比 309 字）。而令人注意的是，技巧組的修正次數爲另一組的三倍之多（184 比64）！事實上，少於一半的控

制組學生會回頭查看我們所寫的，但技巧組則大部分都會這樣做。

Sommers（引自 Nold, 1981）的研究顯示：有技巧的與缺乏技巧的成人寫作者的不同處，在於他們修正的品質。有技巧的寫作者會先做整體的改正，然後才做局部的改正；換句話說，他們會先增加、減少或重新安排文章的大串節，然後更改特殊的用字。而相反的，缺乏技巧的人則把注意力放在「尋找正確的字」以及正確的文法；他們很少會增減段落，甚至改變句子的結構。

第四節　中國語文能力的發展與研究

壹、中國文字在認知上的特徵

中國文字構造的法則有六種，古人稱爲六書。包括：象形、指事、會意、形聲、轉注、假借。東漢許慎說文解字敍中說：「倉頡之初作書，蓋依類象形，故謂之文；其後形聲相益，即謂之字」。其中象形和指事都是字形不能再加以分析的「獨體」，稱爲「文」；會意和形聲都是字形可以分析的「合體」，稱爲「字」。以上四種是造字的基本法則；轉注和假借則是文字構造的補充法則；「依類象形」的方式有兩種：一是象「具體」之形，謂之「象形」；另一是象「抽象」之形，謂之「指事」。而「形聲相益」就是形與形的相益，即「會意」；形與聲的組合，即「形聲」。「轉注」和「假借」是文字運用的法則。轉注是「多字一義」，假借是「一字多義」。

象形和指事所造的「文」，多緣事物造形；用簡單的幾個筆

劃，將事物的特徵轉變爲文字圖繪。這個過程包括「擷取特徵」及「表達知識」，都必須基於對自然事物深入正確的了解。

象形字可分爲依天象、地理、動物、植物、衣服、宮室、器物等所繪製者，每一象形字都蘊藏著對該事物了解的知識，而這些知識不只用來認識此字，更用以與其他字區別，以及孳生新字之用。如日（☉）、月（月）、雨（雨）、木（木）。

指事字所蘊藏的知識，可比照象形字的方式表達。分爲：一種是純粹用記號表示事情的文字，如上（上）、八（八）。一種是在象形字上加上一部分符號以表示事情的文字，如旦（旦）、立（立）、本（本）。指事與象形所不同者爲：指事字已開始表示抽象的概念、語意基礎與概念屬性，而象形字多表實體。

會意字依然因襲圖繪的特色：以字根之間相對的位置來表示一些訊息，如祭〔祭以手（右上又爲又）持肉（肉在左上）以享神祇（示在下方）〕、安（女在家中，平安狀也）。這些字都是一幅圖畫，而圖中所繪的都是在特別時空下，某一個狀態的「快照」。爲了要使人人懂，且都能心同此理的認識這些字、用這些字，圖繪所表達的「快照」就必須要通俗、客觀、據實，而且容易使每一個人的第一感，就會聯想到該字的語意。

形聲字的處理方式與會意字類似。形聲字的聲符是語根之所寄，語根相同的字，意思往往相同。聲符除了表聲以外，更有表義的功用，如江河，用水作形符，表示屬於水類；用工、可作聲符，表示江河二字的字音；咆、哮二字用口形作形符，表示和口有關係，用包、孝二字作聲符表示咆、哮二字的字音。從語言心理學的角度來看，不同的音素會給聽者不同的感受。如凡有 m 或ㄇ音的字，多有廣泛沈悶的意思（如渺、茫、夢、寐、莫、綿

等 ）；凡有 ts、s 或 ㄕ、ㄒ、ㄑ、ㄐ 音者，多有尖、分碎之意
（ 如小、纖、散、沙等 ）。有些字，在字根上或難求其意，此
時，只得求諸於語根，而求諸語根，則音義之源已現，必可求得
該字之意義。

　　轉注字是指兩個字在字音上有同音、雙聲或疊韻的關係，意
義又相同或相近，却因爲時間的變遷或地域的不同；分別造出了
形體不同的字，彼此便可以互相注釋。如「 考 」、「 老 」兩個
字，在字音上有疊韻的關係（ 韻母皆是ㄠ ），且又都有「 年紀
大 」的意思，却分別造了兩個字，因此可用「 考、老也 」、
「 老、考也 」來互相注釋。再如「 追 」與「 逐 」兩個字，在字音
上有雙聲的關係（ 聲母皆是ㄓ ）且又都有「 趕上去 」的意思，故
兩字可互相注釋。因此，轉注是「 多字一義 」。

　　假借字本來並沒有爲某個事物造出文字，但是已有代表這個
事物的語言，後來就借用與這個事物同音或聲音相近的文字，這
表示這個事物的意思。如「 令 」的校意是「 發號施令 」，「 長 」
的本意是「 滋長 」，引申爲「 高大 」；可是在漢代，人口在一萬
戶以上的大縣，縣裏的最高行政首長叫「 縣令 」，人口在一萬戶
以下的小縣，縣裏的最高行政首長叫「 縣長 」。原來並沒有爲
「 縣令 」的「 令 」、「 縣長 」的「 長 」造出文字，但由於縣令可
以發號施令，縣長的地位在縣裏是最高大的，所以就用聲音相同
的 發 號 施 令 的「 令 」和高大之意的「 長 」字，做爲表示縣
「 令 」、縣「 長 」的意思。像這例子，便是假借，所以假借是
「 一字多義 」。

　　從上述六書中，先賢造字，在文字的結構裏表現出對事物真
象客觀正確的體認，對於人倫、文化、社會的觀察充分表現人本

文化精神，在文字孳乳方面更顯出卓越智慧和極其科學的內涵。我們深切體悟下列幾點：㈠中文構字以知識爲基礎，構詞亦然。且由具體實物進而引申到半抽象半具體再進到抽象意義的創意過程，頗能適合學習的原理。㈡在中文構字中，形、音、義三者無親疏之分。㈢我國文字結構，是一個典型人用的知識表達系統，它與人工智慧技術可相輔相成。

貳、中國文字的認知發展

　　從教育心理學的觀點而言，從事國語文教育者，會想到兒童們在實際的語文使用上，究竟能將其所學在口語、閱讀、書寫等方面實際運用多少？這一類的問題可視爲「常用字彙」研究的問題。綜觀歷年來學者們對字量研究來看，一般生活中能用到的單字，約在三千到六千之間。但學習者對數以千計的單字，學起來的負擔，必定沈重。究竟有多少的字必須學習？又那些字應該先學習，那些字留待以後學呢？這些都是值得去探討的。

一、字彙的意義：

　　字彙的涵義，是指某一個人或某一個團體在其語文行爲上所能使用的全部字量。就語文行爲上所能使用的形式言，又可分爲主動的語文以及被動的語文兩類。而在主動語文中，用口語或文字方式表達時所實際使用的單字數量，稱爲〔主動字彙〕。而在被動語文中，經由視覺感官對語文符號所能認知單字的數量，稱爲〔被動字彙〕。一般而言，被動字彙常較主動字彙爲大，這又以幼兒的口語字彙爲然。當幼兒兩三歲時，雖不能暢所欲言的用口語表達其意志，却大部分能了解別人所説的內容。

　　常用字彙是指個人或團體在其字彙範圍內較常使用到的單字

數量。亦即在其所具有的單字數量中,有些是經常使用的,有些是很少使用的。不過,所謂「常用」又是一個比較性或相對性的概念。常用標準之建立,應與語文使用者的程度,使用字數數量,及使用者字彙的大小等變項有關係。

二、相關研究

根據張春興、邱維城在「國小中高年級兒童作文常用字彙研究」中,以國民小學中、高(三、四、五、六)年級兒童為對象,以其在不同情境下之作文為材料。其目的在研究兒童書寫之常用字彙,並進而分析其隨年級發展的情形。其研究以兒童二百人,在五種情境下各做作文五篇,二百人計得作文一千篇。經統計分析後獲得如下之結果:

1.全部資料共計 195769 字,不同之單字為 2209 個。

2.小學兒童作文字彙隨年級而增加,但由中年級轉入高年級時,所增者較少。

3.單就字彙言,各年級男女兒童無顯著差異。

4.最常用之 100 字,其筆劃之平均數遠較一般單字為少。兒童最常用百字之平均筆劃為 8.5。

5.單獨出現於本研究的三十八個單字中,有六個單字(媽、爸、老、師、玩、吃)特別值得去注意。從兒童語言以及生活環境的觀點而言,這六個字是最重要的。

從語文習慣及語文功能的觀點而言,單字只能視為語文的最基本單元,不能視為語文的全部。在實際語文使用時,個人用以表達意志者,多不是孤立的單字;而是由單字組成的辭或句。在國語文中多須靠虛字辭才能表達出完整的意義。單字成辭後,很多先去其原單字的本意。(如:老,老鼠,老板,老實)。因

此，若從兒童語文質的發展或其複雜性的觀點言，字彙本身的研究，其價值是有限的。

叁、作文能力發展

我國作文教學由國小一年級即開始實施，對於作文教學之成效，教育部公布六十二、六十六、六十八學年度「國小六年級學生國語文能力評量總報告）（民 70）指出：在有關選詞、造句、文法等語言結構和修辭能力方面，已達到及格的水準；另一方面在「依題意，寫作題旨」和「依題意，訂綱要」等文學發展能力則不及格。此一客觀事實至少包含下列兩個意義：一、修辭能力並不等於作文能力，教師大多在努力幫助學童充實語彙句法而非作文。二、在作文教學過程中，忽略了某些重要的因素，導致作文教學失去平衡。因之，教師如何確認兒童的作文能力，及如何設計一套符合兒童需求的教學策略是極重要的。

一、提早寫作

提早寫作是兒童正式進入作文前的預備。此階段之兒童在國小一、二年級，正值皮亞傑的前操作期，兒童雖能運用簡單的符號，但認識的詞彙有限，尚不能組織一篇結構完整、內容充實、文情並茂的文章。此時，圖書對兒童理解口述散文有積極的效果。能使兒童獲得作文的主題或大綱。可是在細節修辭表達方面却很薄弱。

提早寫作可分為看圖作文與非組織結構寫作，現在分別說明於後：

1.看圖作文

圖→用眼睛去感覺→零碎的概念→教師統整組織→師生共同

修正。

　　2.非組織結構寫作

①句子完成

例：a.我希望爸爸親我時把鬍鬚刮乾淨。

　　　b.我希望奶奶常來我家，媽媽就不會打我。

②詩歌方式：

例：a.月光是一位慈愛的母親，晚上透過窗戶，照耀我們，
　　　　並送我們進入夢鄉。

　　　b.風是個頑皮的小孩，把王伯伯的帽子吹上天，把李
　　　　太太的衣服吹上天，把哥哥掃好的樹葉吹散了，風
　　　　實在可惡。

二、中年級作文

　　此期之兒童屬具體操作期，兒童的認知依賴對實物的觀察和操作才能發揮。因此以記敍文爲主。

　　1.以人爲主的記敍文：先寫家人再及其其他有關係之人。

　　例：媽媽的手　粗心的弟弟

　　　　我家對面的豆腐孀　可憐的明雄

　　2.以物爲主的記敍文

　　　　我的破鞋子　爸爸的煙斗

　　3.以景爲主的記敍文

　　　　春遊阿里山　關山夕照

　　4.以事爲主的記敍文

　　　　一件糗事　最難忘的一件事

　　5.以情爲主的記敍文

　　　　小黑　憶臭頭發

三、高年級作文

　　屬具體操作期後半期，使用語文或符號的能力逐漸增強，開始有簡單的抽象思考能力。這是基於兒童得到充分的物體經驗，和社交經驗條件發展而成。此期可以嘗試寫論說文，先從說明文開始，運用自述的方式表達真實的生活經驗。例：鉛筆的自述、垃圾箱的自述。次寫議論文，例：我看天安門事件、交通安全之我見。

　　兒童作文除本身認知觀念的成長，教師亦應主動培養其創造性。教材之設計、學習情境之安排、教學活動之進行，皆在影響兒童的興趣潛能之發揮，因此不可不慎。尤應注意下列幾點：

1. 在寫作前之準備階段，提供兒童自由自在探索寫作本題之情境，能隨心所欲去探尋、覺察並界定其主題。

2. 在孕育階段，教師扮演催生的角色。輔導兒童將下意識的感受呈現出來，並設計一個暢所欲言的情境。

3. 在寫作中，教師發揮備詢的功能，提供適度的建議或支援。

4. 寫作完成之評鑑階段，教師提供一個作者與讀者交互作用之情境，給予作者適度的回饋，對於作品的特質與內容形式予以多角度的思考，刺激其變通調整、重新檢視作啟加以修訂之能力，並增強他下一次寫作的動機。包括教師在內，每一個兒童均是作者，同時也是讀者。教師一方面分享兒童寫作的喜悅，並誠實告知他的感受，如此雙向交通，可促使兒童之作文能力進步。

【參考文獻】

王萬清（民71）國小兒童之「人物」、「場景」寫作能力發展
　　研究。台灣省國校教師研習會。

林清山譯（民79），教育心理學。台北，遠流。

陳英豪、吳裕益、王萬清（民78），兒童寫作能力測驗編製報
　　告。初等教育學報，第二期，頁1-48，台南師院出版。

曾志朗（民80），華語文的心理學研究：本土化的沈思。載於
　　楊中芳與高尚仁編，「中國人·中國心」——發展與教學
　　篇。頁539-582，台北：遠流。

張春興、邱維城（民61），國小中高年級兒童作文常用字彙研
　　究，師大教研所集刊，14期。

蘇宜芬（民79），後設認知訓練課程對於國小低閱讀能力學生
　　的閱讀理解能力與後設認知能力之影響。國立台灣師大心
　　輔研究所碩士論文。

謝清俊（民76），從人工智慧角度談中國文字蘊含的知識結
　　構，中央研究院（未出版）

Barron, R.W. (1986). Word Recoghition in Early Reading.
Cognition...

Dillon, R.F. & Sternberg R.J. (1986). *Cognition and
Instruction.* New York. Academic Press.

Gagné, E.D. (1985). *The Cogritive Psychology of School
Learning.* Boston: Little Brown & Con. Hillsdale:
L.E.A.

Gregg, L.W. & Steinberg, E.R. (1980). *Cognitive Processes in
Writing.*

Juel, C. et al (1986). Acquesition of Literacy: A longitudal Study. *J. of Edu. Psy.* 78(4) P.P. 243–255.

Juel, C. (1988). Learning to Read and Write: A longitudal of 54 Children from First through Fairth Grades. *J. of Edu. Psy.* 80(4). P.P. 437–447.

McCutchen, D. (1986). Domain Knowledge and Linguistic Knowledge in the Development of Writing ability. *J. of Memory and Cognition,* 25, P.P. 431–444.

Seigler, R.S. (1985). *Children's Thinking.* N.J.: Prentice Hall.

Sincoff, J.B. & Sternberg, R.J. (1987). Two Faces of Verbal Abilities. *Intelligence,* P.11, 263–276.

Taylor & Taylor (1983). *The Psychology of Reading.* N.Y. Academic Press.

Wu, R.J. (1985). *The Development of Metalinguistic Awareness of Chinese Words.* AREA, 1985.

V 字作業量表

語文能力發展

一、知識：

個體能有效的經由語言和文字將所欲表達之意念，正確精準合宜的傳遞出去，以達到溝通的目的。

二、參考書目：

陳李綢（民 85）：語文能力發展，認知發展與輔導。台北：心
　　　理出版社。

三、建構圖：（見頁 408, 409）

四、重要概念：

「音樂覺知」乃指個人在進行閱讀時，對於每一個字及其相對應的音，能夠覺知的程度是閱讀能力的先備。

五、結論：

語文能力是指個體用語言與文字的能力，其中語文能力須分爲兩部分：「語文流暢」及「語文理解」兩種能力，「語文流暢」是指個體語言表達流利的程度，包括「說」與「寫」的能力，而其中「說」又影響「寫」的能力；「語文理解」是指對語文材料接收的能力，又分爲「聽」與「讀」的能力，而「聽」的能力又影響「讀」的能力。

口語表達能力是書寫能力的重要基礎，而聽力理解又是閱讀理解的基石。因此，是否能有效達成溝通之目的，均不可偏失一方，應雙管其下，重視兒童「聽」、「說」、「讀」、「寫」能

力之培養。語文能力是一個連續性、動態性交互且連貫作用的歷程，而不是間斷性的。成人與兒童在寫作之偵錯及改正部分，顯然有明顯的差異；成人在寫作簡單的作業時，極少做修正的工作，而兒童的回顧歷程，「偵錯」易而「訂正」難。

關於修改的過程，有研究（Nold）指出修正是在十五分鐘的書寫時段內進行；同時九歲與十二歲組兒童分別在機械的與文體的二種修改類型上佔較高的百分比，九歲組佔 28％，十三歲組佔 53％，九歲組在「組織的」修改類型上只佔 7％。

作文能力的發展，根據教育部六十二、六十六、六十八年所做之「國小六年級學生國語文能力評量總報告」中指出，在「依題意，寫作旨趣」和「依題意，訂綱要」等文學能力不及格，究其因，是教師在教學中忽略了一些重要因素，導致兒童的作文能力低落。這其中顯然告訴我們，修辭能力並不等於作文的能力，教師們太重視語彙、句法的充實而忽略了兒童的認知發展階段與語文能力密切相關，應按其不同階段之特徵給與適合其能力之作文教學，方是作文或寫作教學的真諦。

六、心得：

由於兒童作文的能力與其語文能力有密切關係，教師應掌握教材的設計、學習情境之安排及教學活動的進行，讓兒童自由去探索作文題意，並扮演諮詢的角色，提供建議，在作文完成階段結束之後，應該給予一個回饋的機會，做為增強兒童寫作能力及意願，在彼此交互溝通之下能讓兒童敏銳的覺察自己進步的情形，同時多鼓勵兒童運用自述的方式表達其生活經驗，間接舒緩兒童的情緒，未嘗不是一種新的嘗試。

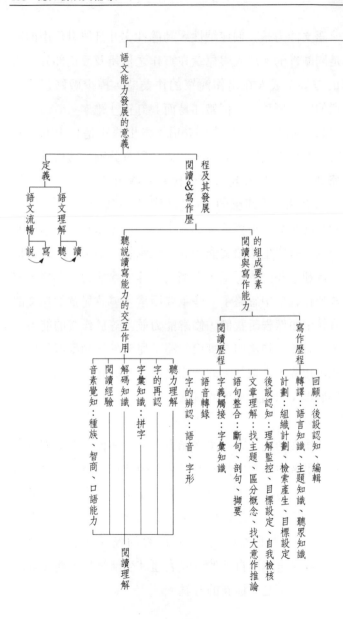

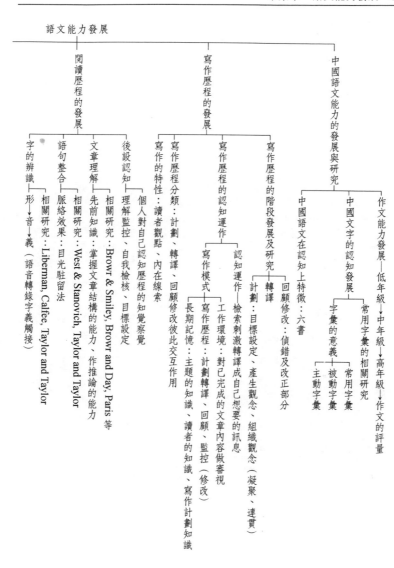

語言發展

■流程圖

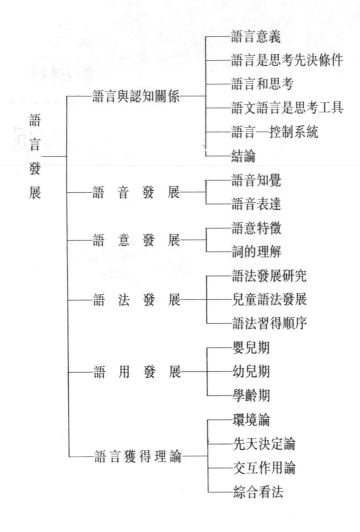

　　語言是人類生活中，人際交往的工具。語言不僅用來傳達意見，表示感情，而且能在適應困境而解決問題時作爲幫助思考的工具。因此，語言是人類與其他動物區別最大的特徵。語言和思考有密切的關係。但是語言是思考的先決條件？或是語言是思考的呈現方式？心理學家和心理語言學家各有不同的看法。本章將分別探討語言和認知關係，語言能力的發展歷程，及語言獲得的理論與相關研究等問題。

第一節　語言與認知關係

壹、語言的意義

　　一、Sapir（1921）認爲語言是人類表達及溝通其意念、感情及慾望的一種方法，這種方法本身的形式是一個符號系統，而這些符號則是人在自主而有意識的情形下由「發音器官」所發出的聽覺上的訊號。

　　二、Tranger & Smith（1942）認爲語言是一羣人互相合作

而使用的一種任意的聲音符號系統。

三、DeSaussure（1959）觀點：語言是人類說話功能的社會產品，同時也是促使人類使用這種語言功能約定俗成的規則。

四、Alber Cook（1969）說：語言是任意的聲音符號以及語法信號的系統，是一個語言社區中的成員跟其他成員溝通訊息、相處及傳播文化所使用的方法。

五、英國人類學家泰勒（Tylor, 1969）認為語言是用「有音節的音」來作為意義的表現。

六、歸納各家說法：語言是用聲音符號，表達人類思想和感情的工具。其範圍包括啼哭、手勢、臉部表情，態度、感嘆，有音節含字義的說話和書寫、繪畫等。

由以上這些定義中，可知語言的共同因素包括：

1. 語言是有系統的。
2. 語言是以聲音為傳訊的符號。
3. 語言是約定俗成的規則。
4. 語言是人的自主而有意識的行為。
5. 語言是與文化有關的社會行為。

貳、語言是思考的先決條件

語言對思考而言，不僅只有簡單的相互關係，更有其必要性；這種觀點在很早以前就有了。

一、亞里斯多德的觀點

亞里斯多德（Aristotle）認為語言在教育上有其重要性。他觀察一些耳聾者不能說話，因此無法接受教育，社會地位也因而

不受重視。他認爲沒有語言的人，即缺乏思考能力。語言及思考是與天俱來的本能，而不是後天習得的。亞氏的論點強調語言是思考的先決條件，同時語言發展中生理基礎的重要性。

二、古羅馬人的態度

古羅馬人的法律將聾人歸類爲心理缺陷者，因而一些法律上或社會上的權利被剝奪。由羅馬人擁有權利不同，便可知語言與思考的密切關係。

三、Sapir 和 Whorf（1921）的語言觀

Sapir 和 Whorf 兩人語言觀的重要觀念有：

㈠語言決定論（linguistic determinism）

高層次的思考依賴語言。

㈡語言相對性（linguistic relactivism）

不同的語言導致個體所知道的世界有不同的架構。

㈢語言分類的兩個向度：字彙的和文法的。

字彙的（lexical）有：係指字辭如何敍述一些分類的物體。例如，愛斯基摩人將不同的雪，依其形狀、結構不同給予不同的名稱；然而在英文中，便只以 snow 來表示。

文法上的（grammatical）：係指某些字以一些特定的方式運用，或特殊的語言架構以傳達特殊的意義。例如：英文中以動詞時態的變化來表示時間的不同；中文則是加上一些昨天、明天之類的時間副詞。

㈣人類的思考和感覺及表達方式的決定因素

⑴個人的歷史背景

⑵外在世界的真實發生事件

⑶特殊社會所要求的語言習慣型態：例如在顏色的分類便依

不同的語言而有不同的分法。

英語

Purple紫	Blue藍	Green綠	Yellow黃	Orange橙	Red紅

巴斯語

Hui 綠色帶	Ziza 黃色帶

　　因而兩位學者認爲語言會影響一個人如何表達他的觀念。例如在英國和北美印第安人中，表達到某一個地方的方式就大不相同，於是兩位學者指出的英國式思考和北美印第安人思考之間的不同，常在語言當中顯現，也就是在語言型態上的差異，通常後者要較前者爲特殊。

(五)批評

　　儘管 Sapir-Whorf 理論盛行一段時間，還是受到一些批評，最近的理論指出這個理論，在一些基本概念上意義含糊，即使我們接受了它，卻可能會遇到一些似是而非的問題。有關顏色分類的跨文化研究，結果與前面的研究結果相反，顯示出一般性的知覺和認知因素確實會產生類似的顏色分類型式，至少在主要的或基本的顏色是一致的。

四、Bruner 的觀點

　　Sapir-Whorf 的假設將語言認定會限制思考；但卻有學者持著相反的觀點，認爲語言在思考當中有釋放的效果。在促進發展歷程這方面，Bruner 強調表徵這個在構成思考當中的主要角色，能形成小孩思考有彈性。表現自我世界的需求，是一個人生存的先備條件，而表徵能力是一種工具，處理我們經驗的總結方

法，而它具有三種表徵方式。

(一)三種表徵方式

(1)動作表徵

表示與周遭事物直接接觸或經由實際行動，才能感覺事物的存在。例如：「結」就可以以一個打領帶的動作來表示。

(2)影像表徵

應用視覺聽覺以影像或空間基模來代表外界事物。如「結」便可以童子軍手冊中繩結的圖示表示。

(3)符號表徵

將語言符號代替具體的心理、影像作爲思考工具或代表事物。例如爸爸教哥哥打領帶時，他可能會一邊說先往下…過去…繞一圈…再穿過去。

(二)語言和智力的關係

布魯納早期對於小孩由影像表徵轉換到符號表徵，感到十分有興趣。他相信採取語言符號系統的小孩子，能夠從直接的情境中釋放及運用語言，小孩能推理未來，考慮未來的情境，而不只考慮現在。

布魯納認爲並不是智力結構會促進語言發展，相反的，語言發展釋放了智力。

他和他的同事，將焦點放在問題解決的知覺特徵和小孩語言支配能力不同的影響。確實，也有一些關係被觀察出來。例如：讓小孩看一個兩個向度的矩陣，五～七歲的小孩很快便能從記憶中，將它重新建構；但如果要求小孩以逆向重造矩陣，五～六歲的小孩便會失敗，但較大的卻成功了。因爲較小的兒童專注於語言或形狀的重建，但較大的孩子便能將關係抽像化，以利於變化

矩陣的陣式。而且發現能清楚用口語敍述表達的兒童,便能使用逆向重造矩陣的方式解決問題。

這個結果獲得支持,也和皮亞傑的研究相似,就是年幼的兒童易爲知覺訊息所疑惑。但與皮亞傑不同的是,布魯納相信不必等到特定的階段,便能改善其表現;語言本身便提供了促進思考形式的架構。

叁、語言和思考:普通心智活動的顯現

一、皮亞傑觀點

許多社會科學家發現,隨著語言的習得,兒童思考的範圍和速率迅速增加。因此他們易將這種現象歸因於語言的發展。而皮氏則堅決認爲語言並不構成邏輯思考的來源,語言反而是由思考所構成。他指出感覺動作期發展的智力結構形成了符號表徵,此種符號表徵使兒童用以代表不在眼前出現的物體、事物或人物。由於符號功能的展現,語言乃得以隨著心理意象,延宕模仿,符號遊戲等發展。此爲皮氏不同意語言構成思考來源的一項理由。

關於符號功能中的心理意像指的是物體和過去知覺經驗的內在表徵(符號)。但並不一定是那些物體或經驗的正確複本。繪製的圖形只是知覺的「模倣」,不須與知覺完全相似。以此來說,意像即爲一種符號,感覺運動期的幼兒尚無意像存在的證據,運思前期的意像主要是靜態的,動態的意像須至具體運思期才會出現。

再就延宕模仿而言,早在嬰兒三個月大時,就會試著模仿可看得見的他人所表現的行爲。只是真正具有心理表徵形式的模仿,則要等到他兩歲以後。而所謂延宕模仿即指隔段時間後才模

仿其物體或事件。如小時候玩扮家家酒或煮菜的遊戲即是。

　　另外，符號遊戲也只有模仿性質，是一種不曾在感覺運動期出現的活動，是一種假裝遊戲（ game of pretending ）。例如小孩常會拿著一塊積木當成車子來玩，並賦予在有關車子的各種性能等即是。此種符號遊戲的特徵還包括了遊戲者以自我爲觀衆的自我表現形式，無意與他們溝通。兒童此時以其獨特的符號，不受任何限制，來發明或建構他想要的東西或情境，如皮氏對其女兒的觀察中，其以嘴部開闔的動作代表火柴盒隙縫的張大或縮回的意念即是。基本上是一種把現實同化於自我，而不是調整自我以迎合現實（ 如延宕模仿 ）的歷程。

　　當我們考慮皮氏的主張時，須就敏捷的行爲（ 指具有手段—目的的行爲 ）與較高級思考形式兩者所需的語言程度加以區別。特別就後者而言，語言確有其必要，皮氏指出，缺乏構成語言符號表達系統，運思將維持在連續性行動的階段，無法統合成一致的系統。沒有語言，個人將無法藉由人際間的交流和合作調節自我中心的知覺與他人的知覺，以致發生衝突無法平衡。因此基於符號的精簡原則與社會調節的雙層意義而言。語言與精細思考是不可分割的。

二、相關的研究

㈠研究智力和語言發展一致性的相關實驗

　　1. Corrigan：研究三個超過十八個月的兒童，發現在其尋找消失物體與單字發音間具有相關性。如尋找車子口中唸「ㄅㄨㄅㄨ」等類似現象。另外，在感覺運動期之後期，兒童對某些特殊現象如消失（ allgone ）和再現（ more ）等運用字彙的增加。

　　2. Harding & Corrigan：研究發現嬰兒在因果關係概念的獲

得與嬰兒有意的口語化語言間有相關性。即口語化語言的使用可影響或加強某人的行為。如幼兒說「ㄊㄨㄊㄨ」，即可喚起母親注意並為之把尿；嬰兒期由嘴部吸吮類似「ㄇㄚㄇㄚ」的聲音，可能因母親一再的重覆與增強而成為正確的「媽媽」之發音。

3. Golinkoff & Kerr：還有一些研究支持無法運用語言的嬰孩可能發展出其對於特殊概念和便利語言獲得之間關係的意識。如前所述，無法運用語言的嬰孩很明顯他發展了此一概念，即口語化語言的使用可影響其他人的行為或可達成某種目的。即表示嬰兒能瞭解「主體—客體」之關係。（Golinkoff & kerr, 1978）

4.布魯納，相信主—客體概念的發展隱含於語言中，並藉由下列三種行為的交互作用而進行。

①嬰兒的行為

②母親對嬰兒行為的解釋

③嬰兒對母親解釋的反應

布魯納觀察在生命的早期，母親努力於用東西引起小孩的興趣，並希望從他們身上獲得預期的反應。當小孩開始想拿到他們想要的東西，母親就會解釋他們的行動是為一種請求。在這樣的模式運作，小孩慢慢要達到這種目標的行為是一種請求，當母親為小孩取到他想要的東西時，嬰兒即被鼓勵進入這種施與受的交互運作之中。在這樣的歷程中，看守小孩的人很重要，因為他將解釋小孩的反應，教導小孩改變溝通的原則（如改變以哭鬧要求物品的習慣），並進而限制其行為於可接受的溝通範圍內（如將其語言教至其他人也可聽懂的發音）。

一般來說，中等階層以上的母親較常使用較長的句子，較複

雜的結構和種類較複雜的詞語或用語來幫助孩子識別事物。而社會階層較低者母親忽視了語言對孩子的教育效果，或多採用命令、指示範疇的單向式語言，其實這種用語，對小孩的影響並不好。總之，母親必須注意自己的語言，使自己的語言能引起孩子的正常語言反應，避免造成兒童因過度滿足而驕縱或過度冷淡而自卑。

(二)正常小孩與特殊教育對象在語言及思考上之比較

此所指特殊教育對象乃指聾生及語障者，因為他們個體上的缺陷，導致他們語言發展能力受到阻礙。根據一些研究者假設：若語言及認知發展系統是各自獨立的，則不具正常語言者，他們的認知發展能力應不致受損才是。因此，從事這方面研究的學者便想驗證此種假設。以下將分別就聾生及語障者的語言及思考加以分析。

1.聾生

根據研究，發現聾生的守恆概念獲得及解決問題的技巧發展的較為緩慢，Furth（1964, 1971），認為與具體操作期發展有關的守恆概念，聾生的發展較常人慢六～十二個月，且牽涉到邏輯運思等須用抽象推理來思考，則其發展緩慢的情形會更為明顯，最多可到三年。Furth 及 Liben 又提及聾生概念獲得所以會較緩慢，是因其生活經驗有限之故，所以若呈現學習材料時，能有系統且說明問題的特徵，則其概念混淆的情形就不致發生。

至於聾童的記憶能力，雖然他們的語意時態的能力較差，但是隨著年紀的增長，他們會由使用非口語及視覺上之策略轉而使用符號表徵而來幫助記憶。Liben 的實驗，便是要求年紀較大者（約十二歲）的聾人，記憶一系列字時，結果發現他們所使用的

記憶策略，如複誦及主觀的分類能力皆和正常聽力者相同。

2. 語障者

如聾生一樣，語障者的認知發展亦較延遲，研究者進行研究時，所持的假設則是其感官、智力發展等皆是正常的，但因一些未知曉的原因，如大腦皮質的損害，導致其語言發展有障礙，Leonard（1939）發現他們在語言發展的各方面（如字彙、文法結構、語意瞭解上）都遲緩，然而，這點論證卻少有實驗能支持它。

所以「語言是認知發展的基礎」，以聾生作研究，並未得到支持，而用於語障者，其相關仍嫌低。但是，我們相信雖然其語文能力不佳，但他們仍然具有邏輯推理思考的能力。而語文能力與認知發展之間的關係也不是各不相干，所以我們不用爭論何者較重要，而需明白，除了認知與語言的關係外，父母親對兒童行為的反應、個體自我的觀念、教育環境……等均對個體認知發展有影響。

㈢語文訓練與認知發展的關係

經由語文訓練可以促進兒童認知發展的層次嗎？許多學者們欲證實這一點，若可獲個確證，則代表我們可以利用語文能力來訓練智力。

對於此點——語文規則的教學可以促進認知發展，皮亞傑派的學者並不十分贊同，因他們認為學習是從類似真實世界之情境中，不斷地自我探索而得來的，施予規則地的教學，而規則外的例外，是不能涵蓋於內的，因此他們不同意此點。不過，卻有研究支持了這一點，他們訓練兒童以倒轉、守恆、補償的語文規則，結果發現兒童的守恆概念被教會了。

Holland & Palermor（1975）的實驗想探討兒童守恆概念的缺乏，是否肇因於無"多"及"少"的概念。他們採用的受試者是視多及少爲同義字的五歲兒童，訓練他們區別兩字的不同；在此過程中，他們發現，孩子們很快地就學會了兩字的不同。然而，在現實生活中，卻仍不能好好地運用，其可能原因是兒童有他們自己一套思考的方式，而這絕不是外在力量所能輕易改變的。

根據上述所言，我們只能説語言及思考兩者是交互作用而來的，他們兩者間的關係非幾語便能釐清，但是我們可以肯定的是雖不懂語文的嬰兒，他們也能懂得主語及關係詞間的關係，且以此爲基礎來發展其語言。而語言環境對於兒童構造其對世界的概念是相當重要的。

肆、語文語言是思考的特殊工具

一、語文語言的重要特徵之一：時間上的連續性

此處的語文語言是指以口説或書寫表達的語言。若我們想和其他人溝通，我們必須將字及其他有關語言的記號以連續方式排列起來。因此，若我們想了解和其他人的溝通，我們必須將一些連續的訊息解碼。因此，一些研究者認爲語文編碼很適合於那些需要連續的訊息處理的認知工作。（Blank, 1974, Paivio, 1970），語文編碼不像圖像編碼是靜態的，語文語言是流動的，傳遞有次序的訊息。

以下實驗是爲了説明語文編碼在連續訊息處理工作中的重要性，Paivio, Philip Chalk, & Rowe（1975）提出一個實驗，他們將受試者分成三組，給受試者看十二個項目材料。第一組以畫圖的方式呈現，第二組則以項目的聲音（如鳥叫聲），第三組以

語文符號來呈現，每個項目呈現四十五秒，全部呈現完後，讓受試者作系列回憶或自由回憶。結果發現，在自由回憶中，三組的表現差不多，沒有多大的差別。可是在系列回憶中，語文符號組明顯的優於圖像刺激組。這種效果尤其在圖片的呈現速率阻止個體對項目自動的加以分類時特別明顯。

二、聾童與正常兒童的比較

另有研究者提出語文語言有利於連續的訊息處理的觀念。Oćonner & Hermelin（1978, 1973a）以聾童和正常兒童為對象，讓他們從一個從左到右的雷式儀器中看到一系列連續呈現的項目，呈現的時間和窗口的方向無關。Oćonner 和 Hermelin 發現，聾童傾向於以項目在空間上呈現順序來記憶。正常兒童則傾向於以時間呈現的長短來記憶。即聾童是一次同時處理很多訊息，是並列處理訊息。而正常兒童則一次處理一個訊息，是序列處理訊息的。但由此實驗中，不足以論斷Oćonner的觀點——語言是序列或以時間編碼的訊息的必備條件，因 Oćonner 和 Hermelin（1973）及 Jarman（1979）的實驗證明，聾童若能被鼓勵或教以序列學習法，他們也能以序列處理法來處理訊息。

三、解決策略的研究

用不同的知覺模式描寫訊息時，會促使個體採用不同的解決策略。例如聚集解決策略在提出假設及驗證假設解題的過程中，可經由語文語言的出現而獲益。（Gross, 1977, Lipsite, 1972）

伍、語言：一個控制系統

一些研究者認為語言是一個提供我們和他人及自己對自己的溝通方式。經由語言的內化，當我們在組織概念和其他行為的層

次時，可抑制某些反應。二個蘇聯心理學家更堅定了這個論點。
（Luria, 1982, Vygotsky, 1962.）。例如，Luria認爲語言的調
節作用使個體的語言由外在轉變爲內在的。

　　當我們在發展過程中，受別人的語言支配、管理，例如：父
母告訴我們做什麼、怎麼做，隨著個體慢慢的成長，行爲變得因
個體自己的語言化所引導。用語言表達思維。最初這種語言化是
外顯的。如小孩看著大馬路，然後大聲提醒自己：「別在馬路上
玩，如果你在馬路上玩，你就會被打屁股。」然後當我們長大
後，這種口語化的行爲就會內化而在無意識的層次來支配及調整
行爲。（Tinsley & Waters, 1982.）

　　Luria 的理論被使用來改變衝動型小孩子的行爲。Meichen-
baum（1977）認爲，衝動型的小孩（反應快但不正確），不能
適當的運用語言來調整自己的行爲。然而，衝動型的小孩和熟思
型的小孩在解決問題時，他們自動的語言化的量差不多。但在語
言化的質上則有很大的差別。Meichenbaum（1977）觀察在托
兒所中，衝動型和熟思型小孩的表現，發現衝動型的小孩的語言
和他手中的工作並無關係。相反地，熟思型的小孩則傾向於有更
多和情境有關的語言。

　　另外亦有研究指出，一些需要自我教導的語言化的工作會有
利於衝動型兒童對問題的解決。而這種改善和他們的自我引導觀
念發展有關。只聽別人教他們怎麼做，對小孩子行爲的影響不
大。若能讓小孩子提醒自己，這種方式對他們語言行爲影響很
大。（Cohen, Schleser & Mayers, 1981, Meichenbaum &
Good Man, 1969, 1971.）。

陸、結論

一、語言和思想的關係是複雜的，有些概念知識會影響語言發展，而一些語言環境亦對我們將經驗概念化的歷程有極大的影響。

二、關於語言與認知結構的交互關係，及認知結構組織是否由語言塑造的問題，是複雜而無法回答的。

三、語文編碼的形式（視覺或口語編碼）的提供對某些訊息處理是理想的媒介。

四、藉由語言系統的內化，個體可組織和調適行為。

本章將語言能力的發展分成四種歷程，即語言、語意、語法及語用四個階段，以下四節將分別敍述各階段的發展特徵及相關研究。表 8-1 即為語言能力發展程式架構。

第二節　語音的發展

音韻是一種語言的聲音，具有特別的結構，又稱為語音（phonetic）。不同的語言雖有很大的語音差異，然世界各地的語音發展過程仍相當一致。音韻的發展包括兩部分，即語音的知覺和語音表達。語音的知覺發生在嬰兒及幼兒階段，語音表達則是在知覺發展之後。本節將針對嬰兒及幼兒的語音發展加以介紹。

表8-1　語言能力發展模式架構

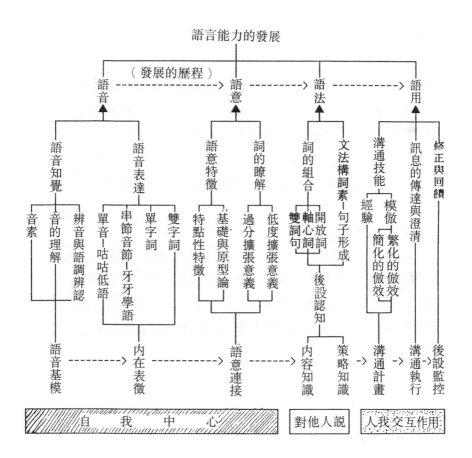

壹、語音知覺

　　由嬰兒語音的發出及始語（如ㄇㄚㄇㄚ、ㄅㄚㄅㄚ、ㄉㄚㄉㄚ）的判斷，推知大多數嬰兒所聽到的聲音有接收上的極限。但是根據傅來福（Flavell, 1985）的研究發現嬰兒對語言刺激頗爲敏感，他認爲新生兒很快就能辨別語音及非語音。例如：在新生兒的聽覺實驗中發現：㈠原停止吸吮奶的嬰兒，在聽到一段語音後又開始用力吸奶，且吸吮率增加；而聽到非語音的樂音時，則吸吮速率未有明顯變化。㈡正在聽母親說話的一個月大嬰兒，其肌肉運動的停頓會隨著母親說話的速率而停頓。由這些發現，以說明嬰兒具有語音分辨能力。

　　語音知覺的發展包括音素、音的理解、語音辨認與語調辨認等四部分。

一、音素的發展

　　音素又稱爲音位（phoneme），是聲音的基本單位。各種語音的音素均是有限的，如英文有四十六個音素，華語有三十七個注音符號。由音素的結合可形成各種語音。嬰兒最初的音素可能發ㄚ音、ㄅ音、ㄉ音及ㄇ音有關，因此嬰兒的始語是ㄚ，ㄇㄚㄅㄚ　ㄉㄚ等音。

二、音的理解

　　嬰兒的語音覺知與發音有密切關係，但最初所能覺知的與所不能表現的却有差異。八、九月大的嬰兒已開始表現出能聽懂成人的一些話，並作出相對的反應。然而嬰兒最初並非對語音的真正意義作確切反應，而是對包括在語音內的整個情境作反應。例如：母親抱著七、八月大嬰問：「爸爸在那裡？」時，嬰兒可

能把頭轉向父親。然後保持同樣音調及情景，用其他詞代替，嬰兒也始終不變的作出相應的反應，如問：「灯灯在那裡？」嬰兒也會把頭將向父親的方向。這種現象通常要到嬰兒十一個月大時，嬰兒才真正理解問語的意思。語音的理解有兩種爭論：

㈠Ladefoged & Broodent（1960）的研究指出：語音發展的初期，嬰兒並不是學習個別的，孤立的單音，而是學習如何說出一個詞，是經由學習詞來學習語音的。他們的實驗設計如下：

「將錄音帶錄好的句子中，選出其中一個音素，予以擦去，改以咳嗽音代替之，再放給受試聽。即使在播放之前，告訴受試咳嗽聲難免影響對語音的辨別。其結果發現：受試不僅理解句子的意義，而且根本未聽到咳嗽聲。此實驗的解釋是：人類對語音的理解，並非只是由聲音而單字，再由單字而句子依次去理解其意義的。事實上是具有相當成分的主觀意識的。

㈡訊息處理論的看法：個體所聽到的一句話，實際上是一連串的聲音。每一種語言的基本單位（即語音），就是檢索的指引。根據檢索的指引，在個人長期記憶中檢索出與語音相配的單字，再將多個單字組合而成句子。在記憶中組成的句子，在意義上與所聽到的句子是符合的，他就會理解他所聽到的句子，此即為解碼（decode）歷程。此種由基層的語音到整體語句的分析方式，稱為由下而上的處理方式（bottom-up processing）。而語言表達，方向則相反，則稱為由上而下處理方式（Top-down processing）。人類因為具有語音基模，因此在日常生活中，人與人溝通時，能聽懂別人所說的話。

三、語音辨認

兩、三個月大的嬰兒會從聽覺上對子音有分辨的反應（如 b

音—P 音，M 音—N 音，K 音—g 音），對不同的母音也有分辨能力。（Gibson, Spelke 1983），另外 Villiers & de Villiers（1979）證明語音的分辨能力是天生的實驗安排如下：

研究者給嬰兒聽一個人合成的音素〔b〕，幾分鐘後，嬰兒對此實驗感到厭煩，吸吮速率下降。然後再將實驗設計分成三種情境，再觀察嬰兒的吸吮速率變化。其結果發現：

1.改變音素的聲音，如〔b〕變成〔p〕音，則嬰兒吸吮速率明顯增加。

2.改變原先的聲音，但仍以「b」音有關，如原為 ba 音改為 bi 音；結果嬰兒吸吮速率未改變。

3.用原來聲音時，嬰兒吸吮速率沒有變化。

從以上實驗結果說明：由嬰兒吸吮的速率看出嬰兒對〔b〕及〔p〕這兩個屬於不同類別的輔音音素的辨別能力。分類的語音知覺（Categorical speech perception）是天生的知覺技能。它能幫助嬰兒獲得語音的編碼，在理解語音過程中具有重要性。

Gibson 和 Spelk（1983）研究指出嬰兒具有語音知覺是因為嬰兒掌握了區別性特徵（distinctive feature）學會的。一旦嬰兒學會兩個音素間的區別性特徵，他們就能迅速地把它擴展到所有按這個特徵來區別的音素中。如學會了「p」「b」的對比，同時就學會「d」和「t」的對比。

艾斯林等人（Aslin et al, 1983）估計嬰兒語音的辨別能力，在一歲以前就成熟了。這種驚人的技能和發展的一致性，使得語音辨認被認為是與生俱來的能力，對一歲以後的小孩，其神速的語言學習助益不少。

四、語調辨認

國語用聲調辨別意義，而西方語言則不用。故學國語的幼兒須辨別和發出不同的聲音，而學英語的幼兒却必須把不同聲調的語音歸爲一類。聲調是幼兒最早學會發出的聲音。學習國語的幼兒最先學會一聲和四聲，隨後再學會區別二、三聲，約在四歲半左右即全部四聲部都學會了。（Li & Thornpson, 1977; Jeng, 1979, 1985; Hsu, 1985）。國內鄭恒雄教授（1987）研究發現：二聲的發展比三聲早，但當幼兒開始使用三聲時，會混淆二、三聲；這與學習變調規則的干擾有關。

貳、語音表達

嬰兒發出的聲音，雖不能算是語言，但在前語言階段（prelinguistic phase）它就以不同程度在某些方面表現出來，以爲以後說話的準備。新生兒第一個行爲表現就是哭。最初的哭是嬰兒開始獨立呼吸的標誌，是對環境的反射作用，或是爲生理需要而引起的對任何身體上不舒適的一種自然反應。

sherman 對嬰兒的哭聲作實驗：他把嬰兒分成四組，分別利用不同方式引起嬰兒哭。

第一組嬰兒用針刺。

第二組嬰兒用繩綑住手脚。

第三組嬰兒讓他們飢餓。

第四組嬰兒是抱到一定高度然後迅速往下降。

然後分別記錄各組嬰兒的哭聲，再請一些教師、醫生及學生等分辨這些聲音有無差別。結果發現：這些哭聲基本上無差別，音調也差不多。由此說明，嬰兒哭聲有分化與未分化兩種，一個月內的新生兒哭聲是未分化的。一個月後的嬰兒哭聲才逐漸帶有

條件反射的性質，出現分化的哭聲，但分化的情形仍很粗略。從第五週起，嬰兒開始發生一些非哭叫的聲音，先是發音器官的偶然動作，隨後因玩弄自己的發音器官而發出許多聲音。最初發出類似複元音的ㄚ、ㄛ、ㄝ、一等音，隨後出現輔音（cogenant）ㄏ、ㄆ、ㄇ等音。此階段聲音和舌唇等發音器官欠發達有關。由於嬰兒尚未長牙，故沒有齒音，而是一張嘴，隨著嘴巴張開大小及氣流由口腔中發出，即形成的零亂具反射性的聲音，根本不具信號意義。

　　嬰兒語音表達的過程，除了哭聲外，其發展過程包括四種：即單音發展，串節音發展、單字詞及雙字詞發展。

一、單音發展—咕咕低語（cooing）

　　嬰兒約一個月左右即開始發出×××聲和各種母音，有點像鴿子咕咕的叫聲，通常是吃飽舒暢安祥之表現。稍後，嬰兒喜與熟悉的人咕咕交談。Lenneberg（1967）觀察十二週大嬰兒似母音的發音（咕咕聲）可能持續十五～二十秒之久。此方面表達不受語言及方言的限制。

二、串節音發展—牙牙學語（babbling）

　　三到六個月大的嬰兒開始牙牙學語。這種語音十分複雜，成人無法了解他們說些甚麼。牙牙學語到一歲左右達最高峯，已能重複不同音節的發音，還能發出同一音節的不同音調。Villiers de Villiers（1978）認為牙牙學語的產生是受成熟的控制而非外在環境的影響。原因是全世界的嬰兒在此時期都有此種語言，而且這種語音表達在各地方都十分相似。另外即使父母是聾子與嬰兒本身是啞吧，他們也能發展出此種語音。由此說明，嬰兒的牙牙學語並非來自模仿，而是自發性行為。（Lenneberg, Rebelsky & Nichols, 1965 ）不過一般正常嬰兒所練習的聲音，會逐漸接近他所聽到的語音，而聾兒則因缺乏聽覺的回饋，而逐漸消失牙牙學語的現象。

　　嬰兒到十個月大時，牙牙學語有新的發展，嬰兒不斷地重覆一個音節，如ㄉ ㄉ ㄉ ㄉ 。這種回音（ echolalia ）的遊戲，有時是嬰兒自發的，有時是模仿別人的語音，此時期爲牙牙學語後期—模仿語期。直到一歲左右，大多數嬰兒才開始產生第一個被理解的詞，牙牙學語出現率開始降低次數。

　　Yasuko & Owade （ 1933 ）以日本一至三歲兒童爲對象，從事牙牙學語的縱貫研究發現：真正語音的發展與牙牙學語的減少模式，可作爲兒童表達能力水準的指標。其中智能不足的及自閉症兒童皆會停留在牙牙學語階段。

三、單字詞(one word utterance)發展

　　根據 Flavell （ 1985 ）研究指出：十到十三個月大嬰兒可說出第一個字或詞，即爲進入單字詞期。此一時期的前半段，嬰兒語詞發展較慢，可能二、三月才增加二十字。但後半段發展成長迅速，甚至平均每天增加幾個新詞，此時期的發展特徵是嬰兒只會表達一個詞，詞與詞之間都會停頓，通常是和動作緊密連結。

　　Greenfield & Smith （ 1976 ）認爲嬰兒說出一個字、詞可能代表一個句子，一個詞可能是語意，其意義是很豐富的。

　　中國兒童使用單字習慣使用疊音詞，如球球，抱抱。隨著不同情境，而有不同意思。

　　嬰兒單字詞的發展有共同趨勢，通常是以人物（ 如爸、媽 ）、食物（ 奶奶 ）、交通工具等名詞先發展，動詞發展較後。（ Hsu, 1985, Gentner, 1982 ）

另外，Clark（1983）認爲嬰兒的單字詞通常是日常生活中重要的、熟悉的、且顯著的事件或物體，譬如，家人（媽）、動物（狗），玩具（球）等名詞較多，而動詞較少見。

Bloom（1973）的看法與前述 Greenfield 的看法不同。Bloom 認爲幼兒不能流暢連續說出幾個詞的原因是受訊息處理能力或發音能力的限制，因此嬰兒無法表達太多的語意，而且當他們會貫串兩、三個詞的能力發展出來後，仍有許多單詞出現，表示嬰兒在單字詞的發展階段中，並不一定有意圖在說明整句話的意義。

四、雙字詞（txo-word utterances）發展

雙字詞的發展是從一歲半到兩歲之間的嬰兒開始，此時期嬰兒出現了由雙字詞或三字詞的組合語句。雙字詞的發展又分爲電報句（telegraphic speech）及雙詞句兩種。

㈠電報句發展

電報句的特徵是出現的字詞是斷續的、簡略的，結構不完整的字詞，類似成人的電報式文件。通常嬰兒表現的電報句都是缺乏冠詞、連接詞、助物詞或介詞等關係詞。而是應用實用的名詞、動詞、形容詞等內容。例如：①媽媽鞋。②爸爸車車。③狗狗玩。

㈡雙詞句發展

十八月後使用雙詞句的表達，最初的發展是緩慢的，爾後發展則是加速度發展。如 Braine（1963）的研究指出：嬰兒十八月大以後，每月的雙詞句總數是 14，24，54，69，350，1400，2500…在短短的幾個月內會有急速的增加。Braine 又將嬰兒雙詞語的詞彙分析爲軸心詞（pivot words）及開放詞（open words）兩件。軸心詞的範圍較窄，出現頻率高，且位置固定，不能單獨出現。開放詞的範圍較廣，出現頻率較低，可單獨出現，多爲名詞。Braine 認爲嬰兒語音的表達是以軸心詞與開放詞的組合爲主。例如：還要糖糖；還要是軸心詞，糖糖是開放詞。或如：爸爸班班；爸爸是開放詞，班班是軸心詞。以組合規則表達語言的過程，嬰兒是以自己意思表達，但是他們對於各種詞的抽象或一般性的意義未必瞭解。同一個詞未必代表相同意義。

　　另外 Brown（1973）的研究認爲嬰兒在雙字詞的發展代表嬰兒會使用一定的詞序來表達一定的關係。電報式字詞是以嬰兒早期對事物關係認知爲基礎的語意關係表達。Brown 認爲嬰兒使用的雙詞句通常在表達以下八種語意關係：

　　　　行爲者──動作；如：媽媽抱。
　　　　動　作──物體；如：打球。
　　　　行爲者──物體；如：媽媽娃娃。
　　　　動　作──位置；如：坐椅子。
　　　　實　體──位置；如：杯桌子。
　　　　擁有者──所有物；如：爸爸車車。
　　　　實　體──形容詞；如：大車車
　　　　指　示──實體；如：那車車。

　　綜合上述的研究結果可知：嬰兒對字詞的理解是語言發展中極重要的一部分，在表達方面，嬰兒在一歲之前還難以説出第一個詞，一歲半左右可以説出少數的單詞或雙字詞，但是從兩歲以後，幼兒的語詞急遽的增長。表 8-2 爲兒童成熟的指標與語言發展的相關表。

表8-2　　成熟指標與語言發展相關表

年齡	說話階段
12-12週 3-4mons	咕咕聲和咯咯笑聲。
20週	子音改變如母音之咕咕聲，和經常出現鼻音、唇音及摩擦音。
6個月	喃語類似單音節的語音。可辨認的組合音，包括ㄇㄚˋ、ㄅㄚˋ、ㄉㄚˋㄉㄧ—ˋ、ㄉㄨ等。
8個月	嬰兒樣喃語和一些回響語。
10個月	明顯的回響語及模仿語；接近聽到的語音，對語音會做區辨的反應。
12個月	鸚鵡式的重疊者；可能發出可辨認的始語對簡單的指令會做適當的反應。
18個月	有3～50個話語；一些二語句片語；聲音出現音調型態；對話的理解急遽增加。
24個月	有50個或更多的字彙可命名，或表達事情；自我敍述的二語句片語。
30個月	字彙成長比例比其他時期更多；和人溝通時可說得很清楚；慣用的句法有3、4或5個字，構音仍有許多嬰兒樣語，能理解周遭人的話語。
36個月	字彙可能超過1000；語法更像其周圍較年長；大部份話語易為周遭之年長者所理解。
48個月	除了構（發音）音外，語言系統類似周遭之成人而增加，可能開始發展自我流的話語和片語之修辭方式。

第三節　語意的發展

　　構成語意（semantics）的基本單位是詞位（morpheme）。詞位主要是由單字組成。華語中一個方塊字表示一個詞位，比較明確清楚，由兩個單字組成的詞，其詞位數則視情形而定；如「信紙」有兩個詞位（由兩個意義合成），但如「尾巴」、「椅子」則只有一個詞位（只表示一個意義）。專門研究詞位的知識，被稱爲語意學（sematics）。在英文，一個單字表示一個詞位；但英文詞位變化多，如字頭、字尾加字，三種時態，單、複數等，故英文常用字遠較中文常用字爲多。

　　本節將語意的發展分成語意特徵及詞義的理解兩方面來探討。

壹、語意特徵概念的發展

　　幼兒是如何學習到語言中正確意思呢？語意特徵概念的發展有兩種爭論，一種從特點性特徵說明語意的發展；一種則是以基模論與原型論推演方式說明語意的發展。

一、特點性特徵的觀點

　　一九六〇年代，美國愛丁堡大學語言研究小組認爲兒童語意發展是從各個關係詞的理解開始發展的，如多少、粗細、長短、先後等詞的比較，兒童通常以較特殊的特質式形象的詞表達。Donaldson & Balfour（1968）的研究也認爲幼兒的語意發展是最早認識正面的詞，如高低先學會「高」，長短先學會「長」，可見幼兒對詞的理解是先掌握較顯著或突顯的形象和特徵而獲得

概念的。

Clark（1973）認爲語詞的意義是由概念屬性或形象特徵（feature）組成的。幼兒通常先學會較籠統的概念屬性，然後再學會較細膩的特徵，此種現象爲特點性特徵發展。Clark又認爲一個詞的意義可分成很多小特徵，有些特徵是一般性特徵（和其他詞共有），有些是特殊特徵。而兒童最初學習詞意時不是一下子掌握所有的特徵。

例如，兒童認識「狗」的特徵是「四肢腳」及「能行走」兩種。因此他可能會將全部具有這兩種特徵的東西都歸屬爲「狗」。

隨著兒童所掌握的詞義特徵愈多，每一個新的特徵將限制這個詞的使用範圍，直到最後瞭解詞義爲止；兒童才真正具有語意能力。

二、基模論與原型論觀點

對於語意特徵概念的發展有另外一種不同的觀點，以 Rosch（1973）等人爲主，他們認爲一般概念沒有一組界定的屬性，概念與概念之間的界限是模糊的。語意的發展並非來自各種詞或概念的特徵的理解，而是從個人認知基模論中的原型（（rototype）和最佳舉例中分化而來的。

如：「鳥」字的認識→兒童的原型是：他有（沒有）翅膀，會不會生蛋，有沒有尖硬嘴巴……

可見得兒童的原型不一定與詞的意義結合，但是兒童可以逐漸從舊有基模中去推論或解釋詞的意義，而形成語意。

Nilson（1973, 1982），Greenberg & Knczaj（1982）的研究皆認爲幼兒學習語意，是以認知基模中的原型推論過程來揣摩

詞義。

例如：「狗狗」的概念，幼兒可能依狗的外型建立第一個原型式認知基模；爾後再漸漸累積與「狗狗」基模相關的經驗，逐漸修改成組型基模）而建立對狗字的理解及概念的形成。

從以上的爭論可知：兒童語意的發展是相當複雜的，這種語意發展與兒童的認知發展有著密切的關係。兒童認知結構或認知基模不夠豐富時，語意的發展可能受限制。

貳、詞義的理解

詞義的理解是兒童正確使用語言和理解語言的基礎，兒童獲得詞義的過程比獲得語言、句法的過程爲長。

根據 Nelson（1982），研究調查發展兒童早期的單詞性質歸爲六類，按出現頻率高低，依次爲普通名詞→特定的名詞→行動詞→修飾詞→個人和社交詞→功能詞等六種。

兒童詞義理解的過程有兩種現象發生：

一、過份擴張（over-extention）

兒童早期詞彙中普遍表現出對詞使用範圍的擴張現象。例如，他們不只是將「狗」稱爲「狗」，他們也會把牛、羊、馬等四肢腳的動物均稱爲「狗」。幼兒經常將各種動物視爲「狗狗」，所有飲料視爲「奶奶」，這種過份擴張現象，説明幼兒已開始有分類及組合的能力，隨著幼兒對詞義掌握更多的特徵或累積更多的經驗後，才真正理解詞義。

二、低度擴張（under-extention）

把詞的使用範圍縮小，對事物較嚴格的區分，即爲低度擴張的現象。例如：幼兒所謂的「媽媽」，可能只代表他自己的媽

媽。「桌子」是代表家中吃飯的桌子。對某些概括程度較高的詞如「動物」只能應用於最典型的對象。如，幼兒會將「狗」、「貓」視爲動物，但他們不認爲「蝴蝶」是「動物」。兒童對詞義理解的擴張或縮小範圍，通常發生在兩歲到六歲間。

　　兒童語意的發展是隨著所用語意的概念及理解的發展而成熟化。兒童的語音及語意發展階段可如表 8-3 所示。

第四節　語法的發展

壹、語法發展的研究

　　最先描述兒童語法習得的理論多注意語料及其分類，較少注意兒童的語意及交談內容。自從杭士基（1957, 1965）提出衍生轉換語法（generative transformational grammar）之後，可謂開闢了兒童語言研究的另一個新境界。

一、杭士基理論

　　在杭士基理論出現之前的研究主要有兩種情形。一種是日記式的記錄（diary studies），另一種是所謂常模式的研究（normative studies）。後者通常以大量的兒童爲對象，依兒童的年齡、父母社經地位、教育程度、性別、產序及智力等因素，以統計分析來處理這些因素與兒童語言平均句長、詞類運用、相異字數與總字數之比等變數的關係，但因研究方法上的限制，常模式研究對兒童最早說話的階段（即單詞或雙詞期）有普遍的忽略。

　　在日記式資料中，最有影響力的研究之一是 Stern and

表8-3　兒童語音及語意發展階段

年齡	發展內容
7歲	● 使用較多的內在語言（Internal language）（如思考）以及抽象觀念。 ● 語言發展，明晰度已近成人。
6－7歲	構音發展已很少錯誤。
5歲	學習簡單概念，如今天、大、小等。
4－5歲	● 繼續構音及文法的發展。 ● 說話可完全聽懂，但"ㄙ"、"ㄕ"、"ㄐ"、"ㄑ"等音通常仍有錯誤。
3－5歲	● 會問問題，如"誰"？"爲什麼"？"什麼時候"？ ● 可與陌生人交談。
3－4歲	● 使用較複雜的句子，句子結構可能仍有問題。 ● 個別字的應用可能仍有錯誤。 ● 明晰度：70％～80％。
2－2½歲	始形成文法句子，明晰度（intelligibility）：65％
↑2－6歲	構音能力的發展。
18－30個月	● 開始練習造句。 ● 24個月：鸚鵡式學語（Echolalia），即模仿成人說話，但又因記憶力短暫，只記得片斷。 　如：問"你今年幾歲"→答"幾歲" ● 18個月：喃喃兒語（Jargon） 　說話以1、2個字代表全部意思，即電報式講話（Telegnaphic speech），如"車車"，"要"，父母可完全聽懂，別人則可聽懂約25％。
12－18個月	第一個有意義字出現，如"媽媽"，"爸爸"。
4－12個月	● 8－12個月：開始語調的練習（Inflected vocal play），尤其是舌前子音如"Ba Ba Ba"以及舌後母音"Ka Ka Ka"的發展。發展社交性發音（Socialized vocalization）即由聽自己的聲音擴及聽其他物發出的聲音。 ● 5－6個月：開始會回應別人的語言，亦開始學習表達，對聲音亦有反應。
4個月	開始注意及聽環境中的聲音。
2－4個月	開始牙牙學語（Babbling）：嬰兒會發出簡單而無意義的單字，如鼻哼、咕嚕聲，此非經由學習而來，而純屬自我模仿，即當嬰兒聽到自己的聲音會覺得愉快而不斷的練習，但此時如一旦中斷，則會影響整個的語言發展過程。
出生	哭聲及愉悅聲：● 3個月內便可區分嬰兒哭聲所代表的意義。 ● 2週內的嬰兒會因餓、不舒服、刺激而哭。

Stern（1907）對三個學習德語的兒童的記錄。Stern 原來認爲詞類的出現有其不變的發展順序：如名詞最先，動詞次之，形容詞再次之。但事實上兒童早期單詞詞類的分界與成人大不相同，因幼兒可能用一個詞來代表不同意義，亦即幼兒的單詞具有成人的句子功能。

Greenfield 和 Pmith（1976）認爲 Stern 的失敗主要癥結是：他們只注意到幼兒早期語言發展之中心問題是語意的成長，並且認爲語法是源於較先出現的語意能力，但他們無法將較早出現的語意與後出現之語法之間的關係弄清楚。

De Laguna（1927）在討論句詞（holo-phrases）時，並不認爲幼兒初期所說的單詞皆代表句子，他將幼兒的句子區分爲指物（naming）的單詞與句詞的單詞，前者是早期幼兒對物與名之聯結的學習，而句詞則是事件、情景的意義來表達，他並且認爲指物的單詞在句詞之前出現。

把幼兒初期說的單詞認爲是成人句子的看法並非受到所有研究者的贊同。Jesperson（1922）曾對這種看法提出犀利的批評，他認爲幼兒的單詞所表達的意義雖然要成人用一句話來說，但這並不代表幼兒的單詞就是一個句子。否則拍手也可以成爲一個句子，因爲拍手的意義可能是「好！再來一個」。句子不僅要有意義，而且要有語法的結構，一個單詞可能有特別的意義，但不可能有語法結構，因而不能成爲句子。

歸納以上學者的研究重點可看出杭式理論出現之前、幼兒語言研究有幾個特點。

㈠語意是研究的中心問題之一，這是極自然的趨勢；因爲當幼兒開口說話時，人們自然想知道他要表達什麼意思。

㈡一般認爲幼兒單詞的語意比成人用同一詞時具備更豐富的意思，但單詞是否真有成人的句子功能頗引起爭論。

㈢一般學者皆認爲幼兒的語言發展是連貫性的改變，但單詞期到雙詞期的連貫在語法上並沒有明顯的軌跡可尋，因此解釋單詞如何轉變成雙詞成爲另一個主題。

杭士基的理論在一九五〇年代末期出現以後，兒童語言的研究接受了杭士基「語法至上」的觀念，兒童語法在一九六〇年初成爲研究的重點，這些研究亦多以長期追蹤二、三名幼兒自然語的方法來分析幼兒使用語言初期所遵循的規則及幼兒使用語法能力的順序。也因爲此一研究趨勢，使得這一時期的研究大多以雙詞爲研究的起點而忽視了單詞期的研究。

二、其他理論的演變

以下就分別介紹杭士基自一九五七年以來各時期理論的演變。

㈠初期理論（1957）將句法分爲「詞組結構規律」（phrase structure Rules）與變形規律（transformational rules）（李櫻，民79）。根據變形語法，句子的「詞序」以及「詞組結構」是以「詞組結構規律」來說明的。國語及英語經過大量簡化的「詞組結構規律」可以列舉如下：

1.國語詞組結構規律：

　　a. S→NP VP

　　b. NP→(Number Measure)N
　　　　S
　　　　NPS

　　c. VP→V(NP)（ {NP　s} ）

2.英語詞組結構規律：

　　　　　　　　a. S→NP VP
　　　　　　　　.b. NP→(Det)N
　　　　　　　　c. VP→V(NP)
　　　　　　　　d. V→V(Part)

兩種詞組結構規律所使用之符號代表的意義如下：

S	Sentence（句子）
NP	Noun Phrase（名詞組）
VP	Verb Phrase（動詞組）
N	Noun（名詞）
V	Verb（動詞）
Number	（數詞，如‘一’、‘二’、‘三’等）
Measure	（量詞，如‘本’、‘張’、‘條’、‘個’等）
Det	Determiner（定詞，如a,the,this,that,my等）
Part	Particle（助詞，如in,on.up,down等）
→	‘改寫成’之意
( )	括號中的項目可有可無
｛ ｝	花括號中的項目必須（但只能）選其一

　　利用國語詞組結構規律，我們可以解釋所有類似下面例句的句子語法結構與其合語法的事實。

　　例句一：老李給她一朵花。

　　例句二：小王吃了一個蘋果。

　　變形規律：變形規律的產生最基本的理由是認爲詞組結構規律不足以說明或衍生所有合語法的句子。因爲詞組結構規律是改寫律，每次只能改寫一個符號，亦即箭號左邊每次只能有一個句法範疇的符號，而箭號右邊可以出現多得符號。其次，詞組結構規律不平刪略符號，也不能將符號的順序對調，而這些限制的主要理由在使詞組之簡上下層次的支配關係更清楚。句子也能獲得

清楚的結構記述。但也因爲這些特性，對於語詞項目一致，詞序不同，但語意相同的句子，詞組結構規律就不易說明其結構，與其他有關的特性。如果我們分析以下兩句的詞組結構，可發現例句三合乎詞組結構規律，例句四則否。

　　例句三：The student give up the project（基底結構 underlying structure）

　　例句四：The student give the project up（表面結構 surface structure）

　　由例句三轉變爲例句四的過程稱爲推演過程（derivation），並可知例句四是其將例句三中的介詞（particle）（up）移位至句末而衍變而來的。這種變化就是句子的變形。

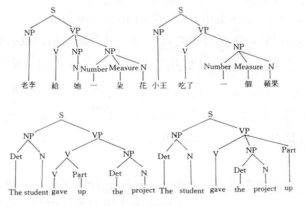

　　在國語中我們也可以找到類似的句子，如例句五、六、七、八：

例句五：我已經吃過晚飯了！

例句六：我晚飯已經吃過了！

　　從這兩句我們可以知道例句五經過將「賓語前提」（Object preposing）的變形而推演出例句六的句子。

　　再看例句七、八。

例句七：我送一本書給他

例句八：我送給他一本書

　　同樣的例句七爲句子的基底結構，經過「間接賓語前提」（indirect object preposing），而推演出例句八的表面結構。其他還有不少句法現象，特別是涉及語詞的移位，都是需要以變形律來處理的。

　　㈡標準理論（Standard Theory, 1965）：由於初期理論可解釋所有合語法的句子，但合語法的句子却不一定有意義，如下例：☆The boy took ball→The ball took the boy.

　　我們可以知道箭頭所指的那一句子是合語法但却沒有意義，因此杭士基在這一時期又提出了「字彙」（lexical）與「語意解釋規則」（semantic interpretation rules），並且主張句子的變形並不會改變語意，句子的語意決定於基底的詞組標記，而且以「語意投射規則」（semantic projection rule）按一定的程序而求得。

　　㈢擴充的標準理論（Extended Standard Theory, 1970）：此一時期的理論又放寬了句子變形不改變語意的限制，主張仍由深層結構決定基本的語意，但句子訊息的「主題」、「焦點」等的解釋常受到移位變形的影響，應該在表面結構時才決定。

　　㈣修訂的擴充標準理論（Revised Extended Standard Theory, 1980）：此一時期的理論在大方向上與前一時期差異不大，但在句法部門增加了很多精細的限制，使理論的解釋及描述

的功能大爲增加。

　　Menyuk（1963, 1971）及 McNeil（1966）以杭士氏理論爲依歸，提出詞組規則（phrase structure rule）及變形規則（transformations）爲主的兒語語法來解釋兒童語句產生時所依循的規則，例句 McNeil（1966）以二種詞組規則(1)S→Np＋Np；(2)S→Pred P; Pred, P→V＋Np 來解釋爲什麼早期兒童語句中有"That my coat"但沒有"my coat that"，有"what that coat"但沒有"that coat want"。

　　Braine(1963)研究雙詞期的句法，認爲所有雙詞期的詞都可以分成兩類，Braine 指出這一時期的句子，句首之語詞種類及數目皆不多，且重複出現，形成一封閉性的詞類是爲「軸心詞」（pivot words）。而出現在句末的字則詞類繁多，且不常重覆出現，形成一開放性的詞類，是爲「開放詞」(open words)，而這兩種詞出現的形態大致爲：(P 爲軸心詞，O 爲開放詞)

　　①P_1＋O，②O＋P_2，③O＋O，④O，由此可見開放詞常形成單字句，而軸心詞則不能，且其中 P_1，P_2 並無重複的詞項，今就分別列舉數例如下：

P＋O	O＋P_2	O＋O
see boy	Push it	Mommy sleep
Pretty boat	Boat off	Milk cup
All broke	Siren by	Dry pants
See sock	Move it	Oh-my see
My Mommy	Water off	Papa away
	Airplane by	Pants change
Bye-bye hot	Mail come	Candy say

　　此一理論提出之後備受注意，但其缺點仍多。雖然軸心語法有簡單清楚，有衍生性等多種優點，同時許多雙詞期的幼兒語言（包括中文在內）表面上看起來確有所謂軸心詞、開放詞的區分；但它有不能擴展至雙詞以上結構的嚴重缺失，彷彿此時期之兒童僅具有如何把語詞放置之能力。且就形式而言，對軸心詞或開放詞的定義亦不夠嚴謹。就詞序而論，「旋軸語法」暗示兒童兩字句的創新能力只有四種方式：P_1+O；$O+P_2$；$O+O$；O；而沒有 P, P_1+P_2 或 P_2+P_2 的組合可能。事實上晚近研究揭示 P 及 P+P 的組合是可能的。例如，有些被分類成為 P 的兒童用字如 Hi，bye-bye，more，there，here 等，是可以單獨出現在兒童用語中，同時軸心詞與開放詞兩種詞的詞序亦不是固定的。綜合上面討論 O 與 P 所能出現之位置，我們只得到「句子→（字）+（字）」的結論，所以從詞序而言，「旋軸語法」的衍生律似乎毫無意義。最後，其最大的缺點仍是在於無法解釋亦低估兒童之語言能力。所以「旋軸語法」亦與變形語法一樣遭遇到同樣的困難。

三、結論

　　早期兒童語言心理學者在接受變形理論時，認為變形語法可以成為語言運用者的內在模式，換言之，他們不但認為變形語法是解釋語言結構的理論，並且認為它是說話者較以造句及聽話者能聽懂語言所依賴的規則，所以早期盛行研究所謂變形語法的心理現象，雖然有不少證據可支持其理論，但反面的證據也不少。簡單說來，其最大的困難在於依變形律所推斷的語句複雜度與發展資料及實驗結果不能完全符合。另外，在語言學界本身也興起了重估杭氏理論的壓力，尤其是語意在語法中所扮演的角色更須

重估，因此在一九六〇年代末期，如何修正杭氏理論中深層結構的內涵成爲主要的研究課題。

這項重要轉變的先驅是 Bloom（1970）以及 Schlesinger（1971）。Bloom 在其"One Word at a Time"一書中重新展開中斷幾十年的單詞期研究，在方法上 Bloom 也重新運用早期研究者所引用的情境（context information）來判斷幼兒說話時的語意，強調語意的重要性，Bloom 稱其理論及研究法爲以情境訊息爲基礎的擴張解釋法（rich interpretation）加上以語意分析爲基礎的架構，成了一九七〇年代中期以來兒童語言研究的主力。

由於幼兒初期的語句中，字頭字尾變化多被省略，因此在這期間所謂的語法指的就是各種類別的字詞間組合字序上的規則。想要瞭解幼兒的語法規則就必須針對其語句字序規則作分析，事實上，也有研究者試著替幼兒的自發語句寫語法，然正如 Braine（1976）日後所批評的，這些嘗試都是把兒童的語句套入由成人導出來的語法系統，而並非確實由兒童的資料中導出規則來。而且這些研究所例舉的證據多半只是舉例說明而已，使得其他研究者無從驗證所提出的語法規則之正確性及必要性，直到 1976 年原來提出「旋軸語法」的研究者 Braine 才針對其原先的以及一些新的資料，採用嚴謹的分析標準，作了有系統的整理，並且導出三個結論。

㈠幼兒最初期的語法規則是以兩個字、詞間的語意關係爲根據，來決定其字序上的安排。例如一幼兒如已發展出「動作者＋動作」此一規則，則凡遇到所欲表達的雙詞爲某動作者作出某動作時，即將「動作者」放在第一個位置，「作出的動作」放在第

二個位置。

㈡以上的語法規則建立在以語意爲基礎的類別（category）上，而非建立在包含語法形式的類別上，因此根據成人語料導出之語法類別如「主詞片語」、「動詞片語」、「主詞」、「動詞」、「受詞」等去描述幼兒的語法規則是不必要、不恰當的。

㈢幼兒最初期的語法規則固然是根據字詞之簡語或概念上的關係，但此語義概念所包含的範圍不但遠不如「動詞片語」、「主詞」、「受詞」等那麼抽象，也比一般以語義爲基礎之成人語法系統所假設的要狹窄得多，因此 Braine 稱這些最初期的語法規則爲「狹義範疇規則」（limited-scope formula）。以上的結論告訴我們，當在考慮兒童的語言發展歷程時，不能假設目前用來描述成人語法規則的基礎概念或單位在幼兒習母語初期即已具備或是天生的。

貳、兒童語法的發展

在單字句時期的後期，兒童已經學會相當數量的單字，加上語調的配合，他們可以自如的表達自己的溝通意圖，此時限於能力，兒童往往只選擇最能表達其意向的單字說出來。雙字句時期的來臨並不表示兒童認識事物的增長，只表示兒童將其意向以語詞表達出來的能力增長，兒童年歲愈長，接觸事物愈多，所想談及的事物亦愈多，語法結構的習得亦愈需增多方可配合其認知發展的增長，這種說話內容及語法結構的增長是語法發展的主要過程。

如果兒童真的是以衍生語意學的模式來處理語言訊息，那他們就會將想要表達的命題內容傳譯成語言訊碼，換言之，存在於

兒童腦子裏的是一種語意結構，因此隨著兒童語句之增長，其語意命題內容的複雜度亦隨著增加，至此，兒童已能表達基本的深層語意結構。

在日常生活中假設某一兒童意欲敍述一件事，他必須知道他所要談及的主事者，受事者，客體，及這三者之間的相關動作，將每一重要語意因素用一名詞組代表，而語法的功用是將我們意欲表達的語意因素以某種語言所允許的方式，傳譯成該語言區內爲大衆所接受的表面語言訊碼，這種功用我們稱之爲「連繫功用」。學前兒童語言習得大部份是習得這種連繫功用的過程。因此兒童早期的語言發展傾向於有系統的學習盡量避免例外，他們一方面學習規則一方面驗證假設。有些學者假設語意的瞭解是先於語法的習得的，這一現象可由幼兒的語料中常出現很多與成人語法相異的刪略或簡化的情形得到驗證。因此研究兒童語法與成人語法的差異或許可以幫助我們瞭解兒童的深層語法規律。

叁、語法習得的順序

一、文法構詞的習得

Brown（1973）指出兒童對於所稱的文法詞素的習得有其固定的順序，其順序正如表 8-4 所示，（摘自林寶貴，民 78）

表 8-4 爲十四種英文詞素（接尾詞）和兒童可能的學習順序，由表中我們可以看出，兒童對於三種 s 字尾的變形，儘管在語音上相同，但孩子總是先學會複數 s，接著學會所有格 's，最後才學會第三人稱單數動詞字尾加 s。爲什麼會有這一致的學習發展順序呢？也許由孩子時常從他們父母的談話中聽到這些詞素可以解釋其在詞義學習的獲得順序，因爲孩子常聽到所以先學

會？經過一些研究的驗證發現父母在與孩子交談中所出現的文法
詞素的頻率與孩子在談話中所表現出的詞素的習得順序並沒有必
然的相關。而 Brown（1973）本人最偏好的解釋是認知處理的
複雜度決定了詞素獲得的順序。利用句子語意複雜度的分析，可
以說明此一解釋方法的有效。當兒童要正確地使用"was"時他必
須要考慮到當主詞的人 I 和 S/he 可以使用 was 爲動詞，但是
you 就不行。主詞的數量（是單數的 I，而非複數的 we），以
及事件是何時發生的（事件是發生在過去而不是現在或未來）。
相反的，使用動詞字尾"ed"時，兒童只要考慮上述三個要件之
一：事情是何時發生的，因此兩詞素相較之下，前者（was）的
使用要比後者（ed）複雜。也因此"ed"比"was"或其他形式的
be 動詞更早爲兒童所熟悉，所以藉著對不同構詞素的認知處理
的複雜度之分析，我們可以預測文法構詞素的正確發展順序。

二、句法結構的發展

　　從以上的討論我們可知兒童對語言的習得是由少到多逐漸累
積，而且内容亦是由簡而繁，由單字期到雙字期再到多字期，而
多字期的句子已有完整句子的雛形，也就是說，兒童句法發展的
過程是從無修飾語的簡單句到複雜句，接著將一一介紹各類句法
的發展概況：

　　㈠簡單句（ simple sentence ）：簡單句是指句法結構完整
的單句包括沒有修飾和有修飾語兩種。一歲半到二歲的兒童在說
出電報句的同時開始能說出結構完整而無修飾語的簡單句，有時
即使形式上似有修飾語，但實際上把整個詞組當作一個名詞來使
用，如「老伯伯」、「大積木」等。有修飾語的句子包括簡單修
飾和複雜修飾兩種。二歲半兒童已開始出現一定數量的簡單修飾

表8-4　文法構詞素習得

詞素（形式）	可能被用到的意義	例句
1. 現在進行式－ing	正在進行的動作	Joe is eating lunch.
2. 介系詞：in	包含	The cookie is in the box.
3. 介系詞：on	支持	The cookie is on the box.
④複數：-s	比一大的數目	The birds flew away.
5. 不規則過去式：went ran	早先發生的事（在説話者説話之前）	The boy went away. The boy ran away.
⑥所有格：-'s	所有	The girl's dress is red.
7. 不規則Be動詞	（連繫詞）如 are,was	They are cookies. It was a cat.
8. 冠詞：the,a	定冠詞和不定冠詞	Bob has the stick. Bob has a stick.
9. 規則過去式：-ed	早先發生的事	Tom jumped (over the fence).
⑩規則第三人稱：-s	第三人稱，現在進行的動作。	He walks fast. He has a ball.
11.第三人稱不規則動詞如has,does(情況)	現在存在的狀態（情況）	She does the cooking.
18不規則的Be助動詞如is,were	一個正在進行的動作：過去的動作。	Bob is eating. They were fishing.
13. 規則的Be動詞形式：如 -'s, -'re	存在的狀態（存在）	It's a kitty. We're at home.
14. 規則的Be助動詞：如 -'s, -'re	時間：正在進行的動作	He's going. They're eating lunch.

語，三歲左右兒童已開始使用較複雜的修飾語，三歲半兒童使用
複雜修飾語句的數量增長最快、約爲三歲兒童的兩倍，這說明使
用複雜修飾語的能力從此開始顯著增强，以後直到六歲雖逐年有
所增長，但增長幅度不大。

　　(二)複雜句：複雜句指由幾個結構互相連結，或相互包含所組
成的單句，中國幼兒語言中出現的複雜句有三類：

　　1. 由幾個動詞性結構用的連動句：如：小紅吃完飯就看電
視。

　　2. 由一個動作結構和一個主語結構套在一起如：老師教我們
做遊戲。

　　3. 句子中的主語或賓語又包含主語結構，如：兩個小朋友在
一起玩就好了！

　　兒童在兩歲半時已開始使用這幾類結構，但數量極少，以後
逐年增長，但直到六歲除第一類已過句數的半數外，其餘兩類均
未達半數。這些句子的發展將延續到入學之後。

　　(三)複合句：複合句是指由兩個或兩個以上的意思關聯比較密
切的單句合起來而構成的句子。兒童在二歲時開始説出爲數極少
的簡單複句。四至五歲時發展較快。

　　複合句主要有聯合複句和主從複句兩大類。而聯合複句中出
現最多的是並列複句，如「我没看過電影，只有看過電視」。主
從複句中出現較多的是因果複句如「這個本子壞掉了，不好玩
了！」

　　幼兒複句最顯著的特點是結構鬆散，缺少連詞，僅由幾個單
句並列而成，兒童在三歲時開始用極少數連詞，三至四歲兒童使
用最多的是「還、也、又、以後、只好」等，以後逐年有所增

加，到五、六歲時出現了「因爲、結果、如果」等說明因果轉折、條件假設等關係的連詞，也出現了「沒有……只有」、「如果……就」等成對連詞。可見複句中連詞使用的發展不僅表現在出現頻率上，還表現在所用詞彙的豐富的複雜性上。

第五節　語用的發展

語言中有許多現象不是句法和語義所能說明的，它涉及到說話者和聽話者的條件以及說話時的語境和具體情境，同樣的話在不同的情境中會有不同的含義，而有些話不在一定的情境中就無法理解其意義。語用技能（pragmatic skill）指交談雙方根據語言意圖和語言環境有效地使用語言工具的一系列技能，包括說者和聽者兩方面的技能，說者必須善於吸引聽者的注意，講話的內容和方式須適應聽者的程度和需要，並應根據聽者的回饋以及不同的交談情境隨時調整自己的語言等。聽者必須能從直接的和間接的語言中推斷出說者的意圖，須能對所聽消息的可靠性和明確性做出判斷和估計，並能及時回饋，以下就分別介紹各發展時期的語用技巧發展情況：

壹、嬰兒期

Bower（1977）發現初生嬰兒能用肢體呼應和配合照顧者的語調，似乎說明人類從出生開始就有溝通的意願和潛力。前語言階段的嬰兒已經會使用肢體、聲音和語調來影響照顧者的行爲，但他們所傳達的訊息必須倚賴週遭的情境來支配，所以受到時空的限制。

貳、幼兒期

　　大約兩歲大的孩子就能表達不在身邊的事物，以及過去或某個特定事件以後發生的事，而且會主動的與別人作有來有往的談話，在這之前，有部份的互動是由成人引發的。此一時期的兒童（兩歲）對有效交流具有決定意義的情境很敏感。他們選擇與之交談的對象有幾類①正在交流或一起玩的，②當時沒有發生連繫的，③能相互看到或距離不遠而對方正在注視自己的，④雙方對所談及的事物都較接近的。他們並且能知覺到交流情境的困難並對談話作出相應的調整，如果發現聽者沒有作任何反應時，會以一定方式重複所講的消息。也發現某些字的參照標準要依說話的人而改變例如我、你、我的、你的。以往我們都相信皮亞傑所說的，兒童的說話方式是以自我爲中心的，但 Shatz 和 Gelman（1973）發現四歲兒童分別向兩歲兒童和成人介紹一種新玩具時，其語句的長度，結構和語態都不相同，對於兩歲的兒童，說話多簡短，多用引起和維持對方注意的詞語，談話時表現著自信、大膽、率直。對於成人則話語長，結構較複雜，有禮貌和謹慎，想從成人那裏得到信息或幫助，可見四歲兒童已初步學會了有效交流的基本規則，能使自己說話的內容適應聽者的水準。Mening 和 Perterson（1975）亦有相同的發現。發現兩歲大的孩子會針對不同的對象（事件發生時在場或不在場者）使用不同的敍述事情的方法。

　　Glucksberg 和 Krauss（1967）讓進行溝通的兒童彼此看不見對方，但是知道對方面前也有一組和自己一模一樣的積木，而說話者的任務就在將自己面前的東西描述得愈詳細愈好，使得聽

話的人也能夠辨認出他所描述的東西。研究結果顯示五歲兒童比較年長的孩子不會去偵查到模糊不清的訊息，而且在監控自己的理解方面的能力也表現得很差。Markman 認爲年紀較小的孩子無法理解到他們不能瞭解的原因是因爲他們沒有將進來的訊息做深入且完全的處理，以致於不知道訊息裏面有那些問題存在。

　　總之，此一時期的孩子在與人交談時已能掌握不同的參照標準，調整語言的複雜度，但限於溝通的知識或經驗，有時對某些事物只能從個人的立場做說明，後設溝通能力仍未發展。

叁、學齡期

　　此時期的兒童已具有豐富的溝通知識和技巧，學會在與他人談話時如何維持在單一的主題，能夠超出此時此刻以及談話的真實性。發現語言不只可以用來說明、要求、發問，也可以用來表達心理狀態、對未來的行動作承諾，或宣告一事件的新狀態。他們並且學會瞭解言外之意，去推論一些沒有被說明的隱喻，而同時處理多項訊息的能力、幫助兒童歸納及掌握對方談話的重點與大意。學會因人、事、時、地來調整自己的說話方式和理解方式。

　　Markman（1977）在實驗中教給一、三年級兒童一個遊戲，把關鍵性的，缺少就不能展開遊戲的訊息省略，但一年級兒童對此重要缺漏無所覺察而急於開始遊戲，而三年級兒童則能較快發覺訊息的缺漏。因爲較小的孩子對語言訊息這樣的心理產物不能仔細地分析思考，也不像較大的孩子一樣知道訊息的品質會影響到溝通的成敗。

　　Robinson 和 Robinson（1981）發現較小的孩子會認爲溝通

失敗是因爲聽話者所做的錯誤決定，較大的孩子則會認爲是說話者的錯誤，因爲他沒有把話講清楚。因爲聽話者不正確的選擇對年幼的孩子來說是一個很容易解釋溝通失敗原因的明顯事件，而且說話者不足夠的訊息對年幼的孩子而言是較不明顯的，而且也和溝通成敗結果距離較遠。Robinson 認爲年紀小的孩子缺少這種知識是因爲他們的溝通經驗並不提供這種知識，當其他人發現有溝通問題時，他們並不會直接向孩子反映，讓孩子知道問題是出在他說的話。因此，在給孩子有關溝通的回饋時，應該愈明顯愈好，這樣會使得孩子去注意溝通訊息的品質。學校裏的教育，不論是閱讀或寫作等教學內容都在要求兒童要明確而清楚地去和別人溝通，而且去檢校他們所收到的溝通訊息的明確度和對訊息的理解程度，如此的訓練也可以促進兒童後設溝通及理解監控的能力。

第六節　語言獲得的理論

壹、環境論

　　沒有聽過別人說話、或只看到別人交談而沒有機會與人交談的兒童，都不會說話，可見語言的學習必須要有適當的環境來刺激。而環境論者強調環境和學習對語言獲得的決定性影響。環境論有以下幾種：

一、模仿說：

　　傳統的模仿說認爲兒童語言學習是對成人語言的臨摹，兒童的語言只是成人語言的簡單翻版。但許多事實證明，如果要求兒

童模仿的語法結構和兒童已有的語法水準距離較大時，即使反覆模仿也無濟於事。況且兒童經常在沒有模仿範型的情況下產生和理解許多新句子。還有一些兒童因特殊原因從小就不能說話，却能正常地理解別人的語言，這些事實都無法以傳統的模仿來說明。

懷特赫斯特（Whitehurst，1975）提出了選擇性模仿的新概念，認爲兒童並非對成人語言進行機械式的模仿，而是有選擇性的，兒童對示範者的語言不必進行一對一的臨摹，只要選擇形式、功能相似者加以模仿即可，而且選擇性模仿不是在强化和訓練的情況下發生的，乃是在正常的自然情境中發生的語言獲得模式。

二、增强說：

行爲主義學派認爲語言的學習是藉由刺激——反應連鎖，和增强的結果，類似以自我增强→發出和成人一樣的音，來自父母的增强，以及父母利用塑造（shapping）的過程來教導兒童習得語言。這些看法並不能圓滿地解釋語言的獲得。因爲斯金納的這些話所根據的不是實際的觀察，而是從動物實驗獲得的結論，要推論到人類的語言學習之上有其困難。增强既是漸進的累積的過程，就意味著兒童語言發展中不會突變，但這將如何解釋兒童在短短幾年內迅速獲得聽、說母語能力的事實、而且兒童的語言學習是被一系列的語法規則所促進的，不是所被增强的每一句話。Brown 發現成人通常對兒童語句中的語法錯誤並不在意，他們關心的是兒童說話內容的真實性，只要內容真實，即使語法錯誤也會得到增强。

三、社會交往說

　　此一理論認為兒童不是在隔離的環境中學習語言，而是在和成人的語言交往實踐中學習。Bruner 認為和成人語言的交流是兒童獲得語言的決定因素。如果從小剝奪兒童和成人的語言交流，兒童就不可能學會說話，例如沒有機會和別人接觸的聾啞兒童和被丟棄的狼童等，都是被剝奪與人類社會交往，而造成無法知曉社會中語言交流的內容及規則。

四、母親語言（Motherese）

　　成人與幼兒說的話，有許多有趣的特徵，可視為一種國際性的「母親語言」，母親語言的特徵包括簡短的句子，較具體的內容，誇張句子的語調，强調句中的停頓，重覆部份或整個句子。這種說話的方式表面上看起來好像是在幫助孩子理解和容易學說話，但事實上大部份的家長對於自己孩子的發展情況都不太清楚，因此調整出來的話很難造成學習效果。

貳、先天決定論

　　由於不同的語言學習似乎都可以找出同一學習的順序、速度，並且經過一些相同的階段，而這種超脫語言界限的一致順序，引起不少人提出語言發展的主要成份為先天因素的觀點。又因人類生理的裝備，如精緻的發音器官和大腦的語言控制區（Lennebery, 1967）使更多的學者相信語言是人類與生俱有的特權。

一、先天語言能力說：

　　Chomsky 認為決定人類幼兒能夠說話的因素不是經驗和學習，而是先天遺傳的語言能力，這裏的語言能力（linguistic competence）指的是語言知識，即普遍的語法知識。其原因

是：㈠因兒童獲得語言的過程在四歲內就能夠全部完成，在如此有限的時間內掌握母語語法的基本現象，不可能是歸納過程的結果。㈡而語言又是一有高度組織性的抽象規則系統，即爲先天俱有的普遍的語法知識和能力。對語言的知識不是經驗的結果而是經驗的前提。㈢每個人生來就俱有語言獲得裝置（language acquisition device；LAD），一生來就俱有的普遍語法爲依據，對具體的語言素材，先進行輸入，再提出假設，再逐條加以驗證，接受彼此符合的假設，修改不符合的假設或重新建立新假設。最後建立一套個別語法系統。而獲得語言的過程就是由普遍語法向個別語法發展的 LAD 過程。㈣兒童獲得的是一套支配語言行爲的規則系統，而不是像行爲主義所主張的一大堆具體的句子。

但對於 Chomsky 的理論，也有著如下的批評：

㈠Chomsky 的理論是思辨的，在方法上是先驗的。他所提出的普遍語法規則及 LAD 都是沒有事實根據的，但語法規則只有當初幼兒在與環境或他人的交互作用中才能獲得，而非天生的。

㈡事實證明兒童並不是一下子就能獲得成人的語言，實際上兒童語言具有自己的特點和模式和成人語言很不相同，也就是說兒童的語言活動不是按成人的語言規則來進行的。

㈢如果人類天生就具有母語的規則系統，那就無需兒童再作什麼探索和發現了，這無異是在否定兒童在語言獲得中的主動性和創造性。

二、自然成熟說：

E. H. Lenneberg 以生物學和神經生理學作爲理論的基礎，

也贊成語言學習的先天決定論。他的觀點認爲：

㈠因爲人類大腦具有其他動物所沒有的語言管理區域，故語言爲人類獨有，語言是人類大腦機能成熟的產物，當大腦機能的成熟達到一種語言準備狀態時，只要受到適當外在條件的激發，就能使潛在的語言結構狀態轉變爲現實的語言結構。

㈡語言既是大腦功能成熟的產物，語言的獲得必然有關鍵期，約從兩歲左右到十一、十二歲止。過了關鍵期即使給予訓練，也難以獲得語言。

日本一位醫生田信男，發現人類大腦兩半球對語音刺激的支配方式是受母語的影響結果，因此顯然是環境而非遺傳因素造成大腦兩半球對聲音支配方式不同。

叁、環境與個體交互作用論

以皮亞傑爲代表的一派主張從認知結構的發展來說明語言發展，認爲兒童的語言能力僅是大腦一般認知能力的一個方面，而認知結構的形成和發展是主體客體相互作用的結果，他們的主要觀點如下：

一、語言是兒童許多符號功能中的一種，符號功能是指兒童應用一種象徵或符號來代表某種事物的能力。

二、認知結構是語言發展的基礎，語言結構隨認知結構的發展而成長。

三、個體的認知結構和認識能力是不斷發展的，它源於主體和客體之間的交互作用。

四、兒童的語言結構具有創造性。皮亞傑認爲兒童不是透過被動模仿來掌握造句規則，他們在造句中不僅有概括性的同化作

用,而且還有創造性。

肆、綜合的看法

以上三種理論取向都有其可取之處,但也有其無法圓滿解釋兒童語言學習的現象,也許綜合各家的看法,可以找到一個較完整的答案。

一、人類先天俱有特殊的語言學習能力,尤其是在語音辨別和發音系統方面更是如此。

二、僅有一個精密的大腦,而沒有與社會環境產生互動的兒童,亦無法習得語言。所以必須要有語言實踐的機會,才能獲得語言。

三、幼兒擁有處理語言訊息的策略:這些策略與其他處理訊息的策略似乎有相同的認知運作:先使用早期的策略來找出規則,再依新的訊息調整策略或規則。

Menyuk(1988)曾提出:也許語言發展的其中特徵和現象是受到生理或先天因素的影響,而另一部份的發展則反映了環境因素的影響。這是較綜合性的看法,但以現有的研究結果要對語言習得作一結論性意見,仍然言之過早,有待更多研究結論的整合與跨學科的探索。

【參考文獻】

朱曼殊等(1979) 幼兒口頭語言發展的調查研究,幼兒簡單陳述句句結構發展的初步分析。心理學報,3, 281-285。

李丹(民78) 兒童發展。台北:五南出版社。

李櫻（民79）　功用語法與英語教期（上）（下）。英語教學，15，(1)，(2)，24-34。

林清山（民55）　兒童語言發展的研究。師大教育研究所集刊，9, 139-296。

林寶貴（民78）　語言發展與矯治專題研究。高雄：復文書局。

吳天敏、許政援（1979）　初生到三歲兒童語言發展記錄的初步分析。中華心理學報，2, 153-165。

張春興（民79）　現代心理學。台北：東華書局。

程小危（民75）　習國語幼兒最初期語法規則之本質及其可能的學習歷程。中華心理學刊，28, 93-122。

張欣戊（民74）　幼兒學習漢語單詞的語意概況。中華心理學刊，27, 1-11。

謝國平（民79）　語言學概論。台北：三民書局。

鍾聖校（民79）　認知心理學。台北：心理出版社。

蘇建文等（民80）　發展心理學。台北：心理出版社。

Flavell, J. H. (1985)　*Cognitive development*, 2nd (Ed.). Englewood Cliffs, NJ：Prentice-Hall.

V字作業量表

語言發展

一、知識：

1. 人類和其他動物的最大區別在於「語言」，人類藉語言以表達情意、溝通思想，動物則無法。

2. 語言發展的主要目的在於與他人溝通，因此外在環境的影響就非常的大，不同地區，不同國度所用的語言也不相同。

3. 雖然各地區的語言均不相同，但語言也有其共通性，如ㄚ、一、ㄨ、ㄝ、ㄛ，即為許多語言均具有的母音。

4. 小孩在還未學會說話前，就已理解許多別人告訴他的語意，可見語言發展聽在說之前。

5. 先天聾的兒童，由於聽覺障礙，直接地也影響個體的語言學習。

二、參考書目：

陳李綢（民81）：認知發展與輔導。台北：心理出版社。

張春興（民79）：現代心理學。台北：東華書局。

鍾聖校（民79）：認知心理學。台北：心理出版社。

蘇建文等（民80）：發展心理學。台北：心理出版社。

三、建構圖：

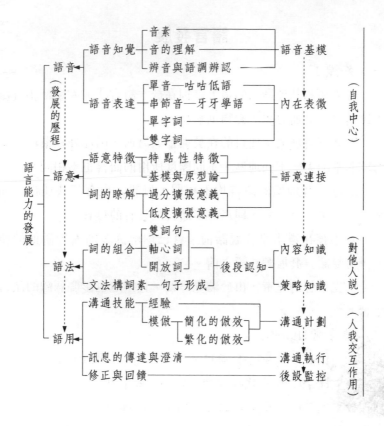

四、重要概念：

　　1.低度擴張：把詞的使用範圍縮小，對事物較嚴格的區分，如媽媽可能只代表自己的媽媽。

　　2.過分擴張：把詞的使用範圍擴張，如將狗稱狗，牛、羊、馬等亦稱之。

　　3.語言障礙：一個人說話時，不合文法，不能被了解，在文化上及人格上有缺陷，或濫用語言機能的情況，就叫做語言障礙。

　　4.母親語言（Motherese）：指成人與幼兒說的話，其中有許多有趣的特徵，如簡短的句子、較具體的內容、誇張的聲調。

五、原理原則：

　　1.人必須在人類的環境中方能習得語言能力。

　　2.人類先天就有辨音能力，如 P/B、 M/N，但是先天聽覺有問題者，也會影響其語言能力的發展，如聾子。

　　3.幼兒對詞的理解是先掌握較顯著或突顯的形象和特徵而獲得概念的，如高低先學會高，長短先學會長。

　　4.兒童認知結構或基模不夠豐富時，語意的發展可能受限制，故提供足夠的外在刺激，對兒童的語言發展相當重要。

　　5.三歲半兒童使用複雜修飾語句的數量增長最快，約為三歲兒童的二倍，而幼兒複句最顯著的特點是結構鬆散、缺少連詞，僅由幾個單句並列而成。

　　6.幼兒期語用最不清楚的是「時間」，今天、明天、昨天，常混淆不清。

　　7.語言障礙的成因，可分為先天、後天因素或其他（如情感或社會因素）。

六、結論：

　　1.語言發展的歷程中，語音是最基本之要件，語用爲最終目的，然而語法卻是最難。

　　2.人類因先天具有特殊的語言學習能力（如語言辨別和發音系統），再加上外在環境的刺激，方能習得語言，先天條件與後天環境兩者，缺一不可。

　　3.全世界的語言，在語音、語法等方面仍有其共通性存在，如主語均在前而述語在後。

　　4.兒童的語言發展須配合其生理、心理的成熟度，不可揠苗助長。

　　5.語言障礙的成因雖很多，但在兒童語言發展的過程中，若能早期發現，早期預防或治療，許多說話異常與缺陷是可避免或減少的。

七、心得：

　　1.雙語教學在幼兒階段，甚至幼稚園期間推行，可行嗎？有些人認爲會造成語言學習的干擾，有些則認爲同時可學得很好。其實，得視個體的個別差異和提供的外在環境是否足夠而定，若二邊都學不好，寧可不要。

　　2.國、高中階段，師生間的衝突，有些實因教師的「語言暴力」所引起，教師不見得是謾罵，但有時尖刻或諷刺的話語，甚至有些無心的話都有可能刺傷孩子的心，身爲師者，實必須「慎言」。

　　3.都市的孩子多半能言善道，而鄉下孩子大多拙於表達，此非先天資質之差異，實因後天環境刺激不同所致，故語言發展階段，提供足夠的外在刺激實在是相當重要。

4.「彎下腰身、耐心傾聽」給我極大的震撼，家中三個孩子中，老二說話最不清楚，然而身爲母親的我，常常沒有耐心聽完她敍述一件事，要不請姐姐代説（因爲較快、省時，要不就找弟弟詢問他事，今日一經提醒，實叫我慚愧！實應給予她足夠的時間。

5.幼兒階段的語言學習，應從具體到抽象、概念的描述，倒不如實物的觀察，如「馬」，説明半天，不如就實地看馬，故實物教具重要！

問題解決能力發展

■流程圖

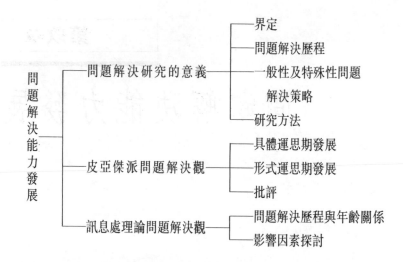

　　探討問題解決能力的發展，通常是從解題能力的發展與年齡間關係，各年齡間如何發展出解題能力及如何解題的歷程等方面加以研究。問題解決能力分爲一般性解決問題能力及特殊性解決問題能力。一般性解題能力通常是指個人思考及推理能力；特殊性解題能力是指在特殊領域（專業知識，如科學、醫學等）內，所面對的問題，加以解決的能力。一般性解題能力與特殊性解題能力有密切關係。探討一般性解題能力的發展問題是以傳統的思考理論及皮亞傑認知論爲研究基礎。而探討特殊解題能力的發展，則是以訊息處理論爲基礎，重視解題的歷程。本章主要在介紹問題的界定，解決問題的研究方法的演變，皮亞傑訊息處理論中解決問題的觀點及研究。

第一節　問題解決研究的意義

壹、問題界定

　　心理學上所謂的「問題」，不是是、否或簡單一句話可以回

答的問題，而是必須蒐集資料、思考合適的方法以達到目的的問題。易言之，「問題」係指「個體覺察到有目標存在，但不知如何達到的心理困境」。這個「問題」也許是想證明一個理論、想被接納，或想得到工作……。無論在那一種情況下，個體都有一目標，只是在短時間內，缺乏達成目標的方法。

相同的問題對每個人的困難度可能不同，例如，對你、我而言，"25＋36"是一件輕而易舉的事；但對一年級的小學生而言，却是一件高難度的工作。我們會以熟練的組型再認方式很快地辨認出相同型式的數目，然後採取一系列的心智運作以達成目標。

根據訊息處理論的觀點，問題可分成三個狀態，一是目標狀態，二是初始狀態，三是所有可能達成目標的途徑。此三要素結合稱爲問題空間（problem space）。

目標狀態（goal state）是指問題被解決後的最後結果，初始狀態（starting state）是問題被呈現時的狀態，所有可能達成目標的途徑（possible paths），是指解決問題的方法。以下就指出四種不同的問題空間。

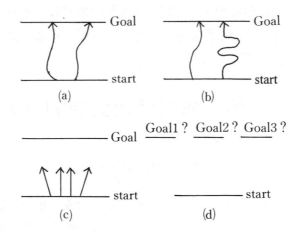

　　a 表示這個問題有兩種不同的解決途徑，而且兩種途徑都是一樣，並無捷徑和非捷徑之分。b 表示解決問題的途徑有兩種，其中一種比較有效和迅速，另一種比較麻煩。c 表示此種問題有明確的目標和初始狀態，却沒有合適的解決途徑。d 表示此類問題有一初始狀態，却沒有確定的目標狀態，以至無法有解決問題的途徑。

貳、問題解決的歷程

一、一般性的問題解決
㈠完形心理學對問題解決的看法（ Wallas, 1926 ）

　　早先對人類思考歷程的研究大多採用內省法，後來行為學派興起後，始漸沈寂。本世紀初期的歐洲，完形學派開始繁衍，許多思想家開始研究問題解決和創造性思考。完形心理學通常把問題解決看作幾個固定步驟，華樂絲（ Wallas, 1926 ）將這些步驟分為：

　　⑴準備期：已辨認問題的存在，對問題的了解和解決方法採取初步的行動。

　　⑵孵化期：如果初步行動無法奏效，便先把問題放在一邊，至少在意識的層次不再思考這個問題，但在潛意識層次，繼續進行著。

　　⑶啓迪期：眾人皆知的頓悟就發生在這個階段，潛意識工作結束，答案呈現到意識表面。

　　⑷驗證期：這時期需要肯定這個頓悟，通常這個階段最不複雜，只不過是簡單的驗證此「領悟」是否有效。

㈡一般推理能力

　　一般推理能力可粗分爲歸納與演繹兩類，歸納推理可推論出可能正確的結論，演繹推理則能推論出必然正確的結論。例如：由於小華每天早起必定刷牙，因此我們可以歸納推理的方式，預期他明天仍會如此。因爲動物都是生物，而人類是動物，故可演繹出人類必是生物。

　　對一般推理能力的技巧，人們似乎覺得並不容易。認知心理學家也探討過這些困難的本質，或許深入了解推理的難處，較能引導學生避開這些困境。

　　1.歸納推理：預測發生率。

　　我們日常生活的行事常是依自己對發生率預估的結果，例如：想添新裝的人，可能會考慮等換季大拍賣時再買，因爲減價的機會比平時大得多。雖然發生可能性的預估是人們判定決策與採取行動的基礎，然而人們對此未必擅長。

　　漢默敦（M.A. Hammertion）在一項實驗中請受試預測一位呈陽性測試反應者罹病的機率，他給的已知條件是：(1)這種病的患者有 90％呈陽性反應，(2)非病患者呈陽性測試反應的機率爲 1％，(3)約 1％的人可能罹患此症。請受試預測一位呈陽性測試反應者罹病的機率。讀者不妨也估計看看，如果你的答案是85％，你就像實驗中的大部分受試一樣，但正確的答案應是48％！因爲只有約 1％的人可能罹患此症。但若患病人口升至15％，陽性反應便極可能是患病所致，這些數是依據 Baye's 定理求得。

　　上面實驗顯示人們推測發生率時似乎並不考慮機率問題，其原因可能是人們不了解進行推估時須考慮的各個因素，果真如此，則數學及科學課程中宜納入更多發生率推估的有關理論（尤

其是 Baye's 定理），人們推估的能力便可能獲得提昇。也確有研究顯示統計訓練可減低人們推估錯誤的比例。另一項可能的原因是人們雖知機率資料的重要，但計算過程卻太複雜，有研究顯示發生率估算的計算過程愈簡單，受試答對的比率便愈高，因此計算的容易程序似乎也是人們能否有效運用機率資料的原因之一。

關於歸納推理仍有許多主題待深究，例如：專家推論發生率時，是否會犯常人推論時的謬誤？統計知識的訓練，是否真有助於歸納推理，如何解釋過去對此方面的不一致研究結果？

2.演繹推理

人們進行演繹推理時，也常遭遇困擾，試想下面這題：

E　　K　　4　　7

上面是四張牌，牌的一面為英文字母，另一面為數字，請問你需翻開那些牌，才能知道以下法則是否為真？

法則：若牌的一面為母音，則另一面為偶數。

如果你的答案是 E 和 4，你便和華森（P.C. Wason）研究中 55％的受試相同；如果翻 E，便和 24％受試相同；如果翻 E 和 7，這是正確答案，你便和 7％的受試相同。在本題中，4 並不需要翻，因為反面如何與法則無關。但 7 一定要翻，因若反面是母音，則該法則便不真。

在上面實驗中，受試犯錯的比例甚高，但若推論的問題是我們熟悉領域的問題，人們便較不易犯錯，曾有學者以英國學生為對象，進行了和前述相似的研究，研究者所設計的問題如圖 9－1 所示，學生們假設自己是郵局的工作人員，需挑出郵資不足的封緘郵件，每件封緘郵件的郵資是五十便士，即學生要確定：

「如果郵件封緘,就必須貼一五十便士的郵票。」研究者隨即請學生判斷該翻那些信封,以確定該信未違反規定。

圖9-1　郵局問題題目

研究結果有 88% 的學生能正確指出圖中第 3 和第 1 號信封必須翻開。

我們仍難確實的解釋為什麼對問題的熟悉感會減低演繹推理犯錯的比例。或許是對問題熟悉,可使人們能以不同的方式驗證不確定的結論。例如在本例中,學生可能直覺的決定五十便士的信不必翻過來檢查,因為五十便士郵票貼在封緘(郵資正好)或未封緘(郵資過多),信封都不違反規定,只是後者浪費了錢。

這個研究結果相當令人振奮,如果面對的問題情境相當熟悉,人們推理能力便可提昇,那麼或許人們處理日常生活問題當不致於犯下大錯,但人們在不熟悉的環境,推理能力低落仍是不可忽略的事實。因為畢竟這些情境才是更需要我們發揮推理能力的!有研究顯示短期的訓練可以使人演繹推理犯錯的比例遽減,然而訓練效果是否能夠持續或遷移,則仍是未知。

二、訊息處理的問題解決

雖然問題的類型和特徵不同,但是仍然有些歷程相同,這些歷程大概可分為三個部份,一是問題表徵的形成,二是有效知識的收集,三是評估解決的成效,將其分述如下:

(一)問題表徵的形成

當一個問題出現的時候，要解決問題，通常必須先搜索長期記憶，並且決定該提取那部分的訊息。這也是一個問題表徵的形成，是問題解決歷程的第一步，如果這部份未能形成有效的表徵方式，那麼就無法成功的解決問題。

㈡有效知識的收集

當問題表徵形成後，通常就會開始搜集有效解決問題的相關知識，這些知識不只包括敘述性知識，也包括程序性知識，以綜合所有有效知識來進行問題的解決。

㈢評估解決的成效

通常收集的知識有效否，都是個人主觀的認定。是否真的有效必須實際使用這些知識後，再進一步加以評估，看看是否如預期中解決了問題。這個評估的歷程也是問題解決歷程的最後一個過程，如果未能解決問題，則再從問題表徵出發，提取不同的訊息，再做一次。

Greeno（1975）指出，事實上當問題出現時，受試者通常要建構一個認知網路（cognitive network），當人的知覺系統一啟動時，短期記憶（STM）就會開始工作，從長期記憶中找出合用且有效的解題知識。

叁、一般性及特殊性問題解決策略

Gagne'（1985）曾指出，一般問題解決策略可適用於特殊領域的問題解決歷程。但是 Greeno（1977）也曾提到一般問題解決策略的指導，對學生問題解決的歷程似乎沒有什麼幫助，相反的，專屬於某一學科的解決策略之指導，常有助於學生思考。

Solso（1988）指出，通常解題時，若問題不是很清楚，人

們常使用一般問題解決的策略，去解決他們所面對的問題。
Gagne'（1985）也指出專家傾向於使用特殊領域的解題策略，
而生手則傾向於使用一般問題解決策略。

　　由以上的說法可以了解一般問題解決策略和特殊領域問題解
決策略間的關係，以下就詳細敍述此兩種不同之策略。

一、一般問題解決策略

㈠"方法──目的"分析（ Means-end analysis ）

　　這是 Newell 和 Simon 在一九七二年所提出來的方式，這種
分析方法包括以下四個步驟：

　　①發現目標和現況間的不同差異。

　　②發現不同差異間的運作歷程。

　　③使用運作歷程去降低差異。

　　④重覆①－③的步驟，一直到問題解決。

　　通常我們可以用這個方法策略，來解決藏數字遊戲，還有傳
教士食人族要過河的問題。

㈡前向思考法（ working forward ）

　　考慮目前狀況，使用歷程去改變現況，這個方法不考慮目
標，有時容易造成無效的解題策略。

　　通常一般人熟悉的腦力激盪法（ brain storming ）是屬於前
向思考的方法與後向思考的交互策略，而類推法（ Reasoning
by Analogy ）則是比較屬於"方法──目的"分析，這樣由目的
出發的策略，亦有人稱之爲後向思考法（ working back-
ward ）。

　　根據一些研究的結果顯示，專家（ expert ）和生手（ novi-
ce ）進行問題解決時，常會採用不同的解題策略，專家傾向於使

用前向思考法，而生手常使用後向思考的方式在解決問題。

(三)類比推理

　　問題解決過程中，已知解決途徑不足，或是某方面領域知識欠缺時，就可採用類比推理方式解決問題。類比推理的步驟是：對問題形成表徵，利用表徵接近與現況相似的領域知識，然後評估這個相近知識的有效性。

(四)腦力激盪法

　　另一種增加問題解決方法的質與量的策略，稱爲腦力激盪法。它的推思步驟如下：

　　1.定義問題。

　　2.儘可能產生愈多的觀點，無論這些觀點多奇特，也不加以批評。

　　3.決定一個標準，判斷這些方法的適當性。

　　4.使用決定好的標準，選用最好的解決方法。

　　很明顯地，步驟2基本上屬於"前推式處理"法則：個體只須對問題的陳述做反應，並思考可以改變目前情境的措施即可。步驟3及步驟4則屬於"方法——目的分析"策略，因爲個體發展的標準一定是符合自己的目標。

　　在許多情況下，腦力激盪也許比方法—目的分析法更容易引導到較好的問題解決結果。雖然目前尚無研究直接比較腦力激盪策略與方法—目的策略，但已有研究證實腦力激盪策略的問題解決方式比個體所採用的任何技術更好（cf. Parnes and Meadow, 1959 ）。而無論是類比推理，或腦力激盪，其解決問題的品質，直接受到相關陳述性知識量的影響。

二、特殊問題解決策略

㈠先備的程序性知識的應用

　　從特殊領域探討問題的解決能力，通常是比較專家與新手之間先備的程序性知識的差異。所謂先備的程序性知識是指個人已具有的處理知識的能力與原則。程序性知識有兩種主要類型，一爲組型再認（pattern-recognition），一爲行動順序（action-sequence）。「組型再認」是屬於分類技能，與類化和辨別有密切關連。類化是藉由提出的例證，在不相關的屬性上作較廣的變換而習得。辨別是藉由習得概念的例證和配對的非例證的提出而習得。

　　「行動順序」是完成符號操作順序的能力，它與知識的編纂和組織有密切關連。知識的編纂就是將一種操作的敍述性表徵轉換成程序性的表徵。組織是改變一些小的程序性步驟成一個單位，這個單位會如一個整體般的自動發生。

　　由此可見，先備知識的精熟與否會影響問題解決行爲的成功性。

㈡敍述性知識的組織與回憶

　　敍述性知識是貯存在長期記憶中的事實、通則和學說，也包括個人所有經驗過喜歡和不喜歡的事件。敍述性知識是一種事實的知識，可以透過證實的能力或回憶訊息的能力來加以測量。敍述性知識的組織在問題解決歷程中，靠記憶及組織的能力。敍述性知識組織可以提供有效的線索，以助日後訊息的檢索與提取。在提取時，問題的內在表徵會活化與問題有關概念的命題，此時提取過程才開始。這些命題活化擴散到相關的命題，直到獲得問題的答案才結束。如果不能提取答案，可透過與活化命題有關的邏輯推衍建構出可能的答案。由此可見，敍述性知識的組織與回

憶過程是相當複雜的。專家所擁有的敍述性知識組織較統整，記憶結構較細密，包含較多基本原則，因此在解決問題的歷程中表現較佳。

(三)問題表徵的層次

問題解決的歷程始自解決者對問題在自己認知結構中所形成的心理表徵。表徵有三種形式，即命題（propositions）、條件子句（productions）、及意像（images）。命題是以關連方式代表敍述性知識的儲存。條件子句是與程序性知識的運作與應用有關；意像則與個人認知基模有關。專家與生手在問題表徵的差異性很大。就自然科學而言，新手較注意問題的表面及外在的特徵；專家則注意問題的統整性及原理原則。就社會科學而言，新手會立即設想各種解決方法，而專家會先界定問題，並提出特定的限制。

(四)問題解決途徑

問題解決的歷程中，專家與生手在解決策略上亦有顯著差異。在自然科學方面，專家採用逐步前行的解題路徑，新手則採倒向思考方式解題。就社會科學方面，專家常由問題可能的限制着手，探討過去的解題經驗及失敗原因，從中尋求突破與改進。新手則是完全順著問題要求的目標去解題。

肆、問題解決的研究方法

一、內省法

在行為學派以前，心理學家常用內省法來研究個人解決問題的過程，後來因為行為學派的興起，研究者將研究的重心轉到刺激反應的關係上，內省法的研究方式也就式微了。一直到完形心

理學的興起，這個方法才又開始被重視。

二、原案分析法（protocols）

這是一種和放聲思考法（talk aloud）有些相近的研究方法；它在受試解題的過程中，要受試想到什麼，嘴巴就唸出什麼，用這種方式去了解人們在解決問題時，所經歷的思考歷程。

三、人工智慧（AI; Artificial Intelligence）

最近幾年電腦在應用的層面上有很多方向，用在認知心理學研究上尤其風行，心理學者運用電腦去做一些邏輯判斷和推導，並且用模擬的方式去和受試者進行實驗，這種運用電腦的方式可統稱為人工智慧（AI），在西洋棋和象棋中不斷精益求精的電腦程式就屬此類。運用人工智慧可以精確分析受試的反應時間、反應類型等，目前在解決問題歷程上，有相當普遍的運用。

第二節　皮亞傑派的問題解決觀

皮亞傑的認知發展論強調認知發展具有階段性。低階段的認知發展是高階段認知的基礎。愈是進入形式運思期，個人認知發展及心智技能愈成熟，解決問題的能力，就愈來愈精確，愈有效。故皮亞傑認為心智發展會影響問題解決能力。皮亞傑派探討問題解決能力發展的重點是：小孩運用某些規則解決問題的原因為何？此種研究取向與訊息處理論研究取向不同，訊息處理論偏重於如何運用解決問題的規則。可見得皮亞傑派研究重點在於探討問題解決的發展現象及原因；而訊息處理論研究重點則是探討問題解決的歷程及運用。

皮亞傑認為兒童要先具有心智運作技巧，才能有解決問題的

能力，而兒童要運用心智，必須先具備兩個條件；一、兒童會運用符號來表徵其內在世界；二、兒童能了解其周遭事物的特性及關係。有了此二條件，兒童便具有心理運思能力。

皮亞傑對問題解決的發展分成兩個階段來說明：

壹、具體運思期的問題解決能力發展

從前述第二章中已知：皮亞傑認為前運思期兒童已逐漸應用符號來瞭解周遭事物，例如使用語言、心像、模仿或符號遊戲的能力。前運思期兒童的思考是單向度的、直覺的、靜態的，甚至是容易受外在物理世界的凸顯知覺所影響。雖然此階段兒童已能使用符號來代表其內在世界中事物，但是他們未必能理解其周遭事物的特性及關係；因此，前運思期兒童還不會運用具體的解題能力。必須等到具體運思期兒童才會精緻的運用思考能力，有了心理運思的結構，才能瞭解周遭事物的關係，也才能有具體的解題技巧。

皮亞傑認為具體運思期兒童所具備的問題解決能力有三種：即分類、守恆及序列能力。

一、分類能力的發展

分類能力是表示個人能將一般事物的共同性組合，加以歸成幾種類別。有分類能力表示能了解同一類別事物的特性及關係。

皮亞傑認為兒童從五歲到七歲，便具有分類能力，也就是在前運思期的兒童已具有單一向度的分類能力，但是這時期的分類能力並不代表了解每種類別的本質，這種分類能力只是一種類別含攝的能力，兒童尚未能同時考慮兩種向度以上的分類，此時期也易受外界凸顯的特徵的影響。一直要到具體運思期以後，兒童

的分類能力才能作多向度的分類，分類能力才能形成結合律、遞移律、恆等律等概念。有了這些概念後，兒童才能產生邏輯的數學推理能力。

　　但是，有些研究如 Penny（1972）等人研究指出，兒童的分類能力發生的時間是在四歲以前，比皮亞傑的研究發現的時間還早。不過，一九八○以後 Winer 又提出反駁，他認為即使到青少年期，分類能力的發展也還未完全成熟，因此他認為分類能力發生的時間比皮亞傑的研究發現還晚。由此可見，分類能力發生的時間至今未有定論。另外，兒童具備的分類能力是先天的基模發展的？或是經由後天學習的？也是一直爭論不休的問題。

二、守恒概念的發展

　　守恒概念是指個人對物質不滅定律視為理所當然。他能理解一種東西的型態改變或將之分為幾部分後，其質量並不改變；一堆東西放在一起，其總量不變；液體容量不因容器改變而有所變化。

　　皮亞傑所謂的守恒概念包括有數量、重量、質量、面積等概念。具有守恒概念表示個人會利用恆等律（identity）、相逆性（negation）、相互性（reciprocity）等三種邏輯思考方式。所謂恆等律是表示物質不增不減，則物質質量保持不變，如 $A+0=A$。相逆性是指物質某一向度的改變，會造成相反的另一向度同等的轉變，如 $A+B=C$，$A+B-B=C-B$，$A=C-B$。相互性是代表某一向度的數量被取走，另一向度的數量被補償增加，如：$A-B=C$，則 $A=C+B$。

　　皮亞傑認為兒童在前運思期就開始發展守恒概念，但是要到具體運思期（七至十二歲）後才能熟悉守恒概念，才開始具有基

本的邏輯思考。皮亞傑認爲兒童在六歲已具有數量守恒概念；七歲有質量守恒概念；八歲有重量守恒概念，容量守恒概念發展較晚。

根據皮亞傑的發展觀點，他認爲守恒概念的發展與年齡的發展有關，同時也和邏輯運思的精確度有關。但是有些研究如Bruner（1964）等人却認爲守恒概念的發展是可以教導的；而Gelman（1972）等人研究反對個人守恒概念的發展與邏輯思考有關。Gelman 認爲皮亞傑所設計的實驗器材並非兒童所感興趣的。因此在實驗過程中，兒童只注意自己感興趣的部分，忽略某些東西，而這些東西可能是實驗者的實驗變項，因而造成實驗誤差，Gelman 的研究也認爲兒童的守恒概念發生的時期應比皮亞傑所認定的時間要早些。

Gelman（1972）研究的實驗設計：

呈現兩個盤子，盤子內有不同數目的玩具老鼠，讓兒童自由選擇一盤。然後主試趁機換掉受試所選的盤子中的玩具數量或位置。一種設計是讓受試盤中玩具數目與另一盤相同，另一種設計是改變受試盤中玩具擺置位置（如變長或變短）。實驗結果發現：改變數目的設計，兒童反應會受影響；而改變玩具擺置位置的設計，兒童反應沒有變化。由此說明，兒童在實驗過程中只注意玩具數目多少，而不注意長度的改變，可見得兒童已有數字的概念。守恒概念的形成並非來自邏輯思考，而是來自個人的數目概念。

另外，Silverman 和 Briga（1981）亦發現兒童守恒概念的形成是來自其簡單數字的計算。他利用較大組合的材料讓三歲兒童比較，但發現兒童對大組合的東西不容易做比較，而對小組合

的東西則可以比較多少。由此說明三歲兒童已能做簡單的數的比較。

由上述的研究中可發現兒童守恒概念發生的確切時間與發生的原因，至今仍有許多爭論。

三、序列概念的發展

序列（seriation）能力係指個人推論物體間順序關係的能力。各種序列能力的發展時間不一，以長短次序排列的能力，發展最早，約在七歲左右；其次是重量次序排列的能力，約在九歲時獲得；而體積系列的排列能力，須俟十二歲左右始具備。因此，在具體運思期，兒童的長短序列才發展完成。

皮亞傑強調認知的發展，呈階段性，所以，當兒童能排列順序時，即具備系列的邏輯運思能力。在發展過程中，皮亞傑要兒童排列不同長短的木棒，發現三歲兒童，僅能選出最長及最短的木棒；而五歲兒童因受到前運思期的"集中注意力"影響，只能配對比較，無法做整體的比較。皮亞傑認為此時期的兒童，序列能力尚未發展完全，大都是根據兒童的知覺經驗來判斷，並非已了解抽象的序列概念。然而，到了運思期，大約六、七歲的兒童，已能輕易的排列物體的次序，因為此時期的兒童，已具備了可逆的運思能力（假如 A＞B，也可能 A＜C，A 非絕對的大小），及遞移能力（如 A＞B，且 B＞C，則 A＞C）。

然而，根據其它學者的實驗研究，發現六歲以前的兒童，能做簡單的排列，故推測他們具有序列能力。Koslowski（1980）的實驗，要兒童排列四根大小不一的木棒，發現年幼兒童也做得到。所以，他認為兒童不需具備邏輯的運思能力，也能排列順序。

　　Trabasso（1974）等學者亦發現年幼兒童具備序列能力，實驗證明，四歲兒童能排列五組物體。Trabasso & Riley 認爲許多年幼兒童無法進行遞移推理問題，是由於無法保留外界給予的訊息（即記憶的因素）。實驗設計是讓四歲兒童分辨五根不同顏色木棒的長短。一組只讓兒童看到木棒的尖端，並未看到底部不同長短的情形，並告訴倆倆的大小關係，另一組是讓兒童看到木棒的實際長短關係，並告訴倆倆的關係。（A＞B; B＞C; C＞D; D＞E）然後，問其 B、D 的關係。實驗結果發現，僅口述的兒童，有 68％的人答對，而口述兼視覺的兒童，則 88％的人正確。

　　對於 Trabasso（1974）有關記憶保留的假設，有人持反對的意見。Russel（1981）設計實驗，欲得知解決遞移問題能力是否與記憶相關。假設給予錯誤的訊息，將導致兒童不正確的判斷。一組是要求兒童依照記憶來判斷關係；另一組則要其自我判斷。結果發現，記憶組中有三分之一的兒童答對；而自我判斷組則有 15％兒童答對，顯示記憶未能完全解釋，年幼兒童無法做遞移推理問題的現象。

　　Breslow（1981）認爲兒童可利用外界的訊息或線索，進行序列。因爲兒童可聯結（association）相關的線索，加以判斷。譬如，一個不懂棒球規則的人，只要告訴他，假如安打成功，上了一壘，目標是往二壘跑，之後是往三壘跑，最後跑回本壘，即得分。當給予此訊息時，立即形成了比較，即一壘是好的，而二壘是很好的，三壘是更好的，本壘是最好的，最後聯結所有訊息，即知道各壘間的關係。然而，須注意，給予的訊息，必須是有意義，否則，無法形成序列。

　　當兒童進入具體運思期後，即具備可逆的運思能力，並有序列、分類等能力。然而，實驗研究發現，很多學前兒童亦具備上述等能力。因此，有些學者推測，發展中的遺傳因子，及訓練的需要，會影響兒童的認知能力。對於各種原因、解釋，至今仍無定論。

　　關於具體運思期兒童，智力亦影響其發展，然而，僅限於對具體，真實世界的現象。一般而言，兒童由於缺乏完整的邏輯運思能力，故在解決問題上，常無系統、不完整。而成人由於運思知識能力的擴增，促使他們以較具彈性、完整的方式，來推理。

貳、形式運思期問題解決能力的發展

　　形式運思期又稱命題運思期。出現於兒童的十一、十二至十四、十五歲之間，這個階段也稱前青年期或少年期。

　　此期顯着的特點之一是思考已能擺脫具體事物的束縛，以命題形式進行運思，思考方式更抽象，更不受物理環境的限制。此時，智力處於現實性與可能性的相互關係中，可能性已不再是現實的延伸或是屈服對現實性進行的活動。相反的，現實性服從於可能性了。

　　另一特點是形式思考能進行假設——演繹（hypothetical deductive）的推理，它能利用隔離變量的方法來解決現實問題，特別是在確定多種因素之間複雜的因果聯繫。

　　形式思考最基本特徵是在現實與可能性之間方向上的逆轉，因為這些可能運算本身不是孤立的，而是彼此聯繫構成一個組合系統。

　　形式思維的推理具有系統性，涉及複雜的邏輯歷程。在說明

這之前，我們先了解形式思維的兩個結構：十六種二維運思（sixteen binary operations）及同逆互關組（INRC group）。

一、形式思考的結構

㈠十六種二維運思的發展

若有某個問題包含兩個命題，每一個命題可能是真或假，達到形式運思的青年就能把兩個命題的關係，作有系統且合乎邏輯的組合，由無到包括全部在內，有十六種可能結果。因為每一種中的每一單位，除第一種外，皆涉及二個元素，皮亞傑稱十六種二維運思。

這十六種二維運思為：

(1)$o = o$　完全否定

(2)$p \cdot q = p \cdot q$　合取（和）

(3)$p \cdot \bar{q} = p \cdot \bar{q}$　非蘊含

(4)$\bar{p} \cdot q = \bar{p} \cdot q$　互不蘊含

(5)$\bar{p} \cdot \bar{q} = \bar{p} \cdot \bar{q}$　相關否定

(6)$p[q] = p \cdot qvp \cdot \bar{q}$　對p的肯定

(7)$q[p] = p \cdot q \cdot v \cdot \bar{p} \cdot q$　對q的肯定

(8)$p = q = p \cdot qv\bar{p} \cdot \bar{q}$　等值

(9)$p \cdot \bar{q}v\bar{p} \cdot q = pvq$　相互排斥

(10)$p \cdot \bar{q}v\bar{p} \cdot \bar{q} = \bar{q}[p]$　對q的否定

(11)$\bar{p} \cdot qv\bar{p} \cdot \bar{q} = \bar{p}[q]$　對p的否定

(12)$p \cdot qvp \cdot \bar{q}v\bar{p} \cdot q = pvp$　選言

(13)$p \cdot qvp \cdot \bar{q}v\bar{p} \cdot \bar{q} = q \supset p$　相互蘊含

(14)$p \cdot qv\bar{p} \cdot qv\bar{p} \cdot \bar{q} = p \supset q$　蘊含

(15)$p \cdot \bar{q}v\bar{p} \cdot qv\bar{p} \cdot \bar{q} = p/q$　不相容

(16)p・qvp・q̄vp̄・q̄＝p＊q　完全肯定

〔・表示"結合"；v 表示"或"〕

　　下例爲十六種二維運思的實例説明。假定美國某個行政人員要將一年級黑白膚色的男、女作編班的安排，他能考慮到的各種可能性：

　　(1)所有兒童都不包括在內。

　　(2)只有白男童。

　　(3)只有白女童。

　　(4)只有黑男童。

　　(5)只有黑女童。

　　(6)白男童與白女童。

　　(7)白男童與黑男童。

　　(8)白男童與黑女童。

　　(9)白女童與黑男童。

　　(10)白女童與黑女童。

　　(11)黑男童與黑女童。

　　(12)白男、女童與黑男童。

　　(13)白男、女童與黑女童。

　　(14)黑男、女童與白男童。

　　(15)黑男、女童與白女童。

　　(16)白男、女童與黑男、女童。

(二)同逆互關組（INRC group）

　　INRC 同逆互關組中，I 代表同一性或恆等性；N 代表相逆性；R 代表相互性；C 代表相關性。同逆互關組的發展是青少年的思考方式，也是青少年用來解決問題的方式。下例爲 INRC

的實驗研究。

用可沿其橫木上的不同點安置各種砝碼的天平，其兩端分別放等重的砝碼，使其平衡。現將一端砝碼取走，平衡即遭破壞；若把另一端砝碼取走，即可恢復平衡（negation）；或在另一端的相同距離上添加等量的砝碼，也可恢復平衡（Reciprocal）；把較重的砝碼放置在接近中心點而把輕輕的砝碼遠離中心點（correlative）；或將所有砝碼皆取走，天平便可恢復至原平衡狀態（identity）。

以圖 9-2 來表示此一發展研究（見頁 494）。

根據 Martorano（1977）實驗，以測量六年級、八年級，十年級及十二年級的學生十個形式運思的問題，發現八年級和十年級間的學生在操作這十個工作時有實質上的改變，也就是在十二～十四歲間的學生在推理能力上有重大的改善，由此證實了皮亞傑的理論。

二、形式思考能力的發展

㈠體積守恆能力

青少年在體積守恆概念較其他守恆概念發展得晚。因爲體積是屬於三度空間，很難從直覺來掌握在重點。根據皮亞傑（1960）研究指出：容器內容量的守恆概念比外容量（物體沈在水中可使水升高多少量）的守恆概念發展得早。Elkind（1962）以大學生爲對象所作的實驗發現 74% 的男生和 58% 的女生具有外容量的守恆概念。但是有關此方面更進一步的實驗研究卻很少。

Pinard 和 Chasse（1977）設計一實驗，將受試分兩組，一組判斷體積相同物體而物體表面改變，另一組判斷表面積相同但

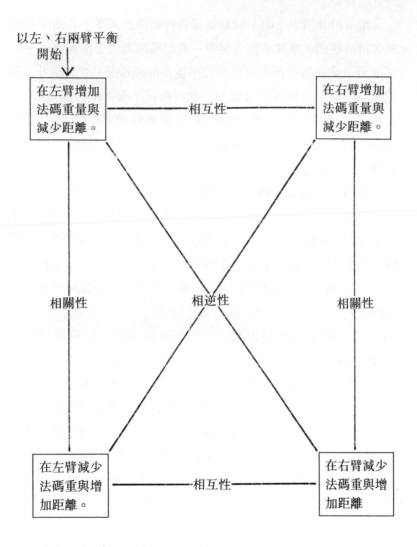

圖9-2 INRC group應用於平衡的問題

體積改變的物體。結果發現十二歲到十四歲的青少年才能真實的區分體積和表面積的不同。他們指出形式運思期的青少年雖然了解物體表面積的改變是由於體積的不同，但是却不了解體積的改變是由於表面積的不同所致。由此推論，表面積的守恒概念可能是體積守恒發展的先決條件。

　　雖然上述的研究說明高層次守恒概念的發展，但是體積守恒概念與組合系統和同逆互關組的思考結構有何關係，則至今未有明確界定。

(二)組合運思和隔離變項能力

　　組合運思是學生能在同一時間，思索許多不同的變項，即他們以協調方式，決定一個、全部或組合的若干個變項所產生的影響。學生在一個時間內能就許多變項進行推理的方式。

　　Inhelder 和 Piaget 設計一種化學液體問題研究來說明。他們提供四個相似的細頸瓶，內裝無色無臭的液體，其中一個裝稀釋硫酸，另一瓶裝自來水，第三瓶裝過氧化氫水，第四瓶裝硫代硫酸鹽，小的細頸瓶裝碘化鉀及附裝一枝藥品滴汁器。因爲過氧化氫水可把碘化鉀氧化成中性，所以過氧化氫水，硫酸與碘化鉀混合，會變成黃色的液體。Inhelder 和 Piaget 給受試者兩個玻璃杯，一個裝自來水，另一個裝硫酸與過氧化氫水。他們在這兩個玻璃杯注入幾滴碘化鉀，其中一個玻璃杯的液體變黃色，而另一個杯中的液體則保持不變。若在變成黃色的液體中注入硫酸鹽，將會變成無色。接著他們要求青少年按自己的方式將它們給以組合以製成黃色液體。

　　運思前期學童未能採系統程序予以組合，衹是一次隨意組合兩種液體。具體運思期的兒童一開始便將碘化鉀與四個細頸瓶中

的每一液體混合。在主試者建議後才會將三種的液體混合，偶而
會製造黃色的液體，但因係出於嘗試錯誤，無法再重複原來的作
法。

　　約在十二或十三歲的青少年，了解自來水爲單位元素，不會
使液體發生變化後，進而有系統地利用組合分析，如先混合第
一與第二組頸瓶的液體，然後依序混合第一與第三，依次類推，
直到獲得答案爲止。

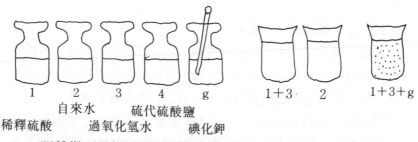

稀釋硫酸　　　　過氧化氫水　　　碘化鉀

　　隔離變項是把問題中的變項提出來，在解決問題時，把一變
項與其他變項隔離來做試驗，由此逐一把不可能之變項排除，以
獲得問題解決。

　　以鐘擺問題爲例：提供受試者一枚繫着長線，下載不同重量
物體的鐘擺，給兒童各種長度的線及不同重量的擺錘，然後要求
他們決定並且解釋什麼因素控制了鐘擺的移動速率與振幅。兒童
考慮的因素包括鐘擺擺動的頻次與線長、物體重量、物體高度、
推動力量，或結合各種條件而成的綜合作用等之間的關係。

　　運思前期兒童無法將之做有系統的處理。具體運思期兒童已
經發現鐘擺的線長與其移動速率間的關係，但他們不能隔離變
項。因此仍相信線長、擺錘、推力和振幅與移動有關。

　　形式運思期的青少年"能就所呈現的諸變項，只變化單一因

素，而與其他維持相等的事隔離。"經過建立假設、設計與執行
實驗、觀察結果、攝取結論等步驟，使他們得已推出結論。實驗
設計通常將兩個因素作一切可能的組合；如表 9−1：

表9-1　鐘擺問題：四種組合

	因　　素		結果
	長度	重量	振動速率
1	長	輕	慢
2	短	輕	快
3	長	重	慢
4	短	輕	快

　　上述僅就四個因素中的兩種，作可能的組合，其他因素亦可
任擇一種與其他三種的任一種組合，以確定其結果。

㈢比例概念、機率概念和關係概念的發展

　　兒童比例的概念可從他們玩蹺蹺板的平衡行動中見到。七歲
以前的兒童對於雙邊要各自放置多少重量的東西以保持平衡問題
感到困難，他們固然知道獲得平衡是可能的，但仍賴嘗試錯誤始
克達成。七歲以後的兒童發現，輕的東西離支點遠些，讓重的東
西靠近支點，則可維持平衡，亦即他們學會了以系統的方式安排
重量與長度，使之維持平衡，但仍無法按比例協調重量與長度兩
者的功能。

　　當十五歲的兒童了解平衡的第一個條件：與天平的中心軸距
離相等時，兩邊的重量也要相等。經過推理，他發現一個重量
（W）的位置離中軸的距離愈遠，這個重量使天平的臂降得愈
低。因此，他理解到平衡的獲得是兩個等重的東西（$W_1 = W_2$）

與中心軸的距離相等（$L_1 = L_2$），而不管這個 L 是如何之長。經過上述兩種函數的協調，兒童還發現了重量（W）與長度（L）之間的反比關係。兒童發現：在天平的一端增加重量而距離不變，在另一端增加距離而重量不變，其結果仍和原來一致。因此兒童便能掌握簡單的度量比例 W/L＝2W/2L，因爲減少重量並增加長度同增加重量並減少長度是等值的。

機率（probability）乃是以了解機遇與比例爲基礎而發展的一種概念，機率觀念直接與組合形式和比例圖式有關。機率觀念的形式也與具體運思階段之因果性和偶然性觀念有密切的聯繫。

爲評估機率概念的發展，可採下列程序行之：將三十個紅色的球、二十個藍色的球和十八個綠色的球，將各色的球對半分，一半放在一邊當參照組，另一半放入袋中，研究者隨機的從袋中抽出兩個球，要兒童預測兩個球是什麼顏色，當兒童回答時，也要他解釋何以提出該項答案的理由。

運思前期兒童通常依據前次抽取的球，來預測下一次抽取的球的顏色，且下一次的顏色常和前一次的相同；或者他們預測自己所喜愛的顏色，常採用「猜測」。具體運思期總是運用某一策略，但未固守機率策略。

在形式運思期兒童，他具備：⑴知道運用組合系統，以便對已知的各種顏色的球進行所有可能的組合；⑵能對比例進行計算，以便掌握如 3/9 和 2/6 等的機率數是等值的。因此他們的答案總依留在袋子內每種顏色的積木決定，也就是他們能使用機率來預測。

互相關係（correlation）的概念比機率概念要早一點發展。我們可藉由兒童解釋兩種彼此共變特質中頻率的重要性來了解互

相關係。例如，我們觀察了一百個人，發現其中有四十七個人有金髮（A）和藍眼（B），三十八個有黑髮（$\overline{A}$）和棕色眼睛（$\overline{B}$），十五個人有黑髮（$\overline{A}$）和藍色眼睛（B），沒有人是金髮（A）且棕眼（$\overline{B}$）的，由這裡我們便可判斷頭髮的顏色和眼睛的顏色間彼此有相互關係。我們可用一個矩陣把各可能事件表示出來：

47% AB	$\overline{A}$ B 15%
0% A$\overline{B}$	$\overline{A}$ $\overline{B}$ 38%

　　由上的討論發現比例的概念加強了相互關係，也可以説比例概念是相互關係的起點。

　　形式運思期的青少年發展出各種解決問題的邏輯推理方式，其認知結構在本階段也達到成熟。即當形式運思已充分發展時，其思考或推理品質，會達最高水準。由此表示形式運思的青少年，具備和成人一樣的認知結構裝置，但只意味著具備與成人思考一樣好的「潛能」，此階段以後思考內容與功能是青年與成人思考有別的部份。

　　成人與青年之間推理能力的主要差異在於基模的數目或結構。當達到形式運思層次時，新的基模或新知識領域的發展，並未停止，由於吾人不斷地吸收新經驗，得以繼續發展新的基模與概念。成人的經驗顯然比青年多且豐富，所以成人擁有比青年更多的認知結構或「容量」，可以運用的推理能力也比青少年更成熟有效。

叁、皮亞傑論問題解決觀的批評

　　皮亞傑對兒童問題解決能力的發展有其卓越的看法及研究，但皮亞傑的研究仍有許多令人質疑的問題。

一、方法上問題

　　許多研究者批評皮亞傑的研究方法上有缺失，例如為了觀察兒童的各種能力的發展過程，避免以量化方式來評量兒童的各種能力的表現，使得研究結果的資料缺乏結構性。另外在實驗安排的過程，皮亞傑自認的研究主題是兒童所喜歡的項目，但與兒童實際的想法有差距，因而許多實驗結果可能受材料和情境因素影響，故實驗研究的推論可能有低估幼兒能力及高估年長兒童能力的推理上謬誤。研究資料的處理、分析及解釋也是有令人非議的地方，Green（1978）曾指出皮亞傑在分析兒童機率問題的資料有計算上的錯誤。

二、先天論與環境論的爭論

　　皮亞傑相信兒童認知發展與年齡發展有密切關係，因此，他認為訓練兒童提早具有守恒概念，分類能力或解決問題能力，並不代表兒童的解題能力已達成熟境界。但有些學者，如(Brainerd, 1973, 1978）等人則認為提早訓練可使兒童解題能力更成熟。

　　由以上的批評，可見得皮亞傑論的問題解決觀的研究有許多爭議之處，值得進一步探究。

第三節　訊息處理論的問題解決觀

　　訊息處理論主要在闡述人類如何認知、獲得、貯存、檢索與運用知識。問題解決的目的是要應用知識與經驗去處理周遭所面臨的大小問題，以達到適應的功能。因而，訊息處理論對問題的解決的探討，是着重於問題解決歷程的研究，包括知識的檢索，知識的應用部分，也就是探討個人在解決問題的歷程，如何形成假設及驗證假設；如何使用規則和策略以解決問題；如何教導人類的問題解決方法等主題。

　　訊息處理理論研究問題解決的發展，通常從兩個方向來探討：㈠問題解決歷程的變化與年齡的關係；㈡問題解決歷程中那些是重要的發展變項。探討問題解決歷程的變化與年齡的關係時，其基本假定是人的問題解決歷程隨著年齡的增加，思考結構及解題的歷程也會有所變化。因此，有許多研究探討不同年齡層的青少年，其思考的方式或應用的規則和策略的差異性。探討問題解決歷程中的重要發展變項時，通常是從問題的性質，解決的策略，解題歷程中知識的表徵，記憶，檢索及應用等方面探討，以瞭解人類解決問題的歷程中，那些有助於問題解決的遷移。本節將以分析法探討各年齡的假設形成、規則運用、策略發展及認知次歷程的發展，再探討教導策略及其他因素對解決問題之影響。

壹、問題解決歷程的變化與年齡關係

　　訊息處理理論有關問題解決發展的研究，大都使用分析法和

綜合法兩種方式。分析法是探討問題解決歷程的思考成分、結構與次歷程。綜合法則是探討問題解決的處理系統、計劃和原則等。爲探討不同年齡層的問題解決歷程各種成分、結構及次歷程的差異情形，本節將以分析法研究爲例，說明各年齡層的假設形成、規則使用及策略發展之不同。

一、分析法的實例

　　問題解決的分析法主要是探討解題者所形成的假設、邏輯的法則使用、及解題方式的發展。以下將以圖 9-3 的實例說明問題解決研究常用的方法。

　　此一實驗可以檢驗解題者假設的使用情形、邏輯法則的應用及策略的使用，此實驗可稱爲空白練習探究法。

　　其實驗程序爲：主試先要求受試者在一組卡片中去發現主試者預定好的答案。實驗所使用的卡片每張上面都有兩個相對的圖形，每一次呈現一張卡片時，受試者就被要求指出其中一個他們認爲含有答案的圖形。從觀察受試者的表現，我們就能夠收集到假設考驗、邏輯法則和策略使用的情形。例如在一組四張卡片的空白練習實驗中，有八種可能的反應模式。受試者可能全部都選擇左邊（右邊）的圖形，或是左邊兩個右邊兩個，這兩種表現都顯示出受試者沒有使用假設。如果受試者的選擇是一個左邊圖三個右邊圖，或是三個左邊圖一個右邊圖，那就表示受試使用簡單的假設。此實驗除了可推論假設的形成外，它還可以檢查受試是否使用邏輯法則。例如，受試者要有效解決問題通常須利用到三種規則：即㈠先檢查和立即回饋是否一致的假設；㈡使用「對則保留」（win-stay）的規則；㈢使用「不對則改變」（lose-reverse）的規則。如果檢查自己的假設和別人的回饋一致時，

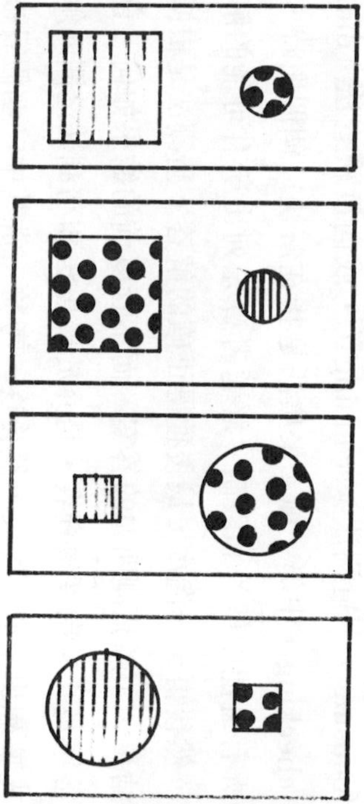

假設

圓形	線條	藍色	小的
右	左	右	右
右	右	左	右
右	左	左	左
左	左	左	右

刺激配對的順序

假設

方形	點狀	紅色	大的
左	右	左	右
左	左	右	左
左	右	右	
右		右	左

圖9-3　空白練習探究法

通常我們會保留自己原有的假設和概念,並且用它來引導下一個選擇。此時即採用「對則保留」規則。如果自己的假設和別人的回饋不一致時,則必須改變假設與想法,此時即採用了「不對則改變」的規則。如果要改變假設,最好選擇相對的圖形,則正確答案會包含在其中,此時即採用局部一致性(local-consistency)原則。

此一實驗還可分析解題者所使用的解題策略是聚焦法(focusing)、猜測法(scanning)、或向度檢查法(dimension checking)中那一種。聚焦法是指在解決一個問題時,能瞭解所有可能的解答和限制。解題者會先列出所有可能的解決方式,然後再一一淘汰,最後獲得正確的解答。猜測法是根據問題的結果,不斷猜測問題的答案,而不管以前的結果如何,直到猜對答案為止。向度檢查表,是介於聚焦法和猜測法之間。解題者首先要想出一個向度表,然後逐一考驗,當其中一個假設被否定時,就知道同一向度裡的其他假設也是否定的;此時,就可放棄同一向度而去考驗另一個向度的假設。

二、假設形成、規則應用、及策略使用的發展研究

㈠到目前為止,許多研究,如 Eimas(1969)、Gholson(1972,1978)等人的研究結果都顯示,小學二年級以前的兒童不會自動自發的使用假設。例如在空白練習的實驗中,年幼兒童可能以位置來做選擇,如全部選左邊圖或全部選右邊圖。幼兒在形成假設時易受刻板化印象的影響,即使他們獲得回饋,告知其假設有誤,幼兒仍然堅持使用同一個假設。譬如一個孩子要找媽媽,他可能站在浴室門口好幾分鐘,一直問著:「媽媽!你在那裡嗎?」,而不會到其他房間去尋找。

　　大部分小學二年級兒童在解決問題的過程，都會使用假設。而隨著年齡的成長，兒童使用假設的情形有明顯增加的趨勢。根據 Gholson（1980）的研究發現：小學四年級的兒童在問題解決歷程中已有 80％的比例能自發的使用假設；而六年級兒童則有 95％的比例能使用假設。

　　㈡根據 Eiams（1969）、Gholson（1980）、Phillips & Levine（1975）等人研究發現：兒童在解題過程中，若能自發的形成假設，同時也就能使用邏輯法則。小學二年級兒童大都使用「對則保留」的原則。至於「不對則改變」或「局部一致性」原則則較少使用。幼稚園兒童在解題過程中，遇到不肯定的訊息，經常會固執己見，不願改變自己原有的想法，因而比較不會使用「不對則改變」的原則。

　　㈢Gholson,（1980）的研究指出：在問題解決使用策略的情形會隨著年齡的增加，而有不同的改變。學齡前的兒童不會使用策略去解題，小學二年級學生較常使用猜測法的策略去解題；小學五、六年級以後的學生則會使用向度檢查法解題，一直到青春期早期才會發展出聚焦的策略來。

　　由上述的研究中得知：問題解決歷程中假設的形成、規則的應用、及策略的使用等發展皆會隨著年齡的成熟而趨向有效的問題解決。

貳、影響問題解決的因素

一、問題解決與次歷程不足的關係

　　所謂次歷程（subprocess）是指記憶的自動化和解碼自動化的歷程。例如：我們要閱讀一篇文章來解答一些有關此文章的問

題,閱讀文章時,若需要花很多時間在每一個字的字形、字音或字義的解碼上,並且需要檢索記憶體內的知識與字連結,倘若解碼或檢索的時間太多,則無法有更多時間在文章的脈絡與意義上,進而影響到問題的解決。次歷程是認知歷程中較低層次的歷程,包括知覺注意、記憶等歷程。

㈠知覺與問題解決

兒童與成人在問題解決歷程中最大差異是,成人能迅速的檢索知識,解碼知識及運用知識。而兒童因記憶容量有限,知覺的發展未完全成熟與分化,因而兒童解決問題的歷程不及成人那麼迅速、正確及有效。由此可見,知覺與問題解決之間關係密切。

兒童在知覺的發展上與成人不同之處是:㈠兒童不能像成人一般很容易區分出刺激的特性;㈡兒童注意力廣度短暫,缺乏選擇注意力,經常注意突顯的部分而忽略某些部分,以致於兒童在解決問題時,會出現刻板化反應,而不會採用「不對則改變」的規則,因此,解決問題的歷程顯然不同於成人的結構。

Gholson & Mcconville(1974)以刺激辨別訓練受試,然後再讓受試從事空白練習實驗,他們將受試分成兩組:一組是受試者答對問題後立即有回饋,另一組則是沒有回饋。結果發現:有回饋的受試比沒有回饋受試在解題時更會形成假設,而且不易形成刻板化反應。

Gholson, O'lounov 和 Steven(1976)亦從事與上述類似的實驗,也有類似的結果;同時發現此種辨別刺激訓練對具體運思期的兒童特別有效。但是對運思前期的幼稚園兒童言,辨別刺激訓練在當時也許無效,但是等到具體運思期時,受過訓練的兒童比未受過訓練的兒童更容易形成假設。

　　綜合上述研究的結論：辨別刺激訓練對幼稚園兒童而言，可以幫助他們形成假設，但是未必能幫助他們建立有效的策略使用。

㈡記憶與問題解決

　　在前面記憶一章中曾提及過：兒童在成長過程，其記憶量及記憶歷程不斷在改變。兒童記憶容量有限，編碼及儲存知識過程與成人不同，兒童不太會使用組織化、精緻化及複誦法等方式來檢索或貯存記憶，由於記憶歷程的限制，將影響問題的解決。同樣的，當成人的記憶系統產生問題時，也會影響其問題之解決。

　　Gholson, Phillips 和 Levine（1973）等人以小學二年級學生為對象從事空白練習探究實驗，並將受試分為三組，第一組是在受試選擇答案後，立即給予回饋，並且將圖片呈現在受試面前三秒鐘。第二組是受試回答後，立即給予回饋，但不呈現圖片。第三組則是受試回答後三秒鐘後才給予回饋。研究結果顯示：第一組受試有充分的記憶時間，因此在問題解決的歷程，更能採用局部一致的規則解題，而且最快形成假設。

　　另外，Gross（1977）以學齡前的兒童為對象，在他們解答空白練習探究問題之前，先讓受試接受記憶訓練，受試分為三組：第一組是主試教導兒童讀出圖片的不同特徵；第二組是兒童被指定用口語複誦；第三組是兒童自行辨別圖片。其結果顯示：使用口語複誦組受試較不容易形成假設。

　　綜合上述研究發現：記憶策略訓練對學齡兒童的問題解決能力有幫助，但對於幼稚園的兒童可能較沒有幫助。

二、直接教導與示範教學的影響

　　促進問題解決策略的訓練方式有兩種：即直接的法則和策略

訓練、及透過示範的間接教導。

㈠直接教導

直接的法則和策略的訓練是否有助於問題解決？這個問題是訊息處理論者爭論的研究。多數的研究皆支持直接法則和策略的訓練對學齡的兒童在解決問題上有正向的效果，但對於學齡前兒童的幫助不大。

但 Cantor 和 Spiker（1977,1978）研究指出：幼稚園兒童可以教導聚焦策略。另外，Mckinney（1973）研究指出：五至六歲兒童使用掃瞄策略去解決問題，可減少嘗試次數，但却不會增進解題的效率。由此可見，直接教導在解決問題上的效果，視解決者的年齡及使用的策略及原則不同而有所不同。

㈡示範訓練

除了直接策略和規則訓練外，很多研究已嘗試藉著示範的特定規則和策略來改變兒童問題解決的行為。

Laughlin，Moss 和 Miller（1969）研究指出：三、五、六年級小學生比較喜歡使用規制（constraint）尋找問題的策略來解題，換言之，規制尋找問題的策略是一種示範訓練。示範訓練對問題解決歷程亦有正向的效果。不過，示範訓練亦有年齡的限制，學齡前兒童不適於採用。

三、情感因素和問題解決

除了知覺、記憶、及策略訓練會影響問題解決的歷程和效果外，個人的情感因素亦會影響問題的解決。個人的情緒狀態和人格都是影響問題解決的重要因素。

㈠狀態性焦慮對問題解決的影響

1.狀態性焦慮會干擾知覺、注意力、及記憶力，因而影響到

問題的解決。

2.狀態性焦慮會影響概念系統的運作及思考的運作。

3.狀態性焦慮會干擾解決策略及規則的使用。

總之，狀態性焦慮會減低成人和兒童的記憶力，也會分散兒童的注意力。但是狀態性焦慮對記憶，注意力和問題解決表現的影響程度，則視解決問題的複雜性。例如，有高記憶要求和需要一般理解力及實際訊息的回憶工作者，其表現則深受高焦慮狀態的影響。但如果只需要推理而不需太多的記憶要求，則不受焦慮的影響。

㈡注意力缺乏對問題解決之影響

從認知風格中沈思型－衝動型，及場地獨立與依賴的研究中發現：這兩種不同風格兒童在解決問題的歷程中亦有顯著的不同。沈思型兒童通常花較多時間解決問題上，因之比衝動型兒童的解決正確性高。而且沈思型兒童在解決問題中經常使用限制搜索的方式解題，而衝動型兒童喜歡使用假設猜測方式解題。（Eelniker, Renan, Sorer, and Shavit; 1977）另外，有些研究亦指出沈思型及場地獨立型兒童問題解決的技巧優於衝動型及場地依賴型。

㈢情感策略訓練對問題解決之影響

Hehshaw（1978）研究中，以口語表現區分出高低創造力的大學生，訓練他們在解決問題時用放聲思考法。結果發現：成功的問題解決者之所以不同於失敗的問題解決者，不只是在解題歷程及解題能力之差異，而且也是表現在情感表達的次數及型式上。成功的解題者較失敗解題者有更明顯的自我支持及正向情感表現。

　　Meichenbaum（1977）提出情感與認知交互訓練法，強調自我調節的訓練，可以幫助問題解決歷程中控制情感反應，進而促進問題的解決。

　　Allen（1970）報告中曾提及可藉由諮商及教學技術來處理測驗考試所伴隨而來的焦慮，繼而使學業表現有可能進步。

　　McCombs（1981－82, 1982）則大力提倡在教育上訓練學生做心情的管理（mood management）。她曾在一軍事訓練計劃中對四分之一表現不佳的新兵做一種修正自我評估的訓練。透過測驗與晤談，McCombs找出四種特徵——低興趣、低動機、對測驗、科目具有高焦慮以及差勁的訊息處理技巧的新兵為對象，在一種動力過程中，修正受試們的認知，使其對其學習環境、對自己所負的責任及情感的控制等能有認知上的改變，進而促進其解決問題的表現。

　　綜合上述各種研究可知：影響問題解決歷程變化的因素，除了知覺及記憶外，策略的訓練及情感因素也是主要的影響變項。

【參考文獻】

林清山（民 80）教育心理學—認知取向。台北：遠流出版社。

鄭昭明（民 78）認知與語言的基礎研究—教學心理的認知分析。科學發展月刊，17 卷 1 期，pp21－38。

Gagne' E.D.(1985) *The cognitive psychology of school Learning*: Little, Brown & Campany Boston Toronto.

Solso R.L.(1988) *Cognitive psychology*. Wells Avenue. Neuton Mass－

Siegler R.S.(1986) *Children's thinking.* prentice-Hall. U.S.A.

Reed. S.K.(1988) *Cognition Theory and Applications 2ed.* Cole publishing Company Pacific Grove, California

Gross. T.F.(1985) *Cognitive Development.* Brooks / Cole publishing Company. Monterey. California.

V字作業量表

問題解決能力發展

一、知識：

　　欲發揮問題解決的能力，不宜操之過急地重視成果，當先集中注意力於問題解決的歷程。由此入門，則無論是一般性問題，甚或特殊性問題，其問題解決策略，較有脈絡可循。

二、參考書目：

陳李綢（民 81）：認知發展與輔導。台北：心理出版社。

鍾聖校（民 79）：認知心理學。台北：心理出版社。

林清山（民 84）：教育心理學—認知取向。台北：遠流出版社。

三、建構圖：（見頁 514, 515）

四、重要概念：

    1. problem space

    2. goal atote

    3. starting state

    4. possible paths

    5. cognitive network

    6. STM

    7. Means-end analysis

    8. working forward

    9. brain storming

10. Reasoning by Analogy
11. working backward
12. expert-novice
13. patten-recognition
14. action-sequence
15. propositions
16. productions
17. images
18. protocols
19. talk aloud
20. Artificial Intelligence (AI)

問題界定　　　　　　問題解決的歷程

一般性的問題解決　　訊息處理的問題解決

完形心理學　　一般推理能力

演繹推理　　歸納推理

準備期　　醞釀期　　啟迪期　　驗證期

「問題」係指「個體覺察到有目標存在，但不知如何達到的心理困境」

根據訊息處理理論的觀點，問題可分成三個狀態：

初始狀態：問題被呈現的狀態

目標狀態：問題被解決後的最後結果

所有可能達成目標的途徑：指解決問題的方法

問題空間

準備期：已辨認問題的存在，對問題採取初步行動

醞釀期：如初步行動無法奏效，在意識的層次不再思考這個問題，但在潛意識層次，繼續進行

啟迪期：頓悟發生在這個階段，潛意識工作結束，答案呈現到意識表面

驗證期：需要肯定「頓悟」，通常此階段最不複雜，只是簡單驗證此「領悟」是否有效

演繹推理：可推論出可能正確的結論

歸納推理：能推論出必然正確的結論

問題表徵的形成；當問題出現，要解決問題，通常必先搜索長期記憶，並且決定該提取那部分的訊息。

這是問題表徵的形成，是問題解決歷程的第一步

有效知識的收集：所搜集有效解決問題的相關知識，包括敘述性知識和程序性知識，

以綜合所有有效知識來進行問題的解決

評估解決的成效：須實際使用知識後，再進一步評估是否有效。這個評估歷程也是問題解決歷程

的最後一個過程，如未能解決問題，則從頭再做一次

問題解決研究的意義

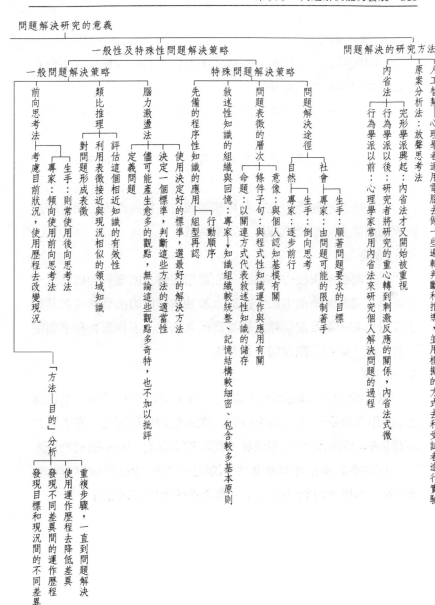

一般性及特殊性問題解決策略

問題解決的研究方法

一般問題解決策略

特殊問題解決策略

一般問題解決策略：

前向思考法┬考慮目前狀況，使用前向歷程去改變現況

類比推理┬專家：則常使用後向思考法
　　　　└生手：傾向使用前向思考法

腦力激盪法┬利用表徵接近與現況相似的領域知識
　　　　　├評估這個相近知識的有效性
　　　　　├決定一個標準，判斷這些方法的適當性
　　　　　├儘可能產生愈多的觀點，無論這些觀點多奇特，也不加以批評
　　　　　├定義問題
　　　　　└對問題形成表徵

「方法—目的」分析┬發現目標和現況間的不同差異
　　　　　　　　　├使用不同差異間的運作歷程
　　　　　　　　　├發現運作歷程去降低差異
　　　　　　　　　└重複步驟，一直到問題解決

特殊問題解決策略：

先備的程序性知識的應用：組型再認─行動順序

敍述性知識的組織與回憶─專家→知識組織較統整、記憶結構較細密、包含較多基本原則

問題表徵的層次┬命題：以關連方式代表敍述性知識的儲存
　　　　　　　├條件子句：與程式性知識運作與應用有關
　　　　　　　└意像：與個人認知基模有關
　　　　　　　　　自然
　　　　　　　　　社會

問題解決途徑┬生手：順著問題要求的目標
　　　　　　├專家：由問題可能的限制著手
　　　　　　├生手：倒向思考
　　　　　　└專家：逐步前行

問題解決的研究方法：

人工智慧—心理學者運用電腦去做一些邏輯判斷和推導，並用模擬的方式去和受試者進行實驗

原案分析法：放聲思考法

內省法┬完形學派興起：內省法才又開始被重視
　　　├行為學派以後：研究者將研究的重心轉到刺激反應的關係，內省法式微
　　　└行為學派以前：心理學家常用內省法來研究個人解決問題的過程

五、原理原則：

1. 問題界定：「問題」係指「個體覺察到有目標存在，但不知如何達到的心理困境」。

2. 問題解決能力分爲一般性解決問題能力及特殊性解決問題能力。

3. 一般性解題能力是指個人思考及推理能力（如內省法、演繹法）。

4. 特殊性解題能力是指在特殊領域內，把所面對的問題，加以解決的能力（如資訊處理、人工智慧）。

六、結論：

探討問題解決能力的發展，先從問題解決的歷程加以研討，進而提出問題解決的方法。探討一般性解題能力的發展問題是以傳統的思考理論及皮亞傑認知論爲研究基礎；而探討特殊解題能力的發展，則是以訊息處理爲基礎。

七、心得：

自己滿喜歡思考的東西，課堂上本章節未列入研討，自己將之列入作業研讀書寫，期有所獲。在我們的生活周遭，存著各式各樣待解決的問題；大小難易，簡單複雜都有。在面對這些問題時，我們要教導學生學會思考、創造，循序理出問題解決的途徑，此一問題解決能力的培育，實爲各科教學當務之急。

數學認知發展

■流程圖

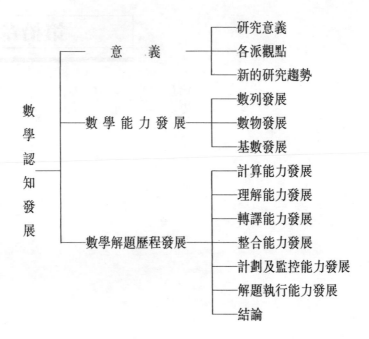

数學認知發展
├─ 意　義
│　├─ 研究意義
│　├─ 各派觀點
│　└─ 新的研究趨勢
├─ 數學能力發展
│　├─ 數列發展
│　├─ 數物發展
│　└─ 基數發展
└─ 數學解題歷程發展
　　├─ 計算能力發展
　　├─ 理解能力發展
　　├─ 轉譯能力發展
　　├─ 整合能力發展
　　├─ 計劃及監控能力發展
　　├─ 解題執行能力發展
　　└─ 結論

第一節　數學認知發展的意義

壹、數學認知研究意義

　　數學是研究自具體世界的許許多多特殊事物中抽象化出來的秩序（order）和形式（form）的一種學問。（林清山，民 66）

　　楊政道在得獎後的一次演說中強調：數學爲科學之母，要學好科學，一定要打好數學基礎。因爲數學不僅是計算、測量或機械地解方程式而已，它更是種思維，是種歸納與演繹的理解。

　　美國教師協會（1980）指出：問題解決是一九八〇年代數學教學的重心。經由不斷地解題課程磨動人們的數學思考，增強其日後解決，面對各種問題以及以簡御繁、由已知推未知的能力。

　　大家都知道，數學概念的學習比一般概念的學習要困難些，因爲它過於抽象和一般化，而其高低階概念又環環相扣，比一般知識更明顯。

　　此方面的研究相當受歡迎，吸引了無數發展及教育心理學家

及認知科學研究者，受歡迎的原因主要有三：

　　1.數學認知包含了人類許多偉大的心智活動，它的範圍可以從嬰兒時期的知覺和感覺動作到成人階段的抽象概念與心理程序（mental procedures）。它的主題含蓋的面相當多，包括知覺（如數量的區辨）、語言（如數數時的法則）、問題解決（如應用問題）、程序性知識（如心算）以及理解（如部分——全體基模）。也就是説，它的範圍包括了簡單的、複雜的心理歷程，包括了正式的、非正式的課程内容，變化相當豐富、題材很多，故吸引了許多研究者從事研究。

　　2.研究數學認知較爲精確，也較容易形成理論或建立模式。此外，它所能運用的方法也很多，從傳統的實驗室法（如配對法或反應時間法）到新的臨床晤談法、放聲思考技術，都可視需要而採用。

　　3.數學認知研究對教育上的實際貢獻很大，例如可用以改良診斷測驗、幫助學習障礙兒童等等。

貳、各學派對數學認知的看法

　　數學認知的發展，與心理學理論的演進息息相關。

一、聯結論

　　桑代克（Thorndike, 1913）在本世紀前三分之一時期，提出刺激——反應聯結理論（stimulus-response association），對解釋學習數學的技巧是相當直接的。他認爲孩子只是學習做許多刺激、反應的聯結。Thorndike 提出幾項規則來解釋程序性技巧的學習。其中一項是練習律，也就是説練習得愈多其聯結就愈強，所謂練習有初次練習（initial drill）、保持練習（maintenace drill）及補救練習（remedial drill）等三種。另一項是效果率，其要點乃是回饋能強化刺激與正確反應的聯結，消弱刺激與其他不正確反應間的聯結。例如：8-5 的試題，學生若回答 2 或 13，老師就給予「再試試看！」的回饋（懲罰），那這些反應與刺激的聯結會漸消弱。假如是正確的反應就會得到「對！很好」的回饋（讚賞）增強，那麼這 S-R 的聯結就更強固了。根據這個理論，學習基本的數學技巧也包括了各項 S-R 聯結的記憶。

二、完形論

完形學派（Gestaltism）則否定反覆練習的功用。他們認爲這種教學方式，充其量只能教會學生作固定模式的反應，這些反應不僅缺乏彈性，而且更易使學生只知其然而不知其所以然。此學派強調領悟與相關性以及有意義學習的原則。最重要代表人物爲布朗爾（Brownell）及查瑞（Chazal）他們主張「意義化學說」（meaning theory）並做了多項著名實驗研究，證明在數學教學裡，了解原理原則遠比只會做無意義的計算過程更爲重要。

三、認知論

㈠皮亞傑（J. Piager）是瑞士的心理學家。他的理論在下列三方面特別值得數學課程編製者加以重視：

1. 兒童的認知結構與成人的認知結構不同，所以兒童的思考歷程與成人的思考歷程有很大的差異。如果不考慮兒童或學生的特殊運思方式，而由數學專家以自認爲合理的方式編製數學課程，則所編數學課程不一定能爲兒童或學生所接受。皮亞傑有關數量守恆、重量守恆、容量守恆、和面積守恆等實驗均顯示兒童的運思方式與成人的運思方式有很大的不同。

2. 兒童或初學某種數學概念的學生，如果缺少主動的去操作

具體材料的經驗，則其發生於內部的思考歷程將不正確，而且對以後從事較深的數學所需之抽象能力的發展有不利的影響。

皮亞傑堅信「知乃是對客體施予動作」（knowing is action on objects）。所以他強調學習必須由具體著手，慢慢將感覺——動作結構以內在化，才能使認知結構發生重組。在「兒童數的概念」（The Child's Conception of Number）一書中，皮亞傑強調兒童必須要先有機會利用成套的物體，玩一對一相對應的遊戲，方能慢慢學會辨別基數（cardinal numbers）和序數（ordinal numbers）的不同。因為在一對一相配對的過程中，兒童才能直接測量兩個集合的相等性。皮亞傑呼籲讓兒童「從做中學」。他說：我們不能教兒童數的結構，我們只能安排情境，讓兒童在此情境中自己去發明和發現數的結構。剝奪學生從做中學的機會，或一開始就搬來一大堆抽象的定理公式，學生學數學將容易失敗。雖然學生最後所要學到的是抽象的數學概念和結構，但先別直接呈現這些抽象的東西，請從具體可操作的事物入手，才能成功。

3.數學課程的安排必須注意配合學生認知發展的水準和順序，不可企圖加速發展，也不可次序倒錯。當學生的認知結構尚無法處理抽象的數學概念時，就硬要他們學習這些抽象的數的概念時，則學生不但不能吸收同化，而且可能失去學習數學的興趣。

在「發展與學習」一文中，皮亞傑（1964）強調發展才是學習的真正原因。兒童的認知發展達到某一階段的最適當時機，學習才有可能真正發生。皮亞傑承認教育傳遞（educational transmission）與成熟、經驗、和平衡化同為影響認知發展的四個主

要因素，但只有這一個因素並不足夠，因為兒童只有在他能夠了解的狀態下，他才能接受成人透過語言或教育傳遞傳給他的這些有價值的訊息。換言之，他要能接受這些訊息，他必須先有吸收同化這些訊息的「結構」才行。所以，數學課程在選材方面不能不慎重考慮學生的認知發展情形，以免扼殺學生數學方面的才能和興趣。

㈡布魯納（J. S. Bruner）是美國心理學家，他的理論對新數學和新課程有直接影響的有以下幾點：

1. 只要我們能夠用學生可以了解的用語來改編，或以適合學生認知發展程度的表徵方式來呈現，我們便可以提早把數學的重要概念和結構教給學生，不必空等待成熟的來臨。也就是說，只要教材的結構能夠配合學生的認知結構，則學生任何時候都準備好可以學習數學。

布魯納認為所謂「學習預備度」（readiness）並非純由成熟因素所造成的。學習預備度是教出來的，而不是空等出來的。

2. 在數學課程裏，學生所要獲得的並不是許多零星的數學事實，而是那些可以使教材與教材之間，或事物與事物之間發生有意義之關聯的「結構」。和那些可以獲得這些數學知識及結構之過程。

如果要適當的趕上這時代知識增加之速度，則唯一辦法便是去把握住知識之間的關係性（relatedness）。此關係性乃是布魯納所謂的「結構」把握住此項數學結構之後，複雜而變幻不定的數學現象就變得較為簡單且可預料，也才能夠使學生真正感到心智上的滿足和愉快。同樣重要的一點是獲得了數學教材的結構後，因其具有概括性和類化性，乃可發生最大的學習遷移，有助

於學生處理所面臨的無數類似情境（Bruner，1971）。

　　3.不可以在教學剛剛開始時就把數學教材的最後形式呈現給學生。爲鼓勵學生多學習「直覺思考」、跳步、捷徑、和策略等發現方面的啓發性技巧（heuristics of discorery）起見、教師自己在數學教學過程中，應多使用「發現教學法」，並安排情境，讓學生去把教材的最後形式發現出來。

　　發現教學法有兩個值得重視的優點：⑴數學學習活動中常需要重新排次序、找出原來的形式、和加以簡化等各種活動，在這些活動裡，學生是主動學習者。⑵發現的本身就是一種酬賞，尤其是了解或熟練所發現的數學概念時。

四、蓋聶學習階層論

　　蓋聶（R. M. Gagné）的理論採新行爲學派觀點，與皮亞傑及布魯納等認知心理學家的看法有很大的不同。其理論對數學課程有重大影響者有下列幾點：

　　1.整個數學課程或整個單元的數學教材，應先確定所欲達成的目標爲何，接著以「工作分析」（task analysis）的方法自上而下分析要完成這些目標所需之附屬工作（subordinate task）或子技能（subskills）是什麼。然後，以流程圖的方式，將這些附屬工作，依最合理適當的順序排列，使成爲自下而上最容易產生垂直遷移的「學習階層」。

　　2.數學科教師，在每一單元教學之前，應了解本單元的教學目標，將最後希望學生獲得的能力用具體的「行爲目標」方式表達出來。同時他用前例來測定學生的起點行爲或基礎能力，然後教師才從每位學生的起點行爲出發一步步引導學生學習每樣附屬工作或子技能，終於使學生能表現期望中的終點行爲。

3.學生在學校中所學的大部分事物是「心智技能」而不是「可語言化知識」（verbalizable knowledge）。數學課程的設計，應強調依計劃好的順序培養學生有關數學的心智技能，而不是使學生記誦那些因數學家之成就而累積下來的知識。換言之，應重視「過程」較甚於重視「成果」。

五、訊息處理論

認知心理學所研究的是人類「知的歷程」，探討人類如何獲取知識，如何儲存知識以及如何運用知識等有關問題，此理論強調數學學習有以下三方向（Mayer，1980）：

1.學習是獲取知識的歷程，而不僅是獲得一新行為。

2.問題解決是一連串的心理運作，其目的在改變知識的表徵而非只在學得新行為。

3.問題解決的教學策略，應強調對認知結構的重視，而不是只重視行為的目的。因此教學策略偏重於如何幫助一個學生了解問題的涵義，而不是作機械化的練習。

學生有能力來處理與詮釋他所接受的訊息，並使其意義化。利用喚起學生的注意力、理解力與了解學生感受的程度，將比利用花在作業上的時間更能預測學生的學習。

叁、數學認知發展研究的新趨勢

有關數學認知的研究，學者多所介紹，梅伊爾（1986）將之分為五大領域：數數、算術運算、算術運用、代數運算、代數應用，這種分法是依領域而分。而有更多的分法是依數學能力或問題解決歷程而分，如席那佛（1985）認為數學知識的種類有捷思法（heuristics）、方略（resources）、控制（control）三種，

梅伊爾（1985）則依問題解決歷程中所需的能力分爲問題表徵、
解題計畫、解題執行、解題監控四個歷程。其實 Shoenfeld 和
Mayer 的知識種類、解題歷程是可以配合來看的（Mayer，
1989），詳列於表 10-1。

表10-1　數學解題的知識與歷程

知識種類（Shoenfeld, 1985）	解題歷程（Mayer, 1985）
捷思法	問題表徵
	解題計畫
方略	解題執行
控制	解題監控

　　此外，蓋聶（1985）亦提出一個看法，將數學認知分爲計算
能力和理解能力兩種，她所指的計算能力類似梅伊爾（1985）所
指的解題執行所需的能力，理解能力則類似問題表徵及解題計畫
時所需的能力。其實，蓋聶在她一九八五年的文章中，有一節亦
提及估計（estimation）的能力，她認爲這是一種監控能力，可
見她亦認爲有「解題監控」這樣的歷程存在，所以，各學者的意
見其實是大同小異的。

　　蓋聶亦提及，美國教育界一直爲計算能力和理解能力何者較
重要而有爭論，但她認爲二者是不可分開的，計算執行時仍需具
備一些基本的概念知識，而我們之所以如此分類，只爲了研究上
的方便。

故以下將分別針對數學能力的發展及數學解題歷程的發展兩方面加以介紹。

第二節　數學能力的發展

本節所介紹的數學能力發展是偏重於兒童早期數的能力發展，例如數的發展，計數技巧及簡單推理能力的發展。（如表10-2 所示）

壹、數列的發展

數列（sequence words）是指在無物可數的情況下，產生一串的習慣性的數字，如：1，2，3，4，5……。通常我們將兒童的數數過程稱為數物（counting），不論兒童數數的過程是否有依照物體來數；但是就研究數學認知發展的心理學家而言，有無物體存在，對兒童的意義是不同的。因此，數列的發展與數物的發展是不同的。

福森、理查和拜爾（Fuson, Richards & Biars; 1982）曾將數列和數物的發展作有順序的劃分。福森等人指出：有三個指標可以界定兒童產生數列的發展順序：

1.數字與數字之間是否分化。如果兒童在唸 1，2，3，4，5 的過程中，能了解 1 與 2 有所不同，顯然比不了解 1 與 2 意思者更上一層。

2.數列的產生是否要從頭（如 1）開始。需要從 1 開始數數的兒童，顯然其發展層次較低。

3.會不會倒著數。會倒著數的兒童比不會倒著數的兒童發展

表10-2 數學認知發展模式架構

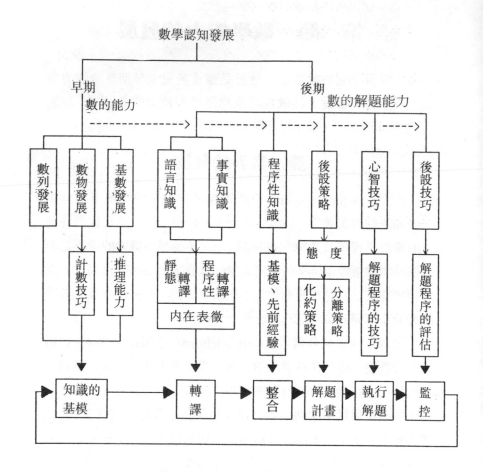

層次要高。

一、數列發展的層次

　　Fuson 等人將兒童的數列發展分成五個層次：(見表10-3)

㈠字串層次（string level）

　　在此層次的兒童並沒有數字的概念，數字對他而言，祇是一串順口的詞而已。

㈡不可分的字串層次（unbreakable chain level）

　　在此層次中，數字已具有物體的概念，但兒童仍需從1開始數數，無法從中間開始。

㈢可分的字串層次（breakable chain level）

　　兒童可從數列中任何一數開始數起。

㈣可數的字串層次（numerable chain level）

　　數字可單獨從數列中抽取出來，並且，兒童在數數時，可以同時算出他數了幾個數（例如，從4到7，兒童可說出4之後數3個數就是7）。

㈤雙向的字串層次（bidirectional chain level）

　　在此層次的兒童可以運用自如地順著數和倒著數。

二、數列發展的理論與研究

　　雖然 Fuson 等指出了兒童產生數列的發展順序，但是並沒有解釋兒童是如何發展出來的。在國內外，對兒童如何發展出數列，有以下各種看法：

㈠金斯柏（Ginsburg）的半結構說

　　金斯柏（Ginsburg; 1977）認為兒童的數列產生，1至12是靠記憶、背誦，13以後才是因為發現規則而產生，而且兒童能區分出13至19、20以後的規則有所不同。

表10-3 數列產生的層次

數列層次 (sequence level)	往前數的數列技巧 (forward sequence level)	往後數的數列技巧 (backward sequence skill)	關係 (relations)	數物，基數，序數，和測量的運用
層次一 字串 不可分的字串	從1開始產生字串；數字之間是不可分的			數物：不會一對一的對應
層次二 不可分的字串	從1開始產生字串；數字是可以分開的	從1往上數到a	數列可用來發現數字彼此的前後關係	數物：可以做一對一的對應 基數：具有基數法則(可經由數物回答「有多少個？」這類的問題) 序數：具有序數法則(可經由數物回答「第幾個？」這類的問題) 測量：具有測量法則(可經由數物回答「有多少單位？」這類問題) 基數運算：簡單的加法問題，但是用數物來算 基數：可數到a 序數：算到第a個 測量：測到第a個單位 基數運算：用count-all和count-part法做加減法

層次	字串		數字間的前後關係	基數運算
層次三	可分的字串	從a開始數		基數運算：在加法中用在上數(count-on)的方法，但不會keep track
		從a數到b	數字間的前後關係可馬上算出	基數運算：在減法中用在上數的方法從a數到b，但不會keep track
			可說出a到b之間有那些數字	
		從b往回數		基數運算：在減法中從b往回數，但不會keep track
		從b往回數到a	可往回從b數到a，並說出之間的數字	
層次四	可數的字串	從a數n估到b 1. n=1 2. n=2, 3(4) 3. n>4		基數運算：能從a往上數到b，並keep track（減法或加數未知題）
		從a數到b，並能說出中間差n個		
		從b到數n個到a		基數運算：在減法能倒數n個並keep track
		從b倒數到a，並說出其間之差為n		基數運算：在減法中從b倒數至a，並keep track
層次五	雙向的字串	能很快地從任何數往前、往後數，並任意改變方向		

㈡葛瑞諾、李萊和基門（ Greeno, Riley & Gelman ）的無結構
　說

　　葛瑞諾等人認為，兒童產生數列，完全是反應連鎖化的結
果，也就是依「下一個」來引發數字產生。

㈢席格勒和羅賓遜（ Siegler & Robinson ）的半結構說

　　席格勒和羅賓遜（ 1982 ）認為兒童在數 1 到 20，依循的是
「下一個」原則，到 20 以後才發現規則。

　　國內研究者林亮宜、張欣戊（民 73 ）也曾針對 3½ 到 5½ 歲
兒童研究，以其終止數字（最後一字）做依據，發現國內兒童會
數過 10 者，多能覺察出數列的結構。此研究結果較接近「半結
構說」的看法。畢竟，浩大的數列不可能全由刺激→反應所產
生，兒童必須對數列的結構有所了解，才能自動地產生未曾教過
的數字。

貳、數物(counting words)的發展

　　數物是指連串地將數字指派至物體。在數物的程序中，一定
要有可以數（ countable ）的物體，而每個物體祇能配上數列中
的一個數字，在此過程中還會伴隨指物（ pointing ）的行動。因
此兒童的數物實際上包括三組對應，一是數字和指物動作同時配
對，一是指物動作和物體之間在同一空間配對，一是數字和物體
之間的配對。而數物最後的結果就是數字和物體的配對。兒童的
數物能力的發展，就是從原先的三組對應發展至了解，其實就是
數字與物體的對應。如果兒童數錯了，那麼可能是三組對應中任
何一組發生錯誤。

一、數物的原則

基門等人（Gelman & Gallistel, 1978）認為正確的數物需要有下列五項原則做基礎：

㈠抽取原則（abstraction principle）

此原則是指任何種類的物體，祇要是可分開的，都可以數。而某些抽象或不可分的（如：水、心靈、愛情等），就不能數了。

㈡定序原則（stable order principle）

數任何物體時，個人的數法是一定的。例如某個兒童數的是1、2、3、5、8，即使重覆好幾次嘗試，他的數法也是如此，顯示有一定順序。

㈢一對一原則（one-one principle）

在數物時，每個物體都必須被標上一個數字名稱，而且祇有一個數字名稱。

㈣基數原則（cardinal principle）

在一個集合體中，數到最後一個物體的數字名稱，即代表該集合的數量。例如，兒童數一堆糖果時，數著：1、2、3、4、5、6，而能用6來回答別人，表示該兒童具有「基數原則」。

㈤與序無關原則（order irrelevance principle）

指在數集合中的物體時，數物的順序無關緊要。例如，兒童在數一堆各色糖果時，可以依次數，也可以先數紅糖、再數綠糖，所得的數量結果都一樣（姜忠信，民79；Flavell，1985）。

二、數物發展的研究

㈠福森等人（Fuson & Mierkiewicz；1980）曾指出，兒童數物所犯的錯誤的種類和年齡以及物品的特徵有關。同時，他們

也發現，隨著年齡的增加，指物的行爲會逐漸內化。通常三歲的
兒童在數物時，都會用手去接觸物體，然而四、五歲的兒童衹是
用手指一指，部分五歲兒童甚至連指都不指。金斯柏
（Ginsburg）和羅素（Russell；1981）在後來的研究中也指
出：大學生在數物時衹用眼睛注視而沒有任何外顯的指物行爲
（Fuson & Hall；1983）。

　　㈡基門和葛莉斯（Gelman & Gallistel；1978）認爲在某些
研究中，兒童之所以不能將不同性質（heterogeneous）的物體
合在一起數，是方法論上的錯誤。不過，兒童在入學後，似乎有
了抽取原則，而且懂得擴展物體的集合，而將之放在一起數了。

　　㈢在定序原則方面，基門和葛莉斯發現兒童的數物是有個人
特質的（idiosyncratic），即使是數錯，但每次也都錯的一樣。
理查等人（Richards & Biars；1982）和 Fuson & Mierkiewicz
（1980）也發現相似的傾向。這表示兒童知道每次數物時，都必
須用相同的順序。

　　㈣在一對一原則方面的研究較少。基門等人並沒有詳細研究
兒童在這方面的知識，只是報告兒童的表現結果。基門認爲兒童
的數物知識要優於實際的數物能力，因此若數物有了錯誤，多是
執行上的錯誤。不過，拜耳和席格勒則認爲正確的執行能力通常
先於對數物成份的了解。

　　由以上可以看出，基門和葛莉斯所提出的「數物原則」衹是
理念上的架構，實證研究仍不夠充足，甚至有矛盾之處，尤其對
「基數原則」爭論之處更多，因此仍有待繼續研究。

叁、基數的發展

一、基數與速視發展關係

基數（Cardinal words）是以一個數字描述間斷物體的數量。幼兒在幾歲具有基數的能力，一直是個爭議。成人常常能只用眼看，不用數，很快而且正確地說出集合的數目，此種現象稱為速視（subitizing），而兒童也具有這樣的能力，柯爾和瓦勒斯（Klahr & Wallace）發現五歲和五歲以上的兒童可以速視1、2、3，雖然速度比成人慢。因此兩人（1973，1976）認為兒童速視的能力要早於數物。

基門和葛莉斯（1978）則持不同的看法，他們認為兒童先會數小數目，然後才會速視。因為他們懷疑，如果兒童會速視，為何速率會有不同，他們的反應時間會隨集合的大小而有一定的變化，因此他們認為兒童能快速的數過小數量的集合。

不過，基門兩人並不將速視視為低層次的歷程，而是將之視為視覺上聚集物體的複雜程序，而且隨年齡的增加效率會越高。此觀念與布朗那（1928）很相似，在布朗那的研究中，以卡片呈現刺激給小學一、二、三年級的學生看，結果發現：⑴對低年級兒童而言，隨著卡片上點數的增加，錯誤率也增加。但是⑵對高年級的兒童而言，錯誤率比較散亂。因此布朗那推論，低年級兒童是採數物的策略，而高年級是採用速視和數物兩種策略來判斷基數。因此布朗那認為，隨著年齡的增加，速視就成為一種用來判定數量的複雜技巧（Carpenter，1982）。

由上可看出，對速視與數物的發展有兩種不同的看法。這兩種看法其實和研究方法有關。

　　㈠我們很難從資料結果中推論內在歷程。一般而言，此類研究所得的資料多爲反應時間或錯誤率，然後研究者再由此來間接推論內在歷程，因此，並非直接測量歷程，而不同的歷程可得出相同的結果。

　　㈡研究者往往感興趣的是二歲以下幼兒的發展，但是因爲很難從這麼小的兒童身上獲得資料，因此必須從大一點的兒童身上來推論，自然又有了和第一點相同的方法上的缺陷。因此，到底速視和數物能力的發展順序如何？至今仍未有定論。

二、速視和數物發展的相關研究

　　㈠斯凱福等人（Schaeffer、Eggleston & Scott；1974）發現大部份二～五歲兒童都能指出有二個物體，而約一半的兒童能指出三、四個物體。但是祇有一位兒童都數二、三、四個物體。這表示大部份的兒童都能速視，但却無法數小數目。

　　㈡斯塔克等人（Starkey、Spelke & Gelman；1980）研究尚未有語文能力的嬰兒，發現已對二個、三個物體習慣的兒童，注視非二個、三個物體的集合的時間會較長。

　　㈢西蒙門等人（Silverman & Rose；1980）指出三歲兒童速視和數二個、三個上的正確率大致相同，但在四個物體上，數物的正確率就大於速視。

三、基數能力的發展

　　要了解兒童基數能力的發展，必須從不同的脈絡（context）來了解，例如：比較相同數量或不同數量的集合，對兒童而言，意義不大相同。而基數的發展又和數物的發展有密切關係，因此以下的部份，將先以皮亞傑的守恆概念爲開端，然後再說明兒童如何比較兩組基數，最後才說明基數與數物的關係。

(一)數的守恆概念

皮亞傑對兒童智慧的研究，一直是近年來發展心理學關心的問題，雖然皮亞傑的某些研究方法（如：以排列棍子的長短做為「序列」概念獲得的代表）被現代認知心理學家評為有欠週詳。但是皮亞傑所關心的問題，例如：認知結構、序列概念、邏輯推理，仍是現代認知研究者所關心的重點。

在皮亞傑研究兒童智慧之時，非常重視兒童數的能力，而他又認為數的守恆概念是獲得數的概念的起點（Brainerd，1979）。皮亞傑認為，一般兒童獲得數的守恆概念是在五、六歲，而具有守恆概念的兒童，也代表他在認知發展階段上具體運思期的開始。

但皮亞傑的看法至七十年代時，即面臨了挑戰。基門氏（1972）在他著名的「魔術研究」（magic study）中，即發現三～六歲半的兒童就能在比較二個物體和三個物體的集合時，以數量而非長度、密度為判斷的依據。基門在實驗中，以盤子上的玩具老鼠做為材料，他認為，與兒童生活經驗越接近的材料，才更能測量出兒童的觀念，而且，他以「誰贏？」、「誰輸？」的問法代替「誰多？」、「誰少？」的說法，因為前者的問法更常出現在兒童的實際生活中。

基門實驗中，要兒童比較(1)密度不同、數量相同，(2)密度不同、數量不同，(3)長度相同、數量不同，(4)長度不同、數量不同的集合。結果發現，所有的兒童（除了三位外）在辨認作業（identification task）和替代作業（displacement task）中都會對數量加以描述；而在替代作業中，不論集合的長度是長是短，兒童都會判定有三隻老鼠的盤子是「贏者」（winner）。

　　由基門的實驗中可看出：以往研究（包括皮亞傑）認爲幼兒不具有保留概念的説法，也就是説，是受試者在該守恆作業失敗，但失敗的原因除了受試者未具有該守恆概念外，可能還有：1.測量的數量，年紀較小的兒童可能具有二、三的守恆概念，但卻未必有五、六的守恆概念，2.受試者對刺激的興趣，3.問題的型式，4.誤導的視覺線索的顯著性，例如長度就比大小、顏色更具有視覺判斷上的影響力，5.實驗者的期望（Brainerd，1978，1979）。

　　其實，數的守恆概念對認知發展研究而言，最重要的意義在於守恆概念和其他數學能力的關係。因此，儘管基門認爲兒童在有守恆概念就有數學能力，而皮亞傑認爲守恆概念是數學概念的起點，但是他們的主要目標都在澄清守恆概念和其他數學能力的關係。而顯然的，此問題仍有待方法上改進之後並繼續研究。

㈡基數的比較

　　基數可以單獨考慮，但是當出現兩組以上的基數時，比較的關係便出現了。基數的關係有三種：相等、大於或小於。而比較基數時，可以用語文或非語文的型式呈現。席格勒（Siegel；1978）曾研究兒童對語文的關係詞的了解。他發現兒童不僅會對不同向度的關係詞混淆（如：bigger、more、larger），也會對同一向度的二極關係詞混淆（如：more and less）。一些語言學學家（Clark，1969；Marschark，1977）曾指出，兒童在語言發展的過程中，對「非標記詞」（unmarkness）（如：大、長、多）的理解先於對「標記詞」（markness）（如：小、短、少）的理解。而席格勒則指出，許多三、四歲的兒童，往往先有這些關係的概念，然後才理解關係詞。因此，兒童對基數關

係的理解，除了有非語文的概念外，還有語文的理解。

　　通常兒童判斷兩組基數的大小，常用幾種方法：視覺上相似的程度、外表的一對一法及數物法。

　1.視覺上相似的程度

　　在比較兩個集合的數量時，兒童常會以視覺上的線索做爲判斷的依據，如：長度、範圍、密度。通常年紀較小的兒童祇會注意單一的向度，而且會以最明顯的屬性（如：長度）做爲判斷的標準。Brainerd（1979）、Siegel（1974）均重覆驗證皮亞傑的觀點，發現無論是三、四歲兒童，或國小一年級學生，長度常常是誤使他們判斷錯誤的線索。

　　但是，當兩個集合的數量相同時，長度和密度的關係就正好相反，如果兩集合數量相同，長度較長的那一列，密度就會較小。因此，兒童漸漸會注意到長度和密度兩個向度。Comiti、Bessot & Pariselle（1980）的研究即證實了這種看法。

　　兒童會使用視覺上的策略來做比較，除了因爲數量和其他視覺屬性有關外，可能也是早期速視（subitizing）經驗的影響。如前一部份所提的，兒童會利用速視來判斷數量，因此也可能衍生出用視覺策略來判斷數量（Fuson & Hall，1983）。不過，當兒童漸漸發現視覺線索未必完全正確時，他便會採用配對或數物的方法。

　2.對應與配對(correspondence and matching)

　　在比較兩組集合的數量時，一對一的對應是一種很好的方法，如果對應完後，沒有剩下的物體，就表示此兩組集合數量相等。不過，對應和配對略有不同，前者是指兩個集合元素之間的心理關係，而配對是指集合間所建立的對應的實證程序。

康密特等人（1980）以法國兒童為對象，發現六歲兒童就懂得採用配對的程序，甚至在大數目的比較上也會使用。休斯（Hudson；1983）曾比較兩種情況：一組兒童回答以下問題：「假設現在有一羣鳥和一羣蟲子，……，每隻鳥是不是都會吃到蟲子？有多少隻鳥沒吃到蟲子？」，另一組兒童則回答以下問題：「鳥兒比蟲子多多少隻？」，結果發現前一組兒童答對的比率較高。因此 Hudson 推論：幼兒可以很有效地使用配對的程序，而第二組兒童表現得比較差是因為語言複雜度的關係（Fuson & Hall，1983）。

此外，由許多研究守恆概念的結果，反映出一些兒童在作業上的失敗，是屬於配對程序上的錯誤，而不是不了解對應的關係。因此未來的研究方向應強調兒童在何時及何種情況下：(1)能正確使用配對程序，(2)能了解並使用從配對中獲得的對應訊息，(3)能自動地獲得這類訊息等能力的發展。

3. 數物

在利用數物來比較數量大小時，兒童必須要能了解「相同的數物數字意味相同的數量」，因此兒童必須學會「數物」和「基數」的關係。

Fuson、Secada & Hall（1983）研究四歲半到五歲半的兒童。誘導他們用數的來比較集合大小，結果有 69% 的兒童答對，而未誘導用數物法來比較的兒童，祇有 14% 答對。Saxe（1979）也指出，過半數四到五歲的兒童和所有六歲的兒童都會運用數物法來判定大小。

在比較兩組數量不等的集合時，兒童甚至會運用配對法或視覺法再和數物法交互應用。Hudson（1981）曾發現兒童在比較

鳥和蟲的數量時，會先將鳥（數量較多）分成兩個集合：一個集合的數量和蟲子相等，另一個集合則代表比蟲多的數量，而兒童祇數一數多出集合的數量，即知道鳥比蟲多多少。後來 Hudson（1981）又將方法加以修正，將鳥與蟲不規則排列，兒童則以配對法比較。這兩個研究結果顯示：四、五、六歲的兒童能有效地使用配對和數物法來比較數量不等的集合。

卜奈爾（Brainerd；1979）認爲兒童對不等關係的理解要早於相等關係，也就是說，對多對一和一對多的對應的理解要早於一對一。卡賓特（Carpenter；1971）將守恆作業中的不等關係區分成兩種：一是數量不等的集合依某個明顯的向度（如長度）將之轉換成相等，另一則是將某個視覺上不等的向度轉換成相反的方向（如：將較多者排成較短）。因此，他認爲兒童在發展上前者的了解早於後者。

在解釋相等——不等關係的比較時，研究方法是個重要的關鍵。卜奈爾（1979）認爲：比較不等集合時，兒童嗜用視覺策略會使得此類研究較易成功。這表示若欲研究兒童對數量相等的理解時，必須在實驗方法上更仔細地設計。

(三)基數與數物的關係

如前部份所述，兒童在基數概念的發展上有一個很重要的關鍵——能運用數物程序找出基數，也就是說，知道數物的最後一個數字是基數，此即爲基門和葛莉斯（1978）所指的「基數原則」。他們認爲可從下列四種反應中推論出兒童已獲得基數原則：(1)當被問到「有多少？」，能立刻回答正確的基數，(2)在數物時特別強調最後一個字（如：特別大聲或特別慢），(3)重複數物時最後一個數字，(4)在算過一組集合後毋須再算一次，即可答

出正確的基數。

　　通常欲判定兒童是否有基數原則，就是問他們「有多少個？」。Fuson 和 Mierkiewicz（1982）研究，發現當問到「這有幾本書？」時，某些兒童會重新再算一次，甚至算到七次。其實，正確的反應應該是先數過一遍後，再答出最後一個數字。但是這些兒童卻是一算再算，這表示，通常成人（尤其是父母）在問兒童「有多少個？」這類問題時，常常祇是希望兒童數一遍，所以當兒童以數物程序來回答「有多少個？」時，成人也就覺得滿意，致使兒童無法瞭解此類問題的真正意義。

　　馬克門（Markman；1979）認為操弄口語詢問的方式對兒童回答基數問題的比例有影響。他比較兒童對類別名詞（如：豬、動物、木塊）和集合名詞（如：一窩豬、一類動物、一堆木塊）的回答，發現若以集合名詞的方式詢問（如：「這一窩豬有多少隻？」），會比以類別名詞（如：「這有幾隻豬？」）的方式詢問所得的正確答案多。他認為，當以集合名詞發問時，兒童的注意力會放在整個集合，而不是一個個的個體，因此會促使兒童以基數來回答。此種影響稱之為「口語標籤效應」（verbal label effect）。

　　不過，派克蒙（Pergament；1982）重複驗證馬克門的實驗。他以 48 名中等及中上階層的兒童為受試（年齡與馬克門研究的樣本相同），結果發現祇有三歲的兒童沒有基數原則，其餘 36 位兒童都有四個到十四個的基數原則。因此，他認為基數原則的表現是一種「全有或全無」（all or nothing）的現象，且不受集合大小、集合物體是否性質相同、或是「口語標籤」的影響。

　　但是基門和葛莉斯（1978）的結果顯然和派克蒙研究結果不同。基門二人以錄影機拍下研究過程，發現三歲兒童在集合有三個物體時，回答基數問題的正確率有 68％，但回答有十一個物體的集合時，正確率祇有 11％；而五歲兒童在回答此問題上的正確率則爲 100％和 48％。這表示兒童的基數法則會受到集合大小的影響。他們更從錄影帶中看出，兒童的基數法則之所以和集合大小有關，是因爲兒童會監控自己數物的能力，一旦集合變大，原有的數物能力不敷應用時，他們便會停止使用基數法則。這一點是派克蒙的研究中所未發現的。

　　此外，基門和葛莉斯還提出了「與序無關原則」，此指在數物過程中從那一個物體先數，所得基數的結果都是一樣的。從他們（1978）研究發現，有半數的四歲兒童和三分之二的五歲兒童具有「與序無關原則」。

　　不過有另一些研究指出，兒童本身執行「與序無關原則」與預期「與序無關原則」合理否的能力略有不同。金柏格和羅素（1981）指出，四歲和五歲的兒童能執行「與序無關原則」，但是若問他們不按順序數物結果是否一樣，則會有五分之一的四歲兒童及五分之二的五歲兒童預期錯誤。Mierkiewicz 和 Siegler（1980）曾研究三～五歲兒童的反應，大部份的兒童都會說在直線排列時，從頭數或從尾數，結果都是一樣的。但如果是非直線的排列時，有半數到三分之二的兒童會認爲下列兩種數法是錯誤的：⑴先從中間數到尾，再從頭算，⑵先數好同一種顏色，再數另一種顏色。

　　Briars 和 Siegler（1981）則認爲，兒童會犯此種預期上的錯誤，是因爲他們把「錯誤」的數法和「不常見的數法」混爲一

談了。由此也可以看出,「與序無關原則」至少有兩層含意:一是知道數量是和數物順序無關的,一是瞭解爲什麼會「與序無關」(Fuson & Hall,1983)。

㈣促進兒童基數發展的方法

　　1.培養兒童具有因數物而產生基數的成功經驗。如果兒童能常常從數物程序中獲得基數,那麼他就會產生一種信賴感,這種信賴感會逐漸使他覺察到數物和基數的關係。

　　2.藉由教學讓兒童了解數物和基數的關係。畢竟,兒童很相信成人教給他們的。例如,有些父母在問「有多少個?」這類問題時,常常只是要求孩子「數數看」,致使孩子誤以爲「數一數」就是回答「有多少個?」的正確答案。如果父母能明白地告訴孩子,必須回答最後一個數字才算正確,可以使兒童知道數物和基數的關係。

　　3.要促使兒童了解數物和基數的關係,可利用其他有關的概念,例如:數物——基數轉換,和一對一原則,兒童便較能明瞭數物爲何能有效地產生基數。不過,這個方法可能不是一個很好的方法,因爲這需要兒童有有效的數物程序做爲先決條件。

第三節　數學解題歷程的發展

　　當兒童具有數的概念、計數的概念及簡單推理能力之後,便能應用認知基模中的語言知識與數的概念結合,形成了數學解題的能力。數學解題的歷程通常須具備問題轉譯能力、問題整合能力、解題計畫與監控能力及解題執行能力等四種能力。因此,在數學解題能力的發展可從數學推理與計算能力的發展、問題轉譯

能力的發展、整合能力的發展、解題計畫及監控能力的發展、及解題執行能力的發展等六方面加以探討。

壹、計算能力發展

計算能力的發展除了須具備基本的數物概念外，尚且需要透過學習加減乘除的運算技能。關於計算能力，我們所追求的目標是既快且準，也就是要正確，也要快速。

計算時會產生錯誤，有兩種可能的原因，一是目標技巧（target skill）未具備，一是次技巧（subskill）或先備技巧（prerequisite skill）未具備。例如在½＋¾＝？的題目中，要找出½和¾的公分母，甚至指出½和¾的分子、分母，都是要解這個題目的先備技巧。

計算能力發展的研究通常是從目標作業的錯誤算則、先備技巧的不足、及計算的過程等三方面探討。

一、目標作業的錯誤算則

小學生在學減法的時候常會學到一些錯誤的計算法則，也就是布朗和柏特(Brown& Burton；1978)所說的錯誤(bugs)，這個字原本是個電腦的術語。這些錯誤的計算法則產生的原因，可能是過度類化，例如下面的例子：

$$A \times (B+C) = A \times B + A \times C$$
$$A \triangle (B \square C) = A \triangle B \square A \triangle C$$
$$A + (B \times C) = (A+B) \times (A+C)$$

在這個例子中，錯誤的算則來自於過度類化，而且遺忘了算則的條件，而自我創造或重新建構算則。

他們研究過小學生常犯的減法錯誤算則，發現了許多共通的

錯誤，最常見的例如：(1)103−45=158 從百位借位卻忘掉了，(2)
253−118=145 不管是減數或被減數，看到二數一定是大減小(3)
803−508=395 和(1)類似，同樣忘了借數的事實，而且是跨兩位借
數，(4)0−N=N 不知道 0 要如何減 N，只好寫 N，(5)0−N=0 0 減
N 結果是沒有，所以寫 0。除此之外，還有許多類型的錯誤，甚
至有混合兩種或兩種以上的錯誤。

　　爲了要發現小朋友的減法錯誤算則，布朗和柏特發展出一套
模式，即圖 10−1 中的減法網路圖，這個網路圖包含了解減法計
算題時所需的各步驟。

　　根據這個網路圖，他們設計一個電腦程式，這個程式可百分
之百地正確解答所有的減法計算題，也可模仿小朋友們所犯的錯
誤。所以，這套程式配合上電腦的應用，便很容易可以檢查出兒
童的錯誤算則所在，是很好的診斷測驗。

二、先備技巧的不足

　　蓋聶等人（Gagné & Paradise；1961）以一元一次方程式
的解題爲例，研究有那些原因和解題錯誤有關。他們運用了邏輯
工作分析（rational task analysis）的方法分析了解一次方程式
的幾個先備技巧，例如有這樣一個題目：2b−3−8b−4＋3b＝
13−6−3b−2−6b，他們認爲解這樣的方程式至少需具備四種次技
巧，第一，必須將數目字的總和算出來，第二，必須將帶有字母
的總和算出來，第三，將相同的字母移項至等號左邊，最後，將
數目字移項至等號右邊。除此之外，每個次技巧之中還可細分爲
幾個小技巧，蓋聶等人研究將之分析爲一個類似 Brown 與 Bur-
ton 的網路圖的圖形，然後研究圖形中各次技巧和解題正確的關
係，以與智力測驗和此題型解題正確的關係作比較。結果發現，

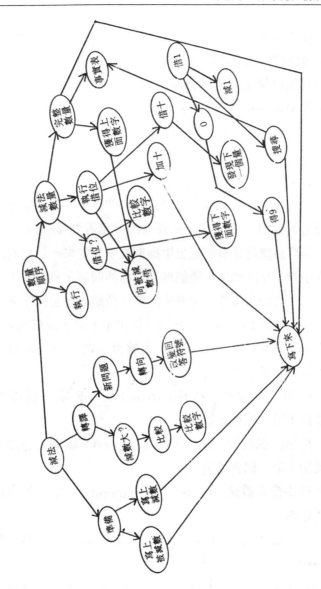

圖10-1　減法的網絡圖（來自Brown & Burton, 1978）

這些次技巧具備與否，似乎較能預測學生對這類題型的答題正確率，而傳統測量語文的智力測驗，反而較無法預測。

但是以這種工作分析出來的次技巧和目標技巧求相關時，Gagné與 Paradise 發現，雖然有些人的某些次技巧不是很完備，但是目標技巧卻能做得正確，可見得工作分析的結果可能有些問題，它也需要實證效度的支持。

三、計算的過程

研究有效率和沒有效率的計算的一個例子，是小朋友解簡單加法運算的題目。成人或年紀較大的兒童看到 4＋3＝____ 的題目時，很容易便能從長期記憶中提取數字事實來，但是對於學前兒童或小學一年級學生，他們碰到這樣的問題，只能按步就班地計算。兒童是使用怎樣的策略來計算一位數的加法呢？葛洛和派克門（Groen & Parkman；1972）提出了下列五種模式：

⑴兩數皆數（Count both）先將被加數一個一個數，再繼續數到第二個被加數數完。

⑵從第一個數數（Count from first）從第一個被加數開始，遞加上第二個被加數。

⑶從第二個數數（Count from second）從第二個被加數開始，遞加上第一個被加數。

⑷最小模式數法（Count from minimun）從二數中較小的一數開始加。

⑸最大模式數法（Count from maximum）從二數中較大的數開始加。

Groen 與 Parkman（1972）以個位數的加法為材料，研究此種 m＋n＝____ 的問題，結果如圖 10-2。

　　圖中橫座標代表二數中較小的數，縱座標表反應時間，二者
大致成線性關係，其結果較符合模式(5)最大模式數法的假設，而
這種方式也是五種模式中最快速、最有效率的方式，可見縱使是
小學一、二年級學生，也懂得發展出最有效的計算策略。

　　不過從圖 10-2 之中，我們可以發現（0,0），（1,1），
（2,2），（3,3），（4,4）這幾種題目的反應時間，都在預測的
線之下，可見他們做這類的題目又更爲快速，可能原因是，他們
已經將這類題目的答案存在他們的長期記憶中，需要時直接提取
即可，不再需要一步步計算了。

　　Groen 與 Parkman 的研究是以反應時間做爲依變項，研究
小孩的加法算則，Houlihan 和 Ginsburg（1981）則用回顧法來
研究相同的問題，結果稍有出入，使用最大模式數法及從第一個
數數法的學生的反應時間大致相當。爲何會有此種不同的結果，
可能源於受試的偏差，Groen 與 Parkman 的受試是中上階層的
學生，Houlihan 與 Ginsburg 的受試則屬於中下階層的學生。

貳、理解能力及知識組織能力的發展

　　理解能力及知識組織能力的發展方面研究偏重於專家和生手
理解能力和知識組織能力的差異性探討。

一、專家與生手的比較研究

　　專家和生手的知識組織之差異，不僅在數學領域，在自然科
學領域中亦受到認知心理學家相當的注意。

　　所謂的專家，有一個特點是快速。Lewis（1981）曾比較了
專家和生手解直線方程式的不同，發現生手平均用了 3.7 個步
驟，而專家只用了 2.7 個步驟。當然我們可以解釋爲專家的工作

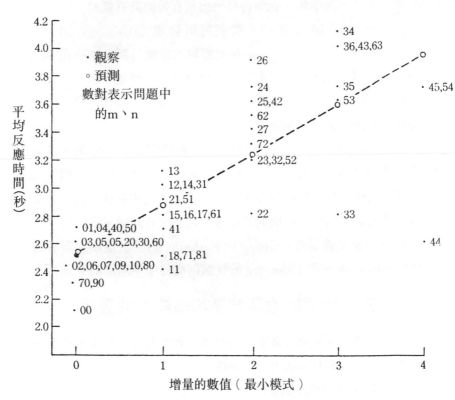

註：數字對是表示兩數相加的加法問題，例如：13代表1＋3=____

圖10-2　反應時間視基本模式中增量之大小而定

記憶容量較大。但是更可能的原因是，專家已經發展出一套處理的程序，遇到問題時甚至不需要經過表徵歷程，所以比較快速。

　　Silver（1982）曾作了一個實驗，要受試將下列的應用題歸類，依它們在數學上的相似性歸類：

　　⑴農夫數他農場上的雞和兔子。他共數了五十個頭和一百四十隻腳，問農場中有多少雞，多少兔子？

　　⑵農夫數農場上的雞和兔子。發現每籠四隻雞的有六籠，每籠三隻雞的有二籠，每籠六隻兔的有五籠，每籠四隻兔的有三籠，問共有多少雞，多少兔子？

　　⑶比爾有二十個硬幣，全都是十分和二十五分硬幣，他共有四元十分，問每種硬幣有幾個？

　　這三種題目中，⑴和⑵在表面的內容較類似，但算法不同，⑴和⑶才是屬於相同類型的題目。結果發現，解決這類問題時表現較佳的學生傾向於依歷程歸類，解題表現較差的學生傾向於依內容歸類，可見兩者的知識結構可能會有差異。

　　梅伊爾認為，如果人們碰到符合自己的知識組織的訊息會更加注意，不符合的則忽略的話，由其對訊息的回憶情形便能推測其知識的組織。所以他在一九八二年做了一個實驗，要受試回憶所看過的代數應用問題。結果發現學生對於作業中十六類應用題的回憶量、和課本上此十六種類型題目的出現率呈強的正相關。也就是說，學生們依課本上的問題發展他們的知識組織。梅伊爾（1982）也同時比較了各題型中不同命題的回憶率，尤其是「指定命題」和「關係命題」，指定命題指定了變數的數目，關係命題則進一步指出變數間的關係，他發現代數課本中所抽取的一千一百個應用題中，指定命題占了 61%，相關命題才占 11%，因

此，學生在閱讀課本後，便很擅長於發展出指定命題的組織，而較少關係命題的組織。Heller 與 Greeno（1978）也發現小學生對應用問題的關係命題有學習上的困難。

二、估計能力發展

估計的能力在數學上算是一種認知監控能力，它可以幫助解題者發現錯誤的答案。但是，不擅於估計者卻無法經由估計發現錯誤，更不用說改正錯誤了。

最近對估計的研究，多從善於估計者所使用的策略著手。Rexs 等人（1982）曾面談了五十九位七至十二年級的好的估計者，發現了三種他們常用的策略：改編（reformulation）、轉譯（translation）、取多補少（compensation）。以下面的題目為例：改編是指 504 大概是 500，492 也是，將這些數目取其概數。轉譯則是將這個加法的題目轉變成乘法，這個題目每個被加數都可改編為 500，則三個 500 相加，為 500×3＝1500。取多補少則將取概數後剩下的零頭，互相彌補，譬如此題估算的結果約為 1500，但採取多補少法之後，可知答案略比 1500 少一點。

$$504$$
$$492$$
$$+487$$

由以上的一些研究可發現，數學學習領域的認知研究對教學的貢獻將會很大，知道學生常犯的錯誤，知道計算時可以使用的較有效的策略，便可以設計課程加強這些重點。其實有關的研究不只這點，還有相當的多，值得探索的領域也還有許多，等待大

家去努力。

叁、問題轉譯能力發展

問題轉譯簡單的說就就是了解題目每一句話正確的意義。基本上要具備語文能力及一些事實知識。例如在題目中有地磚、正方形等名詞，學生必須知道什麼是地磚，什麼是正方形等等。

一、有關於問題轉譯的研究，近來研究學者發現：

㈠轉譯歷程對學生而言可能是十分困難的，特別是問題中包含關係語句的問題（亦即表示數量間之數量關係的陳述句，如 X 比 Y 大……，X 比 Y 多……）。

㈡問題轉譯也會發生一種忽略關係句的情形。例如「X 為 3，Y 比 X 多 2」，學生往往轉譯為「X 為 3，Y 為 2」的題目。

㈢成人在有關聯性題目的轉譯也會發生困難。例如「學生人數是教授六倍」的問題，大約三分之一學生列為「6S=P」的運算式。

㈣根據梅伊爾（1982）的研究指出：學生在回憶關係語句的錯誤量為回憶指定句的三倍左右（29%：9%）。

二、增進問題轉譯的教學策略：

㈠學生須要練習問題轉譯。例如要求學生用自己的語言重述問題的已知與未知條件。

㈡學生在學習解數學問題必須先學會某些基本的事實知識，例如正方形的長等於寬，一公尺等於一百公分等。

肆、問題整合能力發展

　　學生在了解每一個句子的正確意義後，尚須將每一個句子連接為一完整的意義，唯有經過這種整合的過程，學生才能判斷應使用何種策略來解決問題。

一、有關於問題整合的研究，有下列幾項重點：

　　㈠興思禮（Hinsley，Heyes & Simon，1977）等人的研究發現學生在作應用問題之前，已經先具有此一問題的基模，同時他列出受試者十八種不同類型的基模，這十八類其實也就是不同的問題類型。

　　㈡學生能正確判斷什麼資料與問題有關及什麼資料與問題無關；即當給予學生問題時，學生能根據所要求的答案找尋到題目中有關的敘述資料。

　　㈢研究指出：當學生判斷錯誤，就會使用不正確的資料去解決問題。所以當學生無法判斷題目的問題類型時（基模）就無法解出問題。

　　㈣學生對於課中較少出現或較不常出現的問題無法回憶成功。由此可見，學生正確回答問題的機率和問題出現的概率有關。

　　㈤學生對於問題的基模知識和他們的先前經驗有關。較小的兒童基模的類型較少，較大的兒童有較多的基模去解決問題。

　　㈥席法（Silver，1981）研究指出：好的解題者比差的解題者擁有更多有效的問題基模。好的解題者依據數學結構來分類，差的解題者傾向於根據封面故事來分類。顯然地，學習成功的解答問題和有效地發展出問題型態是有關的。

二、增進問題整合的教學策略：

㈠將不同類型的問題作較大的混合，促使學生學得如何區辨這些不同類型的問題。

㈡每一種類型的題目均應有相同的練習機會。要求學生將問題加以分類；要求學生找出與問題有關及無關的資料。

㈢指導學生勿以表面的關鍵字來將問題分類，而是著重邏輯的推理關係去解決問題。

伍、解題計畫及監控能力發展

所謂的解題及監控是指解題時所使用的步驟，在前面已提到一些教學生設計解題計畫的策略的課程，例如蕭恩費（Schoenfeld，1979）、魏可仁（Wickelgren，1974）和波力亞（Polya，1957，1965）的策略。

一、相關的研究：

㈠學生在解題時有明顯地使用不同策略的習慣。因此對於同樣問題的解決時，個人所偏好的方法是不同的。如果學生能學習到不同的解題策略，應可擴大他解題的基模。

㈡學生的態度會影響其所使用的策略。

解題能力差的人：

1. 相信問題之難易與數的大小及數的個數有關。

2. 相信問題中的關鍵字便可決定那一個運算元素。

3. 相信短時間算出答案是重要的。

4. 相信只有一個正確答案和只有一個正確的方法。

解題能力好的人：

1. 相信設計解題計畫及監控解題計畫是重要的。

2.較能討論自己的解答過程。

二、增進解題計畫及監控的教學策略：

(一)讓學生知道解題可能會有一種以上的正確方法。

(二)讓學生描述自己的解題過程，並和他人比較。

(三)學生和老師都應了解，解題過程和解題結果是同樣重要的。

(四)直接教導學生各種有關解題計畫及監控之策略。

陸、解題的執行

簡單的說就是運算的能力。計算程序的學習包括從單純的程序進步到較複雜的地步。

一、有關於解題執行的研究，有下列幾項成果：

(一)國外研究者將減法所有可能犯的錯誤分析，設計成一電腦程式，用來檢驗學生在運算減法時所犯的錯誤型態，發現主要錯誤型式，再由這種分析過程對學生的錯誤加以補救教學。

(二)簡單加法研究，學者指出可能的加法型態，加以驗證學生真正的運算過程，結果發現兒童是採用相接計數的最小模式。

二、增進解題執行的教學策略：

(一)學生需要有答對和答錯的回饋。

(二)分析學生的錯誤型態，以便針對學生特定缺點加以補救教學。

(三)採配合實物的計算教學，由具體而逐漸抽象的教學方法。

(四)將學生在計算時所犯的錯誤在教學時指出，避免學生犯錯。

柒、結論

　　一般的教學（數學）強調學習到的結果，並未對過程加以重視，我們可以理解到學生在數學上的障礙，都是出在解題過程的錯誤。而有些人相信學生在數學上的表現和其資質、性向有關，很少人會有系統的對目前教學上的缺失加以探討。

　　當我們在教學上盡到完全的努力，才有權利説學生在數學上的障礙是由於天資所造成，但是以教學技術而言，似乎都有其缺陷，如何針對不同的特性而施以特別的數學教學是我們應努力的方向。

　　在以上各章節所探討的問題，很多都並非學生內在特質造成，而是在以前教學上我們所未曾發現的盲點。藉由如此分析的角度去探討，必然能對目前數學教育有所啓示。而教學也更應時時警惕自己在教學時是否重視到此問題，視學生爲一獨立的個體，我們的教學並非適合全部的學生，只是大多數而已。

【參考文獻】

汪榮才（民 79）國小六年級資優生與普通生在數學解題中之後設認知行爲。台南師院初等教育學報，13 期，243。

林清山（民 66）數學課程設計和數學教學課程的理論基礎。師大科學教育，11 期，10-22。

林清山（民 79）教育心理學——認知取向。台北：遠流出版公司。

林亮宜、張欣戊（民 73）學前兒童的數概念：數數字與比較數

字。中華心理學刊，26卷，一期，3-17頁。

姜忠信（民79）學前兒童的數量概念。臺灣大學心理研究所碩士論文。

翁家英（民78）國小兒童數學應用問題的認知歷程。國立臺灣大學碩士論文。

張景媛（民79）後設認知能力與資優教育。資優教育季刊，34期，6-9。

黃湘武、黃寶鈿（民75）學生推理能力與概念發展之研究。輯於認知與學習研討會專集。行政院國家刻學委員會。4-22。

謝淡宜（民79）小學教學「真正理解學習及如何解題」教法研究。台南師院學報，23期，265-290。

謝毅興（民80）國小兒童解數學應用題的策略。國立臺灣大學碩士論文。

鍾聖校（民79）認知心理學。台北：心理出版社。

Artzt, A. F. & Thomas, E. A. (1990). Protocol analysis of group problem solving in mathematics: *A cognition and metacognition framwork for assesment.* (ED 320297)

Best, B. J. (1979). *The orgins of the number concept.* N.Y.: Praeger Publishers.

Brown, M. (1979). Cognitive development and the learning of mathematics. Chapter18 in the *Cognitive Development in the School year.* London: Croom Helm.

Carpenter, T. P., Hierbert, J. & Moser, J. M. (1985). *The representation of basic addition and subtraction work prob-*

lems. (ED 260905)

Eric De Corte, L. Verchaffel & L. Dee Win. (1985). The influence of rewording verbal problem on children's problem representation and solutions. *Jr. of Educational −Psychology;* V77 n4 pp460−90.

Flavell, J. H. (1985). *Cognitive development.* N. J.: Prentice − Hall.

Fuson, K. C.,& Hall, J. W. (1983). The acquisition of early number word meanings: A concept analysis and review. In Ginsburg, H. P. (ed). *The development of mathematical thinking.* Academic Press.

Fuson, K. C., & Richards, J., & Briars, D. J. (1982) The acquisition and the elaboration of the number word sequence. In Charles J. Brainerd (ed). *Children's logical and mathematical cognition.* N. Y.: Springer−Verlag.

Gelman, R. (1972). Logical capicity of very young children: number invariance rules. *Child Development,* 43, 75−90.

Groen, G. J., & Parkman, J. H. (1972). A chronometric analysis of simple addition. *Psychological Review,* 79(4), 329−343.

Gagné, E. D. (1985). *The cognitive psychology of school learning.* Boston, M.A.: Little, Brown and Company.

Ginsburg, H.P. (1983). Illtroduction In H.P. Ginsburg (Ed), *The development of mathematical thinking.* New York: Academic Press.

Lawson, J. M. (1984). Being executive about metacognition. Chapter 5 in *Cognitive Strategy and educational performance*. New york: Academic Press.

Lester, K. F. & Garofalo.j. (1987). *The influence of affects, beliefs, and metacognition on problem solving*. (ED 281758)

Lester, K.F. & Garofalo, J.(1989). *The role of metacognition in mathematical problem solving: a study of two grade seven classes*. Final report. (ED 341255)

Mayer, R.E. (1986). *Mnthematics. In R. F. Dillon & R. J. Sternberg(Eds.), Cognition and instruction*. New York: Academic Press.

Mayer, R. E. (1989). Introduction to the special section. *Journal of Educational Psychology*, 81, 452−456.

Resnick, L. B. (1983). A development theory of number understanding. In Ginsburg, H. P. (ed). *The development of mathematical thinking*. New york: Academic Press.

Resnick, B. L. & Gelman, R. (1984). *Mathematical and Scientific knowledge: an Overview*.(ED 258808)

Resnick, B. L. (1986). *Cognition and instruction: Recent theory of human competends and how it is acquired*. (ED 275740)

Riley, M. S., Greeno J. G. & Heller, J. I. (1984). *Development of children's problem − solving ability in arthimetics*. (ED 252410)

Ronald, N. (1987). *Metacognition in math and science education.* (ED 291558)

Siegler, R. S. (1986). *Childrens' thinking.* pp 303−320. N. J.: Prentice−Hall.

Wong, S. K. P. (1989). *Student's metacognition in mathemntical problem solving.* (ED 328438)

V字作業量表

數學認知發展

一、知識：

　　數學學習有兩大領域，一是計算，一是推理，計算需要建立過程知識，推理需要形成概念基模。早期對計算的研究，受行爲主義影響，採取刺激—反應聯結的模式解釋。且透過練習率與效果率，說明學習歷程的變化。

二、參考書目：

陳李綢（民 81）：認知發展與輔導——數學認知發展。台北：心理出版社。

林清山（民 80）：認知心理學——認知取向。台北：遠流出版社。

三、建構圖：

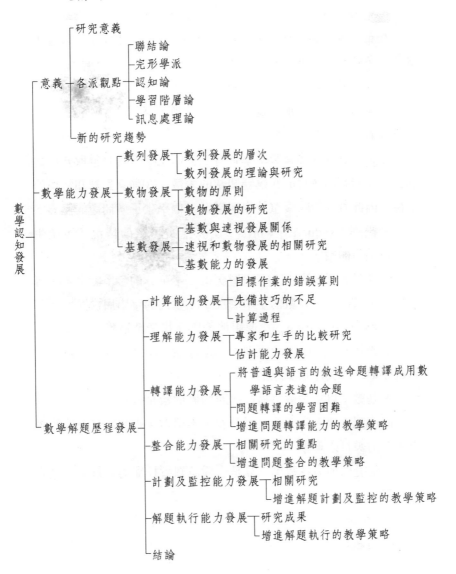

四、重要概念及原理原則：

1. 完形學派強調領悟與相關性以及有意義學習的原則。

2. 布魯納（Bruner）認為學習預備度（readiness）是教出來的，非純粹由成熟因素所造成。

3. 發現教學法的優點：(1)數學學習活動中需要重新排次序、找出原來的形成、和加以簡化等各種活動，學生是主動學習者；(2)發現的本身就是一種酬賞。

4. 訊息處理論強調數學學習有三方向：(1)學習是獲取知識的歷程；(2)問題解決目的在改變知識的表徵；(3)強調對認知結構的重視，因此教學策略偏重於如何幫助一個學生了解問題的涵義。

5. 數列（sequence words）：在無物可數的情況下，產生一串習慣性的數字。

6. 數列發展層次：(1)字串層次；(2)不可分的字串層次；(3)可分的字串層次；(4)可數的字串層次；(5)雙向的字串層次。

7. 數物（counting）：連串地將數字指派至物體。

8. 數物原則：(1)抽取原則；(2)定序原則；(3)一對一原則；(4)基數原則；(5)與序無關原則。

9. 基數：以一個數字描述間斷物體的數量。

10. 速視：成人常常能只用眼看，不用數，很快而且正確的説出集合的數目之現象。

11. 估計的能力在數學上算是一種認知監控能力，幫助解題者發現錯誤的答案。

12. 問題轉譯就是了解題目每一句話正確的意義。

13. 問題轉譯的學習困難：(1)理解關係語句；(2)使用事實知識。

五、結論：

1. 一般的數學教學強調學習到的結果，並未對過程加以重視，事實上學生在數學上的障礙，可能都是出在解題過程的錯誤。

2. 教師在教學時應注意，要有系統的教學生如何轉譯問題，如何有意義的表徵問題，以及如何想出題解策略，當然，還有題解訓練，如此必能使學生成為一位有創意的數學解題者。

3. 從學生在數學上的認知發展歷程來看，教師應針對個別差異因材施教。

六、心得：

數學題解的歷程通常須具備問題轉譯能力、問題整合能力、解題計畫與監控能力、以及解題執行等四種能力。轉譯是將每一個陳述句轉化為某些內在表徵，因此訓練學生如何表徵問題中每一句子是很重要的；整合是將問題中的訊息放在一起使形成連貫一致的表徵，要從訓練學生的基模知識，幫助其分辨問題類型之差異做起；計畫與監控涉及想出和評估如何解題的策略，所以要用策略訓練來幫助學生，使其除了重視成果之外，更要重視解題的歷程；至於增進解題執行的教學策略，則須注意指出錯誤、給予對錯的回饋、由具體而逐漸抽象的教學、針對缺點施以補救教學。每一個老師在教學時，不要一開始，就給予學生太多的挫折，也要讓學生知道，一個問題並不限定只有一種正確的解決方法。更強調一個觀念，數學不是只在學習到正確答案而已，過程和結果一樣重要。

科學認知發展

■流程圖

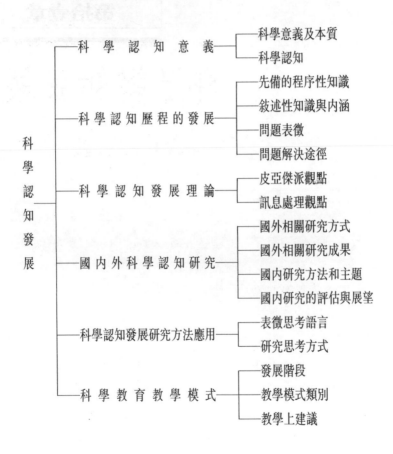

第一節　科學認知的意義

自古以來，人類爲適應生存的自然環境，對週期性的自然現象和自然界的結構產生了好奇心，進而想去探討，這種好奇心驅使人類產生科學的思考，也激發人類探討科學的行爲。如此導致人類產生科學發明與發現的動機，這便是人類創造文明的開端。

人類產生科學的原始動機有以下兩個：

1.對自然的懷疑。

2.求知慾激發了人類探討自然的好奇心。

後來隨著社會形態之改變，人類思想的變化，單純的好奇心演變成爲改進人類種種生活需要的科學革命。

壹、科學的意義及本質

一、科學定義

科學是什麼？科學就是人類運用高度智慧，來處理生命和生活之各種問題所需要的思考方法、過程及表達方式。有以下幾種

定義：

(一)實驗科學家的見解

科學是由實驗與觀察的結果中，所獲得的各種相互關聯的觀念體系與觀念的組合體。如果更進一步實驗觀察，就可以得到新的結果。

(二)行為科學家的經驗學派之主張

科學不只是全部的事實以及原理的集合，同時更必須是一套有系統、有組織、有目的的尋找問題和回答問題的方式（the way of questioning and answering）。

(三)科學教育家的看法

科學是一種研究科學的過程和研究成果的組合物。

二、科學的特徵

(一)科學是以事實為中心的動態研究成果。

(二)科學包含活動性的研究過程。

(三)科學必為獲得知識的過程與成果之雙軌體。

(四)科學成果乃是透過科學態度（scientific attitude）與科學方法而獲得累積化與系統化的整體知識。

(五)如果使科學的過程和科學的成果相互交叉作用，便可促進科學的進步。

(六)革新科學技術，是促進科學發展的基本因素。

三、科學的結構

科學是另一種形態的認知。以主觀的立場來論科學的結構，科學是由下列三項目所構成的：

1. 研究的對象。

2. 認知的活動。

3.表達的方式。

構成認知的主要要素是思考和知識，而此二者皆無法以具體形象呈現出來，故認知只存於人的腦中，無從顯現。若欲將其轉爲人人皆知的事，則需藉用某種方法表現。唯有如此，人才能了解雙方的想法、彼此溝通，也惟有透過表現，人才能表達自己的情感，或傳達知識給他人。

儘管認知和表現關係密切，但二者並不相等；表現需以認知爲基礎，人必有所認知方能表現。其結構關係如下表：

1.表現層：能捉摸得着或感覺得到，是現實的一部分，可分爲實用表現與欣賞表現二種。

2.認識層：是腦中的世界，無法以肉眼看到，是以對象爲基礎的認識。如：宗教、哲學、科學等。

3.對象層：是能直接經驗的世界，對象具有無限的性質。

通常現實可成爲認知的根柢。在無窮的時空下，無窮的現實都可以是認知的對象，然而人的腦力與時間皆有限，不可能認知無限的對象，故認知是有一定範圍的。

綜上所述，科學的結構具有下列特性：

㈠科學具客觀性

當許多人同時觀察或實驗某一事項，其獲得的結果也是大同小異。

(二)科學具可證實性

科學的現象是根據證據而構成邏輯的結構,故必先建立假設。然後為了證明假設成立,就產生觀察、實驗等活動。一般而言,通過這些活動後,終能導出證實其具有可靠性的結論。

(三)科學具邏輯性

對各種不同事物,我們皆可以其呈現出來的現象,而找到它們的共同點,再導出其規則與法則性,故可知其具有邏輯性。

(四)科學具創造性

研究科學除了要依照「如何」(how)、「什麼」(what)外,還得考慮「為何」(why),分析這種因果關係,即是導出科學發現的前提。學習科學就是要多發現新事項、新規則,進而發展出創造性的行為。在科學史上,就有許多科學家因有獨創性的觀點,而導出新發現的動機。所以,觀察學習科學,有時候非常重視直覺的觀察和思考活動。

四、科學的過程

(一)科學的精神

人類的好奇心是促進科學起源的原動力。科學之父——佛蘭西斯·培根曾說:「人類具有強烈之好奇心,便是人類進入科學王國的必要條件。」所以,一旦人類把好奇心轉成思考或科學行為時,就是人類跨入科學活動的起步。

1.懷疑心:從事科學活動時,必須儘量避免武斷、輕信、盲從的行為,處處存疑,不盲目跟從他人,更不可輕易絕對的相信權威。

2.態度謙虛:不自負、不固執己見,不斷研究探討,是研究科學者之必備要件。

3.決斷力：不怕失敗、不計得失，以堅毅不搖的信心去研究科學。

4.開朗的心理：不論是對自己或他人都無成見或偏見，只看重實驗的過程。

㈡探討科學的方法

　　1.確定問題性質

　　⑴what－偏重了解和描述各種現象。

　　⑵how－偏重了解經過的情形和過程。

　　⑶why－偏重探討自然現象和因果關係。

　　2.探討問題之次序

　　①說明問題（ state problems ）。

　　②提出假設（ suggest hypothesis ）。

　　③從事實驗。

　　④從事再觀察。

　　⑤收集並分析有關資料。

　　⑥再次實驗以便驗證。

　　⑦結論（ conclusion ）。

五、科學的成果

在經過數個科學活動後，所得到可靠性之研究成果，即是科學成果。此成果常態時包括以下幾個科學概念：

㈠科學的事實

如果所從事的科學研究具有可觀察性和可演示性，其研究所得的成果即科學的事實，亦即科學知識。

㈡一般的概念和法則（generalization concepts）

一般的術語大多能標示出可觀察性和可演示性的概念，故有

助於我們發表科學成果。

(三)科學定律

在科學研究的過程中，我們從許多事實中發現其共同因素，再將其歸納成抽象概念，則可導出科學定律。科學定律有下列三大特性：

1. 正確性和可靠性。
2. 經得起長期的考驗。
3. 能作某項預測的資料。

(四)理論

從許多科學定律中再找出共同的因素，然後再導出更抽象的概念，藉以了解各種現象，此即成爲理論。

六、科學的本質

科學是探討觀察不斷演化的宇宙和一切自然現象，舊理論不斷被淘汰，新理論則不斷湧現，可見科學的本質並不具其不變性。對科學而言，唯一永恆的事物就是「變化」，而且是不斷的變化。

貳、科學認知

科學認知是代表人類對科學知識、科學方法及科學過程的理解歷程。科學認知發展是人類獲得科學知識、科學方法及科學態度的發展過程。科學認知的結果是一種知識或能力，包括具有科學方面專業的知識及一般解決科學問題的能力。科學認知也是一種解決科學問題的歷程。因此，科學認知發展的研究，通常是從解決科學問題的能力或解決科學問題的歷程兩方面加以探討。探討科學問題的解決能力，通常是以一般的演繹、歸納的推理能力

的發展爲研究主題。而科學問題解決歷程的研究，則是偏重於個人面對自然科學或社會科學的認知歷程的探討。例如，比較科學家與生手的思考方式或解題歷程的差異性；或是比較專家與生手的科學知識架構或知識表徵的差異性。

第二節　科學認知歷程的發展

　　一個人能否有效的解決科學類問題，涉及的因素包括：具有先備的程序性知識，敍述性知識的有效組織，問題表徵方式，及問題解決流程。

壹、先備的程序性知識

　　精熟先備知識是有效解決數學問題的關鍵，這種現象在自然科學亦然。例如：在化學課中，我們有時要預測兩種化學物質混合在一起是否會產生沈澱物，其答案取決於這個混合溶液是否達飽和，一旦達到飽和點，沈澱物便會生成。因爲該溶液無法再溶解物質，由圖 11-1 中，我們可見先備知識在解決這類問題的重要，其中還涉及數學技能。

　　曾有心理學家透過系列課程，訓練高中學生預測「物質混合是否會產生沈澱物」所需的先備技能、知識。整個訓練課程在爲期一週的科學課中實施。他們隨後測量這些學生在幾題新的預測題的表現及對每項先備技巧的精熟程度，結果發現先備知識的精熟的確會導致較成功的問題解決行爲（效標測驗得分），其關係如圖 11-2 所示。

　　另外有位學者 Siegler 運用圖 11-3 的平衡槓桿，由小朋友

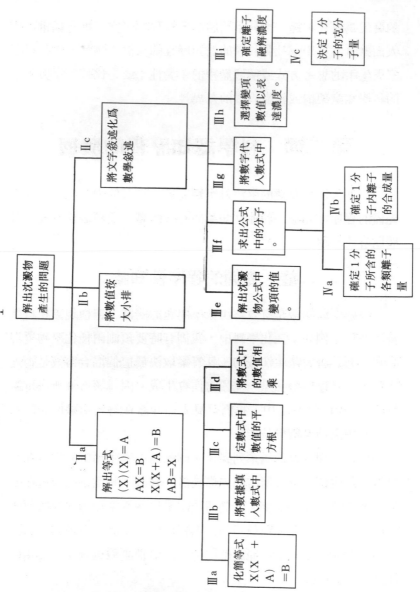

圖11-1 解決沈澱物產生問題的工作分析

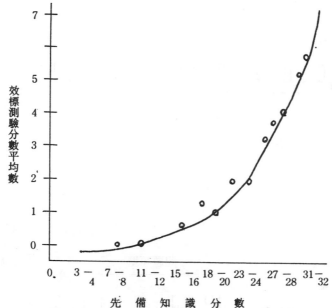

圖11-2 先備知識分數與效標測驗分數關係圖

　　解平衡桿問題的實驗中說明了先備知識的重要。他所設計的平衡秤在支點的兩端各有四根等距的釘柱，金屬墊圈可圈置入釘柱中，隨金屬圈放置位置及數量的不同，平衡桿可能有起、落或平衡等不同狀態形成。實驗者先扶住平衡桿，在不同位置放置金屬圈，並請學生判斷若他扶桿的手鬆開，秤桿左端會升起、垂下或平衡不動？實驗的問題包含六種形態，如圖 11-4 所示：

　　　圖 11-4 中，平衡題中等數的金屬圈放在支點等距的兩端釘柱中，因此秤桿會保持衡定。在重量題中，金屬圈在支點兩端放置的位置相同，只有重量不同（金屬圈數），由此僅由重量的判斷，便可預測秤桿左端會垂下，同樣的，在距離題中，重量相同，只是距離不等，因此僅需判斷距離便可預測答案。後面三題則金屬圈的數量和擺放的位置均不相同，在複雜重量題中，考慮

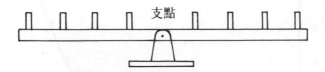

圖11-3　Siegler 所用的平衡秤桿

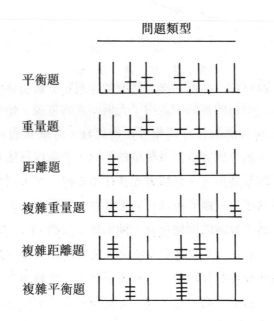

圖11-4　測量學生「平衡因素」知識之問題類型

平衡與否時，重量因素強於距離因素；複雜距離題則反之；複雜平衡題則重量與距離同樣重要。

表11-1　不同年齡學生在各類平衡問題的答對百分比

問題類型	年　　齡			
	5－6	9－11	13－14	16－17
平衡題	94	99	99	100
重量題	88	98	98	98
距離題	9	78	81	95
複雜重量題	86	74	53	51
複雜距離題	11	32	48	50
複雜平衡題	7	17	26	40

　　表 11-1 是各年齡學生答對的百分比，各年齡組學生在平衡題幾乎達到完全正確，年齡較小的學童（五～六歲組）在重量題及複雜重量題的表現也不差，甚至優於年長學童。至於五～六歲組學童為何在重量複雜題有此佳績，Siegler 認爲這並不是他們仔細比對重量和距離後所做的研判，而是他們根本不管距離，僅由重量研判問題，那邊金屬圈多那邊就下垂。這項假設可由年幼孩童在複雜距離題的表現不佳得到佐證。Siegler 因而提出：要解決各類平衡問題，學生必須具備重量及距離兩項先備知識。

　　以上兩項研究都說明了成功的問題解決者具備較充分的先備知識。

貳、敘述性知識的組織與內涵

專家與新手相比，不僅具有較豐富的先備知識，且其先備知識的組織架構較健全而完備。曾有幾位研究者請獲得博士學位的物理學者（專家）和僅修過一門物理課的學生（新手）分別就相同的課題，設想其下可能有的問題及其解決方式，研究者再根據其作答反應推論其先備知識架構，圖 11-5 和圖 11-6 分別是一位新手和一位專家在「斜台滑落物」標題下的記憶架構，由圖 11-5 可看出，新手記憶架構中的許多節點是敘述性的（如：滑輪、斜角等），其他則是具象徵實體的屬性（如：質量和高度是他們聯想到的滑輪的屬性），最後的節點是較高層次的原則（能量保存），但在新手架構中此原則是附屬在其他節點後的。由圖 11-6 專家的記憶架構則可見包含了較多基本原則（能量保存、牛頓力學法則），且這些原則並不居附屬地位，此專家架構中包含運用牛頓力學法則的程序性知識。因此由以上兩架構中，似可見專家與新手敘述性知識的內容與組織不同，而只在專家的架構中才可見程序性知識。

由許多研究發現，能力較強的問題解決者似乎較能吸收解釋性原則並付諸運用。當然我們不能肯定是否知識內涵的不同導致問題解決表現的差異，但知識內涵在特殊領域問題解決的重要性則是無庸置疑的。

叁、問題表徵

問題解決流程始自解決者對問題在自己工作記憶中形成心理表徵。本部分將分別從自然科學及社會科學兩部分探討專家與新

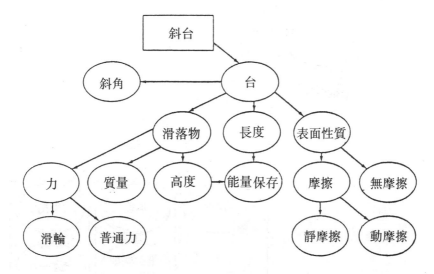

圖11-5 一位新手對「斜台滑落物」問題的記憶結構

手的差異性。

一、自然科學方面

　　研究問題表徵的技術之一，是請受試者對問題進行分類，再由分類結果推想其對問題的心理表徵。有研究顯示，物理學專家和新手對同樣的分類方式相當懸殊，圖 11-7 及圖 11-8 是專家和新手典型的分類方式。在圖 11-7 中，新手將問題 10(11)和問題 11(39)分類為一類，因兩題都有轉盤；問題 7(23)和問題 7(35)也歸為同樣，因二者都有斜台，新手通常由題目是否具有類似的解析圖，決定其是否屬於同類。專家們的分類方式則不一定依解析圖，而強調問題的解決是否共用相同的原理或法則；例如：圖 11-8 中專家將問題 6(21)和問題 7(35)歸為同類，因均須運用「能量保存」原則解題，問題 5(39)和問題 12(23)因均類似「牛頓第二定

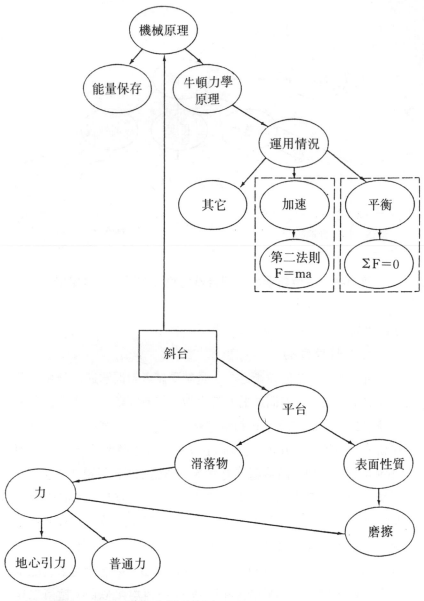

圖11-6 一位專家對「斜台滑落物」問題的記憶結構

新手歸爲同類問題之解析圖

問題10（11）

問題11（39）

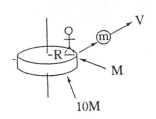

新手歸爲同類問題的解釋

新手2：角度與速度，推進力，旋轉物
新手3：旋轉運動，角度與速度
新手6：是關於旋轉，與角度、速度的問題。

問題7（35）

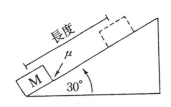

問題7（23）

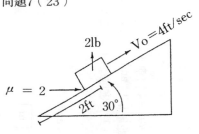

新手1：都是斜台滑落物問題。
新手5：斜台問題，磨擦係數。
新手6：斜台上的滑落物。注意傾斜角。

圖11-7　物理新手對問題的分類與組織

專家篩局同類問題之解析圖

問題6（21）

$\kappa = 200$nt/m

6m

15m

平衡

問題7（35）

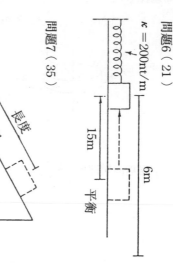

長度

u

30°

M

專家2：能量保存

專家3：工作－能量原理

專家4：均須由能量考慮，須先了解能量保存原理及在何處耗費能量

均是直線－前進問題

問題12（23）

Fp＝Kv

mg

問題5（39）

T

m

mg

T

M

Mg

專家2：可由牛頓第二定律解題。

專家3："F＝ma"；牛頓第二定律

專家4：大半運用 F＝ma，牛頓第二定律

圖11-8　物理專家對問題的分類與解釋

理」解題而被歸爲同類。由以上研究發現新手對問題形成表徵時，較注意其表面，外在的特徵，這可由他們對分類的解釋得到驗證，專家則依解釋原理分類，足見問題表徵能力對問題解決相當重要。

二、社會科學方面

　　另有學者研究社會學科的專家和新手問題表徵方式，結果發現和上述自然科學研究相似。他們請蘇聯政策專家和修讀蘇聯政策課程的大學生口語敍述其對以下問題的思考，解題歷程：「假設你是蘇聯農業部長，過去幾年穀類產量銳減，你現在必須提高穀類產量，請問你會怎麼做？」比較兩組口語敍述內容發現，專家的敍述中約 24％的部分是和界定問題有關，學生組則未發現界定問題的部分，專長在界定問題部分主要是提出 特定的限制，這是解題時必須考慮與突破的。例如：蘇聯的意識 型態是個推行新方法的限制，正如他們的可耕地很少一樣，學生 則常不注意界定問題，而立即的設想各種解決方法。

　　不同學科領域面對的問題差異懸殊，而自然學科與社會學科專家和新手的差異卻有其相通處，在這兩個領域專家對問題的表徵都能達到較深入的層次！

肆、問題解決途徑

　　專家與生手的差異不僅在於問題表徵方式不同，他們解題的方式，途徑也不一樣。

一、自然科學方面

　　問題解決的策略甚多，其中有許多策略是用以縮減我們的探索範圍，使我們能在較短的時間由記憶中檢索出相關資料，「方

法─目標分析」便是典型的一例，運用此法，我們須先界定目標，再由記憶中探究檢索出達成目標的方法。如果欲解決者是相當熟悉的問題，個人不需費神探索便能自動化的採取行動。

拉肯（J.H. Larkin）和他的同事們從事專家和新手解決問題途徑的研究，發現新手所採取的解決問題途徑和一般人遇到新問題時採行的途徑相同，專家解決問題的路徑則和一般人遇到熟問題時的途徑相同。亦即新手花許多時間於探究問題。他們常用的方法便是「方法─目標分析」，例如：先決定解題目標，再嘗試提出各種原則以逐步達成目標。

圖 11-9 是拉肯和他的同事們提出來請專家和新手解決的問題，已知的條件是斜台的角度（θ），斜台的長度（l），斜台滑落物體的質量（m）及長方體和斜台的摩擦係數（μ），請解出的問題是滑落物到達斜台底端時的速度（v）。這雖是物理題，但它和許多其他領域題目相同的是包含許多變數，並和變數間的關係有關。研究者事後再歸納他們所採用的原則（或解題公式）及其順序，表 11-2 是一位專家和新手解題歷程分析，由專家的解題過程看來，所採取的每一步驟均有助於發現解題所需的資訊，第一步和第二步求出兩股力，並相加成第三步的（F），而後再運用已知的力求出未知的加速度值（a），a 再用以求出未知的時間值（t），最後再由 a 和 t 值求出速度（v），專家們所採行的顯然是逐步前行的解題路徑，從已知的條件著手，逐步導出有助解題的其他未知資訊。

新手們所採用的步驟則正好相反，他們由解題欲達到的目標著手，是逆向推演的路徑，首先形成的公式便嘗試發現題目求解的 V 產值，但發現公式中還有其他未知值，於是又設第二道公

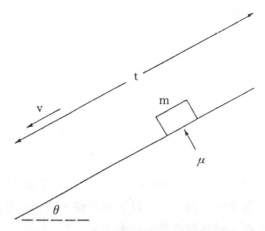

圖11-9　研究問題解決路徑的物理問題

表11-2　專家和新手解決圖　物理問題的路徑

		一位專家的解題路徑
步驟	運用原理	數量計算
1.	$Fg''=mg \sin \theta$	求出重力（Fg''）
2.	$f=uN$	出摩擦力（f）
3.	$F=Fg''-f=ma$	求出加速度值（a）
4.	$x=v_0t + ½ at^2$	求出時間（t），以已知的值 ℓ 取代 x
5.	$v=v_0+at$	求出速度（v）

		一位新手的解題路徑
步驟	運用原理	目標
1.	$v=v_0+at$	嘗試求解速度
2.	$v^2-v_o^2 =2ax$	嘗試求解速度
3.	$a(N)$	嘗試求解加速度值(a)認爲 a 是一般力(N)
4.	$f=N$	嘗試求解 N

式求解此值，但仍行不通，他乃設第三道公式企圖求出 a 值，卻
又因概念錯誤，發現仍行不通。（N 值仍是未知數），他乃放
棄解題。

新手和專家的解題順序幾乎是完全相反，在以上研究的實例
中，專家所用的最後一道公式是新手所用的第一道公式，新手所
採用的逆向推演法可助於縮減探索問題的範圍。例如：一個人在
森林中迷了路，他最好先決定自己要走出的方向（東、南、西、
北），然後便朝著這個方向探索出路，這可能比盲目亂闖更有
效，專家和新手的不同，即在專家沒迷路，他們清楚認得一條通
往目標的大道，於是便逐步順行而去。

二、社會學科方面

在社會學科專家與新手的差異和自然學科不太相同，無法以
「前向思考」或「逆向思考」說明專家和新手的不同。社會學科
領域的專家常認為問題的界說不盡完善。因此可能對什麼是解題
的正確答案往往看法一致，或許正因問題性質不同，兩學科專家
的問題解決過程也不相同。

前面提過假想自己是蘇聯農業部長的研究中，專家常由問題
可能有的限制著手，繼之探討過去對此問題的解決經驗及其失敗
的原因。最後再就可能的限制中尋求突破與改進之道，新手的解
決方式則完全順著問題要求的目標而行，整個過程完全針對想增
進穀物生產的方法著手。

在本節中，我們看出專家和新手對問題的心理表徵不同，繼
而解決問題的方式、程序也不相同。此外，他們具備和問題相關
的程序性及敘述性知識也不同，而此先備知識的差異可能是影響
專家和新手問題表徵及問題解決流程差異的原因，這方面仍有待

深入研究。

認知心理學的研究已顯示特殊領域的專業知識對該領域的問題解決極爲重要，到底要把問題解決當作一套不受領域限制的一般技能來教學比較好呢？或是繼續在各專業領域中實際進行問題解決的教學比較好呢？有關專家專精性的研究結果似已清楚的顯示：後者是較適當的選擇。也就是說，在科學教育方面，要訓練一個生手成爲專家，除了一般推理能力的訓練，更需側重特殊領域程序性與敍述性的教學。在專業領域中並沒有捷徑可以成爲專家，因爲只有優良的問題解決技巧，沒有該領域的知識庫，並不足以導致成功。

第三節　科學認知發展理論

壹、皮亞傑認知發展論觀點

一、皮亞傑認知發展論

談到科學的認知發展，皮亞傑可說是研究兒童認知發展的先驅，他可以說是一位關心知識的本質以及關心獲得知識的歷程的一位發生知識論者。他早期的工作是致力於研究嬰兒自出生起的心智生長，晚期的研究則進一步探討語言和邏輯在認知發展上，以及抽象思考、科學思考發展上所扮演的角色。底下我們將簡要的介紹認知成長在科學思考上所扮演的角色。

(一)感覺動作期到前運思期：從嬰兒期起

皮亞傑對認知發展的描述是從感覺動作期開始的，依皮亞傑的說法，新生嬰兒並不和成人使用相同的方式去知覺或表徵外在

世界，在感覺動作期裏，兒童傾向以動作行爲來表徵外在世界。
本階段中，一個主要的完成事項是「物體恆在」的觀念，意謂：
即使物體不能直接觀察到，也能知道物體仍然存在。從皮亞傑對
自己的三個孩子的觀察，我們大約知道生命前兩年所發生的一個
基本的改變：當感覺經驗更爲統整之後，兒童更能夠預期一件事
將導致另一件事；在動作和感覺較爲協調一致時，兒童開始較能
做出成功的行動；當發展出「物體恆在」的概念時，兒童便開始
能在內心裏表徵外界的物體。

㈡前運思期到具體運思期：轉換到兒童期

　　雖然學齡前兒童熟悉物體恆存的空間移動概念，但這階段兒
童的思考方式仍和成人的不相同，尤其是兒童仍未發展出用心理
表徵的方式做合理的運思。菲力普（Phillips 1969）曾提出前運
思期兒童思考能力的六個限制，一直要到兒童能成功的克服其中
的五項限制，才算已具有具體運思的全部或大部分的特性，包
括：

　　1.可逆性（reversibility）：兒童能在內心裏用合乎邏輯的
方法操作物體。

　　2.去集中（decentering）：兒童能在一個時間內用合理的
方式處理一個以上的向度。

　　3.轉變對狀態（transformations versus states）：兒童不再
被狀態的知覺影像所完全控制，而可以思索那些產生狀態的轉變
過程。

　　4.自我中心的消失（loss of egocenterism）：兒童不再只
從一個觀點來看每一種情形。

　　5.邏輯思考（logical thinking）：在某些具體的情形下，兒

童已有能以適合的邏輯來思考的跡象。

　　還有一個主要的限制是兒童仍無法對抽象的、假設的或機率的情境進行邏輯的思考。

㈢具體到形式運思期：轉換到靑少年期

　　根據皮亞傑的理論，在兒童大約十一歲，準備進中學時，正是從具體運思到形式運思期的轉換，克服了上述的限制，兒童（靑少年）開始具備抽象思考的能力，Flavell（1963）將形式運思分爲三個主要方面：假設—演繹思考，抽象思考和系統思考。

　　1. 假設—演繹思考（hypothetical-deductive thought）：

　　這是指兒童處理可能的情境以及實際的情境的邏輯能力。

　　2. 抽象思考：

　　這是指兒童除會利用具體或真實物體思考外，也能利用符號思考。此外，兒童還能利用抽象的命題來進行運思，即皮亞傑所謂的"次級運思"。

　　3. 系統性思考：

　　系統性思考是指找出所有有關的變項，以及變項之間的所有可能組合的能力。除此之外，系統思考還包括能控制不相關變項的能力，就像科學研究時所需要的那樣。

　　總之，形式運思期的每一個特質：假設—演繹思考，抽象思考和系統的思考，正是科學探究的中心，也是在進行科學教育之前，學生必須具備的基本能力！

二、皮亞傑的解題觀

　　皮亞傑認爲兒童是科學性問題的解題者，兒童從高椅上丟下物品，改變高度並探視產生之效果，事實上已經是科學實驗之開端，也是對現實之適應，而適應就是認知發展。當生活世界中某

些問題產生，激起問題解決，此時對於生活世界之理解即從一種
平衡狀態到達另一種平衡狀態，因此問題是導致認知平衡的原
因，也是認知發展的原因。

〔例一〕爲了瞭解兒童認知發展的情形，皮亞傑設計實驗，實驗中
有三種類型的工作，用"溫度"的概念測量不同年齡的兒童在邏
輯、數學上發展的情形。實驗的操弄變項是水量和蠟燭數目，依
變項是水溫的高低。這些變項可用下列三種方式呈現（Strauss
& Stavy 1982）。

　　(1)只改變蠟燭的數目：兩容器內的水量一樣，底下用不同數
目的蠟燭加熱（一根或兩根），這種工作叫做直接功能的問題，
因爲改變蠟燭的數目，可以直接造成溫度的變化。呈現出來的例
子中，杯中的蠟燭愈多就愈熱。

　　(2)只改變水量：現在改用兩杯裝有不等量水的容器，底下用
同樣數目的蠟燭加熱（一根）。因爲分母的變化（水量），改變
了溫度的比值，所以叫做反逆功能的問題。呈現的例題中，杯裏
水較少的溫度較高。

　　(3)同時改變蠟燭和水量：當它們以同樣的比例加以改變，溫
度還是一樣，這種工作叫做比例問題，例如：三分之一杯水用一
根蠟燭加熱和第二杯滿滿的水，有三根蠟燭加熱。

　　實驗者呈現這三種不同的問題給不同年齡的兒童，並有四個
基本假定：

　　(1)年齡愈大的孩子判斷得愈正確。

　　(2)三種工作的難度不同，測量直接功能的問題比較容易，測
量反逆功能和定比功能的題目比較難。

　　(3)年齡和工作表現間有交互作用存在。

　　(4)判斷的型態可能有三種：

（＋－－）：直接功能的問題答對了，其它兩種還不會判斷，

（＋＋－）：直接及反逆功能的問題做對了，比例功能的問題做

錯。（＋＋＋）：三種類型的問題都答對了。第四個基本假定又

包括兩個部分。①判斷的類型除了全錯外應該只有三種（＋－

－）（＋＋－）（＋＋＋），只對一種的情形應是（＋－－）只

對兩種的情形是（＋＋－），全對是（＋＋＋），不會有其他類

型出現。②實驗結果表現的類型會受到年齡的影響，三種問題

中，較小的兒童只能出現（－－－）的型態，全部答錯。比較大

的兒童可以全對（＋＋＋），介於其中的可能是（＋＋－）。

　　以上四種基本假定全部得到實驗支持。

貳、訊息處理認知發展論者之解題理論

　　訊息處理論者有數種有關認知發展的理論，與 Piaget 的階

段性認知發展理論大不相同。主張思考就是訊息處理，重視表徵

訊息，訊息轉換的過程，記憶容量的限制，以及處理訊息的情

形。

一、Sternberg 的發展理論

　　Sternberg 將智力分成三個訊息處理部分

㈠實作表現成份（performance component）：

　　包括：

　　1.編碼：解題時從題意中確認各術語屬性，予以編碼。

　　2.推論：在術語間找出相關關係。

　　3.寫像（mapping）：將上述述語之關係映射到其他術語之

間。

4.應用：將一種問題的相關關係應用到其他類似問題上。

㈡知識習得成份（knowledge acquisition component）

包括：

1.選擇性編碼：篩選問題合適的訊息。

2.選擇性整合：整合問題訊息，使訊息有意義，便於使用。

3.選擇性比較：比較、連接新編碼訊息與舊有訊息，產生較有組織的訊息結構。

㈢後設成份（metacomponent）

主管建立解題策略，監督知識習得，及實作表現之運作。

在訊息處理的過程中，和解題有關的：像知識習得成份與吸收知識的效率有關。後設成份與選擇良好的知識習得策略，進行實作表現有關。

二、Case 的發展理論

Case 認為解題時，短期記憶的容量並未增加，而保存更多資訊之策略為：

(1)自動化：經練習後再解題，多種運算自動化，可減少使用之短期記憶。

(2)生物體成熟：Case（1985）認為腦髓鞘系統的發展成熟，可使運算更有效率。

三、Siegler的發展理論

Siegler認為兒童的理解系統為規則化的。所謂規則化，即以若……則……的敘述表示知識的關係。解題時，兒童會一致地遵守這些規則，假設兒童遇到不熟悉的問題，他就會使用回落原則（即使用比其發展程度為低的原則），以解決問題。

在 Siegler 的方法論中，研究者先假設對兒童所感興趣的主

題中，他可能具有那些假想的原則。在例一水溫的例子中，這些原則和改變蠟燭數目和水量多寡來加熱有關。Siegler 提供了一套用來判斷兒童解題時使用的原則的方法，研究者先決定那一個變項在心理上最容易被突顯，就會最容易被注意到。在水溫的例子中，蠟燭的數目比水量多寡容易被注意到，所以原則 1 判斷蠟燭數目是否相等，第二個變項，水量多寡只有在蠟燭數目一樣多時，才會被考慮到。原則 2 是問當蠟燭數目一樣時，考慮水量是否相同。原則 3 的問題讓兒童開始注意到兩個變項，但兩變項並不一致，兒童尚無法統整這兩個變項。例如，如果一個容器同時有比較多的水和比較多根蠟燭，使用原則 3 的兒童只能用猜的，在原則 4 中，兒童同時注意到，並能整合兩個變項。（參見圖 11−10）

　　下一步接著要找出能夠測量上面所提的原則存在與否的問題，這些問題共有六種，

　　(1)平衡問題：水量和蠟燭數目一樣多。

　　(2)蠟燭問題：水量不變，蠟燭的數目改變。

　　(3)水量問題：蠟燭數目不變，水量改變。

　　(4)蠟燭衝突問題：其中一容器有比較多的水和比較多根蠟燭，蠟燭較多的較熱。

　　(5)水量衝突問題：其中一容器有比較多的蠟燭和水，水較少的較熱。

　　(6)衝突平衡問題：水量和蠟燭數目都不一樣多，但兩者的溫度是一樣的。

　　在 Siegler 的方法中，呈現給小孩子裝有水的杯子，底下放了蠟燭，然後問他們「這兩杯水溫度一樣，還是有一杯會比

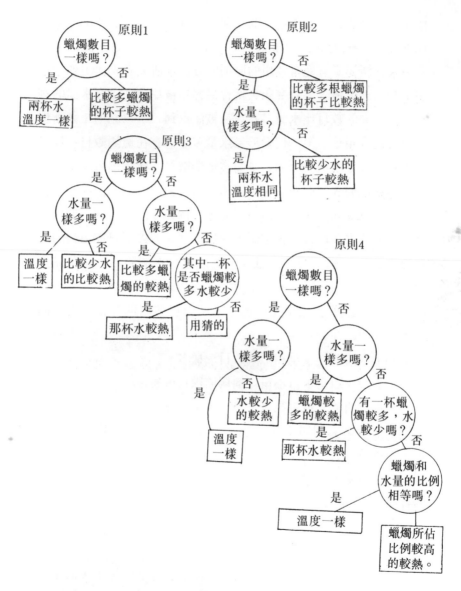

圖11-10　Siegler 的思考規則類型圖

較熱？」如果他們說有一杯會比較熱，就再請他們判斷那一杯較熱。

　　每個小孩子總共要做十二問題，有六種不同的工作，每種做兩次。要判斷兒童究竟使用那一種原則的標準是，至少在十二個問題中，有十個的判斷是一致的。

　　實驗結果支持 Siegler 的預測，兒童在不同問題上的認知表現似乎符合像規則這樣的模式；晚期發展出來的規則與早先發展出來的規則有密切關係；當孩子對某種"概念"一無所知時，推理的過程很像回落原則，或毫無方向的思考。對外在訊息編碼不足，阻礙了兒童在認知發展上的進步。

　　對 Siegler 的認知發展理論，也有不少人質疑：一個人的知識和思考有多少能被充份的表達，或用規則來說明？

四、Anderson 和 Wilkening 的功能測量理論

　　功能測驗理論的基本假定是，兒童的認知理解系統有一種發展的趨式存在。年輕的兒童使用簡單的代數原則（如加法，減法），較年長的兒童會使用比較複雜的整合原則（如除法）。爲了測量這個理論，研究者呈現了十八次問題總共是 3×3＝9 種問題，每種呈現二次（如圖 11-11 ），有些問題和皮亞傑及 Siegler 的很像，圖 11-11 中由左到右每一行的水量保持不變，而蠟燭數目卻減少了。這類問題和皮亞傑的直接功能問題，Siegler 的蠟燭問題是一樣的，圖 11-11 中每一列由上到下可以發現蠟燭的數目不變，水量卻增加了。兒童對這類問題的判斷就等於皮亞傑反逆功能問題，和 Siegler 水量問題。最後，在圖 11-11 的斜角部分可見蠟燭數目和水量變化成固定比例，這和皮亞傑的比例問題及 Siegler 的衝突平衡問題是一樣的。這樣的比較能讓我

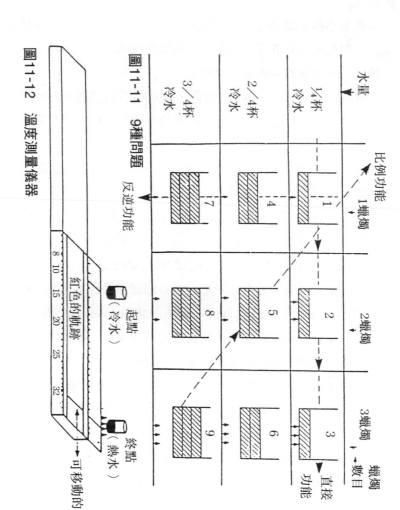

圖11-11　9種問題

圖11-12　溫度測量儀器

們瞭解，不同的方法論如何來看兒童的解題能力。

　　研究者利用如圖 11-12 的測量工具，要求兒童評估溫度的高低，這個測量儀器被放在兒童面前，並告訴兒童如何操作這項儀器，上面有一道可供移動的紅色軌跡，當水很熱時，可以拉到離原點很遠的地方，當水不太熱時，就不需要拉出那麼遠，研究者示範給兒童看，並請兒童親自操作熱水，溫水，微溫的水給研究者看，確定他們學會了，才開始進行實驗。

　　實驗的程序是：研究者呈現一杯裝了某個高度的水，放在特定數目的蠟燭上，然後要小孩子告訴我在量尺上紅色的軌跡應該拉到那裡，才能代表水的溫度，兒童拉完紅色的軌跡，做完判斷後，研究者把它歸回原點，再呈現下一個作業，直到所有十八個問題都答完。

　　受試包括來自中等階級的兒童，分六個年齡組，每組十六人（男女各半）共九十六人接受訪談，六個年齡組分別是四、五、六、七、九、十一歲，研究的結果如圖 11-13，圖 11-14。

　　在圖 11-13 中，縱軸是兒童主觀的評定水溫的高低，橫軸是蠟燭的數目。從這些平行線由低到高（蠟燭數目由少到多），而且溫度最高的那條線有三單位的水，次高的有二單位的水，最低的是一單位的那杯，我們可以看到運用的是加法原則。減法原則的平行線由上而下分別是一單位，二單位，三單位的水。

　　從圖 11-13 中可以發現，四、五歲的兒童在解題時使用加法原則，六歲的兒童尚無明顯的整合原則，七歲兒童使用減法整合原則，九歲兒童使用減法和除法原則，十一歲兒童運用除法運算原則，這些數據支持了研究的假設。

　　在圖 11-14 中我們看到的資料和圖 11-13 類似，只有在橫

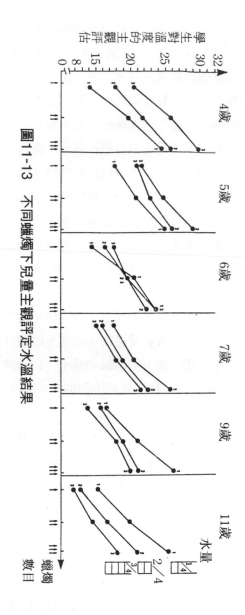

圖 11-13 不同蠟燭下兒童主觀評定水溫結果

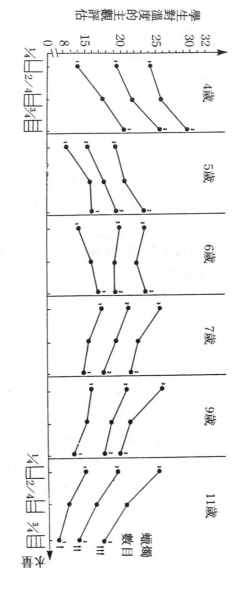

圖 11-14　不同水量下兒童主觀評定水溫結果

軸的地方改成水量的多寡,要注意的是圖 11-13 和圖 11-14 的斜率不同,而且圖 11-14 的曲線間距離較遠,這意謂著兒童認定蠟燭數目的多寡比水量多寡對溫度的影響要來得大。此外,四歲和五歲組的兒童不論在蠟燭或水量的變化上,都是採用直接功能,因為曲線是由左下角往右上角攀升,六歲組兒童可以看到水平線或向上爬升的曲線,形成水平線的原因可能有兩種:1.兒童並未注意到水量的改變或 2.有些兒童使用反逆功能,以致於削弱了彼此的影響力。最後,從七、九、十一歲組兒童的曲線(由左上向右滑落)可看出他們是使用反逆功能,可以理解到水量變化的影響。

總之,Anderson 和 Wilkening 的研究資料符合了從他們的理論衍生而來的假設。

五、綜合比較

從目前在兒童認知發展領域所做的研究,可讓我們有一些暫時性的結論。

⑴有關「溫度概念的發展」的研究,結果支持了從認知發展理論衍生出來的很多假設,也就是說,我們可以把溫度的概念,加入上述三個實驗研究的發展模式中。

⑵用不同的模式來預測兒童的認知發展,結果又各自與其模式相符合,研究的現象只有一種(兒童對溫度的理解);說法卻不只一種,可能係不同方法學各自的限制,或因不同方法導致不同的行為。

⑶用不同方法研究兒童溫度概念的發展有同有異;Piaget 和 Siegler 認為兒童先注意到一個變項,然後逐漸能注意到兩個變項無法整合,到能夠加入調整。Anderson & Wilkenling 認為

兒童會整合兩個變項，先有加法原則，然後用減法原則，最後會使用除法原則；前二人的理論可能會低估兒童的智力。三種理論在解決直接功能、反逆功能和比例功能的問題上，說法是一致的。

第四節　國內外科學問題解決之相關研究

　　由於各研究理論的研究重點、研究動機、理論觀點和研究方法的不同，對於學生科學概念的學習和理解的內涵，有著不同的命名和稱呼；例如心智模型（mental models）、知識結構（knowledge structure）、記憶結構（memory structure）、原有知識（prior knowledge）、先入概念（preconception）、錯誤概念或迷思（失）概念（misconception）、另有架構（alternation framework）和孩童的科學（children's science），以及孩童的思考（children's thinking）等等。這些都可涵蓋入兒童在解決問題上面所用的原理、技巧和過程等等的研究。

　　以下就分別介紹國內外目前在學生問題解決領域中的研究方法及研究內容。

壹、國外的相關研究方式

一、陳述知識的評估與描述

㈠單字聯想（word association）

　　Johnson（1964）和Shavelson（1972，1973）所採用的方法是讓研究者對於某一主題選出數個（通常大約十個）主要術語

（單字），把它們寫在紙上，然後逐一讓學生看每一個單字或是逐一唸給學生聽，並且要求學生把他所隨即聯想到其它單字盡快寫出來，越多越好。有時會有時間的限制或是特定的學科。

　　而單字聯想的數據分析可以按下列步驟來獲得：

　　1.對於每一對的概念，根據某固定計算公式計算出一個關聯係數，這個係數主要是由此兩個概念所聯想到的共同的單字的數目及出現的順序所決定。

　　2.由上述的數個關聯係數可列出一個相似矩陣（similarity matrix）。

　　3.這種矩陣可以用多維作圖(multidimensional scaling)的方

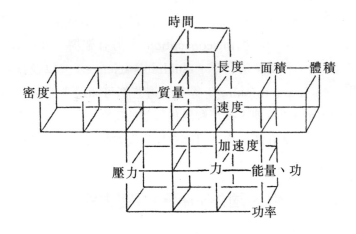

圖11-15　以質量──長度──時間為基本的三維圖形

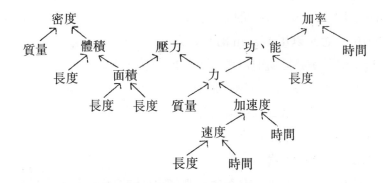

圖11-16 力學概念的階層模型

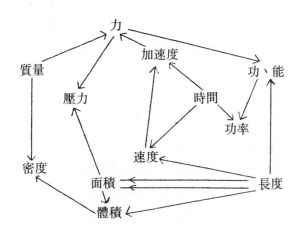

圖11-17 力學概念圖

法可以獲得一個多維空間的表徵(如圖 11-15)；也可用階層叢集
(hierachical clustering)的方法獲得一階層叢集圖形的表徵(如圖
11-16)；也可以用 Waern 的作圖方式，把概念用點代表，關聯
係數大於某個特定值的兩概念用線段連接，而得到一個概念圖(
如圖 11-17)，下列三個圖形是力學概念的三種示範圖形。

　　目前這種方法已經稍微式微，早期常用這種方法去做專家和
生手知識架構不同之研究。

㈡作概念構圖的方式

　　施測者事先選出一組概念，把它們分別寫在標籤上，發給受
試者之後，要求受試者把他認為彼此相關的概念貼在一張紙上，
然後要受試者把他認為直接相關的概念用線段連接起來。

　　這種概念圖的分析是由線段的距離開始，形成距離矩陣，然
後利用多維作圖、階層叢集、Waern 的作圖技術分析。這種方式
得到的資料會比單字聯想更豐富。不過在施測時，對於如何作圖
的規則須要向學生交待清楚，才會避免資料解釋的困難。如圖
11-18 及圖 11-19 所示。

㈢作樹狀概念圖（Posner 等人 1977, Stewart, 1980）

　　這個方法是施測者事先選定一組概念，叫學生從其中挑出兩
個彼此之間關係最密切的概念，把他們寫在空白的紙上，並且以
線段連接而且加上編號，然後在所給的概念中，挑出一個和先配
成對的兩概念中的最密切概念，用線段連接起來再編號，剩餘的
概念也如此做，變成一個樹狀圖。

　　Matthews 等人（1984a, 1984b, 1985）曾利用簡單的樹狀概
念圖方式，去研究學生對化學酸鹼概念的認知結構，並且把多維
作圖的技術簡化為只有兩個維度，發展出一套用平面的圖形來表

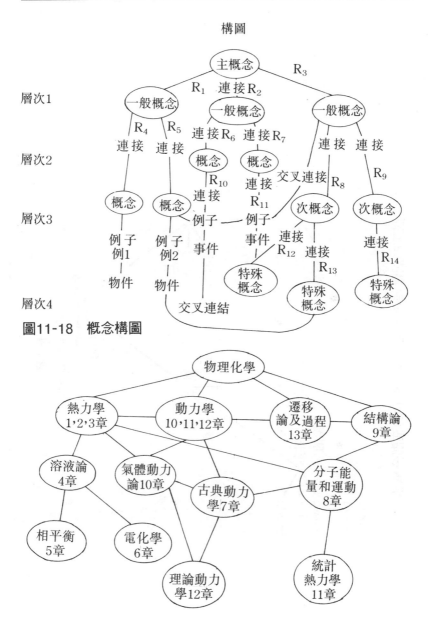

圖11-18 概念構圖

圖11-19 「基礎物理化學」學科概念構圖

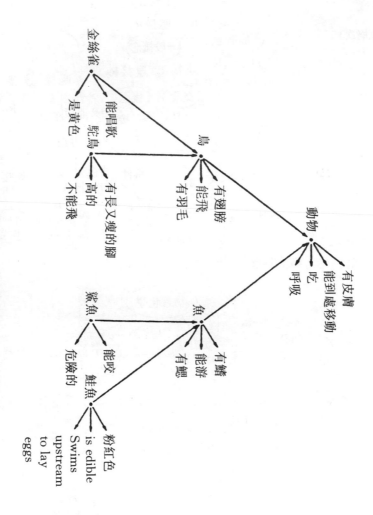

圖 11-20　假定的記憶結構，描述有關動物的某部分網路

示樹狀概念圖的方法。

㈣作 Venn 圖

英國的理則學家 John Venn 首先引進 Venn 圖,它可用圖形的方式來顯示兩個集合的關係。對於如下的 S 和 P 兩個集合之間可能的關係及其對應的 Venn 圖可以表示如下:

S為P之集合　　P為S乏集合　　S、P有交集　　S與P沒有交集

Gunstone and White (1986)在闡釋 Venn 圖的應用時,提到以下的例子;要學生在速度的框框集合中表示出等加速度(C)和加速度(D)的兩個集合。

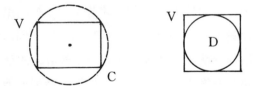

㈤紙筆成就測驗

長久以來,學校對於學生認知領域的學習成果評估,通常是用標準化的成就測驗,這種包括是非、選擇、填充、計算的評量可以涵蓋記憶、理解、應用等等各種不同層次的學習,因此,設計良好的成就測驗其實也是一種了解學生問題解決歷程的好方法。也可針對特定的概念和原理進行了解。

二、程序知識的評估與描述

㈠原案分析法(protocal)

　　由施測者提出一個問題，要求受試的學生在提出解答的過程中隨時把想到的事情大聲説出來。尤其當學生落入沈思而未放聲説話時，施測者會追問學生到底在想什麼。整個過程的錄影和錄音可提供研究者做適當的分析，分析方法和晤談結果的分析描述相同。

㈡誘發的回憶

　　施測者提供一些器材，要求學生操弄這些東西來爲某個問題提出解答。施測者把學生的解題過程錄下，在學生做完題目後，施測者隨即播放錄影帶並且詢問學生當時的想法，分析結果的方式和晤談相似。

㈢法則─評鑑法（ Siegler, 1985 ）

　　Siegler（ 1978, 1983, 1985 ）曾發展出一套推估學生解題的方法。Sieger 的評估方法有兩項基本假設；一是兒童解決問題的策略是受到他所用的法則的支配，隨著兒童年齡的增長，其所用的法則會由比較簡單的轉變爲比較精巧的。另一個假設是爲了考驗學生是使用何種法則。研究者可以經由設計一組能提供尖銳對比的正確和錯誤答案之試題，由學生作答的情形即能推知學生所採用的法則。（ 圖 11-21 ）

　　學生回答有關槓桿平衡的問題，可能採用的法則範例如下：（ 這個法則曾在 Siegler，Gagne'，Flavell，Gross 的書中被引用。）

　　這個方法應用在斜坡重物，投影、概率等等的研究上，曾經引起很大的討論和迴響。

三、綜合式的晤談研究

　　面談的方式在許多領域都被用來了解診斷之用，皮亞傑曾運

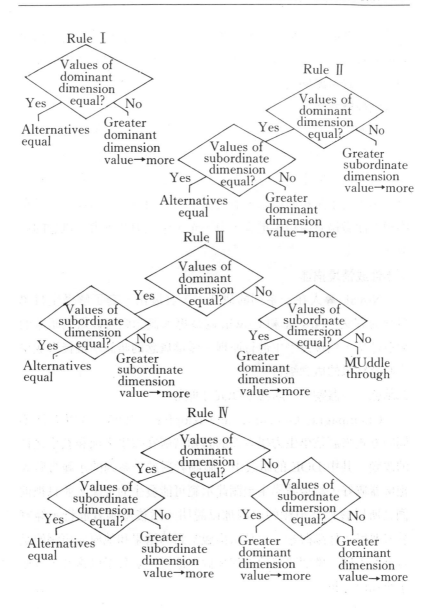

圖11-21 Modal rule models (Siegler, 1981)

用臨床晤談的方式加以了解學生和兒童的發展歷程。目前，用晤
談的方式了解學生的研究方興未艾，但各國所用的方法內涵並不
相同，大致可歸納爲以下幾類的型式。

(一)事例或概念晤談

事例晤談的方式是研究者針對某一特殊的字，例如「功」、
「力」等，設計約十到二十張圖畫卡，這些卡片中的情境是此字
所含科學概念的事例，有些則不是，依序呈現給受試者。然後要
學生判斷是不是相同概念，並且向學生詢問理由。這種方法已在
物理方面做過有關功、電流、力、光、摩擦力和重力等概念的研
究。

(二)事件或情境描述

Novak 等人在一系列的研究中，發展出一套了解學生科學
概念的方法。Novak 和 Gowin 認爲專家概念圖可以做爲晤談的
參照標準，然後對學生進行原理、關鍵概念的晤談，最後形成學
生晤談結果的概念細目。

(三)示範──觀察──解釋（DOE）晤談

Champagne, Gunstone, and Klopfer（1985）曾以五種不
同的方式來評估學生力學方面的認知結構在教學之前和教學之後
的改變。其中 DOE 的晤談中，施測者對於一系列的示範實驗先
把儀器置好，然後請學生預測此示範可能發生的現象，並且把他
們之所以會如此預測的原因加以說明。然後施測者進行示範實
驗，要學生仔細觀察，並且指出觀察到的結果和他原先預測的是
否有所不同。整個晤談的過程係個別進行，並且予以錄音，以便
事後加以分析。

貳、國外相關研究具體成果

目前國外在物理科學方面的研究上，較具體的研究結論有二：

一、不正確的先入概念（preconception）對正確的概念會有影響，例如(a)重的物體從高空掉下的速度比較的快；電流像水流，從插座流向燈泡；在圓形軌道運動的物體衝出軌道之後，其運動的方向是曲線，而不是直線；空氣粒子受熱會膨脹變大。

二、物理專家和生手在力學概念上的概念圖有很大不同，專家會注意"關係"，而生手較不會。

叄、國內研究方法和主題

一、先入概念研究

因爲郭重吉教授的大力推廣，晤談法在國內幾年的科學教育論文中佔了相當重要的份量，而其中研究的重點大致放在先入概念（或稱迷思概念）（preconception, misconception）的探討。這些論文表列如下；

㈠楊其安（民 78）利用臨床晤談探究國中學生對力學概念的另有架構。（彰師大）

㈡謝秀月（民 79）小學、師院學生熱與溫度概念的另有架構。（彰師大）

㈢許健將（民 80）利用二段式測驗探查高三學生有關共價鍵及分子結構之迷思概念。（彰師大）

這些論文的特性都是利用大量的紙筆測驗對學生進行概念的廣泛了解，再選定幾位受試或多量受試進行晤談和筆試，並就所

得結果進行分析。

　　除了碩士論文外，國科會科教處也支持了許多的研究計劃是在研究學生的概念架構的。其中可分為兩大類，一類是科學概念發展與推理能力，這類佔決大多數，一類是錯誤概念的研究，這部份佔少數。

　　對於學習概念歷程的研究也有少數，根據陸業堯（民 77年）的統計（表 11-3），我們可以發現編號 13 和20 是關於先入概念的研究，而其所使用的方法也是晤談法。

二、概念發展的研究

　　這類研究在國科會補助的研究中佔最多數，其重心是以皮亞傑學派為主流，想要去了解學生是處在感官動作期、前操作期、具體操作期和形式操作期中的那一個時期，在陸業堯的表中有十六個研究是屬於此類，其中探討的概念有浮力原理與粒子概念，莫耳概念，燃燒的化學及物理概念、靜力學、慣性、牛頓運動概念，單一概念深淺度及認知結構等。研究對象大部份為中小學的學生。

　　這類研究的方法有紙筆測驗、示範羣測和晤談法三種，通常得到的資料相當複雜，研究者需加以分類歸位，屬於質方面的研究較多。

三、概念學習程序的研究

　　也就是指程序性知識的了解，在表中編號 4、8、9者是屬於這方面的研究，可惜這類研究未能持續有人投入，造成科教界的損失。

表11-3 自然科認知與學習專題研究計畫一覽表

計畫名稱	主持人	單位	執行期間 (計畫編號)
1.單一概念的深度與其化學實驗之連貫性與適應性研究(Ⅰ)高中至大一	蔚展政	台灣師範大學化學系	72.7.1～73.6.30 (NSC-73-0111-S-003-03)
2.單一概念的深淺度與化學實驗之連貫性與適應性研究(Ⅱ)國中至高中	王澄霞	台灣師範大學化學系	72.8.1～73.7.31 (NSC-73-0111-S-003-05)
3.我國中小學生科學概念與推理能力發展之相關研究：(Ⅰ)浮力原理與粒子概念(第一年)	黃湘武	台灣師範大學物理系	72.8.1～73.7.31 (NSC-73-0111-S-003-04)
4.科學學習材料具體化程度對中小學生認知學習成效研究(第一年)	林清山	台灣師範大學教育心理系	72.9.1～73.8.30 (NSC-73-0111-S-003-01)
5.我國中小學生科學概念與推理能力發展之相關研究：(Ⅰ)潛力原理與粒子概念(第二年)	黃湘武	台灣師範大學物理系	73.8.1～74.7.31 (NSC-74-0111-S-003-09)
6.我國中小學生學概念推理能力發展之相關研究：莫耳概念(第一年)	黃寶鈿	台灣師範大學化學系	73.8.1～74.7.31 (NSC-74-0111-S-003-04)
7.學童靜力學概念思考層次之研究	洪木利	高雄師範學院物理系	73.8.1～74.7.31 (NSC-74-0111-S-017-01)
8.高一生物概在教授及學習上困難程度及二者相關性的研究	黃台珠	台灣師範大學科學教育中心	74.1.1～74.12.31 (NSC-74-0111-S-003-13)
9.科學學習材料共體化程度對中小學生認知學習成效研究(第二年)	林清山	台灣師範大學教育心理系	74.8.1～75.7.31 (NSC-75-0111-S-003-04)
10.我國中小學生科學概念與推理能力發展之相關研究：莫耳概念(第二年)	黃寶鈿	台灣師範大學化學系	74.8.1～75.7.31 (NSC-75-0111-S-003-05)
11.我國學生科學概念與推理能力發展之相關研究：形式操作推動能力與INRC認知結構(第一年)	黃湘武	台灣師範大學物理系	74.8.1～75.7.31 (NSC-75-0111-S-003-03)

12.學童慣性概念思想考層次之研究	黃木利	高雄師範學院物理系	74.8.1～75.7.31 (NSC-75-0111-S-003-01)
13.大一學生物理學錯誤概念之研究：（Ⅰ）力學錯誤概念	陳忠志	高雄師範學院物理系	74.12.1～75.11.30 (NSC-75-0111-S-017-06)
14.我國學生科學概念與推理能力發展之相關研究：形式操作推動能力與INRC認知結構(第二年)	黃湘武	台灣師範大學物理系	75.8.1～76.7.31 (NSC-76-0111-S-003-17)
15.我國學生科學構念與推理能力發展之相關研究：燃燒的化學與物理概念(第一年)	黃寶鈿	台灣師範大學化學系	75.8.1～76.7.31 (NSC-76-0111-S-003-18)
16.從認知狀態和學習風格探討國中學生學習物質分子模型的困難(第一年)	郭重吉	台灣教育學院物理系	75.8.1～76.7.31 (NSC-76-0111-S-018-03)
17.我國學生科學構念與推理能力發展之相關研究：燃燒的化學與物理概念(第二年)	黃寶鈿	台灣師範大學化學系	76.8.1～77.7.31 (NSC-77-0111-S-003-20D)
18.從認知狀態和學習風格探討國中學生學習物質分子模型的困難(第二年)	郭重吉	台灣教育學院物理系	76.8.1～77.7.31 (NSC-77-0111-S-018-03D)
19.我國學生科學概念與推理能力發展之相關研究；光的性質(第一年)	黃湘武	台灣師範大學物理系	76.8.1～77.7.31 (NSC-77-0111-S-003-19D)
20.大一學生物理學錯誤概念之研究：（Ⅱ）光學錯誤概念	陳忠志	高雄師範學院物理系	76.8.1～77.7.31 (NSC-77-0111-S-017-05D)
21.排水體積守恆推理能力示範羣測量具之信度、效度和常模研究	江新合	高雄師範學院物理系	76.8.1～77.7.31 (NSC-77-0111-S-017-06D)
22.氧化還原概念發展與推理能力相關之研究	陸維作	高雄師範學院物理系	76.8.1～77.7.31 (NSC-77-0111-S-017-07D)
23.我國兒童對牛頓運動定律概念架構之認知過程	洪木利	高雄師範學院物理系	76.12.1～77.11.30 (NSC-77-0111-S-017-017D)

（陸葉堯　民77　科學月刊　16卷第一期）

肆、國內研究的評估與展望

一、科學教育研究方法學的問題

　　許榮富教授認為構成學術領域的基本要件除了對於該領域（edge），無需爭議；對於新生的學術領域而言，方法學的考量重要性就十分明顯了。

　　對於國內科教界而言，有一個主要問題為研究者之研究方法學素養不足所造成，從已經執行的國科會科教計劃來看，誤用研究方法或無法以合適方法以解決研究問題的狀況相當普遍。如何發展合適之測驗工具以及解釋資料的技能是相當重要的。而這些更仰賴合適的理論做為基石，否則實難具有說服力。

　　許榮富（民79b）並不認為科學教育學者應不假思索地大量應用其它學科資料分析模式或研究方法，即可使科教成為一較成熟的學科，然而由於科學教育與社會學、心理學等有高的同質性，又值研究初期，適度拓展、觀摩已深具研究經驗之學科所發展之研究模式，相信對於科教而言是有益無害的。

二、科學教育未來的方向

㈠教學評量工具的發展和效化

　　這個方向在認知發展的研究顯示，許多科學概念的學習和科學知識的結構仍有一定順序上的層次關係，因而了解學生的先備知識才易於產生有效的、有意義的學習，而評量的工具之發展是未來的重要發展。

㈡學生迷思概念的診斷以及原因的探討

　　這個方向可以增加對學生在學習概念困擾的了解，除了可提供因應之道外，也可有機會對教材和教法有所幫助，用做補救的

依據。

㈢教學處方的發展和比較

這個方向是根據基礎研究結果，發展具有高度適應性及有效的教學處方，由各種教材、課程的發展和不同的教學方法的評估和改進達到此一目標。

第五節 科學認知發展研究方法的應用

在 Siegler（1985）的 Childrens' Thinking 中曾經提出一些很實用的研究方法和表達科學概念的方法，這些方法是 Siegler 綜合以往的研究所提出的總整理，如果能將之運用在科學問題的解決，一定能產生莫大助益，以下就是這些方法。

壹、表徵兒童思考概念的語言

一、流程圖（flow diagrams）

流程圖可以將 IF……THEN 的概念說明得較完全，Siegler 本人常用這種方法來表示兒童的概念。

二、發生系統（production systems）

發生系統是以改變的前提，試圖說明概念的系統，是研究程序性知識的一種方式。

三、語意網路（semanitic networks）

這是用來說明知識儲存系統的一種方式，以下就 John gave the ball to Mary. 這個句子來解釋這個系統。在語意網路圖中，主語是 John，受語是 Mary，關係詞是 gave，受詞是 the ball。此種網路圖可以分析許多不同內容相似的句子來。

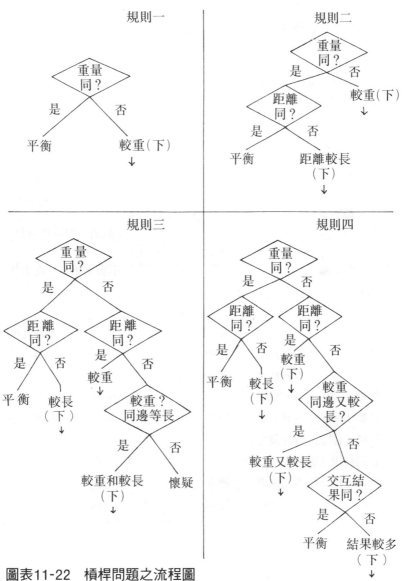

圖表11-22　槓桿問題之流程圖

引自Siegler（1985）p100

表11-4　開車發生系統表

發生事件：

P_1：（目標：走）（看到紅燈）（正移動）————（改變目標爲停車）

P_2：（目標：停車）（看到紅燈）（正移動）——（刹車直到車停下來）
（改變正移動，到正停止）

P_3：（目標：停車）（看到綠燈）（正停止）————（改變目標走）

P_4：（目標：走）（車停的）（看到綠燈）——（踩油門直到車移動）
（改變停止車到移動車）
（取消：看到綠燈之事）

P_5：（燈變成綠色）（看到紅燈）→（改變紅燈到綠燈）
（取消：燈改爲綠色）

系統活動軌跡	引發結果	外在事件
短期憶內容		
（目標：走）（移動）	———	———
（目標：走）（移動）	———	看到紅燈
（目標：走）（看到紅燈）（移動）	P_1	———
（目標：停）（看到紅燈）（移動）	P_2	———
（目標：停）（看到紅燈）（停車）	———	———
（目標：停）（看到紅燈）（停車）	———	看到綠燈
（目標：停）（燈變成綠色）		
（看到紅燈）（停車）	P_5	———
（目標：停）（看到綠燈）（停車）	P_3	———
（目標：走）（看到綠燈）（停車）	P_4	———

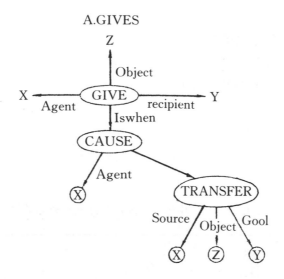

圖11-23　語音網絡圖

四、腳本（scripts）

　　這也是用來表達概念的方法，例如一個人在做科學問題時，也許可以假設他的內在世界存在著一套劇本式的東西，這是一種表徵的方式。

五、比較

　　Siegler 曾經比較上述四種方式的特殊性及信度。

　　由表中發現流程圖的呈現方式是可讀性較高，也是研究歷程的好方法。（見表11-5）

貳、研究兒童思考或問題解決的方法

　　在這個主題中 Siegler 也提出四種研究方法供後續研究做參考：

表11-5　四種表徵語言比較表

類別	特殊程序	信度	應用的知識類別
流程圖	中等	高	固定程序和決定原則
發生系統	很高	低	固定程序和決定原則
語音網路	高	中等	靜態知識，一般事實知識
腳本	中等	中等	固定程序和一般知識的綜合

（Siegler，1985）

一、時間分析法（chronometric analysis）

比較不同試題受試所用的時間，可以分析出受試在解決問題時的心智歷程。

以下舉例說明：

圖 11-24 是兩個相同式樣的圖形，但下方的圖形是旋轉過的。研究者將圖旋轉 0～180°，並且讓受試去比對是否和標準圖樣相同，所花的時間與反應程度。由這個研究可以了解角度旋轉愈大，比對所花的時間也愈長。（如圖11-25所示）

二、錯誤分析法（methods of error analysis）

經由分析錯誤類型的方法了解學生解決問題的過程，是藉著一系列推理嚴謹的偵錯題目而構成，目的在發現錯誤類型。表11-6是在槓桿問題中的使用例子：

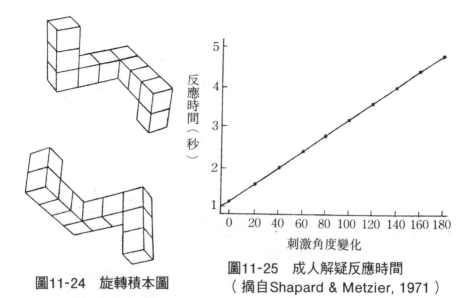

圖11-24　旋轉積本圖

圖11-25　成人解疑反應時間
（摘自Shapard & Metzier, 1971）

　　由表11-6的六種題目類型對錯，可正確推估學生在問題解決時所使用的法則，這種方法在許多觀念的研究上值得推廣。

三、眼動分析法（analysis of eye movements）

　　利用眼球掃瞄的儀器了解兒童做辨認問題或理解文章句子的過程。舉例如下（參見圖11-26）。

　　圖11-26是兩幢內容不同的房屋，下圖是相同的房屋，藉動分析法可了解受試在比對時對房子內容物的目光滯留時間和向。

四、有聲思考分析法：（protocal analysis）（如同前述）

叁、結論

　　如何在方法學上有突破，是研究科學問題的解決之重要方

表11-6　兒童利用規劃正回答預測百分比

問題型式	原則			
	Ⅰ	Ⅱ	Ⅲ	Ⅳ
平衡	100	100	100	100
重量	100	100	100	100
距離	0 （回答平衡）	100	100	100
重量—衝突	100	100	33 （機會反應）	100
衝突距離	0 （回答右邊 向下）	0 （回答右邊 向下）	33 （機會反應）	100
平衡衝突	0	0	33	100

圖 11-26 Sampie of stimulf by Vurpiltot (1966). Children needed to find whether houses were different (as in the top pair) or identical (as in the bottom pair).

向，本文僅以現有之資料呈現未來可研究之方法與方向。

第六節 科學教育的教學模式

壹、發展階段

一、一九六〇年代以前是以杜威思想爲主導，透過反省思考的問題解決。

二、一九六〇年代以後，科學教育專家結合心理學中有關認知學習的理論，與科學專業知識，而提出課程編製的理念，如蓋聶的工作分析和學習階層論，布魯納的概念結構及發現學習，皮亞傑的認知能力等，進而提出科學教育的教學模式。

貳、教學模式的類別

教學模式的本質是程序，是一種對教學設計、實施、評鑑和改進等程序的說明（黃光雄、民77），而一完整的教學，如果顧慮到學生完整經驗的需要，或多或少會涉及教師講解及學生操弄兩層面。各教學模式為突顯它對達成某教學目之特殊見解，只提出有關教學方法和程序的特殊項目。因此，本節探討教學模式從兩方面著手；一是看它的教學目標為何，一是看它的教學程序設計為何。

在教學目標上以「分化一統整」為向度來分別。「分化」是科學教學要培養可以分門別類或單獨存在的科學概念或科學過程技能，如分類、下操作型定義、槓桿原理等。「統整」指科學教學要培養的解決問題的能力，為解決問題，學生須綜合科學概念及科學過程技能來處理所欲探討的假設。

在教學程序設計上亦分為三部份，「不開放」——探討方法全為老師設計，「半開放」——探討方法為師生共同設計，「開放」——探討方法完全由學生設計。茲分別說明如下

教學目標 活動設計	分　　化	統　　整
不開放 （老師設計）	以SAPA課程為代表	傳統的實驗課程
半開放 （師生共同設計）	以SCIS課程為代表	探討訓練活動
開放 （學生設計）	以BSCS課程為代表	結構性科學探討活動

（取材自鍾聖校，民79，112頁）

一、SAPA 課程

　　以學得科學過程技能爲目標。因此，爲了教某科學過程技能，特別設計某探討活動，讓學生依所指示之器材及探討步驟進行探討，從而對該科學過程技能有所認識，附帶獲得某些科學概念。

二、SCIS 課程

　　科學包含探討的方式與概念的結構，以含學習活動所形成的學習環，使學生獲得某種科學概念。

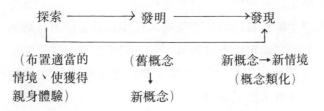

　　教師只佈置適當的學習情境，讓兒童自由探索，並沒有指定探討的步驟方式，留給兒童自由設計的空間。

三、BSCS 課程（舒華布所倡）

　　視科學教學即爲探討，教學目標是在培養學生各種科學過程技能，而非綜合運用科學過程技能和科學概念來進行科學假設——驗證的活動。和 SAP 課程之不同，乃在其延伸活動讓學生自行設計。其四階段爲：

　　1.教師提出研究範圍，提示研究討論方法。

　　2.學生組織問題，以便指出探討過程中技能上需要解決的困難。

　　3.學生分辨問題，指出探討過程中可能出現之困難。

4.學生自行設計，並設法排除困難。

四、傳統的實驗課程

傳統的實驗課程是屬於食譜性的實驗，只要按照教師或教科書上設計好的探討活動，依程序做即可。其目標是讓學生了解完整的科學探討是什麼，但因實驗已設計好，學生不必動腦思考，因此，應視為示範，而非直接從事於問題的研究。

五、探討訓練活動（由薩克曼提出）

㈠科學教育理念

1.學生遭遇困惑，會自然地探討。

2.學生能對自己的思考策略，產生意識並學習分析。

3.新的策略可以直接教導，並加到學生現存的策略中。

4.合作的探討能增進思考並幫助學生學習到知識的「暫時性」，並欣賞不同的解釋。

㈡教學目標

1.幫助學生學習形成和考驗他們自己的理論，並明瞭學習的歷程。

2.幫助兒童保持好問的特性，並發展此項特質，以便能成為一個有自信、理性，能夠為自己的滿足而觀察世界的人。

㈢教學模式及策略

策略：1.提示問題

2.收集資料一求證（學生提出具體問題，老師僅能答以「是」或「否」）

3.收集資料一實驗

4.建立假設一解釋（需有理論根據）

5.分析探討過程——發展更有效的方法。

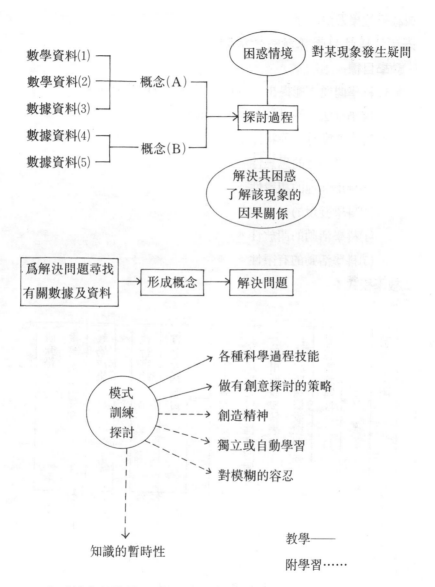

（取材自鍾聖校，民79，118頁）

㈣教學效果及附學習

六、結構性科學探討教學活動

㈠教學目標

　　1.科學問題：能提出一有理由根據的疑問句假設。

　　2.科學方法：能設計一情境、驗證假設。

　　3.科學活動有五種特性：

　　　⑴科學理論的思想性。

　　　⑵科學真理的相對性。

　　　⑶科學發現的自主性。

　　　⑷科學活動的開放性。

　　　⑸科學活動的有限性。

㈡教學模式：

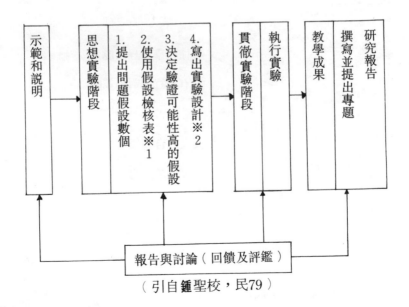

（引自鍾聖校，民79）

㈢實驗設計內容含

　　①動機②假設③名詞界定④變因⑤器材⑥步驟⑦數據記錄表

㈣假設檢核表

檢核項目	假設1	假設2	假設3	假設4
1.我容易觀察到他嗎？				
2.我容易對它做分類嗎？				
3.我容易測量到它嗎？				
4.我容易用數量表示它嗎？				
5.我容易在某段時間中觀察到它嗎？				
6.我容易在某種空間中觀察到它嗎？				
7.我能把看出這種關係的操作方式說出來？				
8.我能控制一些不相干的因素，看到假設的關係嗎？ ⋮				
總評分				

叁、教學上的建議

一、給予學生練習的機會。

二、練習時給予回饋。

三、使學生有機會討論自己的解題策略。

四、提供有關問題解決的知識和理論。

五、引起學習的動機。

六、鼓勵學生的交互作用。

七、給予充分動腦思考的時間。

八、聯絡教材的縱橫關係。

九、掌握時機──機會教育。

【參考文獻】

王建造（民 80）：學生認知發展、思考規則，與逆思解題之研究。高雄：復文書局。

吳武雄（民 70）：國中學生認知發展與科學及數學課程學習之相關研究。國立台灣教育學院學報，第六期，258-281。

林清山（民 79）：教育心理學，台北：遠流出版社。

林瑞欽、黃秀瑄編譯（民 80）：認知心理學，台北：師大書苑。

郭重吉（民 79）：學生科學知識認知結構的評估與描述。國立彰化師大學報，第一期，279-320。

郭重吉（民 78）：從認知觀點探討科學教育的理論與實際。認知與學習基礎研究，第三期。

許榮富、黃德亮（民 75）：問題解決能力的教育與問題設計及其對學習的影響。科學月刊，91 期，2-13 頁。

許健將（民 80）：利用二段式測驗探查高三學生共價鍵及分子結構之迷思概念，彰師科教所碩士論文。

許榮富（民 79a）：科學概念發展與診斷教學合作研究計劃芻議，科學發展月刊 18(2)，pp150-157。

許榮富（民 79b）：科學過程技能研究的基本理念，物理教育季刊 1 期，pp1-9。

陸業堯（民 77 ）：「我國學生自然科學認知與學習研究」之簡介，*科學發展月刊* 16 卷(1)，pp39-57。

湯清二（民 68 ）：高中學生具體操作及形式操作之推理能力研究。*台灣省立教育學院學報*，第五期，195-207。

楊其安（民 78 ）：利用臨床晤談探究國中學生力學概念的另有架構，彰師科教所碩士論文。

鄭昭明（民 78 ）：認知與語言的基礎研究──教學心理的歷程分析，*科學發展月刊* 17 期(1)，pp21-38。

謝秀月（民 79 ）：小學、師院學生熱與溫度概念的另有架構，彰師科教所碩士論文。

魏明通（民 76 ）：科學學習成就評量結果之處理模式：學生問題得分表。*科學教育月刊* 97 期，國立台灣師範大學科學教育中心。

蘇育仁（民 75 ）：如何增進學生的解題能力。*科學月刊*，117 期，48-53 頁。

鍾聖校（民79 ）：科學教育研究，師大書苑。110-126頁。

John. H. Flavell. (1985) *Cognitive Development*. pp. 76-82.

Ellen D. Gagne' (1985) The *Cognitive Psychology of School Learning*.

Robert S. Siegler. (1986) *Childrens's thinking*. New Jersey Prentice-Hall.

Robert L. Solso (1988) *Cognitive Psychology*. Toronto: Allyn & Bacon

Stephen K. Reed (1987) Cognition Theory and Applications, California Pnina Frenkel.

Sidney Strauss (1985) The Development of The Concept of Temperature when Assessed Via Three Developmental Modals.

Gross T. F (1985) *Cognitive Development, monterey: cole pub company.*

Red. S. K (1988) *Cognition Theory and Applications.* 2nd. cole. publishing company, Pacific Grove. California.

V字作業量表

科學認知發展

一、知識：

　　1.每個人經常都會帶著某種「先入概念」來處理物理學或任何科學的學習和思考。學生若是沒有應具備的概念，或許還比較容易教導；但是學生若帶錯誤的先入概念，會對正確的概念產生抗拒作用，那就比較難教導了。爲此，教學應該考慮到學生上課之前已擁有對科學的直覺和觀念。

　　2.教學不應視爲替學生提供整個新主題的知識；相反的，教學應從學生現存的「直觀科學」開始，並進一步企圖去改變這些觀念。

二、參考書目：

林清山（民80）：教育心理學──認知取向。台北：遠流出版社。

吳靜吉等（民62）：教育心理學。大中國圖書公司。

陳李綢（民81）：認知發展與輔導。台北：心理出版社。

鄭昭明（民82）：認知心理學。台北：桂冠圖書公司。

三、建構圖：

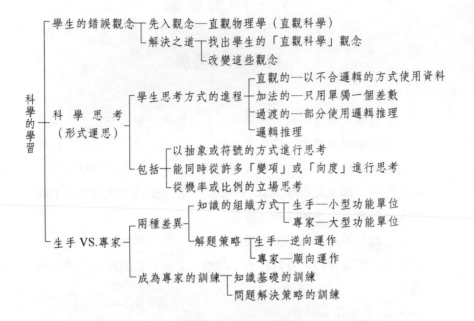

四、重要概念及原理原則：

　　1.當學生對真實世界物理事件的觀念與學校所教的科學觀念相衝突時，學生常用的策略是對學校的自然科學用一套規則，而對真實生活又用另一套。相對的，有一些學生可能拋棄他們的先入觀念，然後代之以與現代科學理論相符合的觀念。

　　2.在科學的教學中，除了幫助學生了解科學原則，更要教導學生使用科學方法。科學的推理需要皮亞傑所說的「形式運思」。形式思考包括能以抽象或符號的方式來進行思考，能同時從許多變項或向度進行思考，以及從機率和比例的立場來思考。

　　3.生手需要四倍於專家的時間來解決問題，深入分析。顯示生手及專家有兩個主要的差別：(1)物理學知識在記憶中的組織方式之差異，生手用「小型功能單位」，而專家用「大型功能單位」來組織知識；(2)解決問題所用的策略之差異，生手傾向於從目標到已知的「逆向運作」，而專家則是「順向運作」，從已知到目標。

五、結論：

　　1.教學時，需要幫助學生調整先入觀念，使之與現代觀念相吻合。

　　2.教師必須透過教學來教學生如何進行科學思考，包括如何控制變因和如何以比例或機率的方式來思考。

　　3.生手在教學之前的知識結構和專家的大不相同。科學知識的習得，不僅僅是在記憶上加一些訊息而已，它還包括將訊息加以重新組織，使知識之間彼此協調一致，而且使其成爲有用的知識。

六、心得：

1.學生的先入觀念，對傳統教學有高度的抗拒性，因此教師必須特別設計一些教學技巧，來幫助學生修正他們原有的科學直覺和觀念。

2.並非實驗活動本身誘發科學學習，而是因爲學生被鼓勵去對各種情境加以科學思考，被鼓勵去控制變因、驗證假設等。因此實驗必須以一種能促進科學思考的方式來實施，而非盲目的活動。

3.科學教育的學生需接受二方面的訓練：(1)提供豐富知識基礎的訓練；(2)有關科學方面的一般問題題解策略的訓練，經驗是無可替代的，持續的訓練是不可或缺的。

第拾貳章

情緒認知發展

■流程圖

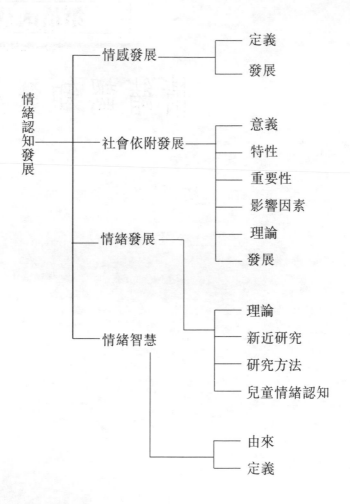

　　情緒認知發展是個人社會認知重要的一環，人們常利用喜怒哀樂等情緒表現方式來表達個人的需求以及與別人互動的需求。嬰兒一出生就會利用哭和笑的情緒表現來表達依附、害怕等行為。因此，情緒發展伴隨著動機、需求、情感和社會認知的歷程而發展。本章節將從認知和歷程探討情緒的發展，故將分成四部分內容加以探討。

第一節　情感的發展

壹、情感的定義

　　情感的發展和情緒的發展，在性質上有些相同現象，康帕斯（Campos, 1986）指出在情感和情緒特質上都具有五種特徵，即：

　　一、誘發性——兩者都可能因刺激或外在事件而引發身心激動狀態。

　　二、狀態性——兩者都因伴隨著激動狀態而有生理上及神

經系統的變化。

　　三、接受性——兩者都直接經由感官或感覺而接收外界刺激。

　　四、表達性——兩者都會引起心理主觀感受,並作出反應。

　　五、經驗性——兩者都因個人需求和動機而形成不同經驗。

　　但在涵蓋的內容中,情感偏於心理上的感受,並涵蓋著情緒的內在心理狀態。

貳、情感的發展

　　發現有時當一個成人表現緊張、負面的情緒時,在一旁的幼兒可能直接表現同一感覺。這之中有三種可能:

　　一、非推論的同理(noninferential empathy):是情感傳染現象,兒童本身沒有認知。

　　二、同理的推論(empathic inference):兒童將別人的感覺加以推論,自己又產生一些有關的感覺。即使將別人的感覺推論錯誤,不正確的社會認知仍是社會認知。

　　三、非同理的推論(nonempathic inference):對人感覺的推論不與他本身感覺有任何關聯,只是很自然合適的情感反映,如不帶感情地看電視上的網球選手奔逐球場、氣喘吁吁。

　　研究中所見,非推論的同理,在嬰兒早期、中期已出現,到了學前階段,兒童已有同理推論和非同理推論。一開始,兒童只能分辨絕對正面和絕對負面的感情,笑—快樂,哭—不快樂,到後來,負面的感情才被解釋成「生氣」、「傷心」、「害怕」。

依 Harris 和 Olthof 理論，幼兒傾向於在一種簡單的刺激反應下表現情感，較大的兒童則有較複雜的知能因素。幼兒認為情境與感情是直接且一對一緊密關聯，年長的兒童卻認為難預測、心理狀態互相干擾，如接到一份不喜歡的禮物，應隱藏那份失望。

　　三歲的孩子可以認出並解釋人的表情是快樂、憂鬱、生氣、害怕。 Broke（ 1971 ）的實驗中，三歲孩子可指出快樂，四歲孩子百分之六十可指出害怕，六歲的孩子全可指出害怕。過了學前階段，兒童對不熟悉、不能控制、不能接受的事物懼怕就減少了，如吵雜聲、突然驚動的影子、閃光、陌生人，但對動物、想像中的怪物、死亡、黑暗、孤單的害怕會增加。

　　學前兒童除了有恐懼、也有悲傷和快樂的時候。孤單、被遺棄、被拒絕會難過，而朋友家人、宴會、禮物會使他們高興、快樂，阻礙、處罰使他們大叫大鬧，會表達害怕和傷心，控制和表達情緒成為成長的一部分。二歲以後，會漸以別人、社會能接納的方式表達情緒。

　　達爾文在一八七二年出版「人與動物的情緒表達」，書中提到「某些情緒的表情，如微笑、皺眉、厭惡，都有文化共通性，它在原始社會及文明社會都代表相同意義。由此可知，某些情緒及其表達方式，應是基於生理遺傳，天生的基礎」。

　　另有些研究發現：內分泌的發展對情緒的成熟也很有關，如腎上腺素對維持壓力的生理反應有影響。嬰兒缺乏腎上腺，一直到五歲才快速成長，五～十一歲又緩慢下來，十一～十六歲才又快速發展。

第二節 社會依附的發展

壹、依附的意義

　　依附行爲是嬰兒與照顧者建立的感情情結，人類正常發展下，嬰兒的第一個依附對象即爲其母親。英國發展心理學家鮑比（Bowlby）於一九五八年首先使用「依附」（attachment）來表達個人與親密伴侶之間的感情關係。

　　Ainsworth 一九七七年將依附界定爲：嬰兒對特定的人、事、物強烈的情感聯結，它具有區別性、特殊性，而且不論何時何地都會依附兩個人的內心情感，緊密聯結。

貳、依附的特性

　　一、是一種情感的關係，是一種主動、深情、雙向的關係，使雙方緊密的聯結。

　　二、藉由親近而達成，尤其在感受到壓力和威脅的情境下時，親近依附對象更是重要。

　　三、是一種發展性和組織性的結構。

　　四、是一種求生的本能，使其在照顧者的呵護下成長。

　　五、是嬰兒未來其他方面發展的基礎。

　　六、早期依附經驗所形成的內在運作模式會成爲嬰兒對新環境的認知、期望和反應的依據，並統合於其人格結構中。

　　七、表現方式依個體的成熟度而有所不同。

　　八、依附行爲具有區別性、特殊性，尤其存在於兩人之間，

而與其他人有所區別。

叁、依附的重要性

一、早期良好的依附關係可促成個人日後各種功能（金繼春，民 77）：

㈠分辨自己與他人。　　㈡環境的探索。

㈢良心的發展。　　　　㈣認知潛能的達成。

㈤知覺技能的發展。　　㈥邏輯思考的發展。

㈦應付壓力和挫折。　　㈧自我信賴。

㈨恐懼及焦慮的減輕。　㈩嫉妒和競爭的分散。

㈠自主的發展。　　　　㈡自信的獲得。

㈢自我接受的發展。　　㈣日後社會及情感關係的發展。

二、鮑比認為依附為個體的目標調整控制系統（goal-corrected control system），其功能在使嬰兒隨時視環境的性質，調整與母親間的距離，產生尋求與母親親近或接觸的需求與行動，目的在獲得安全感與安慰，因而當嬰兒處於害怕、疲倦或身體不舒適時，依附行為表現也就特別明顯。

三、安全的依附關係有助於嬰兒情感與各方面的發展，基於與母親的依附，嬰兒才能承受與母親的分離、探索環境，也才能發展對自我的信任與自我價值。

肆、影響依附關係的因素

一、嬰兒因素

嬰兒的特質是建立依附關係的重要因素。例如：磨娘精型的嬰兒常常活動量特強，容易發怒，行為習慣不易建立，很難接受

安撫，或根本拒絕照顧者傳來的社會訊息，照顧者與之建立社會互動是很困難的事，自然依附關係建立較不易。

二、照顧者因素

㈠照顧者本身的特質：如母親精神狀態有異，具有慢性的憂鬱傾向，以至於無法對嬰兒發出的社會訊號有所反應，自難建立滿意的依附關係。

㈡照顧者本身的家庭歷史：若照顧者幼年時代遭受父母親的拒絕、忽視或虐待，長大成人之後，常認為子女應是完美的，一旦子女表現出發怒、發脾氣或注意不集中的行為，這些情緒不成熟的父母便傾向認為子女不喜歡他們，因而收回對子女的愛，甚至於虐待子女。此外，像嬰兒的誕生並非父母計畫中要生育的，或父母根本不想要這個孩子，這些情況都會影響到父母對孩子的感情，進而影響依附關係。

三、環境因素

環境亦可能影響照顧者與嬰兒之間的關係。例如：家中年幼子女眾多，讓母親分身乏術，又無他人分擔照顧子女的責任，自然無法或不願意盡心盡力來照顧新生兒。此外，夫妻間感情的和睦與否，亦會間接影響到母親與嬰兒的關係，因為母親自己情感需求無法滿足，將無法付出全心的愛給嬰兒。

伍、依附理論

一、客體關係理論（object relations theory）

㈠源起於英國的心理分析運動，新佛洛依德的一個支派，可說是針對古典心理分析論的改革而形成的理論。

㈡應用於臨床治療中，特別是精神分裂、自戀型人格違常、

邊緣型人格違常、躁鬱病症的治療，多用此理論追溯到其早年與原生家庭的關係。

　　㈢雖源自古典心理分析，但談的是人際間的關係。

　　㈣嬰兒從初生即有能力主動與外在客體（母親）建立關係。

　　㈤若個體能與客體之間形成良好的關係，其往後人際關係發展及適應較正向，亦較具有彈性。

二、社會學習理論（social－learning theory）

　　㈠嬰兒由依賴母親而發展出母子關係的聯結。

　　㈡Neo－Hullian 認爲「餵食」是造成母子依附關係的重要因素。

　　㈢Bijou 和 Bear 認爲其他照顧行爲一樣有助於使母親成爲次級增強物。

　　㈣Rheingold 認爲視覺的接觸是促成社會依附的重要原因。

　　㈤Roedell 等人認爲以視覺及聽覺爲基礎的互動，在社會發展中扮演很重要的角色。

　　㈥總之，依附行爲的產生是由於母親滿足嬰兒身心需求，透過增強的過程，所產生的自然結果。

三、認知發展理論（cognitive－developmental theory）

　　㈠理論源自 Jeans Piajet 對認知發展的研究。嬰兒與母親形成情感聯結的能力，是其認知發展的程度。

　　㈡Lawrence Kohlberg 認爲依附的形成，是由嬰兒參與社會互動的內在動機發展而來，經由同化及調適逐漸發展成自我和特定人物的基礎，並能瞭解自己與他人互動規則及分享經驗。

　　㈢Lawrence Kohlberg 和 H. Rudolph Schaffer 認爲建立

特殊的社會依附，需具備三種認知能力：

1. 嬰兒必須能分辨自己和他人。

2. 嬰兒必須能分辨熟人和陌生人。

3. 當依附對象不在時，嬰兒能產生依附對象的心像
（images）並表示抗議。

四、人種理論（ethological theory）

㈠源自 Konrad Lorenz 和 Niko Timbergen 在自然狀況下
對動物行爲的研究。

㈡主要論點：動物（包括人類）擁有許多該種族特有的徵候
或行爲傾向，以發展某些社會行爲。

五、 Bowlby 的理論

㈠以動物行爲學的理論提出依附理論。

㈡首先提出依附的組織觀點，認爲依附行爲系統是一個人可
能存在的心理組織，是透過遺傳進化而延續下來的，將此概念以
「控制系統」的模式表示，鮑比認爲此系統是一種「目標調整系
統」。

㈢所指依附行爲包括徵候行爲（哭、笑、發聲）、定位行爲
（看）、移位行爲（跟隨、前進）及主動的身體接觸（攀附、擁
抱、纏住）。

㈣兒童不但受環境影響，也可以影響環境。兒童與依附對象
及環境不斷互動後，逐漸地對整個環境、依附對象及自我形成一
種內在運作模式。

㈤理論的兩大假設：

1. 個人依附品質之差異，源之於早期照顧品質的不同，特別
是照顧者在個人心理上的可獲得性。

2.依附關係的品質是自我感（內控、好奇等）的基礎，特別是對一個人如何處理其與他人間親密關係之方式影響更大。

陸、社會依附的發展

社會依附行為是何時出現的呢？在生命開始的第一週，嬰兒還沒有依附行為，但在接下來的幾個月裡，「人」變成嬰兒特別感興趣的對象，但表現情感時又顯得雜亂無章，會對母親微笑，也會對陌生人微笑，因其無法區分情感的不同，所以未達依附期。

在三～六個月間，嬰兒會對熟悉的人微笑，有別於在陌生人前。母親離開他時，比較沒有抗議傾向，似乎有點依附，但未真正具有。

大部分嬰兒在前七、八個月，已表現一些依附徵象，如害怕陌生人，尤其是父母不在身旁時，對陌生人的焦慮更普遍存在，故稱為「八個月的焦慮」，但並非每一位兒童均會有此表現。這種親人不在身旁的抗議，在生命早期的第二年達到頂點，在完全不同文化下撫養的孩子亦同。這些自然的準則及依附發展的程序具有生物演進的基礎以及部分成熟的特質。嬰兒對「接近」與「分離」的定義也隨年紀而改變，較小的孩子可能需要實際的身體接觸來滿足（把他放下就哭），大一點的孩子只需知覺上的接觸（看父母離開房間便表現負向行為），再大一點的孩子則有潛在的或象徵性的接觸（知道父母不會馬上回來，不在房裡），這種負向情感（依賴）在大部分孩子進入學前期及小學前期就會逐漸減弱。愛和對重要他人的情感會在個體未來的生命中持續著。

一、最早研究

Schaffer & Emerson（1964）曾研究蘇格蘭的嬰兒，由出生開始追蹤到十八個月大爲止。他們的研究顯示，嬰兒與照顧者之間依附關係的建立需經過四個階段：

㈠無社會性階段（〇～六週）

六週之內的嬰兒是無社會性的，無論非社會性或社會性的刺激都會引起同樣的反應，在此階段結束，六週大的嬰兒才開始顯示出選擇的傾向，社會性刺激較易引起嬰兒微笑的反應。

㈡無區別性的依附關係階段（六週～六、七個月）

此階段的嬰兒明顯的表現出樂於與他人親近的傾向，但無任何區別性，陌生人亦同樣受到歡迎，當任何人離他而去或將他放下都會表現出抗議的行爲。三個月之後，嬰兒才逐漸的對母親的微笑反應超過對陌生人的微笑反應。

㈢特殊依附關係階段（六、七個月～十八個月）

大約在六、七個月的時候，嬰兒開始與特定的對象（通常是母親）建立依附關係。此時嬰兒不但主動尋求與特定對象親近，注意特定對象的活動，而且抗議特定對象離去，同時開始出現害怕陌生人的行爲。Schaffer & Emerson 認爲這些行爲表現顯示嬰兒對照顧者的依附關係已經建立。

㈣多重依附關係階段（十八個月以後）

嬰兒經過與第一個特殊對象建立依附關係後，便很迅速的擴展至家中其他人，如父親、祖父母或兄姐等，至十八個月大時已至少與三人以上建立依附關係，而這些不同的依附關係各有其功能。

二、鮑比的發展階段（Bowlby, 1969）

鮑比（Bowlby, 1969）提出依附行爲的發展可分爲以下四個

階段：

　　㈠無區別性的社會反應階段（ phase of undiscriminating social responsiveness ）：嬰兒二、三個月時，以眼睛追隨在他附近的人，有能力改變姿勢去適應抱他的每個人。

　　㈡具區別性的社會反應階段（ phase of discriminating social responsiveness ）：二、三個月後到六個月左右，可區別熟悉和不熟悉的人，顯出高興和害怕。

　　㈢主動尋求親近接觸的階段（ phase of active initiative in seeking proximity and contact ）：到一歲前，已會抗議和熟人分離，十四～二十個月達頂峯，到學前減弱。鮑比認爲此階段開始發展依附，開始希望對象不離開，引發依附對象反應，並以依附對象的回饋來調整自己行爲，此種具適應性的行爲，即 Bowlby 稱的「目標調整行爲」（ Barclay, 1985 ）。

　　㈣目標調整的合夥關係階段（ phase of goal-corrected partnership ）：此階段幼兒因角色取替能力的發展，漸漸地會推論母親的行爲目標及計畫，試著要改變母親來符合自己想接觸、親近及互動的願望。此外語言的發展也可溝通意見，以協調彼此都可接受的計畫，相互了解，獲得信心，可建立內在運作模式，以忍受長時間分離，安心探索更寬廣外界，是爲合夥關係（ partnership ）。

　　對嬰兒而言，依附是嬰兒安全感的基礎， Sorce & Emde（ 1981 ）提到不安全依附的孩子，認知發展受阻，邏輯思考被限制，其社會性行爲亦會受到不良影響。

三、 Waters 等人的發展模式（ Walter & Bretherton, 1985 ）

㈠早期親子互動的階段（early dynamic interaction）

嬰兒以感覺動作基模做為與他人互動的媒介，從互動中學習熟悉並預測環境的刺激，此階段中，他人對嬰兒的照顧提供了嬰兒往後發展的重要基礎。

㈡能區分自我—他人發展的階段（emergence of the self-other distinction）

此階段，嬰兒依其認知發展的狀況，藉著基模的累積與學習，嬰兒逐漸學會物與物之間的差異，也逐漸把母親認知為一個獨立的、持續存在的客體，因此，嬰兒的目標追尋也逐漸規律化。

㈢以自我為客體的階段（self as object）

此階段，嬰兒感受到正向的情感，有助於形成好的自我表徵與客體表徵。

㈣依附行為的初始階段（onset of secure base behavior in infancy）

此階段類似鮑比模式的第三階段，尋求特定的依附目標。

㈤分離抗議逐漸減弱的階段（declining seperation protest）

約在嬰兒十二～三十個月之間，相當於 Bowlby 模式的第三個階段末期。

㈥依附行為的鞏固階段（consolidation of secure base behavior in early childhood）

此階段，對相類似的刺激會出現固定的依附行為。

㈦對依附對象的內化階段（emergence of a positive orientation toward parental socialization goals and internalization of family values in early childhood）

此階段幼兒由認同母親的行爲而發展出自己的社會行爲。

㈧維持聯繫及接受監督的合夥關係階段（a period which a partnership of sorts develops around the task of maintaining communication and supervision once the child begins to be independent）

此階段是發展成人親密關係的雛型。

四、Ainsworth 的依附研究

Ainsworth（1978）根據嬰兒在陌生情境測驗中的行爲反應，分出三種不同的依附類型：

㈠安全依附型

安全依附型的嬰兒在陌生情境中，只要母親在身邊就會主動的玩玩具、探索環境，看見陌生人也會主動積極的反應；當母親離去之後，嬰兒的遊戲活動減少，顯得情緒苦惱甚至哭泣，陌生人也安慰不了他，但是當母親回來時，嬰兒的緊張情緒立刻鬆弛下來，主動的歡迎母親，尋求身體的接觸及母親的安慰，一下子嬰兒就能夠恢復平靜，再繼續遊戲了。

㈡不安全依附型——焦慮與抗拒母親的嬰兒

這一類型的嬰兒又簡稱爲抗拒型，在陌生情境中，顯得相當焦慮，喜歡纏住母親，不肯好好的玩耍與探索環境，隨時隨地都會哭鬧發脾氣；母親離去時顯得強烈的抗議與苦惱，與母親重逢時，卻又表現出矛盾的情感，一方面尋求接近母親，另一方面卻又表現出憤怒的情緒，拒絕母親的接觸，使母親很難安慰他，母親抱起他時，他會發脾氣，掙脫母親的懷抱。

㈢不安全依附型——焦慮與逃避母親的嬰兒

　　這一類型的嬰兒又簡稱爲逃避型。嬰兒與母親間缺乏情感的聯繫，他們的遊戲活動完全不受母親是否在旁的影響，母親離去時，他們會無動於衷照樣玩耍，母親再回來時，通常嬰兒也不太去理會母親，當他們單獨留在陌生情境中，顯出不安時，陌生人的出現，他們就會顯得安然無事，並不在乎是不是母親。

　　Ainsworth（1979）認爲嬰兒對於母親的依附類型，主要決定於母親照顧嬰兒的行爲。他發現：

　　㈠安全依附嬰兒的母親在育兒過程中，對於嬰兒的各項需求，有敏銳的觀察力，能夠迅速而正確的反應嬰兒的訊息，使其需求得到滿足，母親經常能配合嬰兒的步調，喜愛嬰兒，接納嬰兒並且鼓勵嬰兒探索環境。

　　㈡不安全依附──焦慮與抗拒型嬰兒的母親雖然也喜歡與嬰兒接觸，但卻常誤解嬰兒所發出訊號的意思，以致無法配合嬰兒的步調，或是母親採用不一致的照顧行爲，時而熱心時而冷漠，主要由母親自身的心情來決定，並非配合嬰兒的情緒狀態。

　　㈢不安全依附──焦慮與逃避型嬰兒的母親較缺乏耐心，當嬰兒打斷母親的計畫或活動時，母親就對其表現憤怒與敵意。另外此類型的母親對於嬰兒的訊號缺乏反應，或過度的以嬰兒爲焦點，過度的刺激使嬰兒不勝負荷。

五、社會依附的相關研究

　　㈠Kohlberg（1969）及Schaffer（1971）認爲至少有三種認知能力是建立依附所必須的：1.嬰兒必須能分辨自己與他人；2.嬰兒必須能分辨熟人和陌生人；3.當依附對象不在眼前時，嬰兒會產生依附對象的心像。也有些研究認爲依附與認知能力平行發展，Piaget認爲「物體恆存性概念」建立時，對特定個體形

成認知基礎，才有社會依附；Bell（1970）認爲一歲嬰兒安全依附和物體恆存性、人體恆存性之間有正相關；Sroufe 等人研究依附類型與社會發展的關係，發現陌生情境的依附類型可預測幼兒在幼稚園和老師同儕的社會關係（丁心平，民78）。

㈡心理學家 Kagan（1984）不同意 Ainsworth 等人的說法，認爲陌生情境測驗所測量的只是嬰兒氣質的差異性，而非依附關係的品質。磨娘精型的嬰兒往往抗拒任何日常生活常規的改變，受了陌生情境的影響，使其產生強烈的苦惱情緒，以至於母親都安慰不了他；相反的，順應型的嬰兒，隨和友善，易於被歸類爲安全依附型；而慢吞吞型的嬰兒則被歸類爲焦慮與逃避型。

㈢Main & Weston（1981）發現與父母雙親都建立安全依附關係的幼兒，社會反應最強；單獨與母親建立安全依附關係，而與父親建立不安全依附關係的幼兒，社會反應次之；單獨與父親建立安全依附關係的幼兒，社會反應又次之；與雙親均無安全依附關係的幼兒最差。由此可見，嬰兒若能與母親建立安全的依附關係，將有助於其社會情緒的發展。

㈣Main & Cassidy（1988）研究過程亦屬於實驗室的觀察法。主要是讓幼兒與母親在有玩具的實驗室内，從事一些簡單的遊戲，數分鐘後，母親離開，一個小時之後母親重新回到實驗室，主試者利用攝影機拍攝幼兒與母親的重聚行爲，再用九點量表來評定子女對母親的安全依附程度，並將之分爲安全、逃避、抗拒及控制四種類型，此與陌生情境測驗中所得的類型有89％的一致性。

㈤許多研究支持早期依附類型對日後發展的影響，研究顯示，嬰兒在十二～十八個月時建立的依附關係，影響到其二十四

個月時的遊戲與社會行爲。安全依附的嬰兒往往顯示較長的注意力、較爲專注遊戲、較具利社會傾向，甚至到了進托兒所的年齡，早期安全依附的幼兒，在團體中往往成爲領導者與積極參與者，能夠瞭解他人的需要與感覺，受到友伴的歡迎，顯示出好奇、自我引導及熱衷學習等行爲特質，也較具獨立性；而早期不安全依附的幼兒則顯得被動、退縮，追求目標的動力也較爲薄弱。

然而，即使早期所建立的依附關係會影響日後的發展，並不代表依附關係永遠不能改變，任何促進親子互動改變的事件均可能影響與改變依附關係的品質。

六、依附發展的新近研究

㈠《成人依附行爲的研究》作者 Perlman, Daniel 和 Bartholomew, Kim（1994）在本文中以四方面探討依附發展：

1. 依附的概念化及測量。

2. 依附發展的各個層面。

3. 依附理論的拓展。

4. 依附對成人伴侶的含意。

作者在文中敘述：

近年依附成爲研究中的重要主題，而目前研究的方向多集中在吸引力、友誼、親密、寂寞、愛、婚姻滿足感、自我表露與社會脈絡等方面與依附之間的比較。

依附的理論奠基於鮑比（John Bowlby）之研究，他將依附的理論概念化爲人類與特定他人情感上的聯結傾向，如果人在幼時與照顧者分離，將會引發抗議、分離及受傷之感。

而 Ainsworth 繼 Bowlby 之看法，發展出陌生情境測驗來

研究依附，歸納出三種依附的型態：安全依附型、不安全依附的逃避型及不安全依附的愛怒交織型。

　　關於幼時依附對將來成人人格的影響，Main、Kalpaln 及 Cassidy 做了一個五年的縱貫研究，研究參與者的內在依附運作模式之心理表徵及成人的依附型態；而 Hazen 及 Shaver 也做了一系列愛與依附之間的研究；Bartholomew 與 Horowitz 則將不安全依附的逃避型分成畏懼型及放棄型兩種。

　　目前，在研究方面，Bowlby 和 Ainsworth 的作品仍是依附範圍內最重要的經典之作，雖然以往的研究都集中在子女對父母的依附方面，其實鮑比也相當注重依附的發展，欲探討依附對未來發展的影響，由於成人的依附研究可取材自孩童的依附，因此發展較快；而 Hazen 和 Zeifman 將孩童對父母之間的依附情感，轉化成成人對其伴侶間的依附情感，使依附的意義在本質上有所轉變，因為孩童對父母的依附是依賴性的、非含性的情感在內，但成人之間的依附是相互性，且含有性的聯結。

　　現今研究依附的方式相當多樣化，這多樣化反映在研究成人的依附上，可用自我報告問卷、橫斷研究及大學程度的受試者；在以往兒童的研究多用觀察法、縱貫研究及年齡層次較小的樣本。

　　另一個方法上的轉變是在依附的分類上。目前的依附類型分類並不完全，有時因為報告者偏誤、扭曲答案，而使出現的結果搖擺在兩個類型之間而混淆不清，這可能是現有測量方法上的問題。

　　依附的穩定性也是現在關注的主題，有一些研究者也研究依附的類型及其改變的動力，另有一些研究者認為，若將依附看得

較模糊可能比將它看成一個絕對的特質較好。總之,依附是相當複雜的,在當中有階層組織的模型,是現在的看法。

依附過程當中溝通的重要性、依附的內在運作模式與溝通之間的相互作用、照顧者的敏感性等,也是現在研究的一個重點。不過,雖然資料上有細微的差異,但一般研究仍支持以下的看法,即安全依附者的溝通方式是較有效的。

此外,有幾點是必須注意的:

1.一般對依附的類型會有一種評價性的偏誤,即認為安全依附是具有正面特質的、積極的;而不安全依附是負面的、消極的。不過在研究上確實指出安全依附與生活上的滿意度確實有相關。

2.大部分依附的研究仍多集中在孩童與父母之間,或是依附與愛情之間,但一般認為它應該與其他的人際關係亦有關。

㈡《大學生依附類型和情緒發展研究》作者 Pistole, M. Carole(1995)根據鮑比及 Bartholomew 等人的依附機制觀念探討研究一些在十二個月內結束感情關係的大學生。文中提及 Bowlby 對依附的定義,認為依附是與特定某人的情感聯結,並以此做為安全感的來源,在探索時的一個安全堡壘。這是以生物基礎與動機方面的一個解釋系統,並以此作為發展的背景,如果毀壞此一關係,會引發情感反應,即是分離焦慮。

而成人的愛情關係,Bartholomew 及 Horowitz 界定四種與依附機制有關之類型,亦即:

1.安全依附型

會有較滿足有效的愛情關係,是信賴的情感交互作用。對他人及自己都有較正向的看法。

2. 放棄逃避型

與他人保持距離，倚賴自我而非他人。對自己有正向看法，但對他人或伴侶抱著負向看法。傾向於放棄依附。

3. 專情佔有型

對自己有負向看法，但對伴侶有正向的看法。

4. 害怕逃避型

對自己與伴侶都抱著負向看法，害怕親密。

探索成人的分離經驗也很重要，會使人的依附發生系統上的變化，現在有許多與此有關的一系列研究。在此研究中，是要探索各依附類型的人在面對失去關係時的情緒反應，而研究想知道的是，是否不安全依附者在結束一段感情關係時，會感到比較痛苦。

基本上研究支持假設：安全依附型較不安全依附者有回憶起較多的正向情感的經驗；害怕逃避型與專情佔有型有較多的負向情感，如緊張程度高、迷惑高、活力減退、依附能力退化等；而放棄逃避型的較有活力且少迷惑，他們有較多的正向情感，這可能是一種防衛，讓自己較少想起與依附有關的資訊，而且他們認為自己仍然是值得愛的心態，這保護他們較不迷惑，且防止他們受到傷害，而專情佔有型的比安全型的更有被欺騙的感覺。

在此研究中，害怕逃避型的比率較其他以往的研究高，這可能是實驗取樣的問題。但以後的研究者也可以探究是否失去情感關係越多者，越害怕這種依附關係。

第三節　情緒的發展

壹、情緒發展理論

情緒的發展，也有很多學習方法，如：嘗試錯誤、模仿、認同、條件化、訓練而來。以下介紹幾個理論：

一、Bridges（1930）的觀點

經由直接觀察，建立了連續分化觀的情緒發展理論。

㈠初生嬰兒，混沌未開，情緒呈激動狀態（excitement），三週後，負面情緒先分化，出現苦（distress），四個月再出現懼（fear）、惡（disgust）、怒（anger），一歲後分出嫉妒（jealousy）；正向情緒較晚，三個月先有樂（delight），八～十二個月有得意（elation）與愛（affection），到二十個月分化出喜（joy），到兩週歲的嬰兒，情緒大致分化完成。

㈡嬰兒期情緒發展是連續的、漸進的，由於成熟、學習以及動作發展等因素。

㈢其理論乃根據初生數小時至兩週歲的六十二個嬰兒實際觀察四個月的結論。此理論有很大說服力，且持續二十年之久。

但 Bridges 賦予嬰兒各種情緒的名稱，是否有主觀涉入？Murphy（1983）認為其犯了「成人武斷」的錯誤。

二、Izard（1978）的觀點

他以達爾文觀點為主，認為嬰兒與生俱有各種不同情緒，其出現時機隨適應情況而定。生活需要時，就會出現某種情緒，嬰兒情緒多靠面部表情，而引起面部表情乃其對環境中刺激的知覺

與認知。

　　嬰兒表情有二種功能：㈠傳遞感覺訊息至大腦中樞，而後中樞支配反應器，產生情緒感受；㈡面部表情是社會訊息，可引起別人注意與反應。他曾設計一種工具，稱爲「明確辨別面部動作記分法」（Maximally Discriminative Facial Movement Scoring System, 1979），專爲研究嬰兒面部表情用。嬰兒的情緒，有生存適應的功能，初生嬰兒就有興趣（interest）、厭惡（disgust）、痛苦（distress）、驚悸（startle）四種情緒，此情緒有社會適應之功能；出生六個月後的嬰兒會有恐懼情緒，怕生，遇到陌生人有躲避的反應，因其身體動作能力增加，可躲避情境，若六個月前就有恐懼出現，對無助的嬰兒會形成不利。

　　Izard 是研究嬰兒表情之專家，溯源自達爾文。其「確認各種不同的情緒，且以客觀證據證明它們的存在」的研究中，準備了各種表情的照片到歐洲、非洲、印度、土耳其、日本各國，請人指認，整理出十種不同遺傳情緒：興趣、痛苦、厭惡、愉快、生氣、驚訝、羞怯、恐懼、鄙視、内疚。

　　Izard 的假設是：情緒活動的生理反應，會組合出型式不同的臉部肌肉，成人會依社會規範來表達情緒，而與内在真實感受有差距，但嬰兒是真實具體的。

三、Sroufe（1979）的觀點

　　從嬰兒認知與知覺觀點，分爲以下四點：㈠初生嬰兒至少具備恐懼、忿怒、快樂三種基本情緒，而視嬰兒知覺、動作、認知方面發展而定；㈡嬰兒情緒發展到某程度，能適時產生多種表情，均屬情緒與認知交互作用結果；㈢情緒與認知互爲因果，情緒顯於外，認知藏於内。故可將嬰兒在某時期的情緒，視爲嬰兒

該期認知發展之表徵；㈣對嬰兒而言，情緒是知覺的表達，也是自我意識的表達，因此，嬰兒真正能夠表達有意義情緒，主要在六～九個月的一段時期，惟焦慮須到週歲左右，羞恥感須到十八個月後。

Sroufe 以爲知覺和認知成熟最重要。六個月以下嬰兒知覺與認知未達辨覺陌生、熟識面孔，故對任何面孔反應均相同。

貳、新近研究

一、學前兒童的情緒認知研究（A. D. Kirsten. & J. D. Donald, 1994）

從他人表情線索中指出其情緒的能力是一項很重要的社會技巧，小孩可以靠瞭解一些情況和分辨一些情況而提昇和同儕的社會互動，也較能夠勝任、應對各種情況，然而這指出他人情緒的能力已經被認爲和孩子的心智發展有關。

過去研究已經指出學齡前兒童瞭解情況和情緒的關係，給不同年齡的小孩看有圖片或無圖片的短故事，請他判斷故事中主角的感覺，有時是請小孩分辨情緒的等級，有時是選擇情緒種類。

雖然前後有一些研究情緒判斷和小孩年齡的問題，大多數研究指出四、五歲的兒童的精確度比二、三歲高，年齡的界定是一個相當引人注意的問題。研究指出四、五歲從線索中指出傷心情緒的能力比三歲好；四歲或四歲以上指出憤怒情緒的能力比其他小一點的孩子好；四、五歲的孩子指出害怕情緒的能力比三歲好；當情緒是快樂的時候，有許多的研究指出三歲的小孩就可以正確指出這些訊息而非靠機率，然而四、五歲的孩子還是比三歲的孩子精確。

　　年齡不同在情緒的判斷上已經被認為有情緒發展差異，有學者提出，從情境線索推論他人情緒要靠一個概念架構，這個概念架構就是個人目標、目標的結果和結果的原因之關係的瞭解。例如：快樂被推論是因為某人要得到東西（目標），而且得到它（結果）之情況；生氣是因為某人要得到某東西但沒得到的情況。由這個情緒推論模式瞭解，孩子對他人情緒不瞭解是因為他們不瞭解目標、結果、結果的原因和情緒之間的關係。

　　然而可能有其他因素遮蔽小孩對情緒和目標結果原因之連結，或從情境線索推論目標、目標結果之能力；他們對目標訊息推論失敗會阻止他們無法對他人情緒作正確判斷，除非他們的情緒概念已經發展。

　　研究的基本假設：年幼小孩從情境線索判斷他人情緒的能力差是可能的，至少有一部分原因是因為他們沒有能力從情境線索中去推論目標訊息。我們要三、四、五歲的小孩在兩種情況下去推論他人的情緒：㈠故事中有明示的目標訊息；㈡故事中有暗示的目標訊息。小孩的表現應該在明示目標訊息時會提昇。

　　Weiner 等人提出一個理論：小孩具有結果依賴的情緒概念在歸因依賴之前，根據這個理論，有結果依賴情緒概念的小孩只能分辨正負向情緒反應，例如快樂和傷心；成功或失敗結果。然而，較大孩子的歸因依賴的情緒概念，可以對成功或失敗結果之正負向情緒作區別，例如：雖然傷心和憤怒都和目標失敗有關，但是這個理論說明大一點的孩子可以分化這兩種情緒。

　　從本研究結果發現：三、四、五歲兒童，使用情境訊息對他人情緒反應做判斷的能力，以聽故事和看圖片的方式，判斷其他兒童在那種情境下會有什麼情緒，有兩張臉部的圖片供其選擇。

其實有著清晰明確指示的故事比起那一些模糊暗示的故事，小孩可以做更精確的臉部判斷。基於 Weiner 和 Graham 所發展的情緒判讀模式，它指出小孩可以做結果獨立的情緒判斷，但不是歸因獨立的情緒判斷。本次實驗的結果和 Weiner 與 Graham 所發展的模式一致。

二、學前兒童對混合情緒的認同及了解（R. Kestenbaum & S. A. Gelman）

情緒反應通常是混合了兩種以上的基本反應，能了解自己及別人混合情緒是非常重要的。雖然很小的小孩已能表達混合的情緒，但是，他們似乎無法理解爲何一個人能在同一個時間感覺到超過一種以上的情緒。以往的研究顯示，小朋友要到七歲才能對混合情緒有基本的覺識。

Harter 認爲情緒發展的四個層次，其結果是基於兩種情緒價（valence of the two emotions）和導向情緒的目標數（the number of target）來變化。第一個層次，大約是在七歲左右，可以了解對同樣的目標有兩種相同的情緒；最高的層次，大約出現於十一歲左右，可以了解對同樣的對象有相反價的情緒。過去研究顯示小朋友在小學時仍有辨識混合情緒的困難，其中也包含了對引發這種情緒情境的了解，並發現這種情緒認知的發展是具有連續性的。

Donaldson 和 Westerman 的實驗是以劇本的方式呈現給小朋友，並且以開放式的問題來問他們「主角會有何感覺？」結果發現與 Harter 一樣。最近的研究指出，小朋友（六～七歲）會否認兩種情緒會在同時間被感覺。總結而言，先前的研究只運用口語，並未使用其他的方式，但是使用面部表情會比較有決定性

的力量，原因有二：㈠小朋友大部分依賴面部表情來讀出情緒
（六歲以前的小朋友相信面部表情是誠實的，他們無法區辨真實
及表現出來的表情）；㈡缺乏具體的描述，小朋友無法想像混合
的情緒如何出現在一張臉上，提供圖片可以幫助他們具體化。

　　本研究中主要探討四、五歲兒童是否對混合情緒有部分認
知，並了解兒童是否因某種特殊信念而導致認知的困難。研究結
果如下：

　　小朋友直到十歲仍在口語上否定混合情緒的存在，本文中的
研究在試探是否學前兒童具有混合情緒的部分知識。在實驗一
中，四歲、五歲及成人對於混合情緒有相當正確的反應；在實驗
二中，五歲兒童可以替混合情緒的故事，找到並說出相對應的混
合情緒。因此，四歲及五歲的兒童均能辨識混合情緒，但只有五
歲兒童能接受在適當的情境中，有這樣的表情，根據這個結果，
研究者認為在四歲～六歲之間有二階段的情緒認知發展。

三、青少年情緒發展與家庭適應關係研究（R. M. Lerner
J. V. Lerner & A. Von Eye, 1994）

　　本研究的主要目的是考驗青春期早期青少年的家庭環境與情
緒適應之間的關係，而這樣的關係是採縱貫研究的方法來測量
的。研究中想探討青少年家庭環境是否經由自我價值、同儕支
持、因應技巧等中介變項，而影響到情緒適應。本研究結果發
現：

　　㈠對家庭環境較不滿意的青少年傾向於報導較多的沮喪與焦
慮的症狀。

　　㈡家庭適應與自我價值、同儕支持及尋求支持的因應行為有
正相關。也就是說，當青少年知覺到他的家庭是愈適應的，他愈

有可能有較高的自我價值及同儕支持。

　　㈢自我價值、知覺到的同儕支持與情緒適應呈負相關。也就是說，青少年知覺到的自我價值與同儕支持愈低，愈有可能報導較多的沮喪與焦慮。

　　㈣學期初所測量的家庭適應，能夠顯著的預測期末的沮喪及特質焦慮（trait anxiety）。而學期初所測量的沮喪、情境焦慮（state anxiety）及特質焦慮也能顯著的預測學期末的家庭適應。

　　㈤自我價值感較高的青少年，較不受適應不良家庭的潛在負面影響。

　　㈥特質焦慮與家庭適應之間的關係在此研究中未獲一致的結果與預測型態。

　　㈦同儕支持顯著的影響了家庭適應與情境焦慮之間的關係。

　　㈧尋求支持的因應技巧也顯著的影響家庭適應與情緒適應之間的關係。也就是說，時常尋求他人支持或建議的青少年，當他們面臨困難時，較不受適應不良家庭功能的潛在負面影響，而有較佳的適應。

四、嬰兒情緒認知發展的交互關係

　　許多理論學家都相信認知與情緒發展的基本交互作用，也有一些實驗已經測試出認知和情緒的自然交互作用。情緒發展的調查推論出，在不同的年紀中，認知是來自於那些被情緒所引發的行為調節和溝通的過程。認知發展學家對情緒的興趣已傾向於社會情緒和認知成長的階段，情緒的研究已跨出它原來的區域，對交互作用之發展產生進一步的思索，也就是說，現在逐漸去注意交互作用在發展系統中的影響，這時候縱向調查就很重要了。

　　認知和情緒在發展上的交互作用可以利用觀察而直接研究，認知改變和情緒改變可以利用相同年紀範圍，用縱貫方法去找出他們的相關。早期的嬰兒調查，研究者一致把焦點放在當情緒有所改變時，嬰兒與母親的人際調理互動和嬰兒感覺動作的適應；但是，感覺動作發展如何影響嬰兒對母親的情緒反應，以及嬰兒對母親的情緒反應如何影響感覺動作之發展，這兩點是尚未確定的。

　　情感成長和感覺動作發展的關係已經被測試出來。在一九六○～一九七○年已經假定認為感覺動作和客體關係的一致性；一個更近一點的理論假定：提昇孩子的感覺動作能力可以產生對社會情況之新知覺。在過去幾年，認知發展學家在新皮亞傑潮流中，已經解釋了感覺動作可以提昇先前被孤立的基模或技能。

　　傳統上，這些理論學家主張社會情緒功能之改變應該和認知技能基模共同發展一起反應才是。因此，各向度中的新技能、新能力是靠基模共同發展之進步產生的，這種改變如果是在人際關係向度中，應該被視為新的情緒經驗。相反的，嬰兒和媽媽交互作用的情感品質，已經從認知發展各方面的變異來描述，最近Bornstein 等人從嬰兒對母親的反應，說明認知能力在學齡前幾年就已經有了，他們相信嬰兒感覺的控制、安全感、動機是認知發展的中介調和因素。

　　一般說來，介於嬰兒和母親的情感調和或情感溝通，在解釋嬰兒對社會和非社會之反應，有普遍的個別差異。早期用嬰兒和母親對臉的交互作用去描述依附結果。

　　假如感覺動作發展可以影響嬰兒對母親的情緒反應，那麼嬰兒的社會情緒組型可以影響認知結果，然後應該可以在同一組發

展資料中去評估這兩者的影響。雖然目前研究無法證實情緒表達和認知發展的共同性，然而在分離和重逢的情緒表達和認知表現與年齡有密切相關。

叁、兒童情緒發展的方法及測驗

一般學者大都使用人類學方法研究情緒發展，以觀察、開放式晤談等方式，了解日常生活中成人與兒童間的情緒互動、情緒字彙的使用等。

近代研究者評估兒童對他人情緒瞭解的程度，大都透過以下不同的線索：

一、人際情境的測驗：即呈現故事圖卡，例如：阿明一個人很孤單，這時有個小朋友走過來，問阿明要不要一起玩，這時阿明心裏的感受如何？

二、臉部表情辨識的測驗：使用臉部表情的圖片，要求受試者根據施測者說的情緒名稱，選擇適當配合的臉譜。

三、聲音辨識的測驗：使用錄音帶中具有情緒的句子吟誦，讓兒童從聲音的線索辨識情緒。（章淑婷，民 81）

一般晤談方式又可分為四種：

一、直接做判斷：

直接要求受試者做「可以」或「不可以」的判斷。如 Carroll & Steward（1984）所使用的問題：「你可以把心裏的感覺藏起來嗎？怎麼藏？」經由受試者對此類問題的回答來推論他對情緒理解的能力。

這種研究工具同時也要求兒童以口語表達情緒，再將兒童的答案予以分類排列，如柯華葳、李昭玲（民 77）將兒童對情緒

可否隱藏的認知分成四個層次：層次〇，不知道或沒有反應；層次一，不可以隱藏；層次二，可以隱藏，藏在具體的環境如櫃子裏；層次三，可以隱藏，藏在心裏不告訴別人。

二、由故事或情緒推論：

提供可能引發情緒的情境或故事，讓受試者判斷當事人的內心感受或臉部表情。這類研究工具又可依提示的多寡和方式分為以下三種：

㈠要求受試者自發地想到當事人的情緒，而不給予任何提示或給予最少的提示。

㈡明白告訴受試者故事中主角可能的情緒，然後再要求受試者為故事中的主角選擇適當的內心感受及臉部表情。

㈢呈現引發情緒的情境與故事主角臉部表情衝突的圖片，要求受試者依圖編說故事；但此法牽涉到編說故事的語言能力，其限制值得注意。

三、以自我經驗報告：

即直接要求受試者依據平日的生活經驗舉出有關情緒的例子。雖然此法可以反應受試者在真實生活中對情緒的理解，也不會受限於某一個固定的情境或故事材料，但卻可能受限於兒童記憶或構想例子的能力，也與兒童表達能力有密切的關係，因此，可能較不適用於學前兒童。

四、由立即經驗推論：

即設計一個可能引發受試者情緒的實驗情境，觀察受試者反應，然後詢問其內心感受及他人是否知道其內心感受。

此法受限於實驗情境的特定性，也可能受到受試者自我防衛及猜測實驗者期望的影響。

總之，晤談法讓受試者以開放、自發的方式反應，再根據其反應資料的數量與性質歸納分析，頗適用於具有語言表達能力且較無防衞性的幼兒。

肆、兒童的情緒認知

一、幼兒情緒認知之結構：

幼兒對情緒經驗的認知，是根據外在有關人際或自我的明顯行爲、外在明顯的表情反應及具體物質得失的描述，其特徵是可見的、明顯的、具體的以及具有某種想像意義的外在環境事件、賦予意義的社會性成就德行、獎懲標籤等，除此之外，也有根據內在感覺的解釋，使用情操取向、道德觀的心理層面來表徵情緒經驗。

從理論及實徵研究中都顯示，幼兒的情緒認知結構可説是由具體到抽象，其情緒經驗是由明顯可見的行爲到賦予想像、解釋意義，再進入心理情操觀點。

二、兒童情緒認知的過程

兒童情緒認知過程可包括下列四個因素：

㈠對刺激事件的「覺察」，並賦予意義：許多幼兒面臨刺激事件時，是透過自己先前的經驗、感覺的歷程來界定情緒。

㈡隨著覺察，而產生「感知」：感知包括直覺、感性、感情抒發與交流。

㈢在覺察與感知之後，情緒的「決定」包括辨識情緒經驗與情緒結果的能力，以及對情緒作適宜處理的思考。

㈣經由對情緒的覺察、感知、決定的過程，而採取「行動」，表達自我內在的情緒。

　　總之，幼兒對情緒認知過程的架構，包括覺察、感知、決定以及行動四個因素，事實上，這四者不僅交互作用、彼此影響，同時在流程上也是多變的，有時事件發生的同時，不一定四個因素皆一應俱全，或者流程隨著思考的複雜詭異而更加複雜化。

三、兒童情緒認知概念之架構

　　章淑婷（民 82）曾提出情緒認知概念架構，如下。

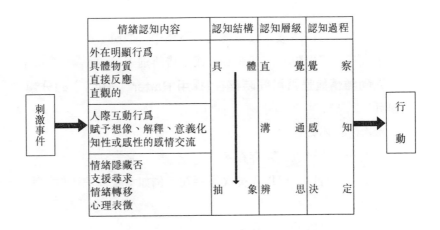

情緒認知內容	認知結構	認知層級	認知過程
外在明顯行為 具體物質 直接反應 直觀的	具　體	直　覺	覺　察
人際互動行為 賦予想像、解釋、意義化 知性或感性的感情交流		溝　通	感　知
情緒隱藏否 支援尋求 情緒轉移 心理表徵	抽　象	辨　思	決　定

刺激事件　→　　　　　　　　　　　　　→　行動

圖 12-1　幼兒情緒認知概念架構

四、兒童情緒發展階段研究

　　柯華葳、李昭玲（民 77）曾提出有關兒童情緒發展的階段分成四大層次：

㈠推測他人情緒的方法

　　層次○：不知道別人的情緒（無適當的情緒詞反應）。

　　層次一：有情緒反應但無法說出其推測的方法。

　　層次二：以故事的上下文來推測主角的情緒。例如：因為被狗追。

層次三:以自己的經驗爲出發點。例如:要是我,我也會緊張。

層次四:歸納大多數人的經驗爲原則來推論。例如:每個人都會有榮譽感。

㈡情緒是否可以隱藏

層次○:不知道或沒有反應。

層次一:不可以隱藏。

層次二:可以隱藏,藏在具體的環境中,如櫃子裏。

層次三:可以隱藏,藏在心裏或不告訴別人。

㈢兩種情緒是否可同時存在〔採用 Harter (1982)的分類及排列〕

層次○:不知道。

層次一:不可以同時存在。

層次二:可以,但以先後次序存在。例如:很高興,但一上台就緊張。

層次三:可以同時存在。

㈣處理情緒的方法

研究者的基本假定是:自己處理的層次比找權威者的層次成熟,抽象處理的層次比具體的層次成熟,直接處理的層次比間接處理要成熟。

層次○:不知道或沒有反應。

層次一:找權威者(老師、母親)解決。

層次二:以具體但不是直接面對問題的方式解決。如:玩玩具。

層次三:以具體且直接面對問題的方式解決。如:要他畫一

張畫給我。

　　層次四：以抽象但不是直接面對問題的方式解決。如：忘掉此事。

　　層次五：以抽象且直接面對問題的方式解決。例如：勇敢唱出來。

五、實徵研究結果（柯華葳、李昭玲，民 77）

　㈠關於兒童推測他人情緒的方法

　　兒童推測他人情緒的方法與年齡有關。幼稚園兒童有半數是沒有反應（層次○）或說不出其推測的方法（層次一），三年級與五年級的兒童是以故事的上下文來推測故事中主角的情緒（層次二），但分別有 20％及 30％的兒童以自己（層次三）或多數人的經驗（層次四）爲依據來推測他人的情緒，可見假設性層次獲得支持。研究者也請了十六位成人做測驗，結果發現有 50％的成人受試者以自己的經驗來推測他人的情緒，顯然此評分標準是有發展性的；但只有約 19％的成人受試者達到層次四（歸納大多數人的經驗爲推測依據），使用的比例仍少，這樣的結果値得再研究。

　㈡關於兒童對於情緒是否可以隱藏的認知

　　幼稚園兒童不是回答不知道（層次○）就是說不可以隱藏（層次一），三年級兒童近半數認爲可藏在心裏（層次三）。由此推斷，隱藏情緒是個體爲適應環境，或基於父母、老師的教導與期望，或由於兒童本身自主的學習，而由後天環境中學得的反應模式，中國人常說喜怒哀樂不形於外，我國傳統文化即某種程度鼓勵個人隱藏情緒，這種文化的特色値得我們去注意與反省。

　㈢關於兒童對於兩種情緒是否可以同時存在的認知

　　幼稚園兒童大都搖頭或説不知道（層次○），三、五年級兒童或是不知道怎麼回事（層次○）或是認爲兩種情緒可同時存在（層次三），五年級兒童接受可同時存在的人數多於三年級。由於回答層次一及層次二的人數太少，因此有關兩種情緒是否可以同時存在的假設性層次又有修訂的必要。

　　由此可見，對於前概念兒童而言，心裏所能感受到的情緒一次只有一種，非 A 即 B，只取正負對應情緒中之一種。

　㈣關於兒童處理情緒的方法

　　幼稚園兒童多數回答不知道（層次○），少數以具體但不直接的方式解決（層次二），三年級兒童以幾近平均分配的方式分散在六個層次中，五年級兒童則偏向以具體但不直接（層次二）、具體且直接（層次三）、抽象且間接（層次四）的方法解決情緒問題。而以找權威者（層次一）爲解決方法的人數不如預期的多，若考慮答案的發展層次，這部分稍有斷層現象。

　㈤情緒認知能力間的順序

　　1.對幼稚園兒童而言：情緒認知能力由高至低分別是，「推測他人情緒的方法」、「情緒可否隱藏」、「處理情緒的方法」、「兩種情緒可否同時存在」。

　　2.對國小三、五年級兒童而言：情緒認知能力由高至低分別是，「處理情緒的方法」、「推測他人情緒的方法」、「情緒可否隱藏」、「兩種情緒可否同時存在」。

　　總而言之，研究的結果證實兒童情緒認知發展的假設性層次與年齡發展有關。換句話説，隨著年齡成長，兒童對情緒的認知愈趨複雜，與皮亞傑認知發展階段有正相關（柯華葳、李昭玲，民 77；阮淑宜，民 80）。

第四節　情緒智慧發展

　　一般人總認為智商（IQ）高等於高成就，其實不然，甚至可能是例外多於一般情形。人生的成就至多只有 20％歸諸 IQ 智商，剩餘的 80％則受其他因素影響。

　　有些人在潛力、學歷、機會各方面都相當，然而後來的際遇卻大相逕庭。曾有人追蹤一九四〇年代哈佛九十五位學生的中年成就，發現以薪水、生產力、本行位階來說，在校成績較高的不見得成就較高，對家庭、生活、人際關係、愛情的滿意度也不見得最高，究竟是什麼原因造成這樣的現象呢？傳統的智商對於這個問題實在很難加以解釋。於是許多的心理學家不斷尋求答案，最後有一些學者發現，情緒智慧才是這些問題的答案。情緒智慧正可解釋同樣智力的人何以有不同的成就，因為情緒智慧可決定其他能力（包括智能）的發揮極限。

　　情緒智慧較高的人在人生各個領域都較佔優勢，無論是談戀愛、人際關係或是理解辦公室政治中不成文的遊戲規則等，成功的機會都比較大。此外，情感能力較佳的人通常對生活較滿意，較能維持積極的人生態度；反之，情感生活失控的人往往需花加倍的心力與內心交戰，從而削弱實際能力與清晰思考力。

壹、情緒智慧（EQ）的由來

一、嘉納（Gardner）的多元智能觀

　　傳統對於智力的觀念有很多限制，嘉納是少數率先指出這一點的人。一九八三年他出版了影響深遠的《心裏結構》一書，書中

他明白駁斥這種智商決定一切的觀念,並且指出人生的成就並非取決於單一的智商,而是多方面的智能,主要可分爲七大類:語言、數學邏輯(這二項即傳統所稱的智能)、空間能力(藝術家或建築師)、體能、音樂才華、人際技巧、透視心靈的能力。最後兩項是嘉納所謂「個人能力」的一體兩面:「人際技巧」,如治療師或馬丁路德這樣的世界領袖;「透視心靈的能力」,如心理學大師佛洛依德。表現在一般人身上,則是能夠敏銳掌握自我內心的感受,從生活中得到平靜與滿足。

嘉納提出最重要的觀點是多元化,打破以智力爲單一不可動搖標準的傳統觀念。他不斷發展他的多元智能觀,就在他的理論首度問世後約十年,他就個人智能提出一個精闢的說明:

人際智能是了解別人的能力,包括別人的行事動機與方法,以及如何與別人合作,成功的銷售員、政治家、教師、治療師、宗教領袖很可能都有高度的人際智能;內省智能與人際智能相似,但對象是自己,亦即對自己能有準確的認知,並依據此一認知來解決人生的問題。

嘉納在另一篇文章談過這兩種智能。他說人際智能的精義是「能夠認知他人的情緒、性情、動機、欲望等,並能做適度的反應。」內省智能則是自我認知的鑰匙,指的是「能夠認識自己的感覺,辨別其異同,做爲個人行爲的依據。」

雖然嘉納在他的理論中常提到情感的角色,但卻未做深入的探討,原因可能就如嘉納自己所說的,他太受認知科學的影響。

二、彼得‧沙若維──情感與智能的結合

繼嘉納之後的理論派別中最值得注目的是耶魯大學的心理學家彼得‧沙若維,他對情感與智能的結合有很精闢的見解。

三、桑代克（Thorndike）的社會智能

桑代克曾在《哈伯》（Harper）雜誌撰文闡釋智力與情感的不可分，他指出社會智能本身即是智力的一部分。（所謂社會智能即是指瞭解他人的思想行爲，據以做出適度因應的能力。）

四、史騰柏格（Sternberg）的智慧理論

史騰柏格曾做過一個實驗，請一羣人敘述何謂「聰明的人」，結果發現人際技巧是最重要的特質之一。他經過一番系統化的研究之後，得到的結論與桑代克相同：社會智能有別於學院的智能，而且是生活實際表現的關鍵能力。

近年來愈來愈多的心理學家贊同嘉納的看法，傳統的智力觀念都環繞著狹隘的語言與算術能力，智力測驗成績最能直接預測的，其實是課堂上的表現或學術上的成就，至於學術外的生活領域便很難觸及。所以，這些心理學家（包括桑代克與史騰柏格）擴大了智能的領域，嘗試從整體人生成就的角度著眼，從而對個人或情緒智慧的重要性有了全新的評價。

貳、情緒智慧的定義

沙若維爲情緒智慧（EQ）下基本定義時，涵蓋了嘉納的基本智能，並擴充爲五類：

一、認識自身的情緒：認識情緒的本質是情緒智慧的基石，這種隨時隨刻認知感覺的能力，對瞭解自己非常重要。不瞭解自身感受的人必然淪爲感覺的奴隸，反之，掌握感覺才能成爲生活的主宰，面對婚姻或工作等人生大事才能知所抉擇。

乍看之下，對自身情緒的瞭解應是理所當然的，但是，有一些時候我們對自己真正的感受卻是一片茫然，或是事過境遷之後

才了悟當時的感受。心理學家以「後設情緒」一詞表示對情緒的知覺；情緒智慧一書的作者 Dantet Goleman 以「自覺」表示對內心狀態持續的關注，內心狀態當然包括情緒。

自覺是指專注力不因情緒的干擾而迷失、誇大或過度反應，反而在情緒紛擾中仍能保持中立自省的能力。心理學家梅耶爾（John Mayer）認為自覺可言簡意賅的定義為「同時知覺吾人的情緒及對此情緒的想法」，情緒智慧的理論正是梅耶爾與耶魯的沙若維共同創造出來的。

對感覺有知覺是否一定會設法去改變？梅耶爾發現這兩者關係密切，能認知自己心情不佳的人往往有意擺脫，但不一定會克制衝動。

梅耶爾發現一般人對待情緒的態度有三種模式：

㈠**自覺型**：這種人非常清楚自己的情緒狀態，甚至構成性格的基調，自主性強，進退得宜，心理健康，樂觀向上；情緒不佳時不會憂思終日反覆思索，能很快走出陰霾。簡而言之，這種人較善於管理情緒。

㈡**難以自拔型**：這種人常覺得被情緒淹沒，無力逃脫，情緒善變而不自覺，又因自知無力掌控情緒，索性聽任自己深陷低潮。

㈢**逆來順受型**：這種人很清楚自己的感受，但逆來順受不求改變。又可分為 2 種亞型：一種是情緒常保持愉快，因而缺乏改變的動機；一種是經常情緒惡劣，因而採取自由放任態度，認命型的抑鬱病人即屬此類。

二、妥善管理情緒：情緒管理建立在自我認知基礎上，如何自我安慰，擺脫焦慮、灰暗或不安。這方面能力匱乏的人常

需與低落的情緒交戰，掌控自如的人則能很快走出生命的低潮，重新出發。

由於人腦的特殊構造，我們對於自己何時受何種情緒左右較少控制力，但對情緒持續的長短確實有些許控制力。尋常的悲傷、憤怒、憂慮只要一點點耐性與時間，它們通常會慢慢消失，但如果太過強烈又持續太久，則可能流於極端，形成長期的焦慮、抑鬱等，這時便可能需要接受藥物或心理治療了。如果我們能判斷自己在沒有藥物協助下，承受情緒長期不安的極限，就證明具備了自我調適情感的能力。

三、自我激勵：成就任何事情都要靠情感的自制力——克制衝動與延遲滿足，保持高度熱誠是一切成就的動力，一般而言，能自我激勵的人做任何事效率都比較高。

撇開天賦論不說，自我激勵是影響人生成就的一大原因，這可從亞裔人士在美國的傑出表現得到印證。美國父母通常是接受孩子的弱點，強調他的優點；亞洲父母的看法則是：如果孩子成績不好，晚上應該多讀點書再睡覺，如果成績仍然沒有改善，早上應該早點起來讀書，也就是說任何人只要夠用功都可以有好成績。亞裔人士這種吃苦耐勞的觀念使他們更能自動自發，更有熱忱與毅力，亦即具備較優勢的情緒智慧。

四、認知他人的情緒：同理心也是基本的人際技巧，同樣建立在自我認知的基礎上。具同理心的人較能從細微的訊息覺察他人的需求，這種人特別適於從事醫護、教學、銷售與管理的工作。

同理心要以自覺為基礎，一個人愈能坦承面對自己的情感，愈能準確閱讀別人的感受。一般人的情感很少直接訴諸語言，多

半是以其他方式表達，捕捉他人情感的關鍵就在判讀這些非語言的訊息，如語調、手勢、表情等。這方面研究最廣的哈佛心理學教授羅桑（R. Rosenthal）曾經針對十九個國家七千多人做實驗，發現對非語言訊息判讀力高的人有多項優點：情感調適力較高、較受歡迎、較外向、較敏感、與異性的關係也較佳。可見同理心有助於豐富我們的愛情生活。一般而言，女性判讀力較男性高。

同理心的形成可溯及嬰兒時期，發展心理學家發現，嬰兒還未明瞭人我之分時，便能同情別人的痛苦。而美國的學者 Marian Radke-Yarrow 與 Carolyn Zahn-Waxler 的研究發現：同理心的差異與父母的管教方式很有關係。管教方式如果強調對別人的影響，例如：看你害妹妹這麼難過，而不只是你怎麼這麼調皮，孩子的同理心會較敏銳。此外身教也很重要，孩子會觀察大人對其他人情感的反應方式，從而加以模仿，漸漸塑造出長大後的反應模式。

五、人際關係的管理：人際關係就是管理他人的藝術，一個人的人緣、領導能力、人際和諧程度都與這項能力有關，充分掌握這項能力的人常是社會上的佼佼者。

幼兒要展現這種能力以前，必須先達到某些程度的自制力，開始能夠壓抑自己的憤怒、難過、衝動或興奮。自身要能心平氣和才能掌握別人的情感，這種自制能力在二、三歲幼兒的身上開始顯現；而幼兒約三歲開始出現同理心的反應。由此看來，掌握他人的情感必須具備二項技巧：自我掌握與同理心，人際技巧就是以此為基礎慢慢培養起來的。

另外，自我情感的表達也是重要的社交能力，保羅（E.

Paul）指出社會對情感表達的時機與方式有一套規則，亦即他所謂的表情規則，而不同的文化在這方面可能有很大的差異，一個人運用這些規則的時機與技巧，與其情緒智慧的高低有關。

海奇與嘉納指出人際智能的四大要素是：

㈠**組織能力**：這是領導者的必備技巧，包括羣體的動員與協調能力。

㈡**協商能力**：指善於仲裁與排解糾紛的能力。

㈢**人際聯繫**：即同理心的能力。

㈣**分析能力**：指敏於覺知他人的動機與想法，易於與他人建立親密關係的能力。

最後，有一點必須澄清，智力與情緒智慧雖然互異但卻不是互相衝突，每個人都是兩者的綜合體，事實上，智力與情緒智慧雖然判若分明，二者之間卻有一定的關聯。

【參考文獻】

丁心平（民 78 ）：陌生情境下嬰兒行爲及其依附類型之研究。國立台灣師範大學家政教育研究所未出版之碩士論文。

阮淑儀（民 80 ）：學前兒童情緒與認知之探討。幼兒教育年刊，4 期，87–93 頁。

李丹、張欣成（民 78 ）：兒童發展。台北：五南出版社。

金繼春譯（民 77 ）：嬰兒期的心理社會發展。台北：華杏出版社。

林翠湄譯（民 84 ）：社會與人格發展。台北：心理出版社。

周金春（民 80 ）：兒童理解多重情緒的能力──對兩種情緒同時存在的理解。國立台灣師範大學家政教育研究所未出版

之碩士論文。

柯華葳、李昭玲（民 77）：兒童情緒認知研究。國教學報，1期，173–187 頁。

張春興（民 82）：現代心理學。台北：東華書局。

許寶玉（民 81）：兒童混和情緒概念的發展研究。國立政治大學心理學研究所未出版之碩士論文。

章淑婷（民 81）：兒童情緒發展的探討。幼兒教育學報，1期，35–55 頁。

章淑婷（民 82）：幼兒情緒教育之探討。幼兒教育學報，2期，139–166 頁。

黃素英（民 83）：由互動層次探討依附系統中的情緒變動。國立台灣大學心理學研究所未出版之碩士論文。

黃凱倫（民 80）：幼兒與母親依附關係及其社會行為之研究。國立台灣師範大學家政教育研究所未出版之碩士論文。

楊淑萍（民 84）：青少年依附關係、自我尊重與生涯發展之相關研究。國立台灣師範大學家政教育研究所未出版之碩士論文。

詹克明、韋喬治等譯（民 76）：發展心理學。台北：五洲出版社。

潘慧玲（民 83）：角色取替的探討。國立台灣師範大學教育研究所集刊，35 輯。

鄭欣宜（民 81）：學齡前後兒童的道德情緒與道德認知間的關係。國立台灣大學心理學研究所未出版之碩士論文。

鄭麗玉（民 82）：學前兒童區辨真實感受與表面情緒的能力之研究。國立台灣師範大學家政教育研究所未出版之碩士論

文。

蘇建文、丁心平、許錦雲（民 79）：陌生情境中嬰兒行為及其依附類型研究初探。教育心理學報，23 期，49-70 頁。

蘇建文、黃迺毓（民 82）：幼兒與母親間依附關係與其學校能力表現之研究。教育心理學報，26 期，23-51 頁。

蘇建文（民 68）：兒童及青少年基本情緒之發展。教育心理學報，12 期，99-114 頁。

蘇建文（民 70）：兒童及青少年基本情緒之縱貫研究。教育心理學報，14 期，79-102 頁。

龔美娟（民 83）：母親的依附經驗與其教養方式及子女安全依附之相關研究。國立台灣師範大學家政教育研究所未出版之碩士論文。

Chandler, M. J. (1977). A Selective Review of Current and Development. *Social Cognition*, Vol. 1, New York: Plenum.

Fabes, R. A., Eisenberg, N., Karbon, M., Bernzweig, J., Speer, A. L., & Carlo, G. (1994). Socialization of Children's Vicarious Emotional Responding and Prosocial Behavior: Relations with Mothers' Perceptions of Children's Emotional Reactivity. *Developmental Psychology*, 30 (1), 44-55.

Gnepp, J. & Hess, D. (1983). Children's Understanding of Verbal and Facial Display Rules. *Developmental Psychology*, 22 (1), 103-108.

Kirsten A. DeConti & Donald J. Dickerson (1994). Preschool

Children's Understanding of the Situational Determinants of Others' Emotions. *Cognition and Emotion*, 8 (5), 453–472.

Morris, C. G. (1996). *Psychology: An Introduction*. New Jersey: Upper Saddle River.

Roberta Kestenbaum & Susan A. Gelman (1995). Preschool Children's Identification and Understanding of Mixed Emotions. *Cognitive Development*, 10, 443–458.

Selman, R. L. (1980). *The Growth of Interpersonal Understanding: Development and Clinical Analysis*. New York: Academic Press.

Werner, H. (1948). *Comparative Psychology of Mental Development*. New York: Wiley.

Westen, D. (1995). *Psychology: Mind, Brain, & Culture*. New York: John / Wiley & Sons, Inc.

Perlman, Daniel & Bartholomew, Kim (1994). *Attachment Processes in Adulthood: An Introduction*. London: Jessica Kingsley Publishers, 1–13.

Pistole, M. Carole (1995). College Students Ended Love Relationships: Attachment Style and Emotion. *Journal of College Student Development*, Vol. 36(1), 53–60.

Lerner, R. M., Lerner, J. V., & Von Eye, A. (1994). A Longitudinal Study of Perceived Family Adjustment and Emotional Adjustment in Early Adolescence. *Journal of Early Adolescence*, 14 (3), 371–390.

V字作業量表

情緒認知發展

一、知識：

　　1. 現代心理學家進一步研究出，智商（IQ）高的人未來的事業或家庭成就未必成正比，因智商（IQ）的範圍太狹隘，不足以代表一個人真正的智力。

　　2. Peter Salovery 將情緒智慧（EQ）的涵意分成五類：

　　　⑴認識自己的情緒。

　　　⑵妥善管理自己的情緒。

　　　⑶自我激勵。

　　　⑷認知他人的情緒。

　　　⑸人際關係的管理。

　　3. 情緒智慧是可以經由學習而加以促進，每個人可透過學習調整情緒的技巧來提升自己的情緒智慧。例如學習認識情緒、理解情緒、說出心中的感覺，學習處理壓力、焦慮、憤怒及悲傷的方法，培養同理心，學習情感溝通的藝術、樂於付出、願意幫助別人等。

二、參考書目：

Daniel Goleman (1995). *EQ.*

江文慈（民 85）：解讀人類的另類智慧 EQ。諮商與輔導，124期。

張振成（民 85）：教育資料與研究──談情緒智商 EQ 的意涵

與增進之道。

三、建構圖：

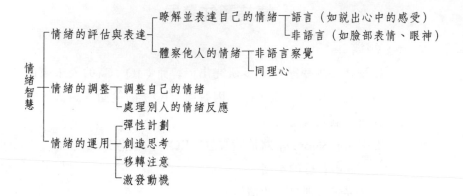

情緒智慧
- 情緒的評估與表達
  - 瞭解並表達自己的情緒
    - 語言（如說出心中的感受）
    - 非語言（如臉部表情、眼神）
  - 體察他人的情緒
    - 非語言察覺
    - 同理心
- 情緒的調整
  - 調整自己的情緒
  - 處理別人的情緒反應
- 情緒的運用
  - 彈性計劃
  - 創造思考
  - 移轉注意
  - 激發動機

四、重要概念：

1. 情緒智慧（EQ）。

2. 智商（IQ）。

3. 個人智能。

4. 內省智能。

5. 人際智能。

五、原理原則：

台灣的教育應多關注孩子內在心靈及情感能力的薰陶和教育，教師們應有系統的教導學生認識自己、情緒管理、解決衝突、處理人際關係等，茲將如何增進學生情緒智慧的方法，分述如下：

1. 鼓勵自我競爭。

2. 重視同理心的訓練。

3. 提供成功多於失敗的經驗。

4. 重視社交技能訓練。

5. 提供角色扮演的機會。

6. 倡導合作學習。

六、結論：

1. Peter Salovery 和 John Mayer 於 1990 年提出「情緒智慧」，意指一個人能夠瞭解、處理及運用情緒，使生活更豐富的一種能力。

2. 情緒智慧的概念與嘉納（Gardner）在多元智力論中的「個人智能」類似。個人智能包括內省智能和人際智能，是一種接近自己情感生活的能力，人們有效地察覺及區辨自己的情感，甚至將這些情感加以命名，轉化爲某些象徵性的編碼，以激湧情

感來引導自己的行爲。

七、心得：

　　情緒智慧是較新的觀念，隨著社會快速的變遷與需求，情緒智慧甚至比智商更重要，教育與經驗對提高智商效果有限，然而在用心教導下，情緒智慧確實可以透過學習加以改善。

後設認知發展

■流程圖

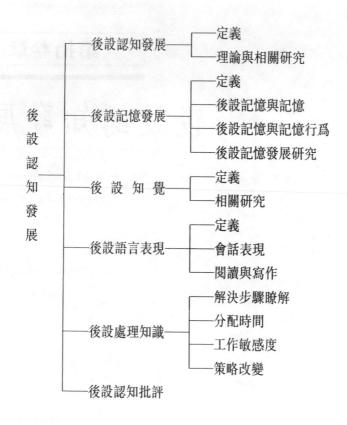

第一節　後設認知的發展

在前面幾章所討論的是兒童在認知作業上的表現——即兒童知覺或記憶到什麼；他們如何去解決問題。而本章將以一個不同的認知型態來考慮——即兒童所能覺察到他們自己的認知歷程，而這個領域即為目前受重視的認知歷程的研究——後設認知（ metacognition ）。

壹、定義

所謂後設認知是個人對自己的認知歷程能夠掌握、控制、支配、監督、評鑑的另一種知識；是在已有知識之後為了指揮、運用、監督既有知識而衍生的另一種知識；之所以稱為「後設」者，其原因在此；即對認知的認知。

以下將分別介紹各學者對後設認知的定義：

一、傅來福（ Flavell, 1981 ）

他將後設認知內涵分為兩個主要成分。一為後設認知經驗，

一爲後設認知知識。所謂後設認知經驗，係指個人從認知活動後
獲得的理性與感性的綜合感受，換言之，是指認知活動之後的認
知經驗。而後設認知知識，指個人對自己既有知識能夠在不同時
機予以選擇、組織、支配的高一層知識，換言之，是駕馭知識的
知識。後設認知經驗是關於認知目標、認知行動、後設認知知識
的知覺，四種彼此交互作用著，其關係如圖 13-1。後設認知經
驗並不缺乏，但常發生在某些特定情境中，某些情境則否。

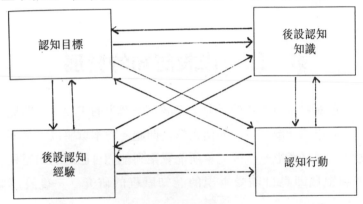

圖13-1　認知監控模式（採自 Flavell, 1981.）

二、Wellman（1985）的定義

　　認知的認知，是指個人關於認知歷程（cognitive pro-
cess）、認知情境（cognitive state）的知識。存在於成人中，
發展於兒童期，是可以學習的。

　　他認爲後設認知是由五種不同的知識組成，包括：

　　1. 存在（existence）

　　人們必須知道心理情境是存在著，它有別於外在事件或行
動。

　　2. 清楚的歷程（distinct process）

必須清楚地掌握各種不同的歷程。

3. 整合（integration）

雖然有許多不同的心理活動，但是心理歷程是相似、相關的，可以組合成一整體的心理活動。

4. 變項（variables）

每種心理表現，都受許多因素、變項所影響。

5. 認知監控（cognitive monitoring）

人們有能力了解自己的心理狀態，能監控正在進行的認知過程。監控能力包括組織、監控和修正學習結果。監控個人的行為，首先需要個人對自己的行為或學習的單元建立起學習目標，於行為表現之後，評估這些目標達到的程度。必要時修正原有的策略，以便有效達到既定目標。

三、Steven（1985）定義

Steven 認為後設認知包含三種：

(一)後設記憶（Metamemory）

考慮採用那種策略或方法可以幫助記憶。

(二)後設理解（Metacomprehension）

思索是否了解某人剛剛給你的訊息。

(三)後設注意（Metaattention）

嘗試著觀察某事時，思索什麼情境會產生最少干擾。Miller（1985）認為後設注意是後設認知的分支，包括注意力的知識和關於注意力的控制。個人注意力可能受事件的影響，也可能受心理因素影響。學生通常不知道注意力有限，人必須靠自己努力培養注意力，而非完全能自動地注意所要認知的事物。至於注意力的控制，包括監控個人目前的注意狀態、分析工作中所需注意到

的指令,選擇一個能引起注意的策略以及評價這個策略的效果。

四、Gage 和 Berliner(1984)定義

　　Gage 和 Berliner認為後設認知主要在探討六個問題。

　　1.對於此一學習主題,我知道些什麼?

　　2.學習這個主題我要花多少時間?

　　3.解決這個問題最好的辦法是什麼?

　　4.我如何預測或評價這項工作的結果?

　　5.我能如何改變自己的方法?

　　6.當我犯一個錯誤時,我如何偵測出來?

五、Lawson(1980)的定義

　　從訊息處理的觀點來看,認為後設認知能力是個體在處理訊息的過程中逐漸形成的,其形成過程如下圖:

圖13-2　後設認知形成過程(採自Lawson, 1980.)

六、Yussen & Santrock(1982)定義

　　後設認知即為解決問題的能力,其包含內容如下圖所示:

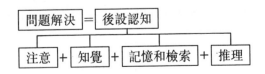

圖13-3　問題解決內容

貳、後設認知發展的理論及研究

一、理論

目前研究後設認知的理論主要有四大類：訊息處理、認知結構、認知行為、和心理計量等。此四類理論各有代表研究者，其含蓋的研究範圍亦各自不一（參見表 13-1）。在四類理論中，又以訊息處理為目前的研究趨勢。

二、相關研究

㈠Steven's

綜合了近代有關認知發展的研究，將研究特色及研究問題分析如表 13-2，13-3。

㈡有關後設認知的發展來源方面研究

1. Wellman 和 Johnson（1979）研究發現兒童到七歲左右已具有記憶和遺忘的覺知能力。

2. Johnson 和 Wellman（1980）的研究指出：兒童到四、五、六歲以後已開始使用記憶、思考和知道等心理動詞的概念。

3. Limber（1973）研究發現：二歲半的兒童已逐漸會使用「記得」、「知道」、「想」等動詞在口語中。

4. Flavell（1971，1981）認為後設認知研究必須考慮情感的監控、社會認知，以及主觀經驗的因素，例如痛、焦慮等感覺。

5. Sigler（1981）綜覽文獻認為兒童學習和認知研究，必須同時考慮認知和情感的關係。

6. Abramson（1978）及 Seligman（1975）的研究認為兒童接受後設認知回饋訓練後，有助於改善習得無助感。

7. Diener 和 Dweck（1978）研究顯示：接受失敗回饋後，

表13-1　後設認知理論與派典

派典	代表者	後設認知研究內容
1. 訊息處理論	Siegler, Klahr, Sternberg, Trabasso	1. 控制模式及執行處理的描述。 2. 自我調整機制的描述 3. 類化和策略訓練模式的描述
2. 認知—結構論	Piaget, R. Brown, Feldman	1. 認知事件，策略組型的結構知識 2. 強調結構改變的順序 3. 後設認知知識與其他知識結構改變的關係
3. 認知—行為論	Bandura, Mischel, Rosenthal and Zimmerman	1. 後設認知在中介學習所佔的地位 2. 後設認知的來源 3. 後設認知在行為改變技術和工程學中的重要性
4. 心理計量學	Cattle–Horn, Guilford 的智力結構，Kaufman 因素，WISC的結構模式	1. 測量主題(如信度、效度) 2. 確認後設認知因素或基本歷程。

取自 Steven's(1985)The Role of Metacognition In Comtempory Theories of Cognitive Development.

表13-2　國外兒童與成人認知發展研究的特色

研究性質	兒童期	成年期
探究重點	研究技能的獲得與技能組織的程度。	專家特殊類型的技能應用及特殊領域的作業選擇。
認知改變來源	成熟和文化方面研究	文化方面研究（工作、家庭、經濟、歷史等）。
選擇認知題目方式	一般性問題、文化、訓練問題以學校爲主。	個別發展、特殊性問題以工作、家庭及團體爲主。
認知活動	課業解題活動	有目的遷移活動實際生活解題。

表13-3　研究認知現象的不同問題傾向

特徵	解決問題	問題表徵方面	計劃
代表性例子	平衡槓桿問題	作文題	發展一個學校適用的研究計劃
起點問題	問題定義 迅速解題 直接解法	考慮不同問題 模糊性研究 時間問題	考慮目的 延遲到目標建立
解決的本質	高度特殊化處方問題	有點特殊性	歷程上特殊性 單一處方結果
工作對象	個別式	個別式	團體式
冒險與獎賞程度	低	中等	高
時間性	短時間 短期解決	短時間 短期解決	長時間 長期解決
修正方面	少 只適用於原先特殊性	有些 適用改變特殊性	事前計劃 改變解決架構

（取自 Steven's（1985）認知發展現代理論）

自主傾向（mastery-oriented）兒童保持或改善原有表現；而無助感兒童會破壞自己的表現。在採用認知策略上，自主傾向兒童會從事自我教導、自我監控以求成功；而無助感兒童會做能力歸因。

8. Carver（1981）曾針對十二歲數學低成就兒童做研究，企圖以後設認知策略減少習得無助感。結果與控制組相比，接受策略訓練組在數學工作上較具策略傾向，能口述策略以應付難題，較少將失敗歸因於能力不足。

9. 至於在自我效能方面的有關研究，主要是依 Bandura（1977），以社會認知觀點，強調個人自我效能，控制感覺（sense of control）在威脅情境中如何依賴所需技能以應付工作。所謂自我效能是判斷個人在處理工作情境，能執行某項工作的能力。自我效能信念會影響個人行動抉擇，努力的多寡，行為的保留和思考型態。（Bandura, 1982）自我效能獨立於個人真正工作能力以外，因而可能真正成功的程度一樣，而體驗的自我效能程度卻不一，而不同的自我效能反應會反應在下一次的工作表現上。

10.Schoen 和 Winocur（1988）以學業自我效能量表研究女大學生為何學業成就低落？結果發現：自我效能與學業成就有顯著相關。Wood 和 Locke（1987）亦有同樣發現，支持自我效能與學業表現、自我設定學業目標有關。至於 Ronald（1989）更進一步採用認知行為適應技能訓練，比較接受訓練與否的效果。結果顯示訓練組較控制組顯著提高學業表現和自我效能。

第二節　後設記憶的發展

壹、定義

一、Flavell（1971）的論點

認爲後設記憶是個人潛在知識，包括訊息的儲存（storage）和檢索（retrival），主要有兩部份：

1. 結構的觀念化(the conceptualization of the construct)。

2. 真實記憶行爲的指標。（a predictor of actual memory behavior）

二、Flavell 和 Wellman（1977）的定義

區分記憶知識爲兩類：

1. 感受類別（sensitivity category）

覺知某種情境需要某種知識，而其它情境則不需要。

2. 變項類別（variable category）

記憶表現受記憶情境因素影響的知識。變項類別又有三種：

⑴個人變項（person category）

指個人具有一般記憶能量、記憶限制，在工作時能監控經驗的知識。

⑵工作變項（task variables）

覺察工作所需或訊息輸入儲存量會影響記憶表現。

⑶策略變項（strategy variables）

關於個人在儲存、檢索策略的知識。

Flavell 和 Wellman 更認爲成熟的後設記憶者，會了解以下

四要點：

1. 情境是否需要努力記憶。

2. 記憶技能有很大的個別差異。

3. 個體內不同的記憶，是因作業與安置的不同。

4. 在編碼、檢索策略裡，監控認知是有用的。

貳、後設記憶與記憶的關係

根據 Pressley, Borkowski 和 O'sullivan（1985）瀏覽四十七篇有關後設記憶與記憶方面的研究，其結果發現：

一、後設記憶與記憶之間未有明顯的相關，其可能原因是後設記憶的研究方法有缺失，有關後設記憶的評估方式至今仍有許多爭議之處。記憶材料太窄化，後設記憶的範圍太受限制等問題，都可能影響上述兩者之關係。

二、後設記憶的研究若是以歷程爲研究取向，而非以實作表現研究變項時；後設記憶的材料具有挑戰性；允許受試修正策略的研究等方面的研究結果，皆發現後設記憶的訓練有助於記憶力的增長。

三、大多數的研究皆支持後設記憶與記憶之間有顯著的相關。

叁、後設記憶與記憶行爲之關係研究

一、記憶監控方面

㈠記憶廣度的預估方面

Flavell 等人（1970）以學前兒童、幼稚園、國小二年級和國小五年級學生爲受試，以預估記憶廣度。結果顯示各年級平均

預估表現均高於實際表現，而且年紀愈小愈易高估記憶廣度，年長兒童也只有四分之一能正確預估。結論認為只有七歲或較大兒童才能確定自己的記憶廣度的限制。

㈡回憶預估方面

　　1. Moynahan（1973）以國小一、三、五年級為受試，發現有分類字表的回憶量，較沒有分類字表的回憶量有顯著的增加。三、五年級學生會將此增加結果歸於分類的關係。

　　2. Yussen 等人（1979）以國小一、三、五年級為受試，採用圖畫分類字表、形狀分類字表、語意分類字表和自由分類字表進行研究。結果所有年級均判定語意分類較自由分類容易回憶；只有五年級認為語意分類比形狀分類更有效。

二、努力與注意分配策略方面研究

㈠努力與注意分配方面研究

　　1. Masur，McIntyre，和 Flavell（1973）以國小一、三年級和大學生為受試，在一定時間內自由學習。其結果發現：國小三年級學生和大學生都選自己易遺忘的項目學習；國小一年級學生則會任意的選擇項目學習，而且表現出較差的注意及努力分配。

　　2. Rogaff、Newcombe 和 Kagan（1974）發現八歲兒童會依據被允許的時間，來調節自己的監控時間；而四歲兒童即使給予較長的時間，也不會延長監控。而且結果顯示再認的記憶錯誤量和監控時間有顯著負相關。

㈡檢索努力的分配

　　Wellman（1977，1979）以幼稚園，國小一、三年級學生為受試。發現對無法回憶項目的監控能力會隨年齡而增加；幼小兒

童對記憶雖然有相當的知識，卻無法使用此知識；相反地，年長者較容易體驗舌尖現象，而有情緒反應。所有年齡層只要判定某項目爲有情緒反應。所有年齡層只要判定某項目爲知道，則會增加努力檢索；反之，則否。

三、訓練或處理方面研究

㈠記憶監控的訓練

　　Brown 等人（1979；1980）研究特殊記憶技能對可教育的障礙兒童的影響效果。一般而言，受訓者在訓練過程都改善了監控技能，但只有年紀大的兒童在後測中表現相等程度的技能。Brown 等人認爲心理年齡八歲者即具有遷移記憶監控能力。

㈡使用組織策略的訓練

　　Ringel 和 Springer(1980) 採用語意爲主的建檔策略（ semantically based sorting strategy ），以國小一、三、五年級爲受試，每年級二組告知策略的使用與表現改善的因果關係。結果國小三年級接受回饋者，較其餘實驗組和控制組，能更正確回答策略使用的原因。所有國小五年級實驗組較控制組保留較多建檔策略，呈現較佳後設記憶。而國小一年級學生在實驗情境中，後設記憶分數並沒有很大差異。總而言之，只有國小三、五年級學生在後設記憶與記憶行爲間有相關存在。

肆、後設記憶發展研究

　　有關後設記憶發展方面的研究，可從後設記憶能力與年齡之間的關係來探討。

一、幼兒的記憶分辨能力發展問題

　　早期的研究認爲年幼的兒童不能分辨知覺與記憶的不同。但

是，Appel, Cooper, McCarrel, Simsknight, Yussen 和 Flavell
（1972）曾做了一個研究，其實驗設計為：先呈現給四、七和十
一歲的孩子一系列圖畫。主試者告訴一半的受試注意「看」那些
圖畫，告訴另一半的受試要「記」住那些圖畫。結果發現回憶的
能力會隨著年齡而增進，但是只有在較大年齡層的受試者的回憶
量才會出現聽到「記」的指導語的受試的成績比聽到「看」的受
試有較好的表現。這表示較小的孩子沒辦法分辨知覺和記憶的不
同。但是這個研究有令人非議的地方。批評者認為這些實驗無法
證明小孩是否知道知覺和記憶的不同，或是小孩只是記憶能力不
好。Yussen（1975）後來又再做了一個類似上面的研究，他發
現當小孩被吩咐要「記」住那些圖畫時，他們會用較多的時間在
注意圖畫上，由這結果顯示較小的孩子能夠分辨知覺和記憶，只
是他們沒有能力運用策略以記得更好。

二、學齡前兒童的記憶特徵

　　雖然小孩有能力區分知覺和記憶，可是他們對於什麼是記憶
仍是很混淆。Appel et. al.（1972）；Flavell et. al.（1970）；
Markman（1973）曾做過類似的研究；他們讓兒童閱讀一些學
習材料，然後告訴他們如果他們已將材料記憶下來就通知主試。
這些研究者發現較小的兒童（幼稚園及學前的兒童）花大部分時
間在沒有效率、非策略性的活動上。同時他們也不清楚什麼時候
材料已被記在腦中。因此當他們向主試說已經記好學習材料時，
測出來的回憶成績卻不理想。

　　Kreutzer, Leonard, & Flavell（1975）；Brown（1978）的
報告中指出，在和國小三年級學生比較下，幼稚園兒童較不瞭解
敘述，聯結度高的文句比非敘述性、聯結度低的文句容易記。另

外他們也不知道釋意的回想比逐字的回想容易。

根據 Brown（1978）；Kreutzer（1975）的研究，較小的兒童不瞭解複誦和分類的用處，他們讓孩子看一些錄影片，片中的小孩各使用複誦、分類或只是「看」的技巧，然後問受試那影片中的那個小孩回憶會較好。四歲的小孩認爲沒有那一種策略會讓人的回憶比較好。而國小三年級的兒童則普遍認爲積極的策略（複誦和分類）會產生較好的成績。

在 Levin, Yussen, DeRose, & Pressley（1977）的研究中，他們讓國小一年級、五年級及學院的學生預估他們在一個學習材料中可以再認（recognition）或回想（recall）的成績。研究者發現發生預估回想的成績的能力會隨著年齡發展而進步這點有顯著差異，但在再認的預估上則沒有這現象。同時也發現在較大的年齡組中學生預估自己在再認方法中的成績會比回想的好，可是在較小的年齡組中則沒有這種差別。

但是兒童的表現會受實驗材料的影響。舉例來說，在一些情況下，較小的兒童也會發現再認比回想容易。Speer and Flavell（1979）告訴幼稚園和國小一年級的兒童有關兩個小孩將用再認法或回想法來做測驗的故事。研究發現即使幼稚園和國小一年級的兒童都認爲再認比較容易，而且還提出理由支持他們的答案。

另外也有研究發現即使三歲的小孩也會運用記憶策略（如手指或身體的方向）來幫助他們記憶物體被移走的方向。（Wellwan, Ritter & Flavell, 1975）。

從上面幾個研究，學齡前兒童的記憶特徵可歸納出幾點：

1. 在記憶時，他們花大部分時間在沒有效率、非策略性的活動上。

2.他們不清楚自己是否已能將學習材料記起來。

3.他們不瞭解敍述性、聯結度高的文句比非敍述性、聯結度低的文句容易記。

4.他們不瞭解釋意的回想比逐字的回想容易。

5.他們較不相信有什麼記憶策略可讓記憶增加。

6.他們比較不知道再認比回想容易。

但是該注意的是兒童的記憶表現會受外在變項如工作難度所影響，所以我們不能單獨從兒童的記憶表現來評斷他們的認知狀況。

三、學齡兒童記憶特徵

根據上述的幾個實驗，我們也同時可對學齡兒童的記憶歸納出幾點：

1.他們能夠運用記憶策略和線索以增進記憶。他們在接到一個工作或學習材料時，較大的兒童會先預測它們的性質，然後決定是否需要運用那些策略以保留或檢索記憶的訊息。他們會決定材料的那些部分需要記，要記多少以及使用什麼方式來記。

2.較大的兒童瞭解再認法比回想容易。

四、總結

在後設認知的理論及其研究中，我們可以發現後設記憶而隨年齡而增進的，而記憶表現是個人的後設記憶和工作變數的複雜交互作用，所以不能單獨以記憶表現來論斷一個人的認知狀況。

第三節　後設知覺的發展

壹、定義

後設知覺是指對於訊息內容（刺激輸入）的了解和對於影響知覺的因素的認識，它目前的研究方向是著重於研究有關兒童聽力技巧的了解和評估訊息足夠性的能力。到目前為止研究結果顯示：年齡較小的兒童對於訊息內容的資訊性的敏感程度不如年齡較大的兒童。

貳、研究取向

在研究這些能力時，研究者一般都提供給孩童一連串的圖片。而主試者隨後敘述這些圖片的其中一張，兒童的工作就是確認主試者敘述的是那一張圖片。給予受試者的訊息在資料內容上不同。有些敘述所供給的資料足以做正確的選擇（完全的資料性），一些是提供足夠的資料使得受試者可刪除一些但不是全部的錯誤的選擇（部份的資料性），其他是提供與選擇無關的資料（非資料性）。

當我們收到一種非資料性或部分資料性的訊息時，我們通常會要求進一步的澄清，然而，比九歲小的兒童不會要求澄清。雖然對此情形有幾種解釋，但是沒有一個確切的結果。一種可能的解釋是年齡較小的兒童不會分辨何者較為正確；在資訊內容不足的情況下，幼童不會比較何者較為正確，並藉此做判斷，他們只是選擇一個看起來較為合理的解釋，並且堅持不變。第二種解釋是兒童不了解主試者給他們的回饋（feedback）是重要的。幼童受限於本身的溝通技巧無法做全盤的接受與了解，當幼童無法了解主試者所給的訊息時，他們通常不會發問，而且認為自己無法

了解是因為自己能力不足、與主試者無關。

　　第三種解釋牽涉到資料和內容的複雜度，如果訊息內容太過複雜使孩童無法了解時，在這種情形下，兒童的後設知覺知識會十分貧乏。就好像一個人完全不懂物理，卻去上一堂高等物理學的情形一樣。但根據 Patterson 等人於一九八一年所做的研究顯示，如果改變訊息複雜度和資料的足夠性，即使是幼稚園小孩也可清楚的區別出具有資料性與沒有資料性。

　　最後一個因素是情境因素，較年幼的兒童他能知覺到環境因素對幼童的注意力有影響。Miller 和 Zalenski（1982）發現，在非語文作業中，即使是三或四歲的幼童也知道如果兒童參與興趣高而且環境安靜時，注意力會較好。然而，在語文作業中，兒童會不太清楚什麼因素會影響他們的注意力。

　　綜合以上所述，我們可歸納出幾點結論：

　　1.較年幼的兒童對於訊息內容資料性的敏感度不如較年長的兒童，而這種敏感性可大部分歸於呈現訊息的內容。

　　2.幼童認為年齡較大的兒童是較好的聽眾，他們在需要選擇性注意的工作表現較好。

　　3.幼兒也知道某些因素會影響知覺，但假如幼兒被施測高度語文作業時，他們不容易察覺到這些因素。

　　4.在兒童的工作知覺或因素能影響表現的知覺與真正表現之間僅有低相關存在。

　　5.年幼兒童似乎對於如何使他們成為較好的訊息接收者與傳達者有某些基本的認識，而隨著年齡的增進，他們更能清楚的知道影響知覺的因素。

第四節　後設語言表現的發展

壹、定義

　　後設語言表現（Metalinguistic performance）是指個人對自己的語文結構知識與語文的認知歷程兩方面有所理解後，所表現出來的行為。所謂語文結構的理解是表示個人能知覺語言的句法，語意的儲存，語文功能及形式等方面的知識。語文認知歷程的理解是表示個人對語文訊息的處理過程有所領悟。後設語言表現可以知識的分析度與語文的認知控制兩方面劃分成三種實際行為表現，如會話、閱讀——寫作及後設語言技能。如下圖13－4所示。

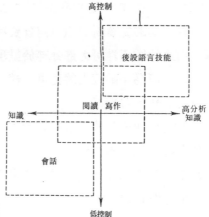

圖13-4　後設語言模式圖
取自 Bialystok 和 Ryan (1985): A Metacognitive Frame work for the Development of First and Second Lauguage Skill.

　　有關後設語言表現方面的研究通常是從會話、閱讀——寫作、及後設語言技能等三方面探討。

貳、會話的相關研究

會話是個人與他人溝通的語言，隨著地區文化不同，而有不同的表達方式。而會話的表現通常與個人的檢索能力與監控能力有關。以下有兩個實驗證實此種看法。

一、McLaughlin, Rossman & McLeed（1982）研究

此篇研究指出：第二語言的學習與個人自動化控制能力息息相關。會話流暢者通常在檢索語文知識時反應較快，能自動化的提取個人的語文知識。

二、Krashen（1981）研究

此篇研究說明：後設語言的表現是在知識輸出的歷程中發生的，換句話說，後設語言的表現與個人檢索與監控能力有關。通常個人在檢索知識過程時，所應用的監控能力不足，將會使其語言表達缺乏結構。檢索過程應用太多的監控，將使語言表達花費時間較長。

叁、閱讀與寫作的相關研究

一般而言，讀與寫比會話的表現需要更高層次的認知監控及語文知識分析。閱讀與寫作歷程必須具有語言知識及語文知識，結合語文知識與主題有關的知識等能力。寫作歷程尤其需要具有轉譯及溝通能力。有關這方面研究在語文認知發展該章上已詳加介紹，不再贅述。

肆、後設語言技能訓練的相關研究

後設語言技能的訓練通常是從閱讀教學及語言訓練兩方面加以探討的，以下爲有關的研究。

一、對閱讀的教導研究

Schallert（1980）研究指出：影像表徵的訓練有助於兒童閱讀能力的提高。也就是利用圖文並茂方式訓練兒童閱讀能力，有正向效果。但是此種方式對幼小兒童的字彙再認能力反而不利，因爲兒童學習過程只注意圖片中整體的故事架構，而忽略單字的記憶。

二、第二語言的教導

在認知監控與分析知識充份發展的前提下，閱讀不只容易學習，也容易遷移到其它語言的學習。Rosier 和 Holm（1980）對新墨西哥州説印第安那語言兒童進行研究。研究中先教孩童閱讀印第安那土語，後教英語，結果不只印第安那技能發展良好，在小學階段結束前，孩童的英語能力也隨之提升了。

第五節　後設處理知識的發展

後設處理知識（metaprocessing knowledge）主要是指有關問題解決歷程的知識與理解歷程。

壹、解決步驟的瞭解

在解決問題中，有一些特定的步驟是必需的，如：㈠知道該問題有解答；㈡察覺某些可能的解答；㈢有效地分配時間；㈣對

所得的回饋很敏銳；㈤改變策略來適應問題；㈥評估達到問題解決所需的訊息。然而，當我們檢視一些研究時，我們發現小孩並未都具備這些能力。比如說，小孩到底知不知道問題有解答，並不明顯。還有他們會採取「非解決策略」，也就是說隨機反應，及停留在某個特殊的假設上而不懂得改變。

貳、分配時間

如果想有效分配時間，其先決條件則是必須有策略地去處理問題，而且還要有自我監控系統用來知曉問題被解決或學到什麼。但是有研究卻指出，低於八歲兒童不懂運用策略來合併新訊息到他們的研讀內容中，而只是一研讀先前已學得的資料。相反地，較高年級的小學生則有系統地計劃進行一連串如學到什麼、運用主動積極策略來保存訊息、利用自我評量來評估學習的程度。

叁、工作敏感性

有關後設處理的知識是對工作要求很敏銳，且能順應工作的要求而改變策略。針對這一點要提出兩個問題：①兒童對從某一策略中得來的訊息是否敏銳？②兒童對工作特性是否敏銳？且能根據工作特性來改變策略？

Olson（1966）曾做一個檢驗策略發展的實驗。在此實驗中受試者分成兩組，一組被告知可任意選擇按鈕，但愈少選擇愈好，一組則被告知每當做完一個選擇就得報告，其所得的訊息是否足夠，而兩組之目標皆是藉選擇按鈕來發展那一個鑑定模式是對的，如果按下和被設計爲對的模式相對應的鈕，燈泡就會亮，

藉由這樣的訊息回饋，看受試者是否能發展出一套策略來鑑定那一個是對的。結果發現較小的孩子，對從某一搜尋策略中得到的訊息內容並不敏銳，但是較大的孩子不但可以察覺經由策略選擇而得的訊息，且會做提供關鍵訊息的抉擇。三歲小孩不論是那一組，其表現皆差不多，但是五、七、九歲在控制組中都會做能提供訊息的選擇，但是在自由組中，即使是九歲小孩也不懂利用策略來獲得較多訊息的選擇。所以可以這麼說，當學齡兒童被要求去評估從選擇當中得來的訊息的情況下，他就能運用或改變策略來獲得解決問題所需的訊息。

肆、策略改變

除了對從問題解決中所獲得訊息更加敏銳之外，小孩漸漸針對工作特質來改變其策略行爲。例如在一個實驗中，有三組受試分別是學前、小學和大學生，他們被要求從好幾個項目去選擇一個被增強的項目，但並非每次選擇這個項目都會得到增強。結果，非常有趣地發現學前及大學組答對的比率較高，小學較低。面對這樣的結果，其解釋應是學前兒童並無所謂策略可言，他們只是在發現某一個項目被增強以後，就一直選這個項目，而沒想到改變策略選別項。也就是說在其腦中，並無改變策略的概念，而大學生則歷經了策略改變嘗試後，才肯定被增強的項目，而小學生則曾試著找出最理想的策略，卻失敗了。所以當年齡愈大時，愈會試著改變策略來達到一個完美的策略以解決問題。

伍、結論

總之，跟後設認知的其他領域比較起來，後設處理知識如問

題是什麼？如何分配時間？如何利用訊息？如何改變方法來順應
工作的要求？亦隨著年齡發展的改變而有所進步，不過和其他後
設認知知識一樣，研究結果仍然受到很多工作因素的影響，例如
當工作較簡單時，較小兒童之進一步的後設處理知識也會被發
現。

第六節　對後設認知研究的批評

「後設認知」這主題雖然引起不少學者的興趣，但有關這方
面的研究，也受到許多批評。甚至有些學者（Cavanaugh &
Perlmuter, 1982）認為，以我們現在所知曉的後設記憶知識，對
科學並沒有太大的價值。

對後設認知之研究最主要的批評是它單從一個研究結果，就
用以說明某一個現象，缺乏一個完整的理論架構。這種缺失造成
五種不良結果：

1.大部分後設認知的研究是單一研究，單一論證。研究結果
只能顯示某一個年齡階段的小孩有或沒有後設認知的能力；對後
設認知知識是如何發展或後設認知是如何和認知系統的運作產生
關係，未能提出說明。

2.缺乏固定完整的理論，易使人忽略理論中的重要部分，例
如後設處理知識，而太過注意一些可能不很重要的部分。Brown
（1978）對許多有關兒童複誦技巧的研究提出質疑，認為這是否
真是個重要而值得研究的問題。雖然在實驗室中，複誦技巧對機
械性的記憶方式是必須的，但在實際生活裡，我們很少會運用到
這種技巧。假使我們必須記憶一連串瑣碎的車西時，例如購物

單、電話號碼、人名……等，我們通常把它寫在紙上，而不去記它。

　　3.由於後設認知的研究太過於偏重某一部分或某一個年齡層（學齡前兒童和小學低年級兒童），對整個後設認知的發展，可能會有所誤解。例如某些研究結果認爲小學三年級的兒童就有很穩定的後設認知知識，但有些學者（Brown, 1979; Cavanaugh & Perlmuter, 1982; Flavell, 1979）並不贊同這項說法。他們的質疑是：在實際生活中，有許多複雜的工作，成人在做這些事時，對自己的認知狀態都不是非常了解的。因此某些研究結果很可能會導致我們對後設認知的發展有錯誤的印象。

　　4.後設認知研究的另一個問題是缺乏對概念的清楚描述。Cavanaugh 和 Perlmuter（1982）就曾提出後設認知理論中，未曾將記憶知識（memory knowledge）和執行歷程（executive processes）連接起來加以解釋。概念定義不夠清楚，在研究後設記憶和其他概念歷程之間的關係時，就會有困難。如果定義清楚的話，進行後設認知研究時，研究者很可能會對某些複雜問題有所頓悟，而較易解決。

　　5.最後一個問題是研究方法的可靠性和正確性。某些學者認爲有關後設後設記憶和後設認知的研究，其步驟通常是不夠確實，可信度令人懷疑的。其研究方法常常只是測兒童的語文流暢性，而非測真正的知識狀態。因此，有些研究者認爲不同的測量方法，而不只是一般的口頭語文測量法，對研究結果的信度、效度會更有幫助。

　　後設認知是近十年來認知心理學家研究的新問題。所謂「後

設認知」是指個人對自己的認知歷程能夠掌握、控制、支配、監督、評鑑的另一種知識，亦即「對認知的認知」。

　　後設認知的觀念對學校教育來說有極為重要的意義（張春興，民 77）。學校老師教學生知識，學生學到了知識，但未必學到如何運用知識的策略和能力。這種現象，在國內教育中尤其明顯。布魯納曾說：「學校應該是個讓學生學習如何求知的場所，而不是個被灌輸知識的地方。」這實在值得我們深思。

【參考文獻】

張景媛（民 79）不同後設認知的大學生在學業成績與認知適應之差異。中國測驗學會　測驗年刊　37 期　143−162。

張景媛（民 79）回饋方式目標設定與後設認知對國小學生數學作業表現及測試焦慮之影響。師大教育心理學報　23 期 189−206。

Bialystork E., & Ryan E. B. (1985) A Metacognitive Framework for the Development of First and Second Language Skills. In Forrest−Pressley D. L.; Mackinnon G. E.; & Waller T. G. (Eds) *Metacognition, Cognition, and Human Performance.* (Vol.1) New York; Academic Press.

Cross G.; & Paris S. G. (1988) Developmental and Instructional Analysis of Children's Metacognition and Reading Comprehension. *Journal of Educational Psychology.* 80, 2, 131−142.

Cullen J. L. (1985) Children's Ability to Cope With Failure: Implications of A Metacognitive Approach for the Classroom. In Forrest－Pressley; Mackinnon G. E. & Waller T. G. (Eds). *Metacognition, Cognition, and Human Performance.*

David C. G. (1988) The Functional Role of Preschoolers' Verbalizations in the Generalization of Self－Instructional Training. *Journal of Applied Behavior Analysis.* 21, 1, 45－55.

Gross T. F. (1985). *Metacognition In Cognitive Development.* California: Brooks/Cole Publishing Company.

Loper A. B. & Murphy D. M. (1985) Cognitive Self－Regulatory Training for Underachieving Children. In Forrest －Pressley; Mackinnon G E. & Waller T. G. (Eds) *Metacognition, Cognition, and Human Performance.* (Vol.2) New York: Academic Press.

Mason J. M (1985) Cognitive Monitoring and Early Reading: A Proposed Model. In Forrest－Pressley D. L; Mackinnon G. E.; & Waller T. G (Eds) *Metacognition, Cognition, and Human Performance.* (Vol.2) New York: Academic Press.

Pressley M.; Borkowskii J. G.; & O'Sullivan J. (1985) Chidren's Metamemory and Teaching of Memory Strategies. In Forrest－Pressley D. L.; Mackinnon G. E.; & Waller T. G. (Eds) *Metacognition, Cognition, and Human*

Performance. (Vol.1) New York: Academic Press.

Richard N. B.; Rosemery O. N.; & Terry W. O. (1987) Self−Instruction: An Analysis of the Differential Effects of Instruction and reinforcement. *Journal of Applied Behavior Analysis.* 20, 3, 235−242.

Ronald E. S. (1989) Effects of Coping Skills Training on Generalized Self − Efficacy and Locus of Control. *Journal of Personality and Social Psychology,* 56, 2, 228−233.

Ronald E. S.; & Lee Nye S. (1989) Comparison of Induced Affect and Covert Rehearsal in the Acquisition of Stress Management Coping Skills. *Journal of Counseling Psychology.* 36, 1, 17−23.

Schneider W.(1985) Developmental Trands in the Metamemory − Memory Behavior Relationship: An Intergrative Review. In Forrest−Pressley D. L.; Mackinnon G. E.; & Waller T. G. (Eds) *Metacognition, Cognition, and Human Performance.* (Vol.1) New York: Academic Press.

Wallace G. & Kauffman J. M. (1986) *Reading. In Teaching Students With Learning and Behavior Problems* (3ed.). Columbus: A Bell & Howell Company.

Schoen L. G.; & Winocur S. (1988) An Investigation of the Self−Efficacy of Male and Female Academic. *Journal of Vocational Behavior.* 32, 307−320.

Wayne R. D.; & Joseph O. H. (1985) Effects of Self —Instructional Training and Strategy Training on a Mathematics Task With Severly Behaviorally Disordered Students. *Behavioral Disorders.* 10, 3, 211—218.

Wellman H. (1985) The Origins of Metacognition. In Forrest — Pressley D. L.; Mackinnon G. E.; & Waller T. G. (Eds) *Metacognition, Cognition, and Human Performance.* (Vol.1) New York: Academic Press.

Wong B. Y. L. (1986) Metacognition and Special Education: A Review of A View. *The Journal of Special Education.* 20, 1, 9—29.

Wood R. E.; & Locke E. A. (1987) The Relation of Self — Efficacy and Grade Goals to Academic Performance. *Educational and Psychological Measurement.* 47, 1013—1024.

Yussen S. R. (1985) The Role of Metacognition in Contempory Theories of Cognitive Development. In Forrest— Pressley D. L.; Mackinnon G. E.; & Waller T. G /. (Eds.) *Metacognition, Cognition, and Human Performance.* (Vol.1) New York: Academic Press.

V字作業量表

後設認知發展

一、知識：

　　後設認知是認知的一種動態歷程，包括了訊息的處理與策略的使用。

二、參考書目：

陳李綢（民 85）：認知發展與輔導。台北：心理出版社。

三、建構圖：

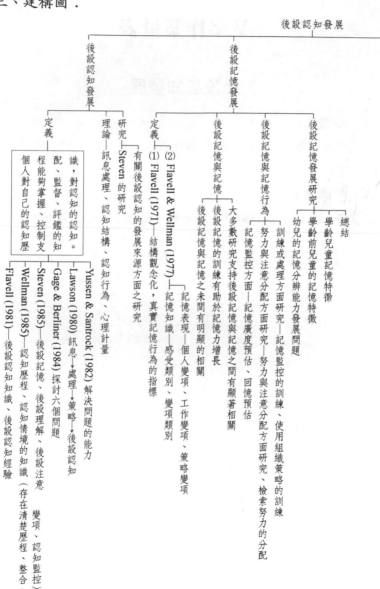

後設認知發展

後設認知發展

後設記憶發展

後設認知發展

定義

理論

研究
──Steven 的研究

個人對自己的認知歷
程能夠掌握、控制支
配、監督、評鑑的知
識，對認知的認知。

訊息處理、認知結構、認知行為、心理計量

有關後設認知的發展來源方面之研究

Yussen & Santrock (1982) 解決問題的能力

Lawson (1980) 訊息→處理→策略→後設認知

Gage & Berliner (1984) 探討六個問題

Steven (1985)──後設記憶、後設理解、後設注意
變項、認知監控

Wellman (1985)──認知歷程、認知情境的知識（存在清楚歷程、整合、

Flavell (1981)──後設認知知識、後設認知經驗

後設記憶發展

定義
(1) Flavell (1971)──結構觀念化，真實記憶行為的指標
(2) Flavell & Wellman (1977)

後設記憶與記憶

後設記憶與記憶之未間有明顯的相關

後設記憶的訓練有助於記憶力增長

大多數研究支持後設記憶與記憶之間有顯著相關

後設記憶與記憶行為

努力與注意分配方面研究──努力與注意分配方面研究、檢索努力的分配

記憶監控方面──記憶廣度預估、回憶預估

訓練或處理方面研究──記憶監控的訓練、使用組織策略的訓練

後設記憶發展研究

幼兒的記憶分辨能力發展問題

學齡前兒童的記憶特徵

學齡兒童記憶特徵

記憶表現──個人變項、工作變項、策略變項

記憶知識──感受類別、變項類別

總結

後設認知批評
- 研究方法的可靠性和正確性令人懷疑
- 缺乏對概念清楚的描述
- 太偏重某一部份或某一個年齡層
- 缺乏固定完整理論，易使人忽略理論中重要部分
- 單一研究、單一論證
- 結論─隨年齡增長而有所進步

後設處理知識
- 策略改變
- 工作敏感性
- 分配時間
- 解決步驟的了解─知道該問題有解答，察覺可能的解答，有效分配時間，對回饋敏銳，改變策略適應問題，評估訊息

後設語言表現
- 後設語言技能訓練的相關研究─對閱讀的教導研究、第二語言的教導
- 閱讀與寫作─與個人檢索能力與監控能力有關
- 會話表現─個人對比會話的表現需要更高層次的認知監控及語文知識分析，寫作歷程需有轉譯及溝通能力
- 定義─個人對自己的語文結構與語文認知歷程兩方面理解後所表現出來的行為

後設知覺
- 相關研究─兒童聽力技巧的了解
- 定義─對於訊息的內容的了解和對於影響知覺的因素的認識

四、重要概念：

1. 後設記憶：考慮採用那種策略或方法可以幫助記憶。

2. 後設理解：思索是否了解某人剛剛給你的訊息。

3. 後設注意：嘗試著觀察某事時，思索什麼情境會產生最少干擾。

4. 後設語言表現：是指個人對自己的語文結構知識與語文認知歷程兩方面有所理解後，所表現出來的行為。

五、原理原則：

1. 後設認知研究必須考慮認知因素與情感的監控社會認知，以及主觀的經驗因素，如痛、焦慮等感覺。

2. 兒童接受後設認知回饋訓練可以改善習得無助感，並表現策略傾向，自主傾向兒童可保持或改善原有的表現，無助的兒童則傾向於破壞自己的表現。在採用認知策略上，自主傾向兒童會從事自我教導、監控以求成功，無助兒童則做能力歸因。

六、結論：

所謂後設認知是個體對自己的認知歷程能夠掌握、控制、支配、評鑑的另一種知識，也就是對自己的認知所做的認知。後設認知與記憶力的關係密切，透過使用組織的策略能增加記憶力，同時也須考慮材料的訊息敏感度及材料的組織結構呈現方式，更重要的是考慮情境因素，因為這會影響他的注意力，研究指出年齡的增長，會影響後設認知的能力。

七、心得：

瞭解自己，認識「認知風格」，就是在幫助自己認識「後設認知」，「後設認知」即是知識和經驗，在知識中，包括了人、工作及策略，其中人的部分概括自己與他人。敏感性也是影響個

人是否覺察到環境中的訊息，如此交互作用的影響，形成了每一個人獨特的認知風格與後設認知，透過訓練有結構的資訊，個體解決問題的能力亦相對進步。

認知風格研究

■流程圖

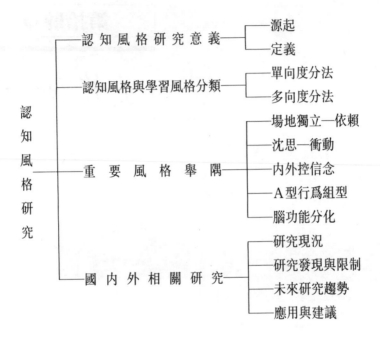

第一節　認知風格研究的意義

　　因材施教自古以來就是教育家力求實踐的教育理想。在教育上如何針對學生間個別差異的事實來因材施教，使每一個學生都能發揮其最大學習潛能，獲得最大學習效果，更是教育心理學家所最關心的事。

　　Cronbach（1977）提出 ATI 理論（性向與處理交互作用），認爲教師的教材教法視學生的性向而調整，不同特質的學生，應給予不同的教學，才能收到最大的效果；Keefe（1979）亦指出：在學校學習的歷程是學習環境、教學型態和學生學習風格之結果（圖 14-1）。因此，研究認知風格、學習風格便成爲近一、二十年間，教育心理學者們研究最多的課題之一。

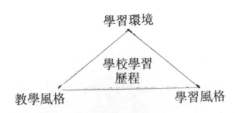

圖14-1　學校學習的歷程（Keefe, 1979）

壹、源起

　　學習風格的研究源自早期實驗心理學上對於認知風格（co-gnitive styles）的研究，最初有關認知風格的研究僅著重於解釋個人在認知方面一些特質（例如：知覺、記憶、或資訊處理方式等）的差別，但因這方面的研究很明顯地具有教育上的應用價值，因此逐漸擴充演變，而在一九七○年前後遂有學習風格一詞出現。由於這方面的研究，係強調學生對於和學校課程有關教材的學習，有別於動物或機器等的學習，因此也常常更明確地稱爲學生學習風格。基於多年來的研究，在英美等國目前不但已發展出許多衡鑑學生學習風格的技術和量表，同時也累積了許許多多和學習風格有關的教育研究與教學實驗的成果。

　　學生在學習風格上面個別差異的問題，所以會日益廣受重視的原因，可以從三方面來說明：

　　㈠學習風格的研究符合教育心理學的發展趨勢。

　　㈡學習風格的診斷可以彌補心理與教育測驗之不足。

　　㈢對於個別化教學和其他新的教育措施的評鑑結果，顯示出學習風格的重要性。

　　然學習風格和認知風格時常被當作同義詞，張春興（民78）

在其張氏心理學辭典中指出:認知類型又稱學習類型（ learning style ），也稱認知學習類型（ cognitive learning style ）。事實上，兩者有關，但並不完全相同，大部分學者都支持此看法。

　　基本上，學習風格包括的範圍較廣，它不僅具有認知上的差異，它還包含有情緒的以及心理特質等方面的差異（ J. W. Keefe, 1982 ）。

貳、認知風格與學習風格的定義

　　雖然學生在學習方面存有個別差異是無可爭議的事實，但是迄今學習風格和認知風格方面的研究者，對於學習風格和認知風格仍無共同認定的定義。Rita Punn 等人（ 1984 ）指出不同學者的看法其實是如同瞎子摸象般均從不同的觀點，來描述所觀察到類似的現象。

　　茲將各學者對認知風格和學習風格的定義臚列於後。

一、認知風格的定義

　　1. Messick（ 1976 ）

　　認知風格是訊息處理的習慣，是一個知覺、思考、問題解決和記憶的典型模式。

　　2. Guilford（ 1976, 1977a ）

　　一般學者均能同意認知風格是人格特質的一種。

　　認知風格及智力結構（ structure-of-intellect mode ）

　　3. Kuchinskas（ 1979 ）

　　他用認知風格來解釋一個人對環境反應、行為或適應的方式。（ 引自張景媛，民 77 ）

4. Keefe（1979）

每一位學習者都有其喜愛的知覺、組織和記憶的方式，這些方式是特殊的、一致的，這些特有的差異稱為認知風格。

5. Goldstein & Blackman（1978）

認知風格是個人對環境刺激組織的特有風格。（引自丁振豐，民 76）

6. Witkin（1976）

認知風格是個人收集和組織訊息的方式。（引自丁振豐，民 76）

7. Kuhlen（1968）

認知風格是個人用來應付認知工作或學習情境所採用的一般方法，而此種方法常為某種人格特質的反應。（引自丁振豐，民 76）

8. 張春興（民 78）

認知風格是指個體在認知活動中所表現在性格上的差異。

可見，認知風格並不包括情緒的、心理的特質，也就不能與學習風格混為一談。

二、學習風格的定義

1. Fischer & Fischer（1979）

風格指的是個人在行為上面一個普遍存在著的特性（quality），雖然有關的內容改變，但此一特性仍保持不變。……意即在各種活動之中，個人會在不同的情況下表現一些前後一致的行為上的特性，在教學和學習方面也是這樣。（引自郭重吉，民 76）

2. Bennett（1979）

　　學習風格是個人所喜愛的學習方式，它代表影響個人如何去接受刺激、記憶、思考、與解決問題的一羣人格與心理特性。（引自林生傳，民 74）

　　3. Hunt（1979）

　　學習風格是描述一個學生在教育情境裡最有可能的學習方式，它是指學生如何學，而不是指學生已經學到了什麼。（引自張景媛，民 77）

　　4. A. F. Gregorc（1979 a, b）

　　學習風格係由能做為顯示學生如何從他所遇的環境中學習和調適的指標的一些特殊行為所組成的。它能提供一個人的心智究係如何運作的線索。（引自郭重吉，民 76）

　　5. C. M, Charles（1980）

　　學習風格指的是在學習情境中如何致力於學習的一些個人的方式。（引自郭重言，民 76）

　　6. R. R. Schmeck（1982），Pask（1976），Entwistle（1981）

　　學生的學習風格即是學生在種種不同的情況下，仍頗為一致地採用某種特殊的學習策略的偏好或天性。（引自郭重言，民 76）

　　7. Rita Dunn & Kenneth Dunn（1979, 1982）

　　學習風格乃是每個人對環境、情緒、社會、和生理諸方面的刺激產生反應的方式。（1979）

　　學習風格乃是個人吸收和保留資訊或技術的方式。（1982）

　　8. K. A. Butler（1982）

　　學習風格顯示出一個人所用以最容易、最有效率、最有成效

地瞭解自己、外界、以及兩者之間的關係的自然而然的方法（或手段）。（引自郭重言，民 76）

9. J. W. Keefe（1982）

學習風格包含認知的、情緒的、心理的行為，這些行為是學習者用來知覺學習環境，與學習環境交互作用，並向學習環境反應的一種穩定的指標。

10.S. Garger & P. Guild（1984）

學習風格是個人穩定而普遍的特徵，它們是個人在致力於一項學習的任務，經由其行為和人格的交互作用而表現出來的。（引自郭重言，民 76）

11.P. A. McDermott & B. Beitman（1984）

學習風格所界定的是學生在學習過程中所表現出來的獨特的方式。它包括了可觀察到的解決問題的策略，下定決策的行為，以及學生對於在學校學習情境中所碰到的限制和他人的期望所產生的反應。

12.Malcom（1985）

學習風格是學生在他們的教育經驗中碰到問題時所用來解決問題的方法。（引自張景媛，民 77）

13.Gregorc & Ward（1977）

學生的學習風格其實就是個人的處事方式。（引自張景媛，民 77）

14.張景媛（民 77）

學生學習風格係指學生在學習行為上所顯現出來的心智組型。

15.張春興（民 78）

學習風格係指個體在學習活動中所表現的習慣性的不同類型,義同認知風格(cognitive style)。

綜觀上述學者對學習風格的定義,大體說來,都提及學生個人在學習過程中或學習情境下所顯示出來的一些獨特的表現,但是由於對風格一辭的含意,以及對於和學習有關的基本問題的看法或強調的重點有所不同,因此對於到底什麼樣的表現能具體地反映學習風格這個構念(construct),不同的學者多半僅選擇他們所認為重要的部分予以界定和研究。雖然各學者對學習風格的定義不同,但除了少數地方彼此矛盾(例如:Schmeck, Pasek,和 Entwistle 等人對學習風格的定義比較狹窄,而 keefe 的定義則甚為廣泛;前者認為學習風格係包含在認知風格之中,而後者的看法則恰好相反),值得予以澄清之外,其餘大多數人的看法其實是相輔相成,應是可以設法統整的。

第二節　認知風格與學習風格的分類

認知風格與學習風格的分類,由於各學者所採用的定義、所考慮的主要因素、以及所持觀點或分析的層面不同而有不同的分類方式,當然所發展出來的診斷工具也就不同。

為了便於介紹和討論起見,我們依據分類時所考慮的向度多寡,把許許多多有關學者的分類情形加以整理及探討。

壹、單向度分法

一、Gardner(1959)

就前人的研究與自己的實驗結果,歸納出幾種認知控制(表

表14-1　Gardner的認知控制分類

1.平鈍——尖銳	基模測驗
2.審視	圓圈測驗
3.等量範圍	事物分類測驗
4.變通——拘滯	色字干擾測驗
5.對不真實經驗之忍受	運動測驗（Movement Test）

（引自張景媛，民 77 ）

二、Golay（引自張景媛，民 77 ）

Golay用人格氣質理論來研究學生的學習行為，定出四種學習風格（表 14-2 ）：

表14-2　Golay之四種學習風格

實際自然型
實際慣常型
概念特殊型
概念整體型

（引自張景媛，民 77 ）

三、Kolb & Ery(1975)（引自張景媛，民 77)

Kolb & Ery將學習風格描述成具有四個階段的學習環（表 14-3 ）。他們認為要使學習有效，必須從第一個階段發展至第四個階段。若某人屬第二階段的類型，表示學習狀況不佳。這種分法有優劣的情況存在。

表14-3　Lolb & Ery的四個階段學習環(引自張景媛，民77)

第一階段	具體的經驗
第二階段	反映的觀察
第三階段	抽象的概念
第四階段	活動的實驗

四、張春興（民78）

對認知風格的分類，心理學家已經發現有數十多種之多，張春興（民78）將其歸列成兩兩相對的十組：

表14-4　張春興（民78）

1.衝動——沈思型
2.場地依賴——場地獨立
3.平穩型——敏銳型
4.囫圇吞棗——分析考量
5.冒險型——謹慎型
6.認知繁化——認知簡化
7.寬容型——偏執型
8.主動求知型——被動接受型
9.精略型——細密型
10.統觀策略——集中策略

五、Entwistle(1981)（引自郭重言，民76）

Entwistle曾將林林總總的學習風格，試著擇其要者加以綜合歸納。他對於認知風格，在知覺方面，強調場地依賴——場地

獨立以及衝動──慎思；在資訊處理方面，他強調整平──銳化，抽象解析──具體主題；思考方面，他強調收斂──發散；在學習策略方面，他強調整體──序列，以及變通──複誦的兩種極端。茲將 Entwistel 的發現，加以增加、修改成表 14-5。

六、Keefe（1979, 1982）

Keefe曾綜合對學習風格方面的研究做廣泛而深入的評論，並將比較重要的學習風格畫分成爲表 14-6 中所示的認知風格、情意風格、和生理風格三類。

七、Hunt（引自郭重言，民 76）

Hunt以人格發展的觀點將學生的概念水準粗略的分成三個發展階段，其特性及分類可歸納如表 14-7。

表14-5　學生的學習風格（改自Entiwistle）

研究領域	(A+B)統合型	(A)發展型	(B)發展型	發展不足型	研究者
學習策略	變通	整體或理解	序列或操作	複誦	Pask (1976)
思考方式	聰明的	擴散思考擅於想像	聚斂思考擅長解析	死記	Hudson Jensen
認知風格　分類方式、概念形成、概念動率	快又正確	寬廣的分類、具體的、綜合的、衝動型、場地依賴	狹窄的分類、抽象的、分析的沈思型、場地獨立	描述的慢又不正確	Wallach & Kagan Kagan (1965I) Witkin (1976)
學習領域		藝術	科學		
理解的水平	結論取向（詳細的）	結論取向（提及而已）	描述（詳細的）	描述（提及而已）	Fansson (1977)
人格	自我統整合理的冒險者	外向衝撞者好表現的情緒化的理想化的	內向不受牽累者內斂的壓抑的實際的	拼命趕來趕去者	Jung Heath Entiwistle & Morrison
		B型	A型		Friedman & Rosenman
		Type Ⅲ：整體、掃視、寬廣的分類、簡單、衝動整本、無法忍受模稜兩可	Type Ⅰ：解析、聚焦、狹窄的分類、複雜、慎思銳化、對模稜兩可能容忍	Type Ⅱ：不特別傾向那種風格、（認知風格的型態並不固定、並不一致）	Letteri (1980, 1982)
	左右腦均衡發展良好	右腦型	左腦型	左右腦皆未充分發展	Ornstein (1977)
		視覺型　　聽覺型　　體覺型			Riessman (1964, 1967)

表14-6　學生的學習風格

認　知　風　格	
接受風格	概念形成與記憶的風格
＊(a)知覺方式的偏好	＊(h)形成概念的速率
(b)場地獨立或依賴	(i)形成概念的風格
(c)掃視	(j)分類範圍的寬窄程度
(d)牢固或可變的控制	(k)認知複雜或單純的程度
(e)對於不相稱或虛構經驗的容忍程度	＊(l)整平相對於銳化
(f)自動化行為	
(g)概念或知覺動作顯性	

情　意　風　格	
注意風格	期望與誘發的風格
＊概念層次	＊內外制控
好奇心	＊成就動機
堅持性	自我實現
焦慮程度	限制模仿
對挫折的忍耐度	冒險或謹慎
	競爭或合作
	抱負水平
	對增強的反應
	＊社會動機
	個人興趣

生理風格
＊男—女的行為
健康方面的行為
時間的韻律
對移動的需求
環境因素

表14-7　學生學習風格及概念水準的發展

發展的階段	概念水準	特徵	學習風格	匹配的環境
A.未成熟、未社會化	甚低	具體、衝動、不能忍受挫折	對結構的需求較大	高度的結構
B.依賴、順從	低	注重規則、依賴權威，分類性的思考	需要適度的結構	相當程度的結構
C.獨立、自治	高	探究的、獨斷的、質疑的，有許多點子	對結構的需求很小	低度的結構

貳、多向度分法

一、Lotas（1977）的分類（引自張景媛，民77）

　　Lotas以感覺—直覺、思想——情感，將人的學習風格分為四類，這些分類有助於學習者了解自己的學習方式，但對於某些特殊方面的應用，則不夠深入。（以人格量表測知）（表14-8）

表14-8　Lotas的四種學習風格

	感覺	直覺
思想		
情感		

二、Dunn（1978）的分類

　　有關學習風格的研究要追溯到一九六八年。在一九六八、一

九六九年間，Rita Dunn等人針對學生特殊學習形態的因素，設
計出一系列調查這方面傾向的問題。其後在紐約州協助之下，經
過不斷地實驗、測試和修正，終於在一九七四年，由Gray Price就
每一個問卷項目作內容分析，完成一份「學習風格量表」(Lear-
ning Style Invertroy，簡稱 LSI)。根據探討的結果，他們發現學
習風格的構成至少與下列五個基本的刺激有關連：

①接觸的環境；

②情緒；

③社會學上的需要；

④物質的需要；

⑤心理學的；

其又可以再細分爲二十一種因素（ 表 14-9 ）

表14-9　　Dunn 的分類

刺　　激	因　　　　素			
環　境　的	聲　　音	光　　線	溫　　度	設　　計
情　緒　的	動　　機	持　續　性	責　任　感	結　構　性
社　會　學　的	同儕獨自	二人結伴	小　　組	權威人物　變換對象
物理(物質)的	知覺能力	進　　食	生物時鐘	機　動　性
心　理　學　的	分析的　整體的	場地獨立性　場地依賴性	深思熟慮的　感情衝動的	

（摘自張玉燕，民74）

三、Gregorc(1979)的分類(引自張景媛，民77)

Gregorc以觀察、錄影帶、錄音帶、書寫的資料等方式搜集資料。經過很廣泛的資料搜集分析後，他將人的處事方式區分爲兩個向度、四種類型。他認爲人的心智能力會表現在空間和時間上。空間方面乃指具體和抽象兩方面，時間方面乃指系列和隨機兩方面。具體空間屬物理的感覺，抽象空間屬智慧、情緒、想像和直覺的感覺。系列方面指線性的、序列的方式，隨機方面指非線性的、多向度的方式。由上述二向度理論發展出的「處事方式問卷」，用以測量人的四種處事方式，亦可測得學生的學習風格。（表14-10）

表14-10　Gregorc的四種處事方式

時間＼空間	具體	抽象
系列	具體系列型	抽象系列型
隨機	具體隨機型	抽象隨機型

四、Paul J. Malcom(1981)(引自郭重吉，民76)

Paul J. Malcom強調學生在取得資訊的來源（分爲內在和外在的來源）和處理資訊的能力（分爲自我意義和認知發展）這兩個向度上面的差別（表14-11）

五、Gordon Lawrence（1982a, b)(引自郭重吉，民76)

Gordon Lawrence基於其多年的研究經驗，認爲瑞士心理學家Carl Jung對人類個性類別的研究乃是綜合各種學習風格的

表14-11　Paul 分類法

(資訊的來源)

内在　　　　外在

自我意義

(處理資訊的能力)

認知發展

最好方法，他並簡要地介紹Katherine Briggs和Isabel Briggs Myers母女兩人依據Jung的理論予以擴充和發展出來的一套測量心理類型（psychological type）的工具一所謂的Myers-Briggs Type Indicator（MBTI）。Lawrence對於 MBTI 所考慮到的四種向度（内向——外向，覺察——直觀，思考——感情，和判斷——知覺），因爲考慮到主要的過程而形成的種種風格，以及有關的研究結果亦有簡單扼要的説明。

六、C. M. Charles(1980)(引自郭重吉，民76)

　　C. M. Charles曾引述Runner（1973）從"生活風格"和"行動風格"的角度來區分不同態度形式的人。Runner的研究顯示生活風格可分爲四種不同的取向：

　　①冒險嘗試（這類的人喜歡尋求新的經驗）

　　②舒適（這類型的人選擇舒適、確有把握的途徑）

　　③親密關係（期盼別人的接納）

　　④別人的注意和讚賞。

　　行動風格也可劃分爲下列四種：

　　①Reactive（被"逼"著去採取行動，或是反應過度）

　　②Responsive（傾向於嘗試看看）

　　③Restrained（深思熟慮、合乎邏輯的行爲）

④Mechanical（機械性不經思考、不具感情的行爲）

　　因爲人的風格可從生活和行動兩方面來考慮，所以理論上應可從上述的分類得到十六種不同的典型。Charles 根據觀察和經驗綜合以上所舉的種種特性，而把學生粗略地分成三大項。茲將其意見整理在表 14-12。

　　綜觀上述，有關學者對於學習風格、認知風格的定義及分類之所以不一致的主要原因，乃在於各人的著眼點不同；在論及學生如何達到學習成果時的特殊方式時，有的強調影響學生學習的個人或環境的變因（例如：Dunn & Dunn），有的強調認知、情意或生理方面變因（例如：Keefe），強調學習過程和策略（例如：Schmeck, Pask和Entwistle）。比較完整的定義或分類應該把上述影響學生學習成果的變因、學習的過程和策略、以及其相互之間的交互作用包括在內。

第三節　重要的認知風格與學習風格舉隅

壹、場地獨立對場地依賴

　　場地獨立性理論（Field-Dependent-Independent，簡稱FDI）。H. Witkin的FDI理論始自於對個體知覺的研究，（因人是透過眼睛對外在環境產生反應、故由研究視知覺開始）擴展到心智活動的研究、且發現FDI與知覺辨析能力或心智功能有關。FDI理論是目前在研究認知風格方面發展得最完整，也是被討論和研究最多的理論，（Guilford, 1980）；其研究報告結果

表14-12　Charles的學習風格

學習風格	學生的特徵	令其滿意或感到舒適的狀況	有利或有效的回饋
冒險性	隨心所欲，隨興之所至，愛好新奇，具冒險心，有點狂狷不羈，很快地選擇構想或事物，並且憑直覺迅即產生反應。隨時可繼續再換一個新的情境。迫不及待地用語言或動作表示他們的感受。情緒化的反應。偏重局部的細節，而常未能體會整體的意義。不太在意做事是否合乎正軌，是否提供正確的答案。這類型的學生在創造力的測驗成績常會比在智力成就測驗成績高。	很可能是偏好在思想和行動上具有較大的自由範圍；也可能在新的學習環境中尋求和別人聯合在一起或期望別人的讚賞。	提供其他可能性的建議（例如你有沒有想到…？假使）；偶爾給予誇獎或讚美，但這對他們這類型的學習並非絕對必要的。
深思熟慮者	比較深思熟慮和具有解析的能力；凡事比較小心，有耐心去做，不急著開始或趕緊做完另忙別的。對於細節感到興趣，會注意到各部分的功能，以及它們如何拼湊在一起。他們願意在較長的時間把一件事弄懂或做好。會尋求老師或其他權威來源所提的回饋，以確定他們是否朝向正確的方向進行。他們在創造性測驗的成績不一定很高，但在智力和成就測驗則很可能表現得很好。	很可能是結構，也有可能是高度的、親和的和再認的。	指導、鞭策、和正面的加強（稱讚或獎勵）。
隨波逐流者	比較機械化、感到吃力的、以及猶疑的，這類學生比較依賴別人，比較被動。獨自學習的效果不佳，偏好和其他的學生在一起學。需要外來的鼓勵和動機。易於灰心和失去興趣，需要策勵和有所進展的證據。他們在創造力和成就測驗方面的成就常常是在平均分數以下。	很可能是親和的與結構的，也有可能是再認的。	指導、鞭策、和正面的加強（稱讚或獎勵）。

被廣泛廣用於教育領域。（丁振豐，民76）

一、理論發展

H. Witkin 於一九四八──一九五二 年間進行個體知覺研究，做完研究，於一九五四年出版「知覺與人格（Personality Through Perception）」一書，指出知覺的個別差異，主要受三個因素的影響：刺激、感覺器官和中介結構。中介結構是指了解個體知覺過程很主要的因素。如動機、人格特質、心理組織……等。Witkon爲了探討知覺與人格特質（即中介結構之一）的關係，發展出一套實驗研究：包括

1. 桿框測驗（Rod and Frame Test; RFT; 1948, 1949）。

2. 身軀調整測驗（Body─Adjustment Test; BAT; 1948）

3. 藏圖測驗（Embedded─Figures Test; EFT; 1950）

以下即將上述三測驗略作介紹：

1. 桿框測驗（RFT）

RFT 是在暗室中置一發光的方形框和桿子，受試需調整在傾斜的方形框中的桿子，使成垂直位置。有的受試者是參照可任意傾斜的方形框的支配；有的受試則不會受到方形框的影響，而以自己身軀的感覺爲參考架構，來調整桿子使成垂直位置。

2. 身軀調整測驗（BAT）

BAT 是在可以經由控制而任意傾斜的小實驗室中，置一可左右傾斜的椅子。受試者坐在椅子上，當小室傾斜時，受試需調整自己的身軀位置使成垂直。有些受試是參照傾斜的實驗室來調整身軀位置，有的則憑自我知覺來調整身軀位置。

3. 藏圖測試（EFT）

受試需在錯綜複雜的圖形中，辨識出藏於其中的簡單圖形。

有的受試必須花較長的時間來找出簡單圖形，表示比較容易受到視覺場中的複雜線條的干擾；有些受試則比較不受視覺場中圖形的影響，而能很快的辨析出簡單圖形。（曾端真，民 73）。

由這些測驗結果中，Witkin 發現，有些人的知覺會受到外在事物或視覺架構的支配，稱做「場地依賴型」；但有些人則不易受組織場的支配，能從整體中分離出個別項目，這種比較傾向依靠內在參考架構的知覺型態稱做「場地獨立型」。（曾端真，民 73）。

H. Witkin 發現知覺型態的差異會反映在人格特質上，人格特質也影響知覺型態，因此認爲研究「知覺」乃是了解人格變項的有效途徑，於是提出「心理分化」的建構。（曾端真，民 73；丁振豐，民 76）。

二、心理分化論（psychological differentiation）

㈠源起

Witkin 發現 FD-FI 的建構可擴展到心理功能的其他層面，遂於一九六二年提出「心理分化」建構——假定個體各個層面的心理分化程度顯出一致性（self-consistency）。不過，特殊的訓練或經驗以及遭受阻礙或損傷，則會影響這種分化的一致性。

㈡心理分化模式包括四個領域：

1. 明確的認知功能（articulated cognitive functioning）

FI、者：能以清晰和結構性的經驗將整個情境化組織，並經驗到情境中的各部分是獨立的。

FD 者：則會將情境各部分以整體視之，在缺乏結構的情況下，經驗刺激是散漫而籠統的。

2. 明確的軀體概念（articulated body concept）

　　FI 者：具有明確的軀體概念，能經驗到自己的軀體有確定的範圍和限制。

　　FD 者：不具有明確的軀體概念。

　　3. 獨立的認定感（sense of seperate identity）

　　FI者：具有分化的認定感、能覺知自己的需要、情感、屬性，並與別人畫分得很清楚。

　　FD 者：認定感較不分化，傾向依賴外界訊息來形成其態度、情感及自我價值。

　　4. 結構式的控制與特殊的防衛機能（structured controls and speicalized defenses）

　　FI 者：傾向用特殊化的防衛方式，如合理化、孤立、投射等。

　　FD 者：其防衛方式則傾向壓抑或否認。

㈢心理分化新模式

　　Witkin 於一九七九年將心理模式擴展修改成下列模式：

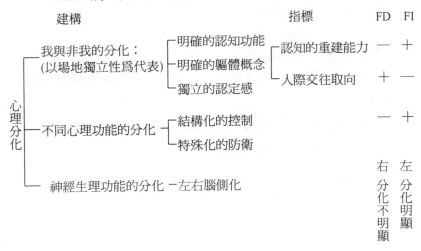

㈣FD-FI 者以不同的方式和環境互動,而其他特徵如下:

場地獨立型 FI

1.對各種刺激中的非人際、抽象方面有較大的興趣。

2.非人際導向,不喜歡與人互動。

3.喜歡物理學、科學等學科。

4.擅長學習和記憶非人際的材料。

5.受內在動機增強。

6.喜歡用自己的方式來組織學習材料。

場地依賴型 FD

1.注意社會場地(social field)有相當程度的社會敏感性。

2.人際導向,喜接近人羣。

3.喜歡社會學科。

4.擅長學習和記憶社會性材料。

5.受社會性動機增強。

6.視學習工作的特質來學習。

綜上所述,場地獨立性具有下列涵義:

1.表示個體作重力垂直知覺時,傾向以軀體或周圍場地為參考架構。

2.表示能否克服隱藏內容的知覺辨析能力。

3.表示明確或籠統的場地取向。

4.表示我與非我的分化程度。

5.場地獨立性以認知重建能力和人際交往能力為指標;場地

獨立者較具認知重建能力，而非人際交往取向，場地依賴者較不具認知重建能力，而較人際交往取向。

㈤相關研究

另外 Witkin 等人亦發現：

1. 人們對喜好的知覺方式有時間上的一致性。（Kogan, 1983）

2. 知覺方式不同係受①遺傳②父母教養方式影響。

3. 早期研究以視知覺爲主，晚期研究則擴展，認爲 FDI 是涵括各種訊息處理方式的認知型態。

㈥對 FDI 理論的評價：

正向：FDI 是認知型態連續變項上的兩個向度，無價值高下之分，因此以 EFT 或 RFT 來測量之，除了具備客觀的優點，又可避免解釋對個體造成不利的影響。（Witkin, 1971，引自曾端真，民 73）。

負向：

1. Vernon（1961, 1972）EFT 或 RFT 所測量的認知型態或人格特質，可能代表著不同的東西。（曾端真，民73）。

2. FD 者的正面特質是從事件間的相關推測而得，缺乏測量方法上明確的定義。

貳、沈思──衝動

一、概念動率的意義及衡量

認知歷程的複雜性以「訊息處理範式」最足表明。任何認知結果，皆須經過「初步訊息的分類（the initial categorization of infromation）」，「歸類訊息的儲存」（storage of the encoded

information）與「材料的置換」（the imposing of transforma-
tion on the encoded material）三個過程（J. Kagan, 1964）。
因此個體之間認知表現的差異與三個過程中之任何作用皆有關
聯。「初步訊息的分類」以「知覺」（perecption）作用為基
礎；「歸類訊息的儲存」為「記憶」（memory）的作用；「材
料的置換」則涉及「觀念與假設之產生」（generation of ideas
and hypotheses）以及「評鑑」（evaluation）之作用。此等作
用雖係一貫相連，共同影響認知產品，但因「評鑑」作用居後，
既影響選擇假設之適當性，也影響認知結果的品質。

　　個體的「評鑑能力」（evaluative abilities）固有差別，評
鑑時所採取的態度或方法尤有不同。（J. Kagan, 1964, 1965a）
在評鑑過程中，有些個體對於情境中的「取擇」（alterna-
tives）或自己提出的種種「假設」（hypotheses），先逐一考驗
其「有效性」（validity），經過一番權衡的工夫，才作取捨之
決定；有些個體未經「反省」（reflection），即在已有各種
「選擇」中，匆促擇一而取，若須自行提出假設時，而未就問題
情境全盤考慮可能之後果，偶得一意，即行表達。此種「評鑑」
態度的差別，從個體處於具有「反應不確性」之問題情境中，提
出假設並做成決定的快慢可以看出。Kagan 稱之為「概念動
率」。

　　為衡量個體的「概念動率」，Kagan 設計了一種「熟悉圖
形配對測驗」（Mathing Familiar Figures Test，簡稱
MFF）。此測驗的內容有十二對圖形，每一項目都包括一個標
準圖形（如電話、樹木……）和六個用以配對的圖形，在六個圖
形中只有一個圖形與標準圖形完全相同者。若第一次選擇錯誤，

可以繼續作多次的選擇，直到正確爲止。測驗結果，可以獲得兩種資料：即受試者在每一個測驗項目中首次選擇的「反應時間」，與全部的「錯誤次數」。以上二者作爲個體「沈思──衝動」傾向之指標。

　　Kagan（1964, 1965a）曾以小學一、二、三、四年級男女兒童爲對象，施予「熟悉圖形配對測驗」（MFF），獲得幾項結果：㈠就性別比較，男女兒童的「反應時間」及「錯誤次數」皆無顯著差異；㈡就年齡比較，「反應時間」隨年齡而增加，「錯誤次數」隨年齡而減少（P＜.01）；㈢不論性別或年齡，「反應時間」與「錯誤次數」皆有顯著的負相關，其相關係數（r）在一.40至.65之間。據此Kagan以爲兒童隨年齡的增長，而漸具有「沈思的傾向」，此類傾向，乃是影響兒童測驗表現的主要因素。爲進一步探討「反應時間」與「錯誤次數」間的確切關聯，Kagan又比較兒童的智商與「反應時間」及「錯誤次數」的相關，企圖從多元交互的相關中，釐清「沈思傾向」的本質與作用。比較的結果，發現個人的「沈思傾向」與智力的高低無關，智商的高低也不是影響「錯誤次數」多寡的主要因素。不過Kagan的研究，以魏氏兒童智慧量表中的語文智商爲準，難以概括其他智力測驗所得之智商與「反應時間」及「錯誤次數」的相關。（B. Eska & K. N, Black, 1971）

　　認知風格是指個體相當穩定且一致的傾向，若個體在「熟悉圖形配對測驗」（MFF）中「沈思」或「衝動」的表現，確屬一種認知風格，則應具有相當程度的「穩定性」與「通用性」。Kagan和其他學者的研究在此方面提供了正面的證明。就「穩定性」而言，Kagan（1965a）曾以一百零四名小學生、四年級

的男女兒童爲研究對象，在首次實施 MFF 一年後，再施予另一種稍有不同的 MFF，發現各年級男女兒童在「反應時間」方面，皆有顯著的相關，平均相關係數（r）達 .62。S. Messer（1970）以一百零二名一年級兒童爲對象，考驗其沈思一衝動傾向的穩定性，亦發現一年後受試者在 MFF 之「反應時間」的相關，男生爲 .48，女生爲 .52，兩年半之後的相關亦達 .31。由上述研究結果，足見兒童在具有「反應不確定性」的問題情境中，做成決定時所表現的速度相當穩定。

再就沈思——衝動傾向的「通用性」而言，Kagan（1964, 1965a）曾設計一種「觸覺、視覺配對測驗」（Haptic Visual Matching Test簡稱 HVM），使小學一、二、三年級兒童以視覺獲得一個標準圖形，而以觸覺在五個配對圖形中，選擇與標準圖形完全相同者，計其反應時間與 MFF 之反應時間的相關係數在 .61 至 .81 之間，相關非常顯著。上述的研究，要求受試就已有的「可能答案」加以選擇，其表現的「沈思」傾向相當一致，若須受試者自行提出假設時，是否亦有一致性的沈思傾向？Kagan 又設計一種「影示再認測驗」（Tachistoscopic Recognition Test），令小學二、三年級六十個男生與五十個女生就銀幕上連續出現不完全圖形，用語文表出圖形可能的內容，結果發現受試者在提出答案的「反應時間」與 MFF 之「反應時間」亦有顯著相關。（男生 r=.40, P<.01；女生 r=.40, P<.01）。由此可見，沈思——衝動傾向之「通用性」。

綜合上述有關「穩定性」（stability）及「通用性」（generality）的研究結果，可見「沈思——衝動」的表現乃個人相當穩定且一致的認知傾向。

二、認知風格之區分與作用

以概念動率爲標準，可以就個體在評鑑歷程中的表現，區分爲兩種認知風格：沈思型與衝動型。理論上，「沈思——衝動」的認知風格可以就受試者選擇答案所表現的「快——慢」而界定，但事實上，受試者的「快——慢」表現常是多種因素所促成。受試者在測驗情境中過度的「畏懼」、「焦慮」，或能力不足以提出答案，則常需要較長的「反應時間」，卻非真正對答案的選擇有所「反省」，因此「錯誤次數」也多；若受試者具有特殊優越的能力，或測驗作業太過容易，則其「反應時間」雖快，卻非「衝動」的表現，因此「錯誤次數」也未見增多。爲使上述兩種情形或其他類似的因素不致混淆沈思——衝動傾向的本質與作用，在作沈思型與衝動型之區分時，宜就受試者的反應時間與錯誤次數同時考慮。（Kagan ,1964 1965a, 1965b, 1965c）沈思型即指對問題的各種「假設」能慎思熟慮，不輕於作答者；衝動型則代表未能一一考慮各種「取擇」，而急於提出答案者。

沈思型與衝動型的區分既在於個體從事「評鑑」時所表現的「反省」程度，則沈思型可能產生較優的「評鑑品質」。Kagan（1966b）以小學三年級男生二百三十六名、女生一百零七名爲對象，研究其認知風格與序列學習中回憶之關係。結果發現：序列學習的表現與認知風格有關，沈思型有較佳的回憶，但在足以引起焦慮的測驗情境中，此種優勢有被減弱的傾向。

個體「推理」活動的表現，亦因認知風格而異。Kagan（1966a）研究小學一年級兒童的推理表現，亦發現沈思型兒童比衝動型兒童較少錯誤。唯此研究所用的測驗內容，皆屬較簡單的歸納推理，諸如就事物的屬性歸納該事物的名稱（如：黃色、

在太陽底下會溶化，又能吃的東西是什麼？有門、有輪子又會活動的東西是什麼？）或推論連環圖畫故事的可能結果（看過三張連環圖畫後，在數張圖畫中選擇與前三張相配合而能構成故事的圖畫），此種研究結果能否解釋認知風格對複雜的推理歷程（如解題）之影響，則待進一步探討。

Kagan（1965）以小學一年級男女學生各六十五名爲對象，先施以 MFF 及魏氏兒童智慧量表中之「字彙」與「常識」兩個分測驗，再測其「字母」與「文字」之再認能力，測驗結果，兒童的閱讀表現與「沈思——衝動」的認知風格有密切關係。進一步分析語文能力高低兩組，則發現認知風格對閱讀表現的影響，因閱讀材料的難易及兒童語文能力之高低而有變異。

綜合上述研究結果，認知風格之影響其他認知作用的品質，亦屬確切可信，唯其影響的程度似與測驗的情境與測驗的內容有關。足以引起焦慮的測驗情境，有礙於受試者的測驗表現，亦減弱認知風格的作用；太難或太易的測驗材料，以受試者的能力爲決定測驗表現的主要因素，只有受試者能力所及的測驗材料，方能見出認知風格的作用。

三、沈思——衝動傾向之心理因素

沈思——衝動傾向，既有其穩定性與通用性，足見此傾向乃個人行爲組織中的一種基本成份，其形成與表現必然涉及某些心理決定因素（psychological determinants）或人格關聯因素。

生理心理學的研究指出，個體在產前期或產後初期受到最輕微的腦傷，可能導致日後兒童期「好動」和「分心」的行爲表現，Kagan（1964）因此，若從個體「體質」的差異來解釋「沈思——衝動」傾向的表現，似亦可能。不過以生理「體質」作爲

「沈思──衝動」傾向的基礎，僅能解釋少數「衝動型」兒童之行爲，對於大部分生理常態的兒童而言，其「沈思──衝動」傾向的形成，或以心理方面的動機和焦慮等因素爲主。

兒童專心作業的程度以及冒險的態度，可能促成沈思或衝動表現的重要因素。Kagan（1965a）觀察七十五個兒童自出生至青年前期的行爲，發現「沈思型」兒童與「衝動型」兒童在學前與入學初期之行爲表現皆有所不同。此研究雖指明兒童之「認知風格」與其「專心作業」及「冒險的態度」之相關，卻未必能解釋形成「沈思──衝動」傾向的原因。D, Kopfstein（1973）比較小學四年級「沈思型」與「衝動型」兒童之「冒險行爲」，發現兩者間並無差異。由此益見兒童「沈思」傾向的表現雖可能基於先前「專心作業」或「避免危險」之態度的類化作用，但是可能尚有其他因素以致之。

「沈思──衝動」的傾向可能導源於個體對「表現才能」的焦慮，但沈思型兒童與衝動型兒童焦慮的來源卻不相同。沈思型兒童認爲：社會環境視做錯事的人爲「無能」；衝動型兒童則以爲：社會環境視反應太慢的人爲「無能」。同樣爲了避免遭致「無能」之譏，個體用以表現才能的方式就有了差別，沈思型兒童以極力避免錯誤爲目標；衝動型兒童則以快速反應爲手段。兒童界定「才能」意義之差別，與其幼年生活經驗有關（J. Kagan & N. Kagan, 1970）。所謂沈思與衝動之別，實由於個體克服「焦慮」之方式的差異所致。

綜合「沈思──衝動」之探討，兒童認知風格的差異雖基於認知歷程而區分，卻有其人格關聯。雖然心理學的研究尚未確切說明「沈思──衝動」傾向的心理基礎，但從兒童「體質的差

異」、「專心作業的程度」、「冒險的態度」、「表現才能的動
機」、「畏懼失敗所產生的焦慮」等多種因素同時探討，將有助
於瞭解「沈思──衝動」傾向的本質。

叁、內外控信念

一、內外控信念的意義

內外控是指一個人認為事情發生的原因到底是歸諸於內在或
外在的因素的看法，亦即個人對內外增強類化性的期待。內控
者，相信無論正性或負性增強作用或事件，都是自己行為的結
果，與個人的能力、屬性或特徵有關，是自己能預測、控制的，
所以，他會對自己的行為負責，成功時應受到讚賞，失敗時應受
到責備。外控者，相信在行為表現之後，所得到的增強現象或發
生在他身上的事件，不是由於自己行為的結果，不是自己所能操
縱的，而是運氣所造成的，個人對此不能預測、也無能為力。所
以，他認為不可控制的環境、命運、或其他的人應對產生的結果
負責。

二、內外控信念的理論背景

內外控信念的理論背景，源自洛特等人（Rotter, 1954）所
提出的社會學習理論。Rotter 在「社會學習與臨床心理學」
（Social learning and clinical psychology）一書中即指出「期
待──增強說」（expectancy-reinforcement theory），認為行
為的可能性是期待與增強值的函數。此說明了增強現象對於人類
行為的影響，並不是一種如烙印般簡單而機械的過程，人類行為
也不是客觀事件的影響，而是受個體本身對事件的看法或期待所
左右，所以 Rotter 進一步於一九六六年提出「內外控信念」的

概念來說明期待的向度（洪有義，民64 b）。Rotter 認爲內外控信念是種類化的期待，使一個人對於其所遭遇的事情，採取同樣的信念與期待。

三、內外控信念與人格特質

　　內外控信念是人格的重要變項，它與其他人格特質有密切關係，且內控者與外控者各具不同的人格特徵（吳武典，民65；黃堅厚，民68）。

　　Herseh & Scheibe（1969）曾探討「I－E量表」和「加卅心理量表」之間的相關，研究內外控與其他人格特質的關係，發現：內控者支配慾、社會能力、責任感、容忍力、智慧效能、自制及自我接受等品質所得分數均較外控者爲高。Tseng（1970）研究內外控信念與十六種人格屬性、恐懼失敗及成就需求的關係，結果顯示：內控者與外控者在恐懼失敗方面無顯著差異，但在自信、合作、可靠性及成就需求方面，內控者均顯著優於外控者（引自林邦傑，民76）

四、內外控信念與社會影響

　　許多學者就有關內控者與外控者對社會刺激或社會影響的反應加以研究。

　　Crowne & Liverant（1963）設計不同的知覺判斷情境，研究內控者和外控者的順從行爲，結果顯示：外控者具順成性，對外力操縱較能處之泰然，對自己判斷較無信心。

　　Strickland（1970）利用語文制約的方式研究內控者與外控者對社會影響的反應，結果發現：當了解實驗者有意操縱社會讚許時，內控者有積極反抗實驗者影響的傾向，而外控者則比內控傾向於接受隱含的暗示。洪有義（民64 a）進一步說明：內控者

只在自認是暗中受支配的受害者時，才表現拒絕與反抗的態度，而對於公開的從屬制度，如師生、父子等關係，內控者仍會與其和睦相處，所以內控者反抗的是隱含的壓力。

上述研究較一致的結論是外控者比內控者較傾向於接受外力的影響。

另有一些研究進一步顯示：外控者對聲望的高低較內控者為敏感，乃是由於內控者和外控者對增強期待和增強價值的看法不同所致。但有些學者則持相反的觀點。

五、內外控信念與成就歸因理論、及學業成就的關係

繼 McClelland 和 Astkinson 的成就動機研究之後，Weiner et al（1971）提出一個具有兩個向度的歸因模式，其中一個向度是內外控信念，分為內在歸因，如能力與努力；和外在歸因，如難度與運氣；從內外控信念的向度來看，在成功的情境中，當個人將自己的成就歸因於能力和努力（內控信念），他就會感受到最大的驕傲（自我滿足）；如將成功歸因於運氣好或工作容易，則所感受到的驕傲感將很小；當個人將失敗歸因於缺乏能力或缺乏努力，就會感到羞愧（自我不滿足），如將它們歸因於工作太難或運氣欠佳，則感到羞愧的程度很小，蓋因個人不必為失敗承擔責任。（圖14-2）（引自郭生玉，民72，73）

穩定性	制　握　信　念	
	內控	外控
穩　定	能力	難度
不穩定	努力	運氣

圖14-2　　Weiner 成就歸因模式

另外，有關學業成就的研究，吳武典（1975）研究發現：內

控性兒童比外控性兒童在學習活動中表現較強的動機與較大的努力，此種關係尤以男童爲然。Stipek & Weisz（1981）研究指出：內外控與學業成就的關係中，男生比女生有更高的相關。其他學者的研究也發現：在相同情境下，成敗歸因不同的受試者，其成就表現亦不同（Dweck & Repucci, 1973; Kukla, 1972; 引自郭生玉，民73）。國內學者洪光遠與楊國樞（民68）在歸因特質的測量與研究一文中發現：歸因變項與成就動機間有相關存在，內在歸因和成就動機的相關是正的，而外在歸因和成就動機的相關是負的。同時，又發現歸因變項與學業成就間有相關存在，內在歸因與學業成就的正相關，比命運歸因與學業成就的相關值爲大。

六、影響內外控信念的因素

影響一個人內外控信念的因素很多，如：

㈠性別方面，研究結果不一。

㈡年齡：黃堅厚（民68）以國小一年級至國中三年級的九個年級學生爲對象，探討內外控信念的趨勢，結果顯示：內控信念有隨年齡增加之趨勢，此因當學生年幼時，本身的能力微弱、知識有限，對於生活環境的事物和現象很少有控制的能力，因此傾向於覺得一切操之於他人或其他外力，自己未能左右；待年事增長，知識與能力都隨之增加，則發現自己有力量控制某些事物或情境，對環境具有一些影響和操縱的作用，內控信念隨之增加。

㈢智力方面：一般而言，智力較高者傾向內控，但相關不很高。

㈣社經地位：Battle & Rotter（1963）發現低社會階層的兒童較中階層兒童傾向外控，甚至高智力的低階層黑人兒童也比低

智力的中階級白人兒童傾向外控，可知社經水準對個人內外控信念有很大的影響。

另外，透過有意安排的情境，有目的之教育措施，可影響個人的內外控信念。

至於影響內外控信念的形成和發展的因素，可將其分爲偶發先決因素和累積先決因素。前者指在某時間內所發生的重要事件，後者指個人經常持續經驗到的事件，分爲長期功能失常狀況、文化和種族或社經階層等社會歧視因素、親子關係和父母管教態度。

肆、A型行爲組型

一、A型行爲組型的概念發展與定義

聽過張艾嘉的「忙與盲」，看過「高人一等」、「孩子我要你比我更強」吧！競爭、卓越、成就早已是耳熟能詳、觸目即是的字眼。二十世紀創造了前所未有的高度文明，也不幸的走入快快快、忙忙忙的世界，人人像是弦上緊繃的箭，伺機發射。

自一九二〇年來，心臟病一直高居工商業發達國家人民十大死因之一，其中因冠狀動脈心臟病（Coronary Heart Disease，以下簡稱 CHD ）而死亡者每年約有五十四萬人（ Price, 1982; 吳炯仁，民77 ）。而根據我國的醫學統計，近年來心臟病也僅次於腦血管病變、惡性腫瘤及意外災害，成爲國人死亡的第四大兇手。尤其重要的是，心臟病罹患的平均年齡更有由六十歲以上逐漸下降至四十歲的趨勢。

過去的研究者多半認爲，心臟病和遺傳因素、老化、不當飲食習慣、吸煙及缺乏運動等因素有關，而較忽略人的性格及行爲

模式等心理因素對心臟病的影響。

　　自十六世紀末期以來，西方醫學界的臨床研究者就不斷呼籲：具有某種行爲組型的人比較容易罹患 CHD。在1959年，兩位美國心臟病理學家 Friedman 和 Rosenman 正式宣稱「A類行爲組型」（Type A Behavior Pattern, TABP）和 CHD 罹患率有密切關係之後，立即引起近三十年來醫學界和心理學界對A類行爲組型一連串相關的研究。

　　所謂A類行爲組型，乃包括有强烈的事業心及競爭的鬥志，經常掛記著工作的完成期限，及一種時間緊迫感（Friedman & Rosenman, 1974; 引自林一真，民78）。相對的，有些人比較缺乏A型的特色，雖然偶而也會感受到時間壓力，或有些抱負及野心，但會以比較不具攻擊性的方式去達成目標，比較隨和，人際取向高而且輕鬆，這種行爲組型被稱爲B類行爲組型。

二、重要相關研究

㈠A類行爲的測量

　　就目前而言，常用的A類行爲組型測量方式大致可分爲訪問觀察法及自陳式調查表。就國外量表，訪問觀察法以「結構式晤談」淵源最早。自陳式調查表則以「傑肯氏活動表」、「弗拉明罕A類型量表」較爲常用。不但如此，爲了提升測量的標準化，Friedman及Roseman 等亦設計了結構式晤談的錄影帶，主要是將晤談過程加以錄影，然後再由專人事後評定。另有一些學者也嘗試使用不同的自陳式人格量表來評估A類行爲組型，包括了石爾斯頓性格量表、形容詞檢核表以及艾氏人格量表等，這些量表經實徵研究後，發現皆有相關程度之預測力，而且所測之A類行爲組型建構式晤談具一致性或有顯著相關。

　　以上的工具多適用於病人、一般成人及大學生，Matthews
與 Angulo （ 1980 ）所編的美修氏少年健康量表（Matthews
Youth Test for Health, MYTH）打開探索學童A類行爲的一扇
門。

㈡A類行爲與身體健康

　　Roseman等學者（ 1975 ），曾以八年半的時間觀察三一五
四位男性成人，發現具有A型傾向的人罹患心臟病的可能性爲B
型者的二倍，復發的可能性則達五倍之多。此外，Haynes
（ 1980 ）等學者亦以八年時間主持著名的 Framingham Heart
Study，對1674位男女成人作追蹤研究，結果發現A型女型罹患
CHD的比率爲B型女性的三倍；在白領階級中，A型男性的罹患
率亦高於B型男性。Lavallo及Pishkin（ 1980 ）也證實具有「强
勁、速度快、競爭意志高昂，有時對人懷著敵意」的行爲組型與
過早血管硬化心臟病有顯著相關，甚至用統計方法把心臟病的其
他致病因素如血清膽固醇及收縮壓的影響去除後，A類行爲組型
仍對心臟病具有顯著的預測力。

　　Contrada 與 Krantz（ 1988 ）在評供有關心臟血管及神經
——内分泌反應與A類行爲的相關研究後，做出三點結論：⑴就
男性而言，生理的反應與A類行爲組型（ 或其元素 ）有中度穩定
的相關，但是對女性卻未必存在；⑵就實驗室努力應對憤怒情境
的研究顯示，以結構性晤談篩選出的A類行爲組型與面對壓力產
生的「 交感神經——腎上腺髓質素 」反應增加有關。然而⑶日常
生活中，A型者與B型者生理反應的差距卻不一致。

　　由將近10年有關A類行爲與對壓力生理反應的研究，我們可
發現，這些研究大多在實驗室中進行，而且大多發現A類行爲與

生理反應有中度相關。

㈢A類行為與時間緊迫感

　　Friedman 及 Rosenman（1974）曾指出A類型者常注意工作的最後期限，並且嘗試在愈來愈少的時間中做愈來愈多的事。在生活上，A類型講求速度；與人交談時快、大聲、用力、簡短、迅速回答，常打斷對方的話、催促對方把話說完；走路及開車快；約會時早到；對遲到的人會生氣；排隊或塞車時容易焦躁、作問卷及早交卷、對一分鐘的時間猜測較短。在工作上，A型者在需要慢慢等回饋的情境中會有較差的反應；當工作被打斷時，收縮壓的昇高比較快，比較喜歡自己單獨工作。

㈣A類行為與努力、成就及滿足感

　　許多臨床研究顯示：A型者非常重視工作的價值，較喜歡強調努力；當遇到挫折時，容易自責過深；當工作是以「量」來評鑑時，對自己的要求較高；傾向壓抑身體的疲憊或不適去完成一件事；遇到挑戰時，會有較快速的心跳及較高的血壓；喜歡與人比較成績，喜歡在工作中或遊戲中競爭；甚至會與孩子比較輸贏；怕失敗，當工作難度太高時，在焦慮情境中會喪失工作效率，較願自己工作。

　　Bachman 等學者（1986）用 MYTH 來調查四、五、六年級的學生，發現：MYTH 分數和學業成就有相關，即A型學生學業成就較高；MYTH 的競爭性分數和學業成就有顯著正相關。

　　綜合以上所述，雖然許多研究指出A型者在各方面（工作、學業上）的表現均高於B型者，但相反地，他們對自己的成就或生活卻不滿意，這種衝突似乎造成了另一種壓力。(參閱表 14-13)

三、A類行為組型的理論

A類行為組型的理論中，較完整的一個是認知社會學習理論。Price（1982）認為從特質論研究人格是不足的，而極端的行為主義忽略了人也會影響環境，乃提出了認知社會學習理論，從四個因素的交互觀點統整A型行為組型的理論架構（圖14-3）。

Price（1982）更用冰山的觀念解釋A型行為，他認為社會、文化透過家庭、學校、傳播媒體培養了個人的信念，也促使了A型行為組型的恐懼，三個主要信念和其產生的恐懼形成了A型行為組型的核心。（圖14-4）①一個必須不斷的證明自己的價值；②相信沒有普遍的道德原則存在；③所有資源都是不足的。

四、A類行為組型的修正

1. 檢核自我設定的標準。

2. 可錯的人生。

3. 幽默的人生。

4. 做時間的主人。

5. 不妨找個機會和優雅閒適、工作成效又令你激賞的長輩或朋友深入的談一談。

「人生不滿百，常懷千歲憂」，何不做一個快樂的生活體驗者。

另外，以認知——行為治療的方法做為修正A型行為組型是最有效及應用最廣的方法。（如表14-13）

表 14-13　　A 型行為組型者的非理性信念和理性反挑戰

A型者的非理性信念	理性反挑戰
(A)結果的數量勝於結果的品質	工作品質的與成功的相關大於工作的數量
(B)快總是比較好	許多事情而要慢慢做以便做得好一點（慢工出細活）
(C)事情沒有準時做完是很糟的	拖延事情不太好的，但不是世界末日。
(D)競爭的得失是反映個人價值	競爭的結果反映相關的成就，但和個人價值無關
(E)一個人的成就代表他的好壞	從一個人的本質來認定一個人的價值會多於從一個人所做的來認定一個人的價值
(F)應該避免那些慢半拍的事情	情況造成的拖延是生活中難以避免的
(G)無止盡的追求成就將使人更喜歡自己	無數的成就並不能保證一個人會喜歡自己
(H)非成就取向的活動是徒然浪費時間的	並不是所有的活動都需要有成就才是有價值的
(I)假如全力以赴的話，一個人將能完全控制他的生活	全額的努力並不能達到全額的控制
(J)在活動時加快速度是維持或重獲控制的最佳方法	在活動時放慢速度經常可幫助你重獲控制的感覺
(k)力求完美是獲取高品質成就的最佳方式	設定合理目標的挑戰可以促進高品質的成就
(l)公開的表現生氣和敵意使阻擾我的人付出代價	當感覺生氣和敵意時，我是付出代價的人

（ 譯自 Thurman, 1983, P360，摘自楊淑蘭，民79 ）

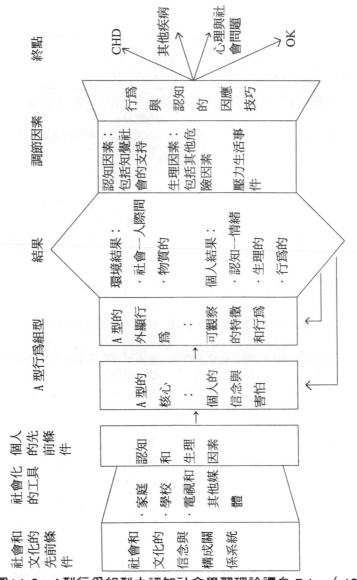

圖14-3　A型行為組型之認知社會學習理論譯自 Price（1982）
　　　　P.38（摘自楊淑蘭，民79）

圖14-4　A型行為組型和信念的冰山模式
譯自 Price（1982），P. 66（摘自楊淑蘭，民79）

伍、腦功能分化

一、歷史的演進

　　早在一八六一年人類學家 Paul Broca 檢查一個喪失語言能力的病人，發現該病人的左腦前葉上端受到損傷，而這個部位，後來稱為 Broca 區域，就是主司舌頭和下顎在說話時的活動。

　　另外，從癲癇病人的胼胝體切除，結果病情大為減輕，但是經過一些特殊測驗之後，漸漸發現這些大腦胼胝體切除的病人和正常人的不同，也逐漸揭開大腦功能分化的實際情況。

　　有關大腦半球功能分化的實驗如下：

㈠病理學方面的研究

　　1.腦半球受傷患者的研究：此類研究發現右半球受傷者有空

間概念喪失的現象，而左半球受傷者在語言與理解力上受損
（Ethinger, Warringon & Zangwill, 1957; Sperry, 1970）。

2.癲癇分腦者的研究：研究經分腦手術的癲癇病患，其左右
的訊息無法彼此互通。結果顯示左腦屬抽象、分析數字邏輯、系
列、語文功能。故左腦所影響的基本功能在學業成就、閱讀、書
寫、數字、計算、語言等。右腦屬美術的、類比的、具體的、想
像的空間，影響的能力有音樂、繪畫、彫刻的創作（Bogen,
1975; Gazzaniga, 1975）。（摘自翁淑緣，民77）

(二)實驗心理學與生理心理學方面的研究

3.聽覺測驗的研究：用於神經傳入大腦有交叉傳遞的現象，
故右腦所司為左半身的運作，左腦司右半身的運作，以左右耳分
開聽的聽覺測驗裡發現，讓受試者聽一些數字與語文刺激，右耳
（左腦）表現準確性較高，若聽一般音樂旋律（非語文）則左耳
（右腦）表現較佳（Kuimuld, 1967）。

4.左右視野的研究：受試者做左右視野的測驗，結果顯示，
無意義音節的刺激右視野（傳到左腦）反應較正確，圖形刺激則
左視野（傳到右腦）反應較正確（Hines, 1975）。

5.腦波儀（EEG）的大腦活動研究：Buther 和 Glass
（1974）發現從事心算時左腦腦波較活躍，Gallin Ellis（1975）
發現受試者在默寫課文時也是左大腦腦波較活躍。從事與空間有
關的工作時（如畫幾何圖形）則右腦腦波較活躍。

6.眼球移動研究：Baken（1971）與 Kingsbourne（1974）
認為眼球右移表示左腦活動，眼球左移表示右腦活動，他們的實
驗發現在呈現空間問題時，受試者眼睛多移左邊，表示右腦運
作。要受試者解釋成語時，則受試者眼睛多右移表示左腦運作。

但是有關這一方面的研究尚無定論，有學者認爲眼球的左右移或許與個人的智力及場地獨立或依賴有關（Enrichman & Weiberger, 1978）。（摘自翁淑緣，民71）

㈢編製量表方面的研究

　　1.腦功能分化的能力測驗　Dombrower 等人（1981）便曾編製過左半腦能力測驗、右半腦能力測驗、左右腦統整測驗，假定它們可以用來測量左腦或右腦功能的優勢。譬如說，腦左半球能力測驗中，有「語義類別的認識」〔相當於 Guilford（1977）的 SOI 模式中的 CMC 是題目〕，是根據實驗室裡「左腦擅於處理語文訊息」的結論而編製的。右半腦能力測驗中，有「圖形單位的認識」〔相當於 SOI 模式中的 CFU 題目〕，是根據實驗室「右腦擅於處理圖形訊息」的結論而編製的（林清山，民74，頁43）。又如，在 Kaufman & Kaufman（1982）最近所編製的 K・ABC 兒童智力測驗中，便認爲所謂智力便是「使用同時性和系列性心理歷程解決問題的能力」。譬如說，「分測驗四：完形圖測驗（Gestalt Closure）」便是屬於「同時性心理歷程」的測驗，是編製用來測量右腦半球功能的手冊（pp. 40–41）；測驗七：字序測驗（World Order）便是屬於「系列性心理歷程」的測驗，是用來測量左腦半球功能的手冊（Kaufman & Kaufman, 1982, pp.44–45; Kaufman, 1979）。

　　2.腦功能分化自陳式量表

　　同樣道理，也有評量家根據實驗室腦側化功能實驗的結論，編製出腦側化現象自陳式量表。他們所評量不是能力，而是一個人的態度或學習風格。因此所編出來的，是類似人格測驗形式的量表。這些量表被假定可用來量出一個是屬「左腦型」或「右腦

型」。譬如說，如果受試者鈎選「遇到新朋友時，我較容易記得他的名字」，就說這位受試者是屬於「左腦型」的；如果鈎選「遇到新朋友時，我較容易記得他的臉孔」，就說他是屬於「右腦型」。以這種方式編製而成的腦側化自陳式量表，以 Torrance, et al（1977）的 YSLT 為最出名。此外，國立師範大學特殊教育中心翻譯自 Zenhausern（1978）的「認知風格測驗」也是這一類型的自陳式量表。

就左腦和右腦在學習和思考方式上的功能分化而言，Torrance（1979）曾將各種研究的結果加以摘要，茲將其列出如下頁圖表所示。（摘自翁淑緣，民71）

林清山（民74）認為 YSLT 以自比式量表的型態呈現測量採強迫選擇的作答方式會導致一些推論上的謬誤，乃加以修訂成 Likert 的五點量表。

修訂學習與思考方式量表：將翁淑緣、呂勝瑛（民71）譯自 YSLT（Torrance, et al, 1977）的「學習與思考方式量表」（翁淑緣、呂勝瑛，民71，pp. 86-87）再改編修訂而成。YSLT 原來為自比式量表，一共有卅六個題目。每一個題目均有代表「左腦型」、「右腦型」和「統整型」的三個陳述句；作答時，受試者必須鈎選出當中的一句。針對自比式量表缺點，筆者第一步將 YSLT 改編為 Likert 式的五點量表，其中18題測原編製者所謂「左腦型」的學習與思考方式，18題測「右腦型」的學習與思考方式；陳述句的用句仍沿用翁淑緣、呂勝瑛（民71，附錄「學生與思考方式量表」）的中譯。例如：

原來⒄1.當老師用圖書說明時，我比較容易學會。　（右腦型）

　　　2.當老師用口頭說明時，我比較容易學會。　　（左腦型）

表 14-14　　左右腦功能差異與學習特徵

左腦	右腦
1.辨認及回憶人名	1.辨認及回憶人臉
2.喜愛口頭的教導	2.喜愛視覺及動作的教導
3.壓抑感情	3.強烈的感情反應
4.依賴語言的敍述	4.善於解釋身體語言
5.產生邏輯的觀念和思考	5.產生幽默的觀念和思考
6.客觀的處理訊息	6.主觀的處理訊息
7.連續地處理訊息	7.根據型態處理訊息
8.有系統地解決問題	8.嬉戲地解決問題
9.對他人作反應	9.採取主動
10.喜歡有明確的計畫	10.喜歡即興而爲
11.少用隱喻、類推	11.善用隱喻、類推
12.爲邏輯的訴求所感動	12.爲感情的訴求所感動
13.在閱讀及聆聽時作批判分析	13.由閱讀引起創造、綜合、聯想及應用
14.邏輯式的解決問題	14.用直覺式的解決問題
15.口頭給予報導	15.用示範教導
16.運用語言幫助記憶	16.運用心像幫助記憶
17.閱讀時提供細節及事實	17.閱讀時捉住主要含義
18.喜歡實際的故事	18.喜歡幻想詩歌等
19.喜歡改進現有的東西	19.喜歡發明新東西
20.喜歡有系統有計劃的學習	20.善於由探索中學習
21.表達連續的觀念	21.表達觀念之間關係
22.較富於智力	22.較具有創造力
23.善於刻意的思考	23.善於隨意的思考
24.不易受催眠	24.易受催眠
25.善於記憶文字材料	25.善於透過聽覺記憶
26.喜歡結構嚴謹的作業	26.喜歡開放式的作業

（摘自翁淑緣，民71）

3. 以上兩種方式，我都容易學會。　　　　　　　（統整型）

修改爲：⑵⑺老師用口頭說明時，我比較容易學會；用圖書說明時，我就比較不容易學會。　　　　　　　　　（左腦型）

受試者作答時，自「完全符合」、「大部分符合」、「一半符合」、「大部分不符合」和「完全不符合」五個選答中勾選一個選答。（摘自林清山，民74）

二、左右腦功能差異與學習特徵（如表 14-14 所示）

三、腦功能分化的重要研究

㈠腦功能分化與性別的關係

根據 Maccoby & Jacklin（1974）綜合兩千多篇研究報告的結果：

1. 女生的語文能力較好。

2. 男生的空間能力較好。

3. 男生的數學能力較好。

4. 男生較具有攻擊性。

㈡大腦半球與創造力

右腦對於創造思考較有影響，所以有學者（Wheatley, 1977）認爲右腦就是創造思考的中樞。

㈢大腦與性別角色的關係

林幸台（民71）經文獻探討中，歸納出右半腦重感性、憑直覺、較被動、傾於女性化；而左半腦重理性、邏輯、主動爭取、傾於男性化。（如表 14-15 所示）

表 14-15　　左右腦功能差異特徵

	右半腦	左半腦
語言	左耳 左側空間知覺 （較強） 空間導向 空間方位	右耳 右側空間知覺 （較強）
	非語文 符號	語文 文法邏輯 構句
	音調品質 音調類型	分析言辭聲音 認別音節 分析音位
	音調記憶	語文記憶
	歌唱 音樂 旋律	語音
	全盤統整併聯事件	文字結構
	情緒部分	口語
動作	左側動作	右側動作
	空間運動 空中尋路 前後空間知覺	
	左側觸覺 點字	右側觸覺
	併聯式動作知覺學習	分解式動作
	繪圖 模型建構	

	動作記憶	依記憶的語文方式表達動作
	創造性動作	
		談話時之手勢及各動作口語
思考	演繹 擴散式 全盤統整 擴散 直覺	歸納 聚斂式 細部分解 聚集 邏輯
		手勢 動作部份
	空間文字 名詞	物件名稱 動詞使用 無意義字 無意義音響
		寫作 印刷品
	創作性語言	
視覺	左側視野 左眼	右側視野 右眼
	空間導向 尋路 二度空間位置	空間標誌
	全盤統整 併聯事件	空間結構
	幾何形狀 繪圖	細部線條

	模型建構	
	辨認臉型	認別臉面姓名
	創造	分析
	視覺——空間 走向 局部化	語文
	具體	抽象／符號
	感性	理性
	幾何組型 簡單算術	數學推理 抽象數學演算
	關連式概念	系統性概念
	幾何式	代數式
情意	情緒 軀體影像 覺察個人缺陷	智慧 軀體概念
	直覺	邏輯
	音調表意 笑 哭	
	被動	主動爭取
	女性化 隱約神秘	男性化 活躍
	藝術方面 直覺	

左腦	右腦
功能：邏輯的、連續的思考過程（例如語文、數學及科學）	功能：空間關係、知覺、感官具體的思考過程、總體的思考方式、隱喻的推理、藝術的表現
腦部活動： ⑴語文能力——連續、系列的思考過程和抽象的符號 ⑵科學能力——邏輯、分析的推理、線形思考 ⑶數學的能力——抽象符號的線形思考過程	腦部活動： ⑴概念的象徵化 ⑵感官的學習 ⑶視覺、聽覺、動作及心像的能力 ⑷集中注意的能力以完全察覺現況 ⑸總體的處理感官的訊息、創造發明以及產生靈感 ⑹具體的——看、聽、觸、聞、嚐、運動知覺

左半腦（理性）	右半腦（隱喻）
形式操作期（12歲以後） 　具抽象推理能力，不需具體經驗的呈現或存在即可抽象思考作用解決問題。	發明 　可根據既有的知識統整式連接內、外在各種特質，創造出不曾存在的事物或程序。此一模式涉及理性與隱喻兩種心智作用。
具體操作期（7～12歲） 　開始能將經驗事物轉換出原則概念而不需直接經驗的接觸。	統整 　開始將溶入個人類比所得的經驗或感覺。
前操作期（1½～7歲） 　尚未能將經驗轉換成抽象的表徵或符號，但可區別不同的感官感覺。	比較 　可作直接的類比（如一個都市像一個心臟，血液循環就如同交通網）。
感覺動作期（出生至1½歲） 　經驗具體的事物，而何無任何抽象作用。	符號 　以符號代表自然現象，如 ✿ 代表花朵。

第四節　國內外相關研究

壹、研究現況

一、資料查詢方面

就一九八三～一九九一年 Psychit 上所查詢到之資料，有關學習風格的文章計有二二八篇，有關認知風格的文章計有一一四二篇。

二、研究對象調查

整理一九八五～一九九一年以來，有關研究對象之研究，發現認知風格的研究對象分布廣泛：

㈠年齡：由小學到成人，五十歲以上的受試亦有。

㈡特殊教育學生：

1. 資優生：Masten（1989）；Masten & Morse（1987）。

2. 聽覺障礙：Smaldino & Smoldino（1988）

3. 閱讀障礙：Sinatra, Primavera & Walced（1986）

㈢針對婦女及少數民族（如：黑人、中產階級黑人……）如 Gelwick（1985），Reiff（1986）……等人之研究。

三、與其他主題之研究合併統整

認知風格目前多朝向與其他主題作相關研究。

㈠不同人格類型與學習風格之相關研究：

以 MBTI 或其他人格測驗之分類求與認知風格，或學習風格之相關。

㈡於諮商上之應用：

　　例如，研究不同認知風格的諮商員，其諮商風格是否不同或在諮商情境中的表現是否有所不同？

　　㈢與生涯選擇的關係：

　　不同認知風格者在生涯選擇上是否有所不同或其 Holland's code 達顯著差異。

　　㈣與問題解決方式的關係。

　　㈤學習風格與生理因素的關係。

　　㈥學習風格與態度的相關研究。

　　㈦以學習風格來測預學業表現、成就之研究。

　　㈧學習風格與學習的關係及於教學上之應用：

　　此方面之研究最多，探討也頗深入。

四、發展測量工具

　　認知風格研究中依分類形式之不同，各有不同的測驗工具。但因定義不同而紛雜，故各學者多自定工具。而已問世並廣泛應用的測量工具卻很少。

　　近年應用於學習方面的研究，則以下列幾種較常用：

㈠艾德蒙學習風格量表（ELSLE）

　　艾德蒙學習風格鑑定工具（The Elmond learning style identification exercise）設計來鑑定受試者偏愛以何種管道來接受資訊，所測的四種主要管道是視覺、寫、聽覺、與活動之實施時約三十分鐘。

㈡柯波式學習風格測驗

　　柯波式為學習風格測驗（Kolb's Learning Style inventory），測量四種學習風格，區分為四量表：具體經驗（Concrete Experience）、慎思觀察（Reflective Observation）、抽象概

念（Abstract Conceptualization）、活動性／慎思性（Activity
/Reflectivity）等。（林生傳，民74）且於一九八五～一九九一
年間，CSI 信效度研究及修訂等研究多達九篇，另有多篇研究亦
用 LSI 來做分類之相關研究。

㈢甘恩菲爾特學習風格測驗

　　甘恩菲爾特學習風格測驗（Canfield learning styles
inventory），用以測量學生在學習中的自我引導性。此項測驗
與教師風格測驗（Teaching Style Inventory）並用，對於師生
學習風格之搭配尤其有用。

㈣達恩學習風格問卷

　　由達氏根據學習風格理論及因素設計的「學習風格問卷」
〔Learning Style Questionaire（Dunn, R. & Dumn, K, 1975）〕
是應用極廣泛的測驗工具，測驗個人對環境的、情緒的、社會
的、身體的四組及對二十四元素之偏好。（林生傳，民74）

　　測驗工具至今仍未有統一可普遍應用之工具出現，故紛亂局
面依舊，以上四種測量是目前較爲人使用者，然其優缺點仍有待
更多研究驗證之。

貳、研究發現與限制

一、一致性看法

　　㈠Witkin（1977）：人們對自己喜好的知覺方式有時間上的
一致性。

　　㈡Kagan（1983）：則認爲認知風格並非爲完全統一的意
向，認知風格會隨工作及情境不同而作調整。

　　㈢而 Boldwin & Recker（1984）所做的縱貫研究，結果則

支持 Kogan 的看法。

㈣但 Maine（1991）的研究結果則指出認知風格並不隨時間而改變。此結果與 Witkin 所支持的看法相似。

由以上的結果可知，對於認知風格是否會改變，各家學者有不同的研究結果支持，尚未達成一致性結論。

二、不一致看法

近來在(R－I)＝(沈思型－衝動型)的研究、分類雖同，但研究結果和以往略有出入。（Kagan, 1983）例如：以往認爲衝動型學生，在認知方面的表現很差，然而現在的研究結果則修正爲，沈思型－衝動型學生各有其適合的工作類型，於適合的工作類內工作則會表現優異。（Kagan, 1983）

三、研究工具的限制

目前四種測量認知風格較著名的測量工具

柯波式學習風格量表（Kolb Learning Styles Inventory）

達恩式學習風格量表（Dunn Learning Styles Inventory）

葛雷二式學生學習風格量表（Gracha–Reichmann Student Learning Style Scale）

約翰作決定量表（John's Decision Making Inventory）

在進行因素分析後，發現沒有一種工具可以測出所有類別，工具間所測量的因素有重疊之處，卻非重合。即表示這些工具不完全在測同樣的東西。這和前面的研究說，衆學者的研究定義一開始便無完全相同。以致於後來發展的測量工具所測之因素有重疊但不重合，是吻合的。以往研究多停於分類研究，較少注入探討。

四、二分法的限制

　　有關認知風格的研究，多以區別差異的二分法，近來或有作四向度的探討，然其分法是否過於簡略？值得再進一步探討。

叁、未來研究趨勢

一、場地論與概念動率論將盛行

　　以 Witkin 場地獨立理論的研究自一九四八年以來累積多達三、四千篇的研究結果。（郭重吉，民76）。及 Kagan 概念動率論的研究自一九七一年代的盛行，至今已停止研究。目前雖已停止研究，但未來在臨床、發展及教心領域將再盛行。（Kagan, 1983）。

　　而場地獨立論與概念動率理論將再盛行其原因是：

　　㈠過去的研究已累積大量的資料。

　　㈡測量工具已建立而且容易獲得。

　　例：藏圖測驗、桿框測驗、身軀調整測驗、配對熟悉圖形測驗……等。

　　㈢已建立大致的理論架構，後人可依此輪廓進行驗證及修改。

　　因此，未來研究者將可依循此方向研究。

二、未來研究的發展

　　未來研究發展難以預料，其原因在於：

　　㈠很多研究架構在回顧之後，發現並不適合繼續深入研究，因搜尋已過，成為歷史鏡頭。

　　㈡認知風格之研究併入其他系統，與其他領域之研究合併統整。

　　例如在諮商方面的應用，如：

McCarthy, Shaw & Schmeck (1986): Behavioral Analysis of client learning style during counseling.

在生涯方面的應用，如：

York & Tinsley (1986) The relationship between cognitive style and Holland's personality types.

㈢由於認知心理學愈來愈受重視，神經生理等方面的研究受此影響之故，左右腦側化之研究亦將成為未來研究之趨勢。

肆、認知風格研究的應用及建議

一、認知風格研究結果應用於教學上，有如下之優點

了解認知風格研究的特，可幫助教師選擇適用的教學模式，改善學生的學習態度點提高學習成果，增進師生關係。

Hunt（1970）：師生認知風格相同，師生互動較佳，其學習成果亦較佳。

Witkin（1976）：指出由於共同的興趣、相似的個性及溝通的方式風格相同的師生彼此之間容易相處，且能欣賞優點；反之，風格互異的師生傾向於注意及不能容忍對方的缺點。（郭重吉，民76；丁振豐，民76；張景媛，民73；曾瑞真，民73）。

由知可知，了解師生之認知風格，對於教學活動之安排及進行有著莫大的價值。

二、可以彌補心理與教育測驗之不足

傳統的測驗工具可了解學生在學習潛力、興趣及心智發展上的個別差異，但這些差異很難透過學習加以改善，也無法幫助教師了解影響學生學習過程及結果的因素，以對其學習困難進行指導。（林生傳，民76）。

　　此外，Gorham 及 Self（1987）也指出在預測學業成就及作業表現時，認知風格比起心理測驗更適合作爲預測指標。

三、使個別敎學化具有更合理化的基礎

　　Keefe 早於一九七九年便指出學習風格的診斷，使得個別化敎學具有更合理的基礎，因它提供了目前敎育工作者所能擁有的最有力手段來促成他們對學生的分析、啓發和協助。（郭重吉，民76）

　　Entwistle（1985）在回顧過去數十年在敎學及學習的理論之後也發現，以往的研究在大樣本調查結果之下，個別學生的特性被淹沒，且未能顧及師生及敎學環境之間的交互作用。而學習風格應用於敎學上，正可彌補此項缺失，輔助敎師採取適合的措施，國外因此發展有關於性向處理交互作用（ATZ）的實驗研究及計劃，對學校敎育帶來一番的衝擊（Thomas & Dohwen, 1986；郭重吉，民76）。

　　可見 Keefe 早有先見之明，其研究結論與現代敎育心理學的趨勢遙相呼應。

　　由此可知，若想提高敎學品質，促進師生情誼，將認知風格研究結果應用於敎學上當可設計出理想的敎學活動，使個人得到更充分的發展，但在應用時應注意下列幾點建議：

　　1.敎師於敏察自己的認知風格之後，應擴展其他類型的風格，以免剝奪某些學生的學習機會，並可促使敎學活潑性。

　　2.協助學生了解本身的認知風格，發揮優點，彌補缺失。幫助學生了解自己在學習時，是以何策略來處理不同的訊息，明白自己能如何掌握及監控認知歷程尋找合適的學習方法，以提高學習效果。（丁振豐，民76；郭重吉，民76；張景媛，民73；林生

傳，民74）。

【參考文獻】

丁振豐（民76）：學生場地獨立性與教師教學方法的交互作用對
　　　認知及情意學習效果之影響。師大輔研所碩士論文。

林生傳（民73）：高中生「形地辨析型」與「形地混同型」之認
　　　知式態及其與教育、職業興趣成就的關係。國立高雄師範
　　　學院教育學所「教育文梓」第五期，頁81-112。

林生傳（民74）：國中學生學習式態之相關因素及其與學校教育
　　　態度學業成就的關係。國立高雄師範學院教育學所「教育
　　　學刊」第六期，頁41-94。

林一真（民78）：中國人A型量表編製初步報告。中國測驗學會
　　　測驗年刊，36輯，頁13-24。

林一真（民79）：中國人A型量表之建構效度研究。中國測驗學
　　　會年刊，37輯，頁73-96。

林幸台（民71）：大腦半球功能之研究與資優教育。資優教育季
　　　刊。第6期，頁30-33。

林清山（民74）：魏肯氏心理分化理論相關問題之實徵性研究。
　　　教心學報，18期，頁39-56。

林清山（民75）：左右腦側化功能的比較實驗研究與腦側化能力
　　　測驗和自陳量表的效度考驗。教心學報，19期，頁37-
　　　54。

林清山（民78）：習慣化、原則化和自動化認知歷程，與腦側化
　　　的關係，及其對簡單乘法、加法作業和黑藍圓點相加作業

的影響。教心學報，22期，99-114頁。

吳武典（民66）：制握信念與學業成就，自我概念，社會互動之
　　關係，及改變技術，教研所集刊，十九輯，頁163-176。

吳明清（民61）：國小學童之認知型式，及其對題解表現之影
　　響。教研所集刊，17輯，頁3-81。

洪莉竹（民80）：教師A型行爲組型，和外顯行爲與班級氣氛學
　　生成就動機，測試焦慮之關係。師大輔研所碩士論文。

洪光遠、楊國樞（民68）：歸因特質的測量與研究。中央研究院
　　民族學研究所集刊，48期，頁89-154。

洪有義（民64）：大學生之內外制握與其適應之關係。教心學
　　報，8期，頁81-94。

翁淑緣等（民71）：大腦功能分化與性別，創造力及性別角色的
　　關係。中華心理學刊，24卷2期，頁85-100。

莊慧珍（民73）：國中教師教導方式及學生內外控信念與學生生
　　活適應之關係。師大教研所碩士論文。

郭生玉（民72）：成功導向與失敗導向學童的學業成就及成就歸
　　因比較研究。教心學報，16期，頁47-60。

郭重吉（民76a）：英美晚近對學生學習風格之研究。資優教育
　　季刊，22期，頁2-8。

郭重吉（民76b）：評介學習風格之有關研究。資優教育季刊，
　　23期，頁7-16。

郭生玉（民73）：國小兒童成敗歸因與學業成就，成就動機及成
　　敗預期關係之研究。教心學報，17期，頁51-72。

曾一泓（民66）：國中學生的控制信念與父母的控制信念及教養
　　方式之關係。教研所集刊，19輯，頁495-506。

曾端真（民73）：我國大學生場地獨立性的形成及其與職業興趣
　　的關係。師大輔研所碩士論文。

張春興（民78）：心理學辭典。北市：東華書局。

張春興（民79）：現代心理學（上）。北市：東華書局。

張玉燕（民74）：學習形態分析。中等教育雙月刊，36卷1期，
　　頁32-38。

張景媛（民77）：教學類型與學習類型適配性研究，暨學生學習
　　適應理論模式的驗證。輔研所碩士論文。

張酒雄（民79）：個人特質與實驗處理的交互作用——簡介教育
　　心理學的 ATI（TTI)研究。國立高師教育學所教育學
　　刊，2期，頁37-51。

楊瑞珠、楊國樞（民65）：兒童內外控信念的先決及後果變項。
　　中華心理學刊，18期，頁105-120。

楊淑蘭（民79a）：競爭、卓越與追求成就——認識A型行為組
　　型。諮商與輔導，51期。

楊淑蘭（民79b）：認知——行為取向團體諮商方案，對A型人
　　格傾向大學生非理性信念，行為組型，壓力知覺輔導效果
　　之研究。師大輔研所，碩士論文。

黃堅厚（民68）：國小及國中學生內外控信念之研究。教心學
　　報，12期，頁1-14。

Battle. E. & Rotter, J. B. (1963). Children's feelings of personal
　　control as related to social class and ethnic group.
　　Journal of personality, Vol 31, P.482-490.

Keefe, J. W, (1979). Learning Style: An Overview In Kierman
　　O. B. ed: *Student Learning Styles*. NASSP Reston, Vir-

ginia.

Kogan, N. (1983) *Child Psychology.* Vol Ⅳ P.631—915.

McCarthy, P. R; Shaw, T& Schneck, R.R (1986): Behavioral analysis of client. *Learning style during counseling. Journal of Counseling Psychology.* Vol 33(3), 249—254.

Rita Dunn & Kenneth Dann (1978): *Teaching students through their Individual Learning Style.*

Witkin; H. A. Moore, C. A.; Goodenough, D. R.; & Cox, P. W. (1977). Field—dependent and Field—independent cognitive styles and their educational implications. *Review of Educational Research.* 47(1), 1—64.

V字作業量表

認知風格研究

一、知識：

　　風格是一個人表現在外的言行舉止，然其思考欲表現該行為的內在心理歷程就是他的認知風格，凡與其性格相符、興趣一致、情緒穩定狀況、處理事情的態度……等，皆可納入其認知風格的範圍。

二、參考書目：

陳李綢（民 85）：認知風格研究，認知發展與輔導。台北：心
　　理出版社。

三、建構圖：（見圖 790, 791）

四、重要概念：

　　1. ATI 理論：性向與處理交互作用，影響個人的風格。

　　2. 構念（construct）：指學習風格是一種認知的結構。

　　3. LSI：學習風格量表，是由 Gray Price 所完成的一項問卷（Learning Style Inventory），學習風格與五個基本刺激有關（接觸的環境、情緒、社會學上的需要、物質的需要、心理學的），又可再細分為 21 種因素。

　　4. MBIT：Myers 母女依據容格（Jung）的理論予以擴充，發展出來一套測量心理類型（psychological type）的工具，考慮向度有四：內向—外向，覺察—直觀，思考—感情，判斷—知覺，這些向度交互運用形成不同的風格。

五、原理原則：

1.認知風格與學習風格的研究可由不同的分類去進行。在單向度分法中，陳李綢教授指出因研究領域的不同而出現四種組型，歸納出二種人格（Ａ型、Ｂ型）和四種大腦分化的狀態，進而導出三種不同型態學習的方式（視覺型、聽覺型、體覺型）。

2.認知風格或學習風格是一種人的特質、習慣與環境交互作用影響的結果。

六、結論：

認知風格與學習風格的定義，至今仍無共同認定的定義，研究者均以自己所欲研究的項目來做不同的解釋，舉凡訊息處理、知覺、思考、問題解決、記憶的典型……等，都有學者以為探討認知風格的方向。但究其種種之說法，認知風格可說是人格特質的一種，此種人格特質表現在對於環境反應、行為，是一種知覺、思考、問題解決和記憶的典型模式，相較於學習風格，係指個體在學習活動中所表現的習慣性的不同類型，二者幾乎完全一致。有一派學者認為二者其實是相輔相成的。

七、心得：

從認知風格的研究應用與限制上來看；教師除了掌握自己本身的風格類型之外，應再加強擴展其他類型的風格，以免剝奪孩子的學習機會，並找出不同的方式，以彌補缺憾，同時要注意學生的認知風格型態和老師是否會產生衝突對立，避免影響教學品質和學習態度。

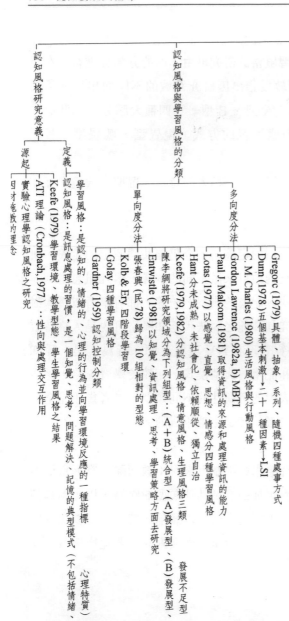

認知風格研究意義

　源起
　　實驗心理學認知風格之研究
　　日才庵敢内里念

　定義
　　認知風格：是訊息處理的習慣，是一個知覺、思考、問題解決、記憶的典型模式（不包括情緒、心理特質）
　　學習風格：是認知的、情緒的、心理的行為並向學習環境反應的一種指標
　　Keefe (1979) 學習環境、教學型態、學生學習風格之研究
　　ATI 理論 (Cronbach, 1977)：性向與處理交互作用

認知風格與學習風格的分類

　單向度分法
　　Gardner (1959) 認知控制分類
　　Golay 四種學習風格
　　Kolb & Ery 四階段學習環
　　張春興（民 78）歸為 10 組相對的型態

　多向度分法
　　Gregorc (1979) 具體、抽象、系列、隨機四種處事方式
　　Dunn (1978) 五個基本刺激→二十一種因素→LSI
　　C. M. Charles (1980) 生活風格與行動風格
　　Gordon Lawrence (1982a, b) MBTI
　　Paul J. Malcom (1981) 取得資訊的來源和處理資訊的能力
　　Lotas (1977) 以感覺、直覺、思想、情感分四種學習風格
　　Hani 分未成熟、未社會化、依賴順從、獨立自治
　　Keefe (1979,1982) 分認知風格、情意風格、生理風格三類
　　陳李綢將研究領域分為下列組型：：（A＋B）統合型、（A）發展型、（B）發展型、發展不足型
　　Entwistle (1981) 以知覺、資訊處理、思考、學習策略方面去研究

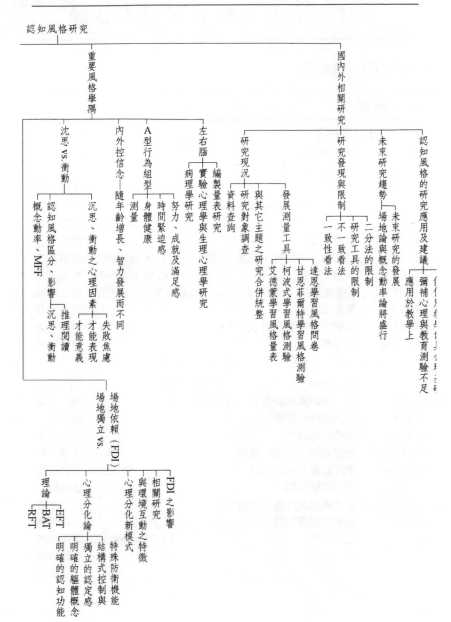

心理出版社有限公司圖書目錄

※為1998年6月後新書

A. 心理叢書

【一、心理學系列】

【二、一般心理系列】

【三，心理治療系列】

B.輔導叢書

【一、一般輔導系列】

【二、幼兒教育系列】

永然法律事務所聲明啟事

　　本法律事務所受心理出版社之委任爲常年法律顧問，就其所出版之系列著作物，代表聲明均係受合法權益之保障，他人若未經該出版社之同意，逕以不法行爲侵害著作權者，本所當依法追究，俾維護其權益，特此聲明。

永然法律事務所　

李永然律師　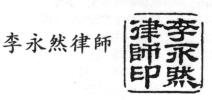

一般輔導 36

認知發展與輔導

編 著 者：陳李綢
執 行 編 輯：陳怡芬
執 行 主 編：張毓如
總 編 輯：吳道愉
發 行 人：邱維城
出 版 者：心理出版社股份有限公司
社 址：台北市和平東路二段 163 號 4 樓
總 機：(02) 27069505
傳 眞：(02) 23254014
郵 撥：19293172
 E-mail：psychoco@ms15.hinet.net
駐美代表：Lisa Wu
 Tel：973 546-5845 Fax：973 546-7651
法律顧問：李永然
登 記 證：局版北市業字第 1372 號
印 刷 者：玖進印刷有限公司
初版一刷：1992 年 7 月
再版一刷：1999 年 7 月

國家圖書館出版品預行編目資料

認知發展與輔導／陳李綢編著. 一再板. --
　臺北市：心理, 1999[民 88]
　　面；　　公分. 一 （一般輔導；36）
　含參考書面
　ISBN 957-702-322-3 (平裝)

1. 發展心理學 2. 認知心理學

173.6　　　　　　　　　　　　　88008669